UTB 4200

utb.

W0312112

Eine Arbeitsgemeinschaft der Verlage

Böhlau Verlag · Wien · Köln · Weimar
Verlag Barbara Budrich · Opladen · Toronto
facultas.wuv · Wien
Wilhelm Fink · Paderborn
A. Francke Verlag · Tübingen
Haupt Verlag · Bern
Verlag Julius Klinkhardt · Bad Heilbrunn
Mohr Siebeck · Tübingen
Nomos Verlagsgesellschaft · Baden-Baden
Ernst Reinhardt Verlag · München · Basel
Ferdinand Schöningh · Paderborn
Eugen Ulmer Verlag · Stuttgart
UVK Verlagsgesellschaft · Konstanz, mit UVK/Lucius · München
Vandenhoeck & Ruprecht · Göttingen · Bristol
vdf Hochschulverlag AG an der ETH Zürich

Rolf Brühl

Wie Wissenschaft Wissen schafft

Wissenschaftstheorie für Sozial- und Wirtschaftswissenschaften

UVK Verlagsgesellschaft mbH · Konstanz
mit UVK/Lucius · München

Prof. Dr. Rolf Brühl lehrt Betriebswirtschaftslehre und Wissenschaftstheorie an der ESCP Europe Wirtschaftshochschule Berlin.

Lob und Kritik

Wir freuen uns darüber, dass Sie sich für ein UTB-Lehrbuch entschieden haben und hoffen, dass Sie dieses Buch in Ihrem Studium sinnvoll unterstützt.
Für Lob und Kritik haben wir stets ein offenes Ohr: Schreiben Sie uns einfach eine E-Mail an das Lektorat (wirtschaft@uvk.de).

Online-Angebote oder elektronische Ausgaben sind erhältlich unter www.utb-shop.de.

Bibliografische Information der Deutschen Bibliothek
Die Deutsche Bibliothek verzeichnet diese Publikation in der Deutschen Nationalbibliografie; detaillierte bibliografische Daten sind im Internet über <http://dnb.ddb.de> abrufbar.

Lektorat: Rainer Berger
Einbandgestaltung: Atelier Reichert, Stuttgart
Einbandmotiv: fotolia, © godruma
Druck und Bindung: fgb · freiburger graphische betriebe, Freiburg

UVK Verlagsgesellschaft mbH
Schützenstr. 24 · 78462 Konstanz
Tel. 07531/9053-0 · Fax 07531/9053-98
www.uvk.de

UTB-Nr. 4200
ISBN 978-3-8252-4200-8

„Irrtum verläßt uns nie; doch ziehet ein höher Bedürfnis Immer den strebenden Geist leise zur Wahrheit hinan.“
(Goethe, 1797/1979, 261)

„Die Wahrheit ist … nicht deshalb wichtig, weil sie besonders wertvoll oder nützlich wäre …, sondern sie ist deshalb wichtig, weil wir ohne den Wahrheitsbegriff weder denkende Wesen wären noch verstünden, was es heißt, daß jemand anders ein denkendes Wesen ist.“
(Davidson, 2008, 46)

Vorwort

„Anarchismus heißt also nicht: überhaupt keine Methode, sondern alle Methoden, nur unter verschiedenen Umständen verschiedene Methoden …“. PAUL FEYERABEND, dessen Freude zu provozieren sicher zur Selbst-Titulierung als erkenntnistheoretischer Anarchist beitrug, bekennt sich in diesem Zitat zum (methodischen) Pluralismus in der Wissenschaft. Assoziationen des Pluralismus in der Wissenschaft mit dem Anarchismus sind allerdings eher selten; meist wird der Pluralismus als eine relativistische Position angeprangert, die dann im nächsten Schritt mit Irrationalismus und Schlimmerem abgekanzelt wird. Meine Überzeugung ist es hingegen, dass Pluralismus in der Wissenschaftstheorie der Sozial- und Wirtschaftswissenschaften fruchtbar ist, weil sich aus ihr Ideenkonkurrenz und Kooperation in der Wissenschaft ergeben können.

Das zwanzigste Jahrhundert hat den Sozial- und Wirtschaftswissenschaften zwar einen ungeheuren Fundus an wissenschaftlicher Erkenntnis gebracht. Allerdings wird am Zustand dieser Disziplinen bemängelt, dass so viele verschiedene Forschungsprogramme gleichzeitig betrieben werden. Während in der politischen Arena Pluralismus als positiv gewertet wird, da der Wettbewerb von Ideen zu besseren politischen Lösungen führen kann, scheint Pluralismus in der Wissenschaft etwas Fragwürdiges, merkwürdig Unfertiges anzuhangen, das nach der höheren Stufe der Einheitlichkeit zu streben habe. Gegen eine solche Einheitlichkeit spricht eine weitere philosophische Erkenntnis des zwanzigsten Jahrhunderts: Es gibt keine absolute Wahrheit. Dies hält zwar das menschliche Streben nach Wissen nicht auf, es wird aber unter den Generalverdacht des

Irrtums gestellt. Wissenschaftliche Erkenntnis ist hiervon nicht ausgenommen und daher wurden in der Wissenschaft Mechanismen etabliert, mit denen versucht wird, anerkanntes Wissen zu Fall zu bringen. Dass Wettbewerb von Ideen ein solcher Mechanismus sein kann, zeigt die Geschichte der Wissenschaften eindrucksvoll.

Ein Zweck dieses Buches ist es, verschiedenen Strömungen der Wissenschaftstheorie der Sozial- und Wirtschaftswissenschaften gerecht zu werden, ohne doch einer den Vorzug zu geben. Pluralismus – im politischen Leben als überlegene Form bereits bewährt – ist daher auch für wissenschaftliche Disziplinen und ihre methodologische Absicherung zu diskutieren. Zu zeigen, dass dies nicht in einen schrankenlosen Relativismus führt, ist auch ein Anliegen des Buches.

Bei den Doktoranden der ESCP Europe bedanke ich mich dafür, dass sie meine Veranstaltung zur Wissenschaftstheorie mit ihren Diskussionen kritisch begleitet haben. Ein besonderer Dank gilt: Jörn Basel (Zürich), Houdou Basse Mama (Berlin), Bernhard Hirsch (München), Robert Wilken (Berlin) sowie Thomas Wrona (Hamburg). Sie haben sich der ersten Version dieses Buchs angenommen und mir mit ihren kritischen Anmerkungen und konstruktiven Hinweisen sehr geholfen. Für die Unterstützung bei der Literaturbeschaffung danke ich Tobias Lewerenz. Meiner Frau danke ich für ihre nimmermüde Unterstützung und Hilfe bei den Endkorrekturen. Für die angenehme Zusammenarbeit danke ich nicht zuletzt Herrn Dipl.-oec. Rainer Berger vom UVK Lucius Verlag.

Weitere Anregungen und Kritik von Lesern des Buches sind willkommen und an meine Emailadresse (rb@rolf-bruehl.de) zu senden. Wer sich für weitere Informationen sowie Lehrmittel zum Buch interessiert, sollte die Webseite www.rolf-bruehl.de aufsuchen.

Rolf Brühl — Berlin, 2014

Inhaltsverzeichnis

1 Einleitung

1.1 Gründe für die Beschäftigung mit Wissenschaftstheorie

Sozialwissenschaftler, die sich mit methodologischen Problemen ihrer Disziplin beschäftigen, haben unterschiedliche Motive, warum sie sich über wissenschaftstheoretische Positionen informieren und eine eigene Meinung zu den verschiedenen Positionen bilden wollen. Die folgenden drei Aspekte, warum es sich lohnen kann, fundierte Kenntnisse der Wissenschaftstheorie zu besitzen, gehören aber wohl meistens dazu:

- Kenntnisse über die Bausteine wissenschaftlicher Arbeit
- Kritische Analyse wissenschaftlicher Aussagen
- Eine eigene wissenschaftstheoretische Position

Wer wissenschaftlich arbeitet, trägt seine Ergebnisse in der Regel in die Öffentlichkeit: Sie erscheinen in wissenschaftlichen Publikationen, in denen wissenschaftliche Standards und methodologische Regeln einzuhalten sind. Um wissenschaftlichen Standards zu genügen, sind daher Kenntnisse notwendig, wie Begriffe zu definieren sind oder wie Hypothesen formuliert werden u.v.m. Solche **Bausteine von wissenschaftlichen Arbeiten** lernt jeder Wissenschaftler während seiner Ausbildung kennen. Häufig beschränkt sich die Ausbildung jedoch auf die Beschreibung der Methoden der jeweiligen Wissenschaftsdisziplin. Es fehlt hingegen an einer grundlegenderen Diskussion der Erkenntnismethoden. Erst wer diese Kenntnisse erwirbt, ist in der Lage, sachgerechte Entscheidungen über zu definierende Begriffe oder zu entwickelnde Theorien zu treffen.

Wissenschaftstheorie vermittelt daher Kenntnisse, mit denen Wissenschaftler kritisch über ihr Handeln und das von anderen Wissenschaftlern reflektieren können. Sie ermöglicht daher eine **kritische Analyse von wissenschaftlichen Aussagen**. Dies ist für jeden Wissenschaftler unabdingbar: Wie will er sonst die Ergebnisse anderer Wissenschaftler einschätzen? Dieser mehr handwerkliche Aspekt ist eng mit dem dritten Grund verbunden: Er dient der **Festigung und Entwicklung der eigenen wissenschaftstheoretischen Position**. Es tritt ein ähnliches Phänomen auf, wie dies Fachwissenschaftler gegenüber Praktikern immer wieder beklagen.

Jedes praktische Handeln beruht implizit auf Theorien; Praktiker, die glauben, sie brauchen keinen Theorien, irren sich. Sie verwenden ihre Theorien nur unreflektiert. Ähnliches gilt für Fachwissenschaftler, die die Methoden ihrer Wissenschaft anwenden und glauben, dass sie keine wissenschaftstheoretische Position innehaben. Sie müssen Entscheidungen treffen, sie tun dies nur wissenschaftstheoretisch unreflektiert. Wer die Ergebnisse seiner Forschung für endgültig bewiesen hält, ist vielleicht verblüfft, warum die wissenschaftliche Gemeinschaft trotzdem seine Ergebnisse kritisiert und diskutiert. Wen das tatsächlich wundert, sollte vielleicht doch mehr über Begründungsansprüche und ihre Geltung erfahren.

Dies ist eine Einführung in die Wissenschaftstheorie für die Sozial- und Wirtschaftswissenschaften. Ein Grund, eine wissenschaftstheoretische Fundierung für diese Disziplinen gemeinsam zu behandeln, liegt darin, dass sie sich mit den Ursachen und Wirkungen des Handelns individueller und kollektiver sozialer Akteure (fortan vereinfacht: Akteure) beschäftigen. Forscher dieser Disziplinen setzen zwar unterschiedliche Akzente, allerdings zeigt die Entwicklung dieser Disziplinen, dass Grenzüberschreitungen zu gegenseitiger Befruchtung und zu neuen Einsichten führen. Gemeinsam beziehen sie sich auf den Menschen als soziales Wesen und seine Handlungen in der Gesellschaft. Exemplarisch sind Disziplinen wie die Soziologie, die Politikwissenschaft, die Ethnologie sowie die Volks- und Betriebswirtschaftslehre zu nennen. Die Psychologie wird zwar zu den Verhaltens- oder Humanwissenschaften gezählt, die in diesem Buch diskutierten wissenschaftstheoretischen Probleme gelten aber auch für sie. Ohnehin gilt, dass Durchlässigkeit einer starren Abgrenzung vorzuziehen ist, denn nach KARL POPPER sind diese Grenzen ohnehin unwichtig: „*Wir studieren ja nicht Fächer, sondern Probleme.* Und Probleme können weit über die Grenzen eines bestimmten Gegenstandsbereichs oder einer Disziplin herausgreifen.“ (*Popper*, 1963/2009, 102).[1] Im Folgenden sollen daher aus Vereinfa-

[1] Bei Quellen, deren Erstveröffentlichung mehr als zehn Jahre vor der zitierten Ausgabe liegt, wird das Datum der Erstveröffentlichung zuerst angegeben.

chungsgründen diese Disziplinen unter der Rubrik der Sozialwissenschaften zusammengefasst werden.

Sozialwissenschaften haben die Aufgabe, für die Gesellschaft, der sie Wissen bereitstellen, dieses Wissen nutzbringend aufzubereiten. Um Gestaltungsaussagen aus theoretischen Kenntnissen abzuleiten, bedürfen die Sozialwissenschaften grundlegender Vorgehensweisen. Daher sind ihre wesentlichen **kognitiven Ziele** die Beschreibung, das Verstehen und die Erklärung von sozialen und wirtschaftlichen Phänomenen. Wenn es der Wissenschaft gelingt, diese Ziele zu erreichen, dann liegt wissenschaftliches Wissen in Form von Theorien vor (*Tetens*, 2010, 3018). **Theorien** in den Sozialwissenschaften sind komplexe Systeme von Begriffen, die mit Hilfe von Aussagen in einem Zusammenhang gebracht werden, um Phänomene der sozialen Realität zu beschreiben, zu verstehen und zu erklären. Diese theoretischen Ziele sind um die praktischen Ziele zu ergänzen: Theorien dienen dazu, Phänomene der sozialen Realität zu prognostizieren und zu gestalten. Jeder, der Sozialwissenschaft betreiben will, wird sich daher mit ihren kognitiven Zielen und ihrer Theoriebildung auseinandersetzen müssen.

1.2 Pluralismus und wissenschaftliche Toleranz

Wer seinen Blick über die Sozialwissenschaften schweifen lässt, erkennt eine Reihe von Entwicklungen, die je nach Disziplin zwar unterschiedlich ausgeprägt, aber in ihnen gegenwärtig sind. Besonders hervorzuheben ist, dass eine weitgehende Öffnung zwischen den Sozial-, Verhaltens- und Wirtschaftswissenschaften stattgefunden hat. Diese Öffnung hat sich auf mehreren Ebenen der Wissenschaft ausgewirkt.

- Ein offensichtlicher Aspekt ist es, dass in allen Disziplinen vermehrt **Theorien** aus anderen Disziplinen verwendet werden. Auch wenn einige Disziplinen größere Theoriespender sind, finden sich in allen Disziplinen Untersuchungen in denen eine große Bandbreite an sozial- und verhaltenswissenschaftliche Theorien eingesetzt wird.
- Mit dem vermehrten Einsatz von sozial- und verhaltenswissenschaftlichen Theorien sind damit verbundene, alternative **wissenschaftstheoretische Positionen** von Sozialwissenschaft-

lern diskutiert und aufgenommen worden. Während in den sechziger und siebziger Jahren des 20sten Jahrhunderts analytische Ansätze und in Deutschland besonders der kritische Rationalismus dominierten, boten sich zunehmend Ansätze wie interpretative und sozial-konstruktivistische Positionen an.

- Ein weiterer Aspekt, der hiermit verbunden ist, ist der zunehmende und breitere Einsatz von **Methoden** der empirischen Sozialforschung. Neben quantitativen empirischen Methoden werden auch zunehmend qualitative empirische Methoden zur Erforschung sozialwissenschaftlicher Phänomene eingesetzt.

Wird der Pluralismus nicht nur – häufig mit Bedauern – konstatiert, sondern offensiv vertreten, dann tritt er in Konkurrenz zu monistischen Vorstellungen. Schließt man sich der Auffassung von PAUL FEYERABEND an, dann zeichnet den Pluralismus eine Meinungs- und Überzeugungsvielfalt aus, „wie es für objektive Erkenntnis notwendig ist" (*Feyerabend*, 1965/2002, 73). **Pluralismus** als eine theoretische Konzeption, die in der politischen Philosophie beheimatet ist, wird daher zu einer Doktrin, mit der in der Wissenschaftstheorie für Vielfalt von Theorien und Methoden plädiert wird. Eine erkenntnispluralistische Methodologie unterscheidet sich von einer monistischen Methodologie durch einige Charakteristika (*Kellert/Longino/Waters*, 2006a, XIff).[2] Mit dieser Position sind insbesondere drei Annahmen verbunden.

1. Die Komplexität der sozialen Realität und unsere menschliche perspektivische Sicht verhindern, dass wir diese Realität durch eine vereinheitlichende Theorie vollständig beschreiben, verstehen oder erklären können (*Kellert et al.*, 2006a, Xf; *Giere*, 2006b, 13; *Kellert*, 2006, 217).

Wesentliche Aspekte der **Komplexität** sind die kulturelle Differenziertheit und Dynamik sozialer Systeme, d.h., die soziale Realität zeichnet sich durch eine Vielzahl heterogener sozio-kultureller Sys-

---

2 Meist wird der Pluralismus negativ gekennzeichnet: als Anti-Monismus oder Anti-Dogmatismus. Die folgenden Aspekte sind z. T. entnommen aus KELLERT/LONGINO/WATERS (2006a, Xf), die den Monismus charakterisieren.

teme aus, die sich im Zeitablauf ändern können. Dies führt dazu, dass sozialwissenschaftliche Theorien zeitlich und räumlich eingeschränkt sind. Aufgrund der Komplexität und der perspektivischen Sicht auf die Realität sind Sozialwissenschaftlern einige Grenzen gesetzt (*Hayek*, 1952; 1964/1972) Eine wesentliche Grenze ist die **Unvollständigkeit** ihrer Theorien. Sie besagt, dass Wissenschaftler nicht sämtliche Faktoren, die erklärt werden könnten, in ihre Theorien aufnehmen. Ein wesentlicher Grund ist, dass es kaum möglich ist, geschlossene Kausalketten zu bilden, mit denen hinreichende Bedingungen für das Eintreten von Ereignissen spezifiziert werden können (*Gadenne*, 1984, 49). Es werden daher in sozialwissenschaftlichen Theorien nicht sämtliche psychologische, soziologische und ökonomische Faktoren einbezogen, sondern einige von ihnen werden bewusst ausgeschlossen und angenommen, dass sie keine Wirkung auf die untersuchten Phänomene haben (*Earman/Glymour/Mitchell*, 2002). Zweck der Forschung ist es daher nicht, vollständige Handlungserklärungen zu erzeugen, vielmehr sollen die wichtigsten Faktoren gefunden werden, die zu den untersuchten Handlungen geführt haben (*Gadenne*, 1984, 40ff). Zurzeit stehen daher die Sozialwissenschaften vor dem Problem, dass sie nicht über eine umfassende einheitliche Theorie verfügen, die es ihnen ermöglicht, die soziale Realität zu verstehen und zu erklären. Mit der menschlichen Perspektive ist außerdem verbunden, dass wir nicht über endgültiges Wissen verfügen (*Leinfellner*, 1967, 96f) und unser Wissen unter dem Vorbehalt steht, sich als falsch auszuweisen (s. zum Fallibilismus Philosophiebox 1, S. 14).

Eine Konsequenz aus dieser Situation ist „die *methodische* Einstellung des Theorienpluralismus" (*Schurz*, 1998, 6), welche von Philosophen wie ALBERT, FEYERABEND, POPPER, LAKATOS und SPINNER vertreten wird (*Albert*, 1991; *Feyerabend*, 1970/1995, 33ff; *Lakatos*, 1982, 150; *Popper*, 1944/2003, 138; *Spinner*, 1974, 87ff).

Die erste Annahme gibt eine Begründung für den **Theorienpluralismus**. Die folgende zweite, dazu analoge Annahme soll helfen, einen **Methodenpluralismus** zu begründen:

2. Die Komplexität der sozialen Realität und unsere menschliche perspektivische Sicht auf diese Realität verhindern, dass wir diese Realität mithilfe einer Methode vollständig beschreiben, ver-

stehen oder erklären können (*Kellert et al.*, 2006a, Xf; *Giere*, 2006b, 13; *Kellert*, 2006, 217).

Die Existenz einer Vielzahl von wissenschaftlichen Erhebungs- und Auswertungsmethoden folgt einer analogen Begründung wie die der Theorien. Methoden erzeugen jeweils spezifische perspektivische Sichtweisen auf die soziale Realität (*Plümacher*, 2010, 1930), und da es keine Forschungsmethode gibt, die eine vollständige Beschreibung und Erklärung der sozialen Realität erreicht, bietet es sich an, unterschiedliche Forschungsmethoden, die wissenschaftlichen Standards entsprechen, einzusetzen. Unsere durch Methoden erzeugten **Perspektiven** sind begrenzt, kontextspezifisch, forscher- und damit zweckabhängig (Perspektivismus *Plümacher*, 2010, 1930). Daher ist es plausibel, unterschiedliche Zugangsmöglichkeiten mithilfe von Forschungsmethoden zu dieser komplexen Realität zuzulassen.

Ein (epistemischer) Perspektivismus ist jedoch nicht verpflichtet, anzunehmen, dass jede Perspektive eine nur ihr eigene Realität schafft. Sie ist eine methodologische Position und keine ontologische These über die Beschaffenheit der sozialen Realität. Mit ihr ist es daher vereinbar, dass es nur eine soziale Realität gibt, die allerdings in ihrer Totalität nicht beschreibbar ist (*Giere*, 2006a, 35ff).

Ein Theorienpluralist muss nicht auch ein Methodenpluralist sein, von den oben genannten Protagonisten neigen ALBERT und POPPER eher zu einem Methodenmonismus, FEYERABEND und SPINNER hingegen eher zu einem Methodenpluralismus. Es spricht jedoch einiges dafür, dass die verschiedenen Perspektiven, die durch unterschiedliche Methoden und Methodologien erzeugt werden, wissenschaftliche Diskussionen befruchten und zu verbesserten Theorien führen. Beide Pluralismen sind empirisch motiviert: Mit ihnen wird die Konsequenz aus der derzeitigen Lage der Sozialwissenschaften gezogen, die durch eine Vielzahl von Methodologien, Forschungsprogrammen, Theorien und Methoden geprägt ist. Weder implizieren sie eine Wertung, z.B. indem der derzeitige Zustand der großen Heterogenität innerhalb der Sozialwissenschaften bedauert oder begrüßt wird, noch eine Prognose oder Ziel, dass dieser Zustand für immer so bleibt oder nur als vorübergehendes Stadium zu betrachten ist, der in einer fernen Zukunft zur Einheitlichkeit führt oder führen soll.

Die in diesem Buch zugrunde gelegte pluralistische Konzeption steht beispielsweise im Gegensatz zu EGON GUBA und YVONNA LINCOLN, die zwei unversöhnliche Paradigmen verkünden: ein positivistisches und ein konstruktivistisches, kritisches Paradigma (*Guba/Lincoln*, 1994, 109ff).[3] UDO KELLE (2007, 40ff) hat darauf hingewiesen, dass ihr zugrunde gelegtes Paradigma-Modell nicht die von ihnen postulierte Wirkung hat, vielmehr „lässt sich [weder] sinnvoll zeigen, dass bestimmte Methoden ein bestimmtes Paradigma als Begründung erfordern, noch, dass ein bestimmtes Paradigma die Verwendung bestimmter Methoden notwendig macht" (*Kelle*, 2007, 42). Es erscheint vielmehr plausibel, dass Erkenntnismethoden eine Reihe von gemeinsamen Annahmen teilen müssen, um überhaupt den Anspruch zu erheben, zur Wissensmehrung beizutragen. Daher soll ein pluralistisches Erkenntnisprogramm diskutiert werden, dass sich einer Kooperation verschiedener Paradigmen verpflichtet und daher nicht das Trennende zwischen ihnen betont, sondern das Gemeinsame und Komplementäre zwischen ihnen sucht.

Da die Sozialwissenschaft als eine Wissenschaft vom Handeln sozialer Akteure aufgefasst wird, ist diese Besonderheit als dritte Annahme herauszustellen:

3. Die soziale Realität ist geprägt durch Akteure, die in soziokulturellen Systemen auf Basis von Normen und Werten handeln. Sozialwissenschaftliche Methoden sollen es daher ermöglichen, die Intentionen und die Rationalität der Akteure zu verstehen und zu erklären.

Da sich Akteure intentional verhalten, d.h., dass sie mit ihren Handlungen Absichten verbinden, unterscheidet sich die soziale von der natürlichen Realität (*Ryan*, 1973, 28).[4] Somit lässt sich die

[3] Eine solche Unverträglichkeit von Aussagen hatten auch BURRELL und MORGAN (1979, 25) proklamiert.

[4] Im Folgenden werden die Begriffe „Intention" und „Absicht" synonym verwendet.

dritte Annahme als eine Forderung auffassen, dass die eingesetzten Methoden die besonderen Gegebenheiten der sozialen Realität berücksichtigen.

Für die Sozialwissenschaft wird ein Pluralismus favorisiert, da einseitige Theoriebildung und einseitiger Methodeneinsatz eben nur einseitige Perspektiven auf die sozialwissenschaftlichen Phänomene erzeugen können (*Lehner*, 2011, 412ff). Wo Pluralismus der Anschauungen, Ideen und Werte herrscht, wird meist Toleranz eingefordert. Ist daher, wenn Pluralismus in einer Wissenschaftsgemeinschaft etabliert werden soll, eine wesentliche Voraussetzung, dass Toleranz zwischen unterschiedlichen Ansichten herrscht? Mit anderen Worten: Ist Toleranz auch in der Wissenschaft eine Tugend?

Auf den ersten Blick ist die Duldung anderer Ansichten für Wissenschaftler dann kein erstrebenswertes Ziel, wenn Widersprüche auftreten, denn sie sollten geklärt und nicht geduldet werden. So konstatiert POPPER: „daß … jeder intellektuelle Fortschritt zum Stillstand kommen muß, falls wir bereit sind, Widersprüche zu dulden" (*Popper*, 1963/2009, 486). Trotzdem soll der Toleranzbegriff aus der praktischen Philosophie, der insbesondere für die Konfliktbewältigung in politischen und religiösen Auseinandersetzungen diskutiert wird, für die Pluralismus-Debatte in den Sozialwissenschaften fruchtbar gemacht werden. Erinnert sei an die regelmäßig auftretenden Grundsatzdebatten – manchmal etwas martialisch auch als Paradigmen-Kriege (paradigm war) bezeichnet –, die über den Methodenstreit schnell ins Grundsätzliche führen und in denen häufig vermeintlich unüberbrückbare Unterschiede ausgerufen werden.

Toleranz ist eine Einstellung eines Wissenschaftlers gegenüber anderen Wissenschaftlern und ihre Überzeugungen. Pluralismus ist hier nicht als deskriptiver Begriff eingeführt worden, sondern er wird ins normative gewendet. Dies ist verbunden mit der Forderung einer aktiven Auseinandersetzung mit anderen Ansichten – oder in der Sprache eines kritischen Rationalisten: Kritik ist die Essenz wissenschaftlicher Diskurse (*Albert*, 1991, 35ff). Toleranz als eine Haltung, die sich nicht für andere Theorie-Entwürfe interessiert und daher aus Desinteresse duldet, führt zu einem „Pseudo-Pluralismus“ (*Klima*, 1971, 202), den es zu vermeiden gilt.[5] Eingefordert wird eine aktive Toleranz mithin eine „Leidenschaft für die Wahrheit“ (*Sternberger*, 1947/1988). Mit BERNARD WILLIAMS lässt sich Wahrhaftigkeit als Achtung vor der Wahrheit verstehen (*Williams*, 2003, 26) und der Toleranz hinzufügen. Letztere lässt sich wiederum in einer ersten Annäherung durch mehrere Merkmale beschreiben (*Forst*, 2000, 120ff; 2003, 30ff), in der auch Wahrheit eine wesentlich Rolle spielt.

In einer ersten groben Umschreibung wird Toleranz so aufgefasst, dass zuerst etwas abgelehnt werden muss, bevor es toleriert werden kann. Es muss somit eine **Ablehnungskomponente** geben, d.h., der Toleranzgeber muss die Überzeugungen eines anderen Wissenschaftlers als falsch ansehen. Erst eine negative Beurteilung erfordert Toleranz. Ist der Wissenschaftler indifferent – d.h., er beurteilt sie weder positiv noch negativ – oder befürwortet er sie, ist Toleranz nicht notwendig (*Forst*, 2003, 32). Es muss sich jedoch um eine gut begründete Ablehnung handeln. So fallen Vorurteile, wie sie häufig durch unzureichende Kenntnis entstehen, und meist auf Desinteresse beruhen, nicht unter diese Kategorie. Ein typisches Beispiel hierfür ist, wenn ein Wissenschaftler behauptet, dass die sozialwissenschaftliche Hermeneutik von einer Einfühlung in den sozialen Akteur ausgeht, sie als Gefühlsduselei bezeichnet und ihr deswegen die Wissenschaftlichkeit abspricht. Dieses Nachklingen einer romantischen Fassung von hermeneutischer Vorgehensweise wird wohl kaum noch in der sozialwissenschaftlichen Forschungspraxis zu finden sein. Wer auf diesem argumentativen Niveau qualitative Methoden ablehnt, erfüllt nicht das Ablehnungsmerkmal.

Es müssen jedoch auch **positive Gründe** für die Tolerierung sprechen, die bei einer Abwägung mit den negativen Gründen zu einer Akzeptanz des Toleranzobjekts führen. So hat schon WEBER verlangt, dass auch die für die eigene Lehrmeinung unbequemen Tat-

[5] Trotz einiger großangelegter Anläufe zum Vergleich von Theorien oder Forschungsprogrammen sind Symptome dieses „Pseudo-Pluralismus“ in den Sozialwissenschaften nicht unüblich; für die Soziologie zeichnet diese Entwicklung GRESHOFF (2010) nach.

sachen gelehrt werden, somit eine positive Auseinandersetzung zu erfolgen habe (*Weber*, 1919/1951, 587). Aufbauend auf dem Prinzip der wohlwollenden Interpretation fordert HEINER HASTEDT daher: „Abgelehnte Meinungen und welterschließende Perspektiven sind in ihrer am ehesten überzeugenden Form zu widerlegen“ (*Hastedt*, 2012, 93).

Warum wird ein Widerspruch als nicht akzeptabel angesehen? In der Logik ist das Prinzip vom ausgeschlossenen Widerspruch grundlegend:[6] Ein Überzeugungssystem kann nicht gleichzeitig die Aussagen „Es gilt p“ und „Es gilt nicht p“ enthalten (*Lohmar*, 2010, 17ff). Wenn der Toleranzgeber von der Wahrheit seiner eigenen Überzeugungen ausgeht, wie kann er dann die Wahrheit einer gegenteiligen Überzeugung, die er für falsch hält, als wahr anerkennen (Relativismus-Paradoxon)?[7] So überzeugend dies Argument auf den ersten Blick zu sein scheint, so wenig trifft es doch die Situationen, vor denen Wissenschaftler stehen. Meist wird nicht über einzelne Aussagen entschieden, sondern es geht beispielsweise um die Frage, wie unterschiedliche Theorien oder gar Forschungsprogramme zu beurteilen sind. In diesen Fällen ist jedoch eine Vielzahl von Aussagen zu beurteilen, die erst einzeln und dann in ihrer Gewichtung von Wissenschaftlern zum endgültigen Urteil zusammengefasst werden. Theorien sind komplexe Systeme von Aussagen und ihre Beurteilung lässt sich nicht auf den Widerspruch einzelner Aussagen reduzieren. In der Diskussion über diese Beurteilung spielen insbesondere die Maßstäbe, wie Urteile zustande kommen, eine wesentliche Rolle.

Hierzu etabliert die Gemeinschaft von Wissenschaftlern Standards des Argumentierens, d.h., es werden Anforderungen an Begrün-

---

[6] So hat insbesondere POPPER über die Dialektik als Methode geurteilt und aufgezeigt, dass aus einem Überzeugungssystem, dass sich widersprechende Aussagen (Prämissen) zulässt, jede beliebige Aussage abgeleitet werden kann (*Popper*, 1963/2009, 486ff).

[7] Unter Paradoxie versteht man in der Logik eine „scheinbar unannehmbare Schlußfolgerung, die durch einen scheinbar annehmbaren Gedankengang aus scheinbar annehmbaren Prämissen abgeleitet ist“ (*Sainsbury*, 1993, 7f).

dungen verlangt, die von allen am wissenschaftlichen Diskurs Beteiligten einzuhalten sind. Wirksam werden diese Standards vor allem durch die **Reziprozität**:[8] Sie besagt, dass jeder am Diskurs beteiligte Wissenschaftler diese Standards des Argumentierens einsetzt und erwarten kann, dass auch die anderen Wissenschaftler sie verwenden. Eine solch ausschließlich formale Strategie mit der Paradigmen-Konkurrenz umzugehen, ist jedoch nicht ausreichend, weil sie nicht in der Lage ist, normative Grenzen der Toleranz zu ziehen.

So wie für politische Systeme die Toleranz als wesentliche normative Begründung der Gerechtigkeit bedarf, d.h., die Toleranz ist abhängig von höherwertigen Normen und muss daher auf sie zurückgreifen, benötigt die Toleranz in wissenschaftlichen Systemen höherliegende Werte. Eine mögliche Kandidatin ist die **Wahrheit**, denn „Wissenschaft ist Wahrheitssuche" (*Popper*, 1994, 116). Dabei ist nicht an eine spezielle Wahrheitsdefinition oder Wahrheitstheorie zu denken, vielmehr funktioniert die Wahrheit als **regulative Idee** im Wissenschaftssystem (*Popper*, 1973, 42). Der wissenschaftliche Diskurs ist in dieser Interpretation geprägt von Argumentationsstandards, die auf das Feststellen von Wahrheit und Falschheit gerichtet sind. Die regulative Idee der Wahrheit richtet sich zwar auf den ersten Blick auf das Ergebnis – Hypothesen und Theorien –, genauso wichtig ist es jedoch, den Prozess der Forschung dieser regulativen Idee zu unterwerfen.

Kooperation und Konkurrenz sind in einer pluralistischen Konzeption keine sich ausschließende sondern komplementäre Strategien des Umgangs mit verschiedenen Theorien und Paradigmen. Es soll daher in diesem Buch dafür argumentiert werden, dass mithilfe einer pluralistischen Konzeption Wahrheit und insbesondere Validität als Kooperationsfelder zwischen den Forschungsprogrammen erschlossen werden können, ohne doch zu verneinen, dass Konkurrenz eine wichtige Funktion bei der Entwicklung von Forschungsprogrammen hat.

---

[8] Forst entwickelt in seiner Toleranzkonzeption die Reziprozität als eine Kriterium, dass Akteure nicht Normen für sich in Anspruch nehmen können, die sie andern verweigern (*Forst*, 2003, 594)

1.3 Ziele des Buches

Grundidee dieses Buches ist es, dass jeder Wissenschaftler während des Forschungsprozesses eine Reihe von Entscheidungen trifft, ja treffen muss, die einer Rechtfertigung bedürfen. Diese Entscheidungen, die im Forschungsalltag häufig routiniert gefällt werden, betreffen z.B. bestimmte Erhebungsmethoden, den Einsatz von statistischen Auswertungsverfahren oder den Schluss auf einen Kausalzusammenhang. In jeder Wissenschaft haben sich Standards entwickelt, die von Wissenschaftlern im Rahmen ihrer Ausbildung gelernt, internalisiert und oft nicht mehr hinterfragt werden. Ziel dieses Buches ist es, diese Entscheidungen nach den **kognitiven Wissenschaftszielen** Beschreibung, Verstehen, Erklärung, Prognose und Gestaltung zu gruppieren. Die Darstellung folgt somit dem praktischen Ablauf sozialwissenschaftlicher Forschung.

Erschwert wird eine einfache Darstellung möglicher Rechtfertigungen zwar durch die Vielfalt der zweieinhalbtausendjährigen Geschichte der Philosophie. Es hat sich jedoch im Zuge der Entwicklung der Wissenschaften ein Zweig der Philosophie etabliert, der ausdrücklich als Theorie der Wissenschaft, eben die **Wissenschaftstheorie**, bezeichnet wird. Wie in vielen anderen Wissenschaften gibt es einen regen Diskurs über innerfachliche (philosophische) Probleme und seltener einmütige Standpunkte zu wichtigen Fragen. Daher müssen sich Fachwissenschaftler mit den wesentlichen Argumenten vertraut machen, wollen sie nicht blind auf Standards zurückgreifen. In diesem Buch werden wichtige Argumente für einzelne Standards aufgegriffen und diskutiert. Angesichts der Fülle der Probleme im Ablauf wissenschaftlicher Untersuchungen sowie der damit zusammenhängenden philosophischen Diskussionen ist eine vollständige Behandlung nicht beabsichtigt; vielmehr soll versucht werden, wichtige Wegweiser für die wissenschaftstheoretische Orientierung zu liefern.

Eine Leerstelle in diesem Buch bezieht sich auf Autoren, die wesentliche Eigenschaften von Wissenschaft, wie ich sie in diesem Buch voraussetze, in Frage stellen. Einige Wissenschaftssoziologen und -philosophen verneinen die Suche nach Wahrheit, bezweifeln Rechtfertigungsstrategien oder halten Wissenschaft für eine eher irrationale Veranstaltung. Meine pluralistische Auffassung berücksichtigt zwar auch tatsächlich ablaufende Forschung, hält Wissenschaft aber eher für ein rationales Vorhaben. Irrationalität wird dadurch nicht ausgeschlossen. Aus einer solchen Perspektive werden jedoch Beschreibungen, die auf einer überwiegenden Irrationalität von Wissenschaft beruhen, weitgehend unplausibel. Ich nehme daher an, dass in der sozialwissenschaftlichen Forschungspraxis intendiert beschränkte Rationalität (bounded rationality) der Akteure, wie sie so prominent von HERBERT SIMON diskutiert wird, eine angemessene Beschreibung ist.

Wichtige **Zielgruppe** dieses Buches sind daher Studierende in Bachelor- und Master- sowie Promotionsstudiengängen, Wissenschaftler und Wissenschaftlerinnen in den Sozialwissenschaften insbesondere aus den Bereichen Volks- und Betriebswirtschaftslehre, Soziologie oder Politikwissenschaft sowie Verhaltenswissenschaftler wie Ethnographen und Psychologen. Viele der in diesem Buch behandelten Probleme stellen sich in diesen Wissenschaften in gleicher Art und Weise.

Auf Basis der in dieser Einleitung skizzierten pluralistischen Auffassung wird gezeigt, wie sie sich auf die verschiedenen Bereiche des Forschens auswirkt. Pluralismus wird häufig mit einem „anything goes“ nach FEYERABEND identifiziert und meist wird dann vor einem Relativismus gewarnt. Ob FEYERABEND tatsächlich einem solchen Relativismus anhängt, will ich hier nicht prüfen, allerdings festhalten, dass die von mir bevorzugte pluralistische Position nicht auf einer relativistischen Auffassung beruht. Ein Relativist behauptet z.B., dass die Wahrheit einer Aussage von einem Bezugsrahmen abhängig ist, und dies kann sein: ein Paradigma, ein Forschungsprogramm, eine Weltanschauung u.v.m. (*Swoyer*, 2003/2014). Weder ein Anhänger des Theorienpluralismus noch ein Verfechter des Methodenpluralismus muss relativen Positionen zustimmen. Sie können vielmehr darauf verweisen, dass u.a. ihr (epistemischer) Perspektivismus, der auch keine relativistische Position vertreten muss, sie zu ihrer pluralistischen Haltung veranlasst.[9] Eine

[9] Zu einem anderen Ergebnis kommt FREUDENBERGER, weil sie Pluralismus und Relativismus weitgehend gleichsetzt (*Freudenberger*, 2000, 26ff).

pluralistische Auffassung ist nicht zuletzt von der Einsicht geprägt, dass unsere menschlichen Fähigkeiten begrenzt sind und daher unsere Wissensbehauptungen unter dem Vorbehalt stehen, falsch zu sein. Auch ein Fallibilismus muss jedoch nicht zu einer relativistischen oder skeptischen Auffassung führen (s. Philosophiebox 1).

Philosophiebox 1: Fallibilismus

Mit dem **Fallibilismus** ist eine erkenntnistheoretische Position verbunden, dass menschliches Wissen immer nur vorläufigen Bestand hat, mithin unter dem Vorbehalt steht, falsch zu sein. Wissenschaftliche Aussagen und Theorien sowie wissenschaftliche Methoden können genauso fehlbar sein wie Alltagswissen. Fallibilismus ist eine erkenntnistheoretische Hypothese und unterliegt ebenso dem Vorbehalt der Falschheit. Aus dieser Aussage leitet sich jedoch nicht ab, dass alles Wissen tatsächlich falsch ist; es ist nur prinzipiell möglich, dass unsere Wissensbehauptungen falsch sind.

CHARLES SANDERS PEIRCE gilt zwar als Namensbegründer des Fallibilismus. Prominent wurde der Fallibilismus insbesondere durch POPPER, der ihn zur Grundlage seines kritischen Rationalismus machte, indem er methodologische Regeln für die Falsifikation von Hypothesen aufstellte. Unter **Falsifikation** ist eine empirische Widerlegung einer allgemeinen Aussage zu verstehen. Sie ist für ihn die notwendige Konsequenz aus der Einsicht, dass es keine Rechtfertigung geben kann.

Berühmt geworden ist die Metapher des Barons von Münchhausen (Münchhausen-Trilemma), die ALBERT eingeführt hat, um Argumente für die kritische Methode zu liefern. Er greift das Modell der Möglichkeit einer absoluten Begründbarkeit an, um zu zeigen, dass eine solche Rechtfertigung nicht möglich ist. Drei Strategien zur Lösung des Problems stehen nach ALBERT zur Verfügung (*Albert*, 1991, 15ff):

1. Die Argumentation bewegt sich im Kreis (logischer Zirkel), d.h., eine Aussage, die begründet werden soll, ist bereits in den Prämissen enthalten.

2. Ein infiniter Regress entsteht dadurch, dass für jede Begründung, die angeführt wird, wiederum ein Grund angegeben werden muss. Dieser Prozess ist prinzipiell unendlich.
3. Es liegt daher nahe, den prinzipiell unendlichen Prozess abzubrechen. Dies bezeichnet ALBERT als Rekurs auf ein Dogma, weil der Begründungsprozess abgebrochen werden muss. Das Abbruchkriterium entzieht sich damit einer weiteren Begründung und wird somit dogmatisch festgelegt.

Nach ALBERT liegt es nahe, das Problem anders zu betrachten und nicht sichere Erkenntnis anzustreben, sondern Wissen kritisch zu hinterfragen. Alle Aussagen sollen daher an der Wirklichkeit scheitern können, einen privilegierten Status einer Aussagenkategorie gibt es nicht. Gewissheit als erkenntnistheoretisches Ideal ist aufzugeben. Kritische Rationalisten gewinnen weder dem Begriff Rechtfertigung noch dem der Verifikation positive Seiten ab.

Eine Gleichsetzung von Fallibilismus und Falsifikationismus ist allerdings nicht zwingend, d.h., ein Befürworter der Fallibilitätsthese muss nicht ein Anhänger des Falsifikationismus sein. Die meisten Erkenntnistheoretiker bezeichnen sich wohl heute als Fallibilisten, ohne jedoch dem kritischen Rationalismus mit seinem Programm der Falsifikation anzuhängen. Ein Fallibilist ist daher erst einmal nur genötigt einen Rechtfertigungsbegriff zu explizieren, der der These genügt, dass unser Wissen fallibel ist. Eine einfache Ausprägung einer solchen Auffassung ist daher:

> All unser Wissen ist nur und bestenfalls fallibel gerechtfertigt (*Hetherington*, 2005).

Wenn somit Wissenschaftler behaupten, dass sie ihre Aussagen empirisch bestätigt haben, dann wird dies im Lichte eines Fallibilismus so interpretiert, dass sie sich nicht als falsch herausgestellt haben. Für die Suche nach Wahrheit kommt es darauf an, dass Hypothesen als wahr oder falsch ausgezeichnet werden: Wissenschaftliche Methoden sollen daher Ergebnisse der Forschung als positiv und negativ auszeichnen können.

(Quellen: *Albert*, 1991, *Hetherington*, 2005; *Popper*, 1963/2009; *Reed*, 2002)

1.4 Aufbau des Buches

Das Buch besteht neben dieser Einleitung aus sieben weiteren Kapiteln. Im zweiten Kapitel werden die kognitiven Ziele des Forschungsprozesses skizziert und es werden Wahrheit und Validität im Hinblick darauf diskutiert, ob sich aus ihnen Kriterien für Entscheidungen im Forschungsprozess ableiten lassen. Im dritten Kapitel wird eine Sozialontologie skizziert, auf deren Basis sich ein Mehrebenen-Modell, das ein Handlungsmodell beinhaltet, begründen lässt. Während in Kapitel 4 allgemeine Fragen des Forschungsprozesses in den Sozialwissenschaften und seiner Logik geklärt werden, sind die Kapitel 5 bis 8 den kognitiven Zielen Verstehen, Beschreibung, Erklärung, Prognose und Gestaltung gewidmet. In ihnen wird ausgehend von den wichtigen Bausteinen wissenschaftlicher Theorien das Ergebnis von Forschungsprozessen betrachtet.

Die Kapitel bauen aufeinander auf. Eine **kapitelweise Lektüre** ist daher die zum Aufbau des Buches angemessene Vorgehensweise. Dies gilt besonders für Kapitel 2 und 3 sowie Kapitel 4. Die Kapitel 5 bis 8 können auch getrennt durchgearbeitet werden, insbesondere Kapitel 5 (Verstehen) sollte allerdings wenigstens überflogen werden, bevor zu den folgenden Kapiteln übergegangen wird.

Wer überprüfen will, ob er wesentliche Inhalte eines Kapitels erfasst hat, für den ist die erste Anlaufstelle eine **Zusammenfassung** am Ende des Kapitels. Sie sollen in Form von Kernsätzen die Inhalte reduzieren und ersetzen natürlich die Lektüre des Kapitels nicht. Da ein wesentlicher Schritt in jeder Disziplin das Lernen der Grundbegriffe ist, sind sie in einer Liste von **Schlüsselwörtern** aufgeführt (mit einer Seitenzahl für ihren Fundort). Alle Schlüsselwörter finden sich in einem **Glossar** am Ende des Buches wieder, das somit als begleitendes wissenschaftstheoretisches Lexikon verwendet werden kann. Sie sind auch fettgedruckt im **Sachregister** enthalten, um weitere Fundorte anzuzeigen. Als weiteres Hilfsmittel dient eine Rubrik **Lernkontrolle**, die zur Wiederholung des Stoffs eingesetzt werden kann.

Kommentierte Literaturempfehlungen beschließen jedes Kapitel. Sie sind eine subjektive Auswahl der unerschöpflichen Literatur zu den in diesem Buch behandelten Themen. Im Anschluss zu dieser Einleitung gebe ich generelle Literaturhinweise zu Werken der Wissenschaftstheorie, zu Wörter- und Handbüchern sowie Enzyklopädien der Wissenschaftstheorie und Philosophie.

Zusammenfassung

- Wissenschaft schafft Wissen, das sich in Theorien ausdrückt. Mit ihrer Hilfe sollen soziale Phänomene verstanden, beschrieben und erklärt werden, um auf ihrer Basis die soziale Welt zu gestalten.
- Sozialwissenschaften sind durch pluralistische Tendenzen geprägt; insbesondere gibt es eine Öffnung der Teildisziplinen, die zu einem vermehrten Austausch von Theorien, wissenschaftstheoretischen Positionen und Methoden führt.
- Für Wissenschaftler ist es sinnvoll, die Bausteine wissenschaftlichen Arbeiten zu kennen, wissenschaftliche Aussagen kritisch analysieren zu können und eine wissenschaftstheoretische Position zu entwickeln. All dies sollten gute Gründe sein, sich mit Wissenschaftstheorie zu beschäftigen.
- Wesentliche Annahmen des Pluralismus sind die Komplexität der sozialen Realität und unsere perspektivische Sicht auf die sozialen Sachverhalte. Aufgrund dieser begrenzten, kontextspezifischen, forscherabhängigen Perspektiven scheint es erfolgversprechend, einen Theorien- und Methodenpluralismus zu praktizieren.
- Pluralismus geht mit der Forderung nach Toleranz einher, die letztlich auf der regulativen Idee der Wahrheit und der Reziprozität von Argumentationsstandards gründet.

Schlüsselwörter

Fallibilismus (14)
Falsifikation (14)
Methodenpluralismus (5)
Perspektivismus (6)
Pluralismus (4)
Theorienpluralismus (5)
Toleranz (8)
Wissenschaftsziele, kognitive (3)

Lernkontrolle

1. Welche kognitiven Ziele der Wissenschaft kennen Sie und welche Funktion haben Theorien in diesem Zusammenhang?
2. „Die Beschäftigung mit der Wissenschaftstheorie meines Faches kostet mich nur unnütz Zeit und bringt mir für meine praktische wissenschaftliche Tätigkeit gar nichts.“ Nehmen Sie zu dieser Aussage Stellung, indem Sie auf wichtige Aspekte eingehen, warum es auch für Fachwissenschaftler nützlich ist, sich mit Wissenschaftstheorie zu beschäftigen.
3. Grenzen Sie analytische Strömungen von hermeneutisch-konstruktivistischen Strömungen in der Wissenschaftstheorie ab.
4. Welche Gründe sprechen für einen Theorienpluralismus?
5. „Es gibt nur eine sachgemäße Methode für die Sozialwissenschaften.“ Nehmen Sie ausführlich zu dieser These Stellung und diskutieren Sie aus dem Blickwinkel eines Methodenpluralismus.
6. Welche Besonderheit der Sozialwissenschaft ist in einer pluralistischen Methodologie zu beachten?

Kommentierte Literaturhinweise

Generelle Hinweise

Die Anzahl der Lehrbücher zur Wissenschaftstheorie der Sozialwissenschaft ist reichhaltig. Deutschsprachige Monographien zur Philosophie der Sozialwissenschaften sind das mehrfach aufgelegte Buch von Opp (1970/2014), mit starker Betonung des kritischen Rationalismus, die breiter angelegte Studie von Meidl (2009) und die älteren Werke von Acham (1983) und Konegen/Sondergeld (1985). Als englischsprachige Alternativen bieten sich Rosenberg (2008) sowie Bishop (2007) und Baert (2005) an, in denen viele zum kritischen Rationalismus alternative Strömungen vorgestellt werden.

Spezielle für die Wissenschaftstheorie der Betriebswirtschaftslehre gibt es neben den älteren Werken von Schanz (1988b) oder

CHMIELEWICZ (1979) eine Einführung von KORNMEIER (2007) oder die wesentlich ausführlichere Monographie von KIRSCH/SEIDL/AAKEN (2007). Für die Volkswirtschaftslehre sind klassische Monographien von BLAUG (1992) und BOLAND (2003) verfasst, sie werden ergänzt durch zwei jüngere Monographien von BOUMANS (2010) und REISS (2013).

Aus dem Blickwinkel der Wissenschaftstheorie der Psychologie habe ich neben den kurzen Einführungen von HECHT/DESNIZZA (2012) und HERZOG (2012) insbesondere die Monographie von KEMPF (2006) verwendet.

Zur Einführung in die allgemeine Wissenschaftstheorie ist die kurze aber prägnante Einführung von TETENS (2013) zu empfehlen. Als historischer und systematischer Einstieg ist die konzise Monographie von POSER (2001/2012) besonders geeignet, da er alle wesentlichen Strömungen der Wissenschaftstheorie behandelt. Wer mit POSERS Werk arbeitet, dem ist das Buch von SCHURZ (2011) zu empfehlen, der zur vertiefenden Lektüre der wissenschaftstheoretischen Grundlagen anregt. Insbesondere in der allgemeinen Wissenschaftstheorie sind die Beispiele häufig aus den Naturwissenschaften gewählt, die Werke von LADYMAN (2002) und GODFREY-SMITH (2003) oder die sehr anschauliche Monographie von LAUTH/SAREITHER (2005) sind allerdings trotzdem zu empfehlen.

Wer sich mit Hilfe von Lexika und Enzyklopädien philosophische Konzepte näher bringen will, der hat eine reichhaltige Auswahl. Meine Favoriten sind in dem Fall die „Enzyklopädie Philosophie und Wissenschaftstheorie", hrsg. v. MITTELSTRAß (1995/2004), (Sonderausgabe zur Auflage von 1995; derzeit erscheint die zweite Auflage: die ersten fünf Bände sind bereits erschienen) sowie die „Enzyklopädie Philosophie" herausgegeben von SANDKÜHLER (2010). Die zehnbändige „Routledge Encyclopedia of Philosophy", hrsg. v. CRAIG (1998) ist die einschlägige englischsprachige Enzyklopädie, erschwinglich ist die einbändige Kurzfassung ebenfalls hrsg. v. CRAIG (2005). Ein deutsches einbändiges Lexikon ist PRECHTL/BURKARD (2008): „Metzler Lexikon Philosophie".

Im Internet gibt es zwei englischsprachige Enzyklopädien zur Philosophie: „Stanford Encyclopedia of Philosophy", hrsg. v. ZALTA (http://plato.stanford.edu/) und „The Internet Encyclopedia of Philosophy", hrsg. v. FIESER/DOWDEN (http://www.utm.edu/research/iep/).

Hinweise zur Einleitung

Ein guter Überblick zu den verschiedenen Strömungen der Wissenschaftstheorie findet sich in POSER (2001/2012). Pluralismus wird aus verschiedenen Blickwinkeln diskutiert in dem Sammelband „Scientific Pluralism", hrsg. v. KELLERT/LONGINO/WATERS (2006b); das vorgestellte pluralistische Erkenntnisprogramm habe ich zuerst in einem Aufsatz entwickelt und hier übernommen (*Brühl*, 2010); es wird ergänzt um das Konzept der Toleranz, dass ich auf Basis der Toleranzkonzeption von FORST (2003; 2001) diskutiere. Von den Protagonisten des Pluralismus favorisiere ich PAUL FEYERABEND, der zwar häufig als enfant terrible der Wissenschaftstheorie angesehen wird und dessen Lust zur Provokation manchen vor den Kopf stößt, dessen liberale Haltung gegenüber wissenschaftlicher Forschung aber vor dogmatischer Anwendung methodischer und methodologischer Regeln schützt. Sein „anything goes" gehört wohl zum gleichzeitig meistzitierten und meist missverstandenen bon mot der jüngeren Geschichte der Wissenschaftstheorie. Eine sehr gute Darstellung seiner pluralistischen Auffassung findet man in OBERHEIM (2006).

2 Wissenschaftstheorie und Forschungsprozess

2.1 Was ist Wissenschaftstheorie?

Wissenschaftsphilosophen und Wissenschaftstheoretiker beschäftigen sich mit Fragen, die sich auf wissenschaftliche Prozesse und ihre Ergebnisse beziehen. Sie sind gegeneinander und von weiteren Disziplinen abzugrenzen, die sich mit dem Objekt Wissenschaft beschäftigen (*Poser*, 2001/2012, 15ff):

1) Wissenschaftsphilosophie
2) Wissenschaftsgeschichte
3) Wissenschaftssoziologie
4) Wissenschaftstheorie

Eine Abgrenzung von Wissenschaftstheorie wird von einigen Autoren dahingehend vorgenommen, dass die Wissenschaftstheorie als spezielle Variante der Erkenntnistheorie eingeordnet wird, **Wissenschaftsphilosophie** hingegen weitere Teilgebiete der Philosophie umfasst, wie z.B. die Handlungstheorie oder die Ethik (*Dellantonio*, 2010, 3038). Auch wenn der Begriff Wissenschaftsphilosophie für die heute praktizierte Teildisziplin angemessener ist – im englischsprachigen Raum wird daher folgerichtig von „Philosophy of Science“ und „Philosophy of Social Science“ gesprochen, ist in Deutschland der Begriff Wissenschaftstheorie häufiger anzutreffen.

Wissenschaftsgeschichte ist eine Teildisziplin der Geschichtswissenschaft, die sich mit der Entwicklung von Wissenschaften in der Menschheitsgeschichte beschäftigt. Sie ist Teil des Selbstverständnisses einer jeden Disziplin, was auch für die Sozialwissenschaften gilt. Wichtig aus Sicht einer Disziplin ist es, zu erfahren, wie sich die fachlichen Grenzen der Disziplin, die eingesetzten Methoden sowie Theorien über ihre wissenschaftlichen Gegenstände entwickelt haben (*Porter/Ross*, 2003, für die Sozialwissenschaften). Anzumerken ist, dass Wissenschaftler, dadurch wie sie Vorarbeiten in ihrer Forschung berücksichtigen, Geschichte aus ihrer Perspektive erzählen (*Krohn*, 2010, 3031).

In der **Wissenschaftssoziologie** als Teil der umfassenderen Wissenssoziologie wird das System Wissenschaft aus verschiedenen Perspektiven analysiert. Nachfolger einer institutionalistischen Sicht auf die Wissenschaft untersuchen soziale Einflüsse auf das wissenschaftliche Wissen. Aus diesen wissenssoziologischen Studien entstanden sozial-konstruktivistische Positionen, die häufig mit relativistischen Positionen verbunden sind (*Schützeichel*, 2007, 306ff): Wissenschaftliches Wissen gilt ihnen als relativ zu einem sozialen Kontext. Da Sozial-konstruktivistische Positionen Erkenntnisse der Wissenschaftstheorie herausfordern, werden sie in diesem Buch diskutiert.

Die Bezeichnung **Wissenschaftstheorie** geht auf EUGEN DÜHRING zurück, der sie 1878 einführte (*Pulte*, 2004, 976). Nach heutigem Verständnis ist die Wissenschaftstheorie die Teildisziplin der Philosophie, welche sich mit allen grundlegenden Fragen der Wissenschaften beschäftigt. Dies sind insbesondere

1. logische, methodologische oder – allgemeiner – erkenntnistheoretische Fragen,
2. handlungstheoretische und normative/ethische Fragen sowie
3. ontologische (metaphysische) Fragen der Wissenschaft (*Dellantonio*, 2010, 3038).

Seit der Antike wird in der Philosophie über die Erkenntnis von Wissenschaftlern reflektiert, typischerweise erfolgt dies in der **Erkenntnistheorie** (Epistemologie). In der Erkenntnistheorie werden Fragen behandelt wie beispielsweise, was menschliches Wissen ist, wie wir zu Wissen kommen und wie es begründet werden kann (*Ernst*, 2007). Solche Fragen beschäftigt auch die Wissenschaftstheorie, die sich auf wissenschaftliche Erkenntnisse konzentriert und hierbei insbesondere, wie diese Erkenntnisse erzeugt und wie sie gerechtfertigt werden können.

2.2 Kognitive Ziele der Wissenschaft

Da Wissenschaft eine soziale Veranstaltung ist, fließen viele verschiedene Motive in den Wissenschaftsprozess, die von persönlichen Machtmotiven, Streben nach hohem Ansehen oder Einkommen einzelner Wissenschaftler bis zu dem Wunsch von Wissenschaftsorganisationen nach Differenzierung und Clusterbildung reichen. Im Folgenden werden jedoch die mit den Sozialwissenschaften direkt verbundenen **kognitiven Ziele** kurz skizziert, denn sie sollen dazu anleiten, wissenschaftliches Wissen in Form von Theorien zu erzeugen und für die Gesellschaft nutzbringend einzusetzen:

1. Verstehen
2. Beschreibung
3. Erklärung
4. Prognose
5. Gestaltung

Als erstes ist das Verstehen zu nennen, weil es die Voraussetzung für die weiteren Ziele der Wissenschaft ist. **Verstehen** ist eng mit der Sprache und mit Symbolen verknüpft. Wenn wir einen Text lesen, sind verschiedene Tätigkeiten des Verstehens notwendig, um ein Verständnis des Textes zu erzeugen. So müssen wir beispielsweise der Sprache mächtig sein, in der der Text verfasst wurde. Mithilfe von syntaktischen Regeln wird eine Bedeutung von einzelnen Sätzen erzeugt, die sich nur Lesern mitteilt, die über solches Regelwissen verfügen. Ähnlich ist auch bei der Betrachtung eines Kunstwerks eine Betrachterin notwendig, welche die einzelnen Symbole mittels einer Symbolsprache interpretieren kann.

Diese erste Art des Sprach- und Symbolverstehens ist jedoch zu ergänzen um das Verstehen von Handlungen von Akteuren. Verstehen richtet sich beim Handlungsverstehen auf den Sinn, den die Akteure mit ihrem Handeln verbinden. Beide Arten des Verstehens stehen nicht unverbunden nebeneinander, sondern Sprach- und Symbolverstehen und Handlungsverstehen bedingen sich gegenseitig. Um diese verschiedenen Arten des Verstehens für die sozialwissenschaftliche Forschung nutzbar zu machen, ist eine Analyse des Verstehens notwendig. Im Zuge dieser Analyse werden verschiedene Stufen des Verstehens unterscheidbar, die wiederum enge Verbindung zu den Zielen der Beschreibung und Erklärung aufweisen.

Eine **Beschreibung** der sozialen Realität von Akteuren ist nur möglich, wenn ein bestimmtes Untersuchungsziel gegeben ist, denn die Realität in Unternehmen ist zu komplex, um alles beschreiben zu können. In der Sprache der Systemtheorie sind Gesellschaften und das Wirken ihrer Akteure äußerst komplexe Systeme, die sich einer vollständigen Beschreibung entziehen. Wissenschaftliche **Begriffe** dienen dazu, die Realität einzufangen, denn mit ihnen bezeichnen (beschreiben) wir Gegenstände in der sozialen Welt. Daher bedienen sich wissenschaftliche Disziplinen einer fachlichen Terminologie, die mittels Definitionen für die Mitglieder der wissenschaftlichen Gemeinschaft festgelegt werden. Wenn die soziale Realität sehr vielgestaltig ist, dann bietet es sich an, sie einzuteilen. Mithilfe von **Typen** können komplexe Phänomene unterschieden werden. So werden im internationalen Management Unternehmen in internationale, multinationale, globale oder transnationale Unternehmen aufgeteilt. Zur Typenbildung werden meist verschiedene Kriterien mit verschiedenen Ausprägungen herangezogen, so dass eine eindeutige Abgrenzung nicht immer möglich ist. In der **Klassenbildung** wird hingegen eine solche ausschließliche Zuordnung gefordert. Ein weiteres Ziel von Beschreibungen ist es, **Zusammenhänge** in der sozialen Realität zu erfassen und darzustellen.

Als drittes Ziel einer wissenschaftlichen Untersuchung ist die **Erklärung** von Sachverhalten zu nennen. Erklärungen geben Antworten auf Warum-Fragen. Viele Wissenschaftler sehen in Erklärungen den Kern ihrer Tätigkeit, weil sie nicht bei der Beschreibung von sozialen Sachverhalten stehen bleiben wollen, sondern nach den Ursachen forschen, die zu den erklärenden Phänomenen geführt haben. Das Aufdecken von Ursache-Wirkungs-Zusammenhängen (Kausalbeziehungen) gilt ihnen daher als die wichtigste Aufgabe von Wissenschaften. Wenn es möglich ist, diese Zusammenhänge als regelmäßige Zusammenhänge zu fassen, dann liegen **gesetzesartige Aussagen** vor.

In den Sozialwissenschaften gibt es eine Diskussion, ob gesetzesartige Aussagen überhaupt möglich sind, ober ob nicht nur einzelfallbezogene Aussagen sinnvoll sind. Wenn ein regelmäßiger Zusammenhang aufgestellt werden kann, dann sollte es möglich sein, diesen Zusammenhang für die Vergangenheit und für die Zukunft zu postulieren. Erklärungen dienen somit der Information über die Vergangenheit und der **Prognose** zukünftiger Ereignisse.

Eine wichtige gesellschaftliche Funktion von Wissenschaft ist es, Verbesserungen für die Menschen in dieser Gesellschaft zu erreichen. Neben Beschreibung und Erklärung von sozialen Sachverhalten muss die **Gestaltung** treten, die Empfehlungen enthält, welche Handlungen ergriffen werden müssen, wenn bestimmte Ziele erreicht werden sollen. Was wird benötigt, wenn Handlungsempfehlungen ausgesprochen werden sollen? Für die Empfehlung ist insbesondere die Kenntnis der Ziele notwendig, weil nur so klar ist, wozu die Gestaltung eigentlich führen soll. Forscher müssen wissen, welche Ziele von sozialen Akteuren verfolgt werden. Eine weitere wichtige Frage, die von der Methodologie behandelt werden muss, ist es, ob Gestaltungsempfehlungen ausschließlich auf Basis von gesetzesartigen Aussagen erfolgen oder ob sie einer anderen wissenschaftlichen Logik folgen können, die sich nur nach dem praktischen Gestaltungsproblem richtet.

Eine Sonderstellung nehmen normative Diskussionen in den Wissenschaften ein. Eine Reihe von Wissenschaftlern folgt dem Werturteilsverbot, das MAX WEBER vehement vertreten hat, und sie halten Werturteile für unwissenschaftlich, da insbesondere nicht wahrheitsfähig. **Werturteile** sind als normative Aussagen von Tatsachenaussagen zu trennen, da sie nicht durch die Beobachtung von Tatsachen gerechtfertigt werden können (*Hume*, 1739/1978, 211f).

Gegen diese Argumentation gibt es allerdings auch Widerspruch. Wissenschaft ist danach von Normen durchsetzt und eine normfreie, d.h. nicht-normative, Wissenschaft nicht möglich. WEBER war der Ansicht, dass Normen in der Wissenschaft eine Rolle spielen (*Weber*, 1904/1951, 149ff), allerdings sollten Sozialwissenschaftler in ihrer Eigenschaft als Wissenschaftler keine **Wertungen** bezüglich ihrer untersuchten Phänomene vornehmen. Lange Zeit galt die Werturteilsfreiheit als unabdingbarer Garant von Wissenschaftlichkeit. In den Sozialwissenschaften gibt es jedoch auch gute Gründe, einer solchen Wertfreiheit gegenüber skeptisch zu sein. So hat beispielsweise die Diskussion in der Betriebswirtschaftslehre um die Unternehmensethik gezeigt, dass es sozialwissenschaftliche Forscher gibt, die ausdrücklich ethische Wertungen als Wissenschaftsziel anerkennen und in ihrer Forschung verfolgen.

2.3 Dimensionen von Forschungsprogrammen

Wird Wissenschaft als Prozess betrachtet, dann richtet sich der Blick auf die wissenschaftliche Tätigkeit mit ihren Methoden. Als wissenschaftliche **Methoden** werden – mehr oder weniger – systematische Verfahren bezeichnet, die aus einer Folge von Handlungsanweisungen zur Erreichung eines Ziels bestehen (*Kamitz*, 1980, 429; *Lorenz*, 1995, 876). Da der Prozess der Wissenschaft von wissenschaftsimmanenten, sozialen, politischen und ökonomischen Faktoren beeinflusst wird, gibt es immer wieder Versuche, mit einem griffigen Konzept diese Faktoren zusammenzufassen. Prominent in der Literatur ist der Begriff des **Paradigmas**, der von THOMAS S. KUHN in die Literatur eingeführt wurde (s. Philosophiebox 2, S. 32). Der Begriff des Paradigmas geht auf eine Arbeit von LUDWIK FLECK (1935/1980) zurück, der mit den Konzepten des Denkstils und der Denkstilkollektive schon früh auf den sozialen Charakter von Forschungsprozessen aufmerksam machte.[1] KUHNS Analyse orientiert sich an Prozessen der Wissenschaftsgeschichte und hat daher einen deskriptiven Charakter. Er richtet sich damit gegen eine Methodologie wie von POPPER, der Regeln aufstellt und somit Wissenschaftler anleiten will.

Als alternatives Konzept hat IMRE LAKATOS das **wissenschaftliche Forschungsprogramm** entwickelt, das deskriptive und normative Elemente vereint (*Lakatos*, 1974, 128f; *Schurz*, 1998, 10f). Er versucht mit diesem Konzept, eine rationale Rekonstruktion von Wissenschaftsprozessen nachzuzeichnen. Wie die Geschichte der Wissenschaften zeigt, werden einzelne Forschungsprogramme trotz immanenter Schwierigkeiten und auch Fehlleistungen sehr lange beibehalten. Wer nur auf die Ergebnisse der Forschung schaut, wird dies häufig nicht plausibel erklären können. Werden hingegen die verschiedenen Dimensionen der Forschung in die Analyse einbezogen, lässt sich angemessen erklären, warum **Forschungsprogramme** über längere Zeit parallel betrieben werden.

---

1 FLECK sieht die geschichtliche Betrachtung als unabdingbar an: „Genauso bleibt jede Erkenntnistheorie ohne geschichtliche und vergleichende Untersuchungen ein leeres Wortspiel" (*Fleck*, 1935/1980, 31). Daher nimmt sein zentraler Begriff des Denkkollektivs diesen Aspekt auf„ denn sie ist eine „*Gemeinschaft der Menschen, die im Gedankenaustausch oder in gedanklicher Wechselwirkung stehen, so besitzen wir in ihm den Träger geschichtlicher Entwicklung eines Denkgebietes, eines bestimmten Wissensbestandes und Kulturbestandes, also eines besonderen Denkstiles*" (*Fleck*, 1935/1980, 54f).

Abbildung 1: Dimensionen von Forschungsprogrammen

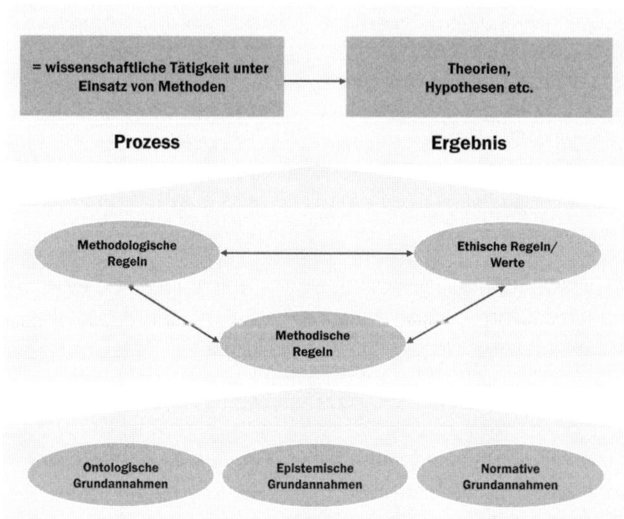

(Quelle: verändert entnommen aus *Brühl*, 2006b, 595)

Wissenschaft lässt sich als Institution beschreiben: Sie ist ein komplexes Gefüge von Grundannahmen und Regeln zur Erzeugung von Wissen. Abbildung 1 zeigt wichtige Dimensionen von Forschungsprogrammen; Vollständigkeit ist nicht bezweckt (*Kuhn*, 1962/1976, 194-199; *Poser*, 2001/2012, 195ff; *Nola/Sankey*, 2007, 81ff).

Regeln sind Handlungsanweisungen (*Iorio*, 2010, 47ff). Mit Hilfe von Regeln sollen bestimmte Zwecke erreicht werden. Wer Handlungsanweisungen gibt, hat mithin die Erwartung, dass bestimmte Zwecke auch tatsächlich erreicht werden. Über die Verbindlichkeit von Regeln im Wissenschaftsbetrieb gibt es unterschiedliche Ansichten.[2] So bezeichnet POPPER seine **methodologischen Regeln**

---

[2] So lehnen ALBERT und GADENNE ab, methodologische Regeln als kategorische Imperative zu bezeichnen (*Albert*, 1978, 46; *Gadenne*, 2006,

als Festsetzungen oder auch als Spielregeln und drückt ihre Verbindlichkeit z.B. dadurch aus, dass ein Forscher, der seine Hypothesen als endgültig verifiziert ansieht, aus dem Spiel austritt (*Popper*, 1935/2005, 30).[3]

HANS ALBERT bezeichnet die Methodologie als „Technologie des kognitiven Problemlösungsverhaltens" (*Albert*, 1978, 46). Ihre Anweisungen stellen keine kategorischen Imperative dar; sie haben vielmehr den Charakter einer „*rationalen Heuristik*", d.h., sie bestimmen die Handlungen nicht eindeutig und lassen Wissenschaftlern einen Spielraum (*Albert*, 1978, 50). Den Wettbewerbscharakter von methodologischen Regeln betont MAX ALBERT. Er sieht methodologische Regeln als Bewertungsregeln, mit denen Wissenschaftler ihre Handlungen auf Auswirkungen auf ihren Status oder ihre Reputation beurteilen (*Albert*, 2004, 140). Soziale Regeln als Handlungsanweisungen dienen der Koordination der Handlungen vieler Akteure und somit der sozialen Ordnung. Wenn sie gültig sind und angewendet werden, schaffen sie Erwartungen bei anderen sozialen Akteuren. Ihre Lenkungsfunktion und ihre Bewertungsfunktion gehen damit Hand in Hand.

Ohne hier die Frage zu beantworten, welche dieser Funktionen der Methodologie überwiegt, zeigt eine Analyse der sozialen Institution „Wissenschaft", dass sie sich Regeln auferlegt und dass sie sich zu ihrer Begründung wissenschaftstheoretischer Argumente bedient. Wenn es Aufgabe dieser Regeln ist, die Tätigkeiten von Wissenschaftlern in der Institution „Wissenschaft" zu steuern, dann lohnt

---

98). GADENNE betont ihren Charakter als hypothetische Imperative (*Gadenne*, 2006, 98), d.h., sie stellen Regeln dar, die bestimmte Zwecke erreichen sollen. Er schließt sich damit einer Ansicht von LAUDAN an, der diese zur Grundlage seines normativen Naturalismus macht (*Laudan*, 1984, 33ff). Unabhängig davon können einige methodologische Regeln kategorische Imperative sein, so z.B. eine Regel Theorien, die logische inkonsistent sind, zu eliminieren (*Resnik*, 1992, 500).

[3] Die soziale Dimension von Poppers methodologischen Regeln wird von IAN JARVIE herausgearbeitet (*Jarvie*, 2001, 40ff). Er weist darauf hin, dass sich POPPER des sozialen Charakters von Wissenschaft sehr wohl bewusst war.

sich offensichtlich ein Blick auf Vorschläge, die sich dieser Aufgabe widmen. Drei Typen von Regeln sollen unterschieden werden (*Hübner*, 1978, 86f):

1. Methodologische Regeln legen einerseits den Umgang mit Ergebnissen fest, wirken andererseits auf methodische Regeln ein. Eine methodologische Regel ist z.B. die Forderung, dass Hypothesen nachprüfbar sein müssen, d.h., dass es möglich sein muss, sie an der Erfahrung scheitern zu lassen. Aus dieser allgemeinen Regel lassen sich verschiedene Möglichkeiten von empirischen Prüfverfahren entwickeln, die z.B. durch Methoden des statistischen Hypothesentestens realisiert werden. Dies deutet darauf hin, dass methodische und methodologische Regeln in keinem deduktionslogischen, sondern eher in einem erfahrungsgetränkten Verhältnis zueinander stehen und somit Erfahrungen mit methodischen Regeln auf die methodologischen Regeln zurückwirken. Ein methodologisches Programm als zusammenfassendes Regelwerk hat ähnlich einer einzelnen Regel mindestens zwei Bestandteile (*Danneberg*, 1989, 138ff): (1) Es werden die Ziele und (2) die Mittel benannt, mit deren Hilfe die Ziele erreicht werden sollen. So bestimmt POPPER für die Forderung, dass Hypothesen nachprüfbar sein müssen, das übergeordnete Ziel, dass sich unser Wissen über die Welt vermehrt.

Eine wichtige Quelle für methodologische Regeln ist somit eine **Methodologie**, die als Lehre von den Methoden bezeichnet wird. Sie hat als eine Aufgabe, Methoden daraufhin zu beurteilen, ob und wie sie ihre Aufgaben erfüllen (*Kamitz*, 1980, 432).[4] Wird sie normativ aufgefasst, wie z.B. bei POPPER, dann wird ein spezifisches methodologisches Programm vorgeschlagen.

2. Methodische Regeln schreiben vor, wie beim Einsatz von spezifischen Methoden vorgegangen werden soll. So werden beispielsweise bei einem Experteninterview Hinweise gegeben, wie Fragen offen formuliert werden sollten, oder bei der Auswertung mit Hilfe einer multiplen Regression wird angewiesen, dass die unabhängigen

---

[4] Methodologie kann auch deskriptiv verwendet werden, so weist ihr KAPLAN die Aufgaben der Beschreibung, Erklärung und Rechtfertigung zu (*Kaplan*, 1964, 23f).

Variablen auf Multikollinearität geprüft werden sollen. Methodische Regeln beruhen auf den Zwecken, also auf dem, was mit der Methode erreicht werden soll. Im ersten Beispiel ist der Zweck, Informationen von einem sozialen Akteur zu erhalten, der über spezielles Wissen des zu untersuchenden Bereiches verfügt; im zweiten Beispiel wollen Forscher herausfinden, wie hoch der Einfluss mehrerer unabhängiger Variablen auf eine abhängige Variable ist. Hierzu ist es notwendig sich abzusichern, dass die unabhängigen Variablen nicht oder nur gering miteinander korrelieren, weil sonst der Aussagewert eher gering ist.

3. Ethische Regeln und Werte sind als dritte Gruppe von Regeln aufgeführt. Werte widersprechen zwar auf den ersten Blick einer häufig geforderten objektiven Wissenschaft, die nur auf Tatsachen beruhen soll und daher nur zu klären ist, ob ihre Wissensbehauptungen wahr oder falsch sind (*Bayertz*, 1991, 173). Ein näherer Blick auf die wissenschaftliche Praxis zeigt hingegen, dass bei der Tätigkeit von Wissenschaftlern eine Vielzahl von Werturteilen teils bewusst teils unbewusst einfließen (*Albert*, 2000, 47). So leitet WILLIAMS (2003) aus der Tugend der Wahrhaftigkeit ab, dass Wissenschaftler genau und aufrichtig sein sollen: Datenfälschungen und Manipulation von Methoden, um die liebgewonnene Hypothese zu bestätigen, sind daher zu unterlassen.

Die skizzierten Regeln lassen sich zwar getrennt beschreiben, hängen allerdings häufig dadurch zusammen, dass bestimmte Grundannahmen bei ihrem Aufstellen eine Rolle spielen. Häufig sind solche **Grundannahmen** Teil der Vorstellungen, die von einer Gemeinschaft von Wissenschaftlern befolgt werden.

1. Ontologische Grundannahmen: Es werden Vorstellungen entwickelt, wie die soziale Realität beschaffen ist und welche sozialen Sachverhalte Gegenstand der Sozialwissenschaften sein sollen. Es bietet sich an, Erfahrungsobjekte und Erkenntnisobjekte zu unterscheiden (*Amonn*, 1911/1927): 1. Die **Erfahrungsobjekte** beschreiben die in der sozialen Realität vorhandenen Realitätsausschnitte (z.B. Institutionen), die für die Sozialwissenschaften von Relevanz sein sollen. Da nicht alles gleichzeitig untersucht werden kann, hat jede Wissenschaft ein Erkenntnisobjekt (oder einen Erkenntnisgegenstand). Mithilfe des **Erkenntnisobjekts** werden die sozialen Sachverhalte ausgewählt, welche die Wissenschaft untersuchen will. (*Zelewski*, 2008, 6).

Erkenntnisobjekte beruhen auf Entscheidungen von Wissenschaftlergemeinschaften, die sich ändern können und die selbst innerhalb einer Wissenschaftlergemeinschaft unterschiedlich weit ausgelegt werden. Ein Beispiel aus der jüngsten Zeit ist sicherlich die Neurowissenschaft und ihre Einflüsse auf Disziplinen in den Sozialwissenschaften. Sozialwissenschaftler, die mit Hilfe neurowissenschaftlicher Methoden ihre sozialwissenschaftlichen Sachverhalte erklären wollen, verändern sicherlich das Erkenntnisobjekt, weil ihre kleinsten Einheiten der Betrachtung neurologische Sachverhalte und nicht z.B. Intentionen von Akteuren sind. In der Regel fließen in die Betrachtung von Erfahrungs- und Erkenntnisobjekt weitere ontologische Annahmen über die Beschaffenheit der sozialen Realität wie z.B. Annahmen über das Verhältnis von individuellen und kollektiven Sachverhalten oder Annahmen über die grundsätzliche Beschaffenheit der sozialen Realität.

2. Epistemologische Grundannahmen: Dies sind die Vorstellungen, wie die soziale Realität erfahren werden kann. Die Erfahrung als die Quelle unserer Erkenntnis hat im Laufe der Entwicklung der Wissenschaft die der Vernunft zunehmend verdrängt (Empirismus versus Idealismus). Auf dieser Basis entfalteten sich die verschiedenen Methoden der empirischen Sozialforschung, mit denen die soziale Realität untersucht wird.

3. Normative Grundannahmen: Hiermit sind nicht die einzelnen Werte gemeint, die sich konkret in den skizzierten drei Regeln widerspiegeln. Vielmehr sind dies z.B. Menschenbilder, die oft unausgesprochen bestimmten Forschungen zugrunde liegen. Diese Menschenbilder beruhen auf philosophischen Strömungen, die sich in verschiedenen Gesellschaften (Kulturen) unterschiedlich durchsetzen. So beruft man sich in einer kontinental-europäischen Tradition eher auf IMMANUEL KANT und seinen kategorischen Imperativ, während in angelsächsischen Ländern häufiger eine utilitaristische Variante der Ethik anzutreffen ist, wie sie z.B. von JEREMY BENTHAM oder JOHN STUART MILL formuliert wurden.

Die vorgestellten Regeln und Grundannahmen decken sicher nicht alle Phänomene des wissenschaftlichen Prozesses ab. Allerdings weisen sie auf wesentliche Hebel hin, an denen sich Veränderungen in der Vorgehensweise von Wissenschaftlern zeigen lassen. Die hier vorgenommene Betrachtung des Wissenschaftsprozesses ist daher nützlich, wenn wissenschaftlicher Fortschritts betrachtet wird. Dann ist nicht nur auf die Veränderung von Aussagen – Ergebnis der Forschung –, sondern auch auf den Prozess und die Veränderungen der Regeln und Grundannahmen zu schauen. Die Dynamik in der Forschung insbesondere gravierende Änderungen sind häufig auf einen Wechsel im Prozess der Forschung bei den Regeln und Grundannahmen zurückzuführen (*Poser*, 2001/2012, 208).

Philosophiebox 2: Paradigma, Normalwissenschaft und Inkommensurabilität

Zentraler Begriff der KUHNSCHEN Konzeption der Entwicklung der Wissenschaft ist das **Paradigma**. Dessen Verständnis wird jedoch dadurch erschwert, dass er diesen Begriff in verschiedenen Varianten verwendet. In seiner engen Verwendung sind mit Paradigmen die verschiedenen Problemlösungen innerhalb einer Wissenschaftlergemeinschaft gemeint (oberste Ebene in Abbildung 1), die ihnen als Vorbilder für die eigene Forschung dienen. Solche konkreten Problemlösungen findet man in den Lehrbüchern einer Wissenschaft, mit denen der wissenschaftliche Nachwuchs ausgebildet wird. Zukünftige Forschung soll in Analogie zu diesen Problemlösungen betrieben werden. Eng verbunden mit dem Paradigma ist die Normalwissenschaft, „die fest auf einer oder mehreren Leistungen der Vergangenheit beruht, Leistungen, die von einer bestimmten wissenschaftlichen Gemeinschaft eine Zeit lang als Grundlagen für ihre weitere Arbeit anerkannt werden.“ (*Kuhn*, 1962/1976, 25) Er charakterisiert die Tätigkeit der Forscher in einer Normalwissenschaft als Rätsellösen. Diese Analogie besteht darin, dass Wissenschaftler ähnlich wie Spieler an bestimmte Regeln gebunden sind. KUHN unterscheidet vier Bindungen:

1. Begriffe, Theorien und Gesetze,
2. Bindungen durch die Instrumente und den typischen Gebrauch dieser Instrumente,
3. Bindungen durch metaphysische Ansichten,

4. Bindungen durch das Selbstverständnis der Wissenschaftler.

Forscher innerhalb einer Normalwissenschaft halten sich an die vier Bindungen und verhindern dadurch fundamentale Innovationen. Treten allerdings vermehrt Anomalien auf, die durch die Normalwissenschaft nicht geklärt werden können, finden sich vermehrt Wissenschaftler zur Ablösung des herrschenden Paradigmas bereit. Neue Paradigmen lösen sich von den vier genannten Bindungen und schaffen neue Bindungen: Wissenschaftler des neuen Paradigmas leben in einer anderen Welt. KUHN spitzt die Unterschiede zwischen Paradigmen dadurch zu, dass er das Konzept der Inkommensurabilität einführt, das die prinzipielle Unüberbrückbarkeit der interparadigmatischen Unterschiede ausdrücken soll.

Das Konzept der **Inkommensurabilität** wird verwendet, um nachzuweisen, dass zwischen Paradigmen kein rationaler Vergleich stattfinden kann. Wenn Begriffe, Methoden oder Erklärungen zwischen verschiedenen Theorien nicht vergleichbar sind, dann lässt sich wissenschaftlicher Fortschritt nicht rational erklären. Der Eintritt in ein neues Paradigma ähnelt dem Beitritt einer religiösen Gemeinschaft: Wissenschaft als Bekehrungsveranstaltung.

KUHN hat in seinen späten Schriften versucht, gegen die aus seiner Sicht unangemessenen Folgerungen anzuschreiben. Als erstes ersetzte er den Begriff des Paradigmas durch die disziplinäre Matrix, was allerdings praktisch folgenlos blieb. Aus einer generellen Unübersetzbarkeit zwischen Paradigmen, die ohnehin eine semantische Unmöglichkeit darstellt, wird eine lokale Inkommensurabilität, die sich auf einzelne Bestandteile (Begriffe und Aussagen) von Paradigmen bezieht. Die wichtigste Folgerung hieraus ist, dass von einer generellen Unübersetzbarkeit zwischen Paradigmen keine Rede sein kann. So wie auch unterschiedliche Sprachen und Kulturen erlernbar sind, ist dies auch für Theorien möglich. Und damit ist eine wichtige Voraussetzung für Kooperation gegeben: die Kommunikation über die Inhalte, Methoden zwischen Paradigmen.

(Quellen: *Hoyningen-Huene*, 1989; *Kuhn*, 1962/1976; 1978a; 1983/2000; *Zammito*, 2004)

2.4 Wissen, Wahrheit und Validität

Wird die Bezeichnung Wissenschaft wörtlich genommen, dann wird im Rahmen von wissenschaftlichen Forschungsprozessen Wissen geschaffen. Wodurch zeichnet sich Wissen und insbesondere wissenschaftliches Wissen aus? In der Erkenntnistheorie werden verschiedene Konzeptionen von Wissen diskutiert, hier soll die traditionelle Konzeption des Wissens verwendet werden:

> **Wissen** liegt dann vor, wenn eine Aussage wahr und gerechtfertigt ist (*Baumann*, 2006, 39).

Wissen in Form von Theorien liegt demnach vor, wenn die Aussagen als Elemente von Theorien wahr und gerechtfertigt sind.[5] Damit ist keineswegs absolut sichere Wahrheit gefordert oder dass infallible Rechtfertigung vorliegt. Wissenschaft kann falsche Behauptungen über ihr Wissen aufstellen (*Brendel*, 2013, 33) und Rechtfertigungen sich als falsch herausstellen. Grundsätzlich ist unser Wissen somit fallibel. Sowohl die Wahrheit als auch die Rechtfertigung stellen daher zentrale Konzepte dar, um zu klären, ob die kognitiven Ziele der Wissenschaft erreicht werden.

Wahrheitstheorien

Wenn die Suche nach **Wahrheit** als regulative Idee für Wissenschaftler gilt (*Popper*, 1963/2009, 355), dann sollen Aussagen, die auf Basis von Forschungsprozessen abgeleitet werden, wahr sein. Es werden drei Positionen herangezogen, die sich dem Projekt einer Wahrheitsdefinition aus unterschiedlichen Sichtweisen nähern

---

5 EDMUND GETTIER (1963) hat mit einer Reihe von Beispielen diese Definition in Frage gestellt und damit eine Debatte entfacht, aus der eine Fülle von Wissenstheorien entstanden sind (*Matthiessen/Willlaschek*, 2010, 3013ff). Ich bevorzuge den traditionellen Wissensbegriff, weil in ihm Ideale der Wissenschaft wie Wahrheit und Rechtfertigung (Begründung) enthalten sind (*Tetens*, 2013, 17ff), und weil Wissenschaft durch ihre systematisch-methodische Vorgehensweise die Zufälligkeit des Wissenserwerbs, die die Gettier-Beispiele prägt (*Brendel*, 2013, 51), zu verhindern sucht. M.E. führt dies daher zu einem ähnlichen Ergebnis, wie das Prinzip der epistemischen Methodensicherheit von BRENDEL (2013, 65ff).

und die für Forschungsprozesse und ihre Ergebnisse leitend sein können:

- Korrespondenztheorie der Wahrheit
- Kohärenztheorie der Wahrheit
- Konsenstheorie der Wahrheit

Die drei Wahrheitstheorien sprechen verschiedene Facetten des Subjekt-Objekt Verhältnisses an (s. Abbildung 2). Die Korrespondenz bezieht sich auf das Verhältnis von Tatsachen in der sozialen Realität und den Aussagen, die wir Menschen darüber formulieren. Die Kohärenz bezieht sich auf das Verhältnis verschiedener Aussagen untereinander (syntaktische, semantische Ebene)[6] und die Konsenstheorie auf das Verhältnis der Subjekte zu den Aussagen (pragmatische Ebene). Wahrheit als regulative Idee für die theoretischen Ziele von Wissenschaft wie Beschreibung, Erklärung und Verstehen lässt sich an diesen drei Betrachtungen orientieren.

Da in Diskussionen um Wahrheitstheorien auch häufig das Verhältnis von erkennendem Subjekt zu erkennendem Objekt ins Spiel gebracht wird, werden Wahrheitstheorien auf Basis ontologischer Annahmen analysiert. Obwohl ontologische Theorien nicht zwingend mit Wahrheitstheorien verbunden sein müssen, werden sie meist in Kombinationen angeboten.

Wird vom **Realismus** ausgegangen, wird eine vom menschlichen Subjekt unabhängige Realität vorausgesetzt, die erkannt wird; insbesondere ist es unerheblich, welche Vorstellungen Menschen von der Realität haben. Der **Idealismus** oder **Anti-Realismus** setzt hingegen den Primat beim menschlichen Subjekt und bestreitet die Unabhängigkeit der Realität vom Subjekt. Diese Position geht vielmehr davon aus, dass der Mensch durch seine kognitiven Systeme die Realität strukturiert oder – in extremen Fassungen – die Realität erst durch die Vorstellungen, die sich der Mensch von ihr

[6] In der Sprachwissenschaft werden drei Ebenen unterschieden: Syntax (Lehre von den Formen der Spracheinheiten, z.B. Wörter und Sätze), Semantik (Lehre von den Bedeutungen dieser Spracheinheiten) und die Pragmatik (Lehre von den Sprachhandlungen) (*Wunderlich*, 1989, 321ff).

macht, erzeugt. Anhänger des Realismus tendieren eher zur Korrespondenz – typische Vertreter sind HANS ALBERT, JOHN AUSTIN, KARL POPPER, JOHN SEARLE, idealistische Positionen neigen eher zur Kohärenz oder zum Konsens als Kriterium der Wahrheit – typische Vertreter sind KARL-OTTO APEL, JÜRGEN HABERMAS, CHARLES PEIRCE, NICHOLAS RESCHER.

Abbildung 2: Drei Ebenen von Wahrheitstheorien

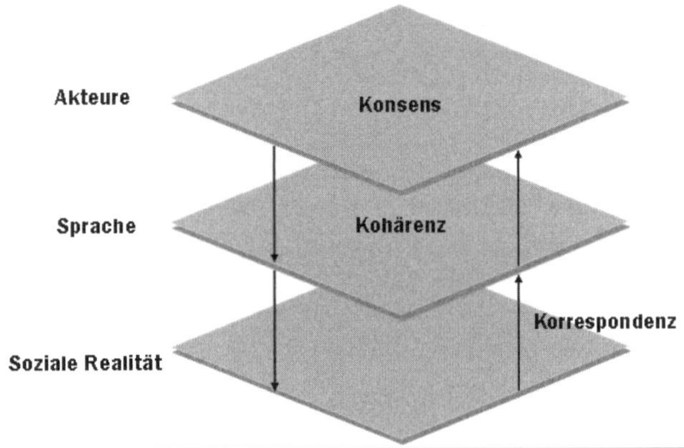

Wahrheit aus Sicht der **Korrespondenztheorie** wird durch ein Verhältnis der Realität und der Aussagen einer Theorie bestimmt. Es wird eine Korrespondenz der Aussagen mit den Tatsachen, die in den Aussagen behauptet werden, angenommen (*Popper*, 1973, 59). Sie liegt vor, wenn z.B. behauptet wird, dass Schnee weiß ist und dies auch in der Realität so ist. Somit wird deutlich, was damit gemeint ist, dass die Korrespondenztheorie von einer subjektunabhängigen Realität ausgeht. Denn es muss ja eine unabhängige Prüfung der Realität stattfinden, um diese Korrespondenz festzustellen. Für POPPER ist daher eine erfolgreiche Falsifikation einer Aussage ein wichtiges Argument für den Realismus (*Popper*, 1973, 219f).

Gegen die Korrespondenztheorie wird eingewendet, dass es sich beim Vergleich von Aussagen und Tatsachen um den Vergleich zwischen verschiedenen ontologischen Entitäten handelt (*Kirkham*,

1995, 134ff). Unklar ist dann, wie dieser Vergleich vorgenommen werden soll und damit, was Korrespondenz bedeutet. Da die Tatsachen, ebenso wie die Aussagen der Theorie, in sprachlicher Form vorliegen, werden sprachliche Aussagen verglichen. Somit ist die Beziehung zwischen sprachlichen Aussagen und den zu ihnen korrespondierenden Tatsachen unklar. Wer an der Intuition der Korrespondenz festhält, dem bleibt nur die Annahme, Tatsachen als Wahrmacher anzuerkennen, die durch geeignete Methoden in sprachliche Form gebracht werden. So auch die Formulierung von Albert: „Sie kann als die *Idee der zutreffenden Darstellung* von Sachverhalten aufgefasst werden, auf die man sich mit sprachlichen Mitteln beziehen kann" (*Albert*, 1982, 16). Sie sind dann als Beobachtungsaussagen qualifiziert, die mit den Aussagen der Theorie verglichen werden. Offensichtlich hängt bei diesem Schritt viel davon ab, ob geeignete Methoden zur Verfügung stehen, die verständlich machen, was eine zutreffende Darstellung ist.

Vertreter von epistemischen Wahrheitstheorien sehen das Primat im menschlichen Subjekt. Sie rücken nicht die Tatsachen oder das Verhältnis von Aussagen mit den Tatsachen in das Blickfeld, sondern die Aussagen werden zum Gegenstand der Wahrheitskonzeption. Wird die syntaktische und semantische Ebene von Aussagen beleuchtet, dann steht die Kohärenztheorie im Mittelpunkt der Betrachtung. Eine Analyse der sprachpragmatischen Ebene führt hingegen zur Konsenstheorie der Wahrheit.

So steht in einer **Kohärenztheorie** eine konsistente Eingliederung der Aussage in ein bestehendes Aussagensystem im Vordergrund (*Gloy*, 2004, 168); eine minimale Anforderung an Konsistenz ist die Widerspruchsfreiheit. Fügt sich die Aussage ohne Widerspruch ein, dann gilt sie als kohärent und damit wahr (*Davidson*, 1983/2003, 235). Ein Vorzug der Kohärenz ist es, dass bei einem Vergleich von Aussagen keine metaphysischen Annahmen über die Realität gemacht werden müssen. Allerdings wird dies mit dem Nachteil erkauft, dann nicht klar ist, welche Entität als Wahrmacher wirkt. Wenn die Eigenschaft der Kohärenz als Wahrmacher angesehen wird, dann wird gezeigt, was ohnehin vorausgesetzt ist. BERTRAND RUSSELL formuliert dies so: „Die Gesetze der Logik bilden … den Rahmen, innerhalb dessen wir Sätze auf Kohärenz testen können, sie selber können nicht mehr durch einen solchen Test geprüft werden“ (*Russell*, 1912/1967, 109). Ein weiteres Problem ist die Möglichkeit, dass es mehrere kohärente Systeme von Aussagen geben kann, mit deren Hilfe soziale Sachverhalte erklärt werden können (*Künne*, 2003a, 391f). WILLARD VAN ORMAN QUINE bezeichnet dies als Unterbestimmtheit von Interpretationen, die besagt, dass es verschiedene, nicht miteinander vereinbare Interpretationen geben kann, die als möglich angesehen werden (*Quine*, 1995, 142).

Eine **Konsenstheorie** rückt hingegen eine idealtypische Gemeinschaft von Wissenschaftlern in den Mittelpunkt. In seiner frühesten Form hat CHARLES PEIRCE eine Variante ins Spiel gebracht, die auf die Gemeinschaft der Wissenschaftler abstellt. Eine Konsenstheorie der Wahrheit lässt sich mit der folgenden Aussage charakterisieren (*Peirce*, 1878/1967, 349f):

> Eine Aussage x ist genau dann wahr, wenn gilt: wenn eine idealtypische Forschergemeinschaft immer weiter (unendlich) und gründlich forscht, werden schließlich alle Forscher x akzeptieren (*Künne*, 2003b, 166).

JÜRGEN HABERMAS hat dieses Konzept in seiner Theorie des kommunikativen Handelns weiterentwickelt, indem er die Bedingungen, die zum Konsens führen sollen, beschrieben hat. Er hat hierfür das Konstrukt der idealen Sprechsituation geschaffen, die sich insbesondere durch die Chancengleichheit der Diskursteilnehmer auszeichnet, ihre Aussagen im Diskurs zur Geltung zu bringen (*Habermas*, 1973, 252ff). Mit dem Adjektiv gründlich ist angedeutet, dass es gewisse Anforderungen an den Prozess und insbesondere die Methoden gibt.

Während es in der Kohärenztheorie um die Beziehung zwischen Aussagen geht, wird in der Konsenstheorie ein idealtypischer Prozess beschrieben, wie sich Wissenschaftler auf eine Aussage als wahr einigen. Beide Konzeptionen sind jedoch still, wenn es um die Frage geht, wie der Bezug der Aussage zu ihren Gegenständen beschaffen ist (*Gloy*, 2004, 221). Beide Konzeptionen müssen daher voraussetzen, dass die Überzeugungen, die sie betrachten, bereits wahr sind.

Auch wenn sich keine Wahrheitstheorie den anderen gegenüber als überlegen ausweist, mithin der Eindruck entsteht, dass es vielleicht fruchtlos ist, eine Definition von Wahrheit anzustreben, verdanken wir der Diskussion eine Reihe von Einsichten. Sie können auch dann verwendet werden, wenn Wahrheit als grundlegendes Konzept der Philosophie angesehen wird, das sich einer expliziten Definition entzieht (*Davidson*, 1983/2003, 237).

- Die Korrespondenz entspricht einer intuitiv von vielen sozialen Akteuren geteilten Auffassung von Wahrheit. Von wissenschaftlichen Aussagen, die sich auf die soziale Realität beziehen, wird erwartet, dass sie dieser sozialen Realität entsprechen. So soll eine Aussage wie „Privatwirtschaftliche Banken streben nach Gewinn" der Tatsache entsprechen, dass alle privatwirtschaftlichen Banken nach Gewinn streben.[7] Korrespondenz „hält … den Gedanken fest, daß die Wahrheit vom So-Sein der Welt abhängt" (*Davidson*, 2008, 46). Da wissenschaftliche Aussagen hypothetischen Charakter haben, kann diese Aussage auch nicht wahr sein.
- Ferner ist es mit einem Test auf Kohärenz möglich, Aussagen einer Theorie als wahr oder falsch auszuzeichnen. In einer Theorie von privaten Unternehmen ein einer marktwirtschaftlich organisierten Gesellschaft gibt es die Aussage, dass nach Gewinn gestrebt wird. Eine Aussage, die dem widerspricht, ist inkonsistent, d.h., eine Aussage „Privatwirtschaftliche Banken streben nicht nach Gewinn" ist als falsch auszuweisen. Angemerkt sei, dass dies auch dazu genutzt werden kann, falsifizierende Aussagen aufzustellen, um geeignete Prüfungen für die Aussagen einer Theorie zu konstruieren.
- Weiterhin ist ein Konsens zwischen Wissenschaftlern immer wieder notwendig, um sich über wichtige Fragen des Forschungsprozesses, der Voraussetzungen und Ergebnisse der

---

[7] Dieser Satz ist eine typische Formulierung einer deflationistischen Wahrheitstheorie, bei der – wie in meinem Satz – die Zitatstriche weggelassen werden: „Wahrheit ist Zitattilgung" (*Quine*, 1995, 113). So interessant die Diskussionen um die deflationäre Theorie auch sein mögen, ihnen lässt sich nicht entnehmen, was Merkmale eines allgemeinen Wahrheitsbegriffs sein könnten (*Davidson*, 1990/2005, 163); daher habe ich sie nicht berücksichtigt.

Forschung zu verständigen. Dies betrifft z.B. die Festlegung von Protokollsätzen, Konventionen für statistische Tests von Aussagen wie Signifikanzniveaus oder Effektgrößen oder Kriterien der Qualität der Forschungsergebnisse. Konventionen werden in Wissenschaftlergemeinschaften wie z.B. dem Verein für Socialpolitik oder der APA (American Psychological Association) festgelegt oder durch Konsens erreicht. Veränderungen von Konventionen werden durch Diskussionen innerhalb der Gemeinschaft angestoßen, in denen ein Konsens erreicht wird (*Laudan*, 1984, 73). Der Konsens bezieht sich nicht nur auf Ergebnisse der Forschung, vielmehr werden die Regeln und Festlegungen ausdrücklich einbezogen.

Wahrheit und Rechtfertigung

Manche Kritiker der vielen aus ihrer Sicht erfolglosen Versuche, die Wahrheit zu definieren, ziehen die Konsequenz, auf den Wahrheitsbegriff ganz zu verzichten. RICHARD RORTY bringt beispielsweise die Rechtfertigung ins Spiel und argumentiert: „Bewertung der Wahrheit und Bewertung der Begründung sind dann, wenn es um die Frage geht, was ich jetzt glauben soll, ein und dieselbe Tätigkeit“ (*Rorty*, 2000, 27). Die Wahrheit als regulative Idee ist jedoch nicht mit der Rechtfertigung gleichzusetzen, sie ist ihr vielmehr übergeordnet. Als ein Ideal von Wissenschaft, denn „Wissenschaft steht und fällt mit ihrem Wahrheitsanspruch“ (*Tetens*, 2013, 18), zeichnet sie sich durch eine Besonderheit aus:

> Wenn eine Aussage als wahr ausgezeichnet wird, dann ist dies eine absolute Eigenschaft (*Grundmann*, 2008, 39). Die Wahrheit der Aussage ändert sich weder mit der Zeit noch mit der Person, sie gilt „als eine »unverlierbare« Eigenschaft von Aussagen“ (*Habermas*, 1999b, 247).

Um zu Wissen zu gelangen, müssen Aussagen gerechtfertigt werden, d.h., Wissenschaftler haben Gründe anzugeben, warum sie Aussagen für wahr halten. Rechtfertigungen sollen es uns ermöglich, dass wir uns der Wahrheit nähern. Welche Eigenschaften hat eine **Rechtfertigung**, die das leistet? Zuerst ist zu klären, was eine (epistemisch) gerechtfertigte Aussage auszeichnet.

1. Es sollten überhaupt Gründe vorliegen,
2. die Gründe sollten die Aussage stützen und
3. die Gründe sollten adäquat sein (*Grundmann*, 2003, 57).

Bei der Beurteilung von Forschung ist daher auf die Gründe zu achten, die für die Rechtfertigung angeführt werden.[8] In den Sozialwissenschaften werden insbesondere die Validität und Reliabilität als Gründe angeführt, um Aussagen zu rechtfertigen.

Validität und Zuverlässigkeit als Gütekriterien von Forschung

Zur Validität gibt es im Wesentlichen zwei Auffassungen:

1. Validität ist eine Eigenschaft von Messungen (Tests) (Borsboom /Mellenbergh/H*eerden*, 2004, 1061),
2. Validität ist eine Eigenschaft von Schlüssen, die auf Basis von Messungen (Tests) gezogen werden (*Messick*, 1989, 13).

Da sich beide Konzeptionen nicht gegenseitig ausschließen, können sie miteinander verbunden werden (*Hood*, 2009, 457). Die zweite Konzeption hat jedoch den Vorteil, dass sie sich prinzipiell auf jede Form von Schlussfolgerung beziehen kann. Sie soll daher im Folgenden zugrunde gelegt werden. Der Verengung auf Messen oder Testen, wie sie sich in beiden Konzeptionen widerspiegelt, wird nicht gefolgt. Unter **Validität** wird daher eine Eigenschaft von Schlussfolgerungen verstanden, die auf Basis von Methoden und ihren Ergebnissen gezogen werden. Wenn in diesem Buch von einer validen Untersuchung, einer validen Methode oder von validen Ergebnissen gesprochen wird, ist damit immer verkürzend von den Schlussfolgerungen die Rede, die auf ihrer Basis gezogen werden. Um eine **Validierung** vorzunehmen, sind daher zunächst die

---

[8] Eine Möglichkeit, seine Aussagen zu rechtfertigen, ist es, aufzuzeigen, dass zur Erlangung des Wissens adäquate Methoden eingesetzt werden. An diesen Gedanken knüpft eine neuere Theorie des Wissens an: der **Reliabilismus**. Im Kern wird angenommen, dass wenn ein Prozess sehr häufig zu wahren Aussagen führt, er als besonders zuverlässig im Sinne des Reliabilismus gilt (*Baumann*, 2006, 64ff; *Goldman*, 2011).

- **Interpretationsargumente** aufzustellen, welche z.B. eine Beziehung zwischen dem beobachteten Verhalten und einem Testwert herstellt. Sie setzen sich aus verschiedenen Aussagen wie den Annahmen, Messtheorien etc. zusammen; deren Zusammenstellung ist abhängig von der Art der Validität.
- Mit **Validitätsargumenten** werden Interpretationsargumente bewertet und ein Urteil über die Validität des zugrundeliegenden Phänomens abgeschätzt (*Kane*, 2006, 23).

Um das Verhältnis von Reliabilität zur Validität zu erhellen, dient folgendes Beispiel: In einer empirischen Untersuchung wird versucht, herauszufinden, wie nach einem vertrauenszerstörenden Ereignis der Vertrauensnehmer mit Hilfe von Rechenschaftsabgabe (social accounts) Vertrauen zurückgewinnen kann. Zentral für die Untersuchung ist sicherlich, wie Vertrauen in der Untersuchung operationalisiert wird. Wer über ein valides Instrument (!) zum Messen von Vertrauen verfügt, d.h., das Instrument misst wirklich Vertrauen und nicht etwas anderes, der hat zumindest eine Gruppe von Validitätsbedrohungen adressiert. Um das Untersuchungsziel zu erreichen, sind jedoch noch weitere Validitätsbedrohungen zu erkennen und mit entsprechenden Maßnahmen zu begegnen.

Validitätsbedrohungen sind Stör- oder Fehlergrößen, die in empirischen Untersuchungen auftreten und die die Ergebnisse erheblich beeinflussen können. Um aussagefähige Ergebnisse zu erhalten, ist es notwendig, die möglichen Störvariablen zu kennen, um ihnen entgegenwirken zu können. Je besser dies in einer Untersuchung gelingt, desto zuverlässiger sind die Ergebnisse einzuschätzen. **Reliabilität** bezeichnet somit die Zuverlässigkeit von Aussagen, die auf Basis einer Methode abgeleitet werden (*Bortz/Döring*, 2006, 196). Validität und Reliabilität sind insofern Eigenschaften von Aussagen, die durch Methoden oder Untersuchungsdesigns erzeugt werden. Sie hängen zusammen, dadurch dass eine Methode, welche die Stör- und Fehlergrößen nicht beseitigen kann, bei jedem Einsatz ein anderes Ergebnis erzeugt. Mit sinkender Reliabilität geht auch die Validität zurück: Somit ist die Reliabilität eine notwendige Voraussetzung der Validität.

Validität ist allgemein als Eigenschaft von Schlussfolgerungen bezeichnet worden. Soll die Eigenschaft konkretisiert werden, dann müssen die Methode und ihre Ergebnisse konkretisiert werden. Meist wird dann der Begriff Validität mit Zusätzen spezifiziert, wie z.B. bei den folgenden prominenten Unterscheidungen:

1. Validität für Untersuchungsdesigns: interne und externe Validität (*Bortz/Döring*, 2006, 53).
2. Validität für Methoden und Messinstrumente: Inhalts-, Kriteriums- und Konstruktvalidität (*Bortz/Döring*, 2006, 200ff).

Validität ist somit das zentrale Konzept einer Validitätstheorie, die verschiedene Validitätskategorien und Strategien der Validierung untersucht. Unterschiedliche Kategorien oder Unterbegriffe der Validität entstehen durch die vielen Schlüsse, die während einer wissenschaftlichen Untersuchung notwendig sind und die sich beispielsweise auf die Auswahl der Untersuchungsobjekte, die Messung von Variablen, die statistische Auswertung von Daten oder die Interpretation von Interviewdaten beziehen. Somit gibt es ausgehend vom Allgemeinbegriff der Validität eine Reihe von Unterbegriffen.

Als Zwischenfazit lässt sich daher zur **Validität** konstatieren:

- Mit ihrer Hilfe wird die Qualität von wissenschaftlicher Forschung beurteilt; sie wirkt wie ein Standard der Forschung.
- Die Gütebeurteilung bezieht sich auf den Zusammenhang von Empirie und Theorie: es soll Auskunft gegeben werden, wie gut die empirischen Befunde einer Untersuchung die Theorie stützen. Sie wird daher in hypothesengenerierenden und hypothesentestenden Untersuchungen eingesetzt.
- Sie ist eine Eigenschaft der Schlüsse oder der Urteile, die auf Basis von empirischen Evidenzen gefällt werden (*Messick*, 1995, 741; *Shadish/Cook/Campbell*, 2002, 34; *Zumbo*, 2009, 68). Als ein wesentlicher Bestandteil der Argumente gehen methodische Regeln als Prämissen ein.

Wie ist das Verhältnis von Validität zur Wahrheit zu beschreiben? William Shadish/Thomas Cook/Donald Campbell haben ihr Konzept der Validität ausdrücklich mit der Wahrheitsnähe verknüpft: „We use the term *validity* to refer to the approximate truth of an inference" (*Shadish et al.*, 2002, 34). Dies erscheint insofern als sinnvolle Klarstellung, um zu konstatieren, dass nur Aussagen

Wahrheitswerte zugeordnet werden können. Nicht einem einzelnen Test kommt ein Wahrheitswert zu, sondern den Aussagen, die auf seiner Basis abgeleitet werden. Eine hohe Validität soll daher anzeigen, dass die Schlussfolgerungen es nahelegen, dass die Aussagen, die auf Basis einer Untersuchung gemacht werden, wahr sind. Mit Wahrheitsannäherung ist daher eher eine qualitative Einschätzung verbunden, dass es keine absolute Wahrheit gibt und dass wir trotz gewissenhafter Prüfung unseres Wissens nie sicher sein können, über die Wahrheit zu verfügen. Validität ist daher ein Konzept, mit dem eine zusammenfassende Einschätzung über die Annäherung zur Wahrheit der Aussagen einer wissenschaftlichen Untersuchung gegeben werden soll. Dazu ist es notwendig, alle Schlüsse, die auf Basis von wissenschaftlichen Untersuchungen gezogen werden, in einen kohärenten Zusammenhang zu bringen (*Kane*, 2006, 23ff).

Zusammenfassung

- Wissenschaftstheorie beschäftigt sich mit den ontologischen, logischen, methodologischen, handlungstheoretischen und ethischen Fragen von Wissenschaft. Eine Möglichkeit, sie von Wissenschaftssoziologie und -geschichte abzugrenzen, ist, sie als normativ zu verstehen.
- Die wesentlichen kognitiven Ziele von Wissenschaft sind Verstehen, Beschreibung, Erklärung, Prognose (Vorhersage) und Gestaltung. Kurzgefasst zielt Verstehen auf das Symbol- und Sprachverstehen, wie sie häufig in Textprotokollen vorliegen. Mittels Beschreibung sozialer Sachverhalte werden Begriffe erfasst und in einen Zusammenhang gebracht. Erklärung baut auf Regelmäßigkeiten (Gesetzen) auf und versucht, auf dieser Basis soziale Sachverhalte einer Ursache-Wirkungs-Analyse zu unterziehen. Wenn die Erklärung erfolgreich ist, wird erhofft, auf dieser Basis Prognosen zu erstellen. Mit der gleichen Begründung wird vermutet, dass Ursache-Wirkungs-Analysen zu Ziel-Mittel-Analysen umgeformt werden und somit Gestaltungsempfehlungen gegeben werden können.
- Mithilfe verschiedener Dimensionen werden wissenschaftliche Forschungsprogramme beschrieben. Im Zentrum der Wissenschaftstheorie stehen die methodischen, methodologi-

schen und ethischen Regeln, die für die Entscheidungen während des Wissenschaftsprozesses und insbesondere für die Beurteilung ihrer Ergebnisse eingesetzt werden.

- Methodologische Regeln sind Handlungsanweisungen an Wissenschaftler, wie sie mit ihren Methoden und Ergebnissen umgehen sollen. Sie wirken damit auch direkt auf methodische Regeln ein. Wenn Hypothesen zu Fall gebracht werden sollen, wie es eine Methodologie der Falsifikation fordert, sind Hypothesentests entsprechend auszugestalten. Ethische Regeln dienen im Forschungsprozess dazu, wichtige Werte in der Wissenschaft zu verankern.
- Wahrheit wird als regulative Idee vorgestellt. Auch wenn es keine Theorie der Wahrheit gibt, die sich durchgesetzt hat, können ihnen jedoch Einsichten entnommen werden, die zur Beurteilung in der Wissenschaft hilfreich sind.
- Korrespondenz gibt den Gedanken wieder, dass soziale Sachverhalte, wie sie in einer Theorie formuliert sind, mit dem So-Sein der sozialen Welt übereinstimmt. Mit der Kohärenz ist ein Vergleichstest einer Aussage und einem bestehenden Aussagesystem verbunden, um sie als wahr oder falsch auszuzeichnen. Konsens dient der Verständigung über Aussagen im Rahmen von wissenschaftlichen Diskursen.
- Validität wird als eine Eigenschaft von Schlussfolgerungen verstanden, die auf Basis von Methoden und ihren Ergebnissen gezogen werden. Validität wird in Graden festgestellt. Sie ist eine Möglichkeit, über die Wahrheitsnähe von Aussagen zu informieren und über die Qualität von Forschung Auskunft zu geben.
- Reliabilität ist die Zuverlässigkeit von Methoden. Wenn Stör- und Fehlergrößen auftreten, gefährdet dies die Validität von Untersuchungen; Reliabilität ist somit eine notwendige Voraussetzung von Validität.

Schlüsselwörter

Beschreibung (23)
Erklärung (24)
Erfahrungsobjekt (30)
Erkenntnisobjekt (30)
Forschungsprogramm (26)
Gestaltung (24)
Inkommensurabilität (33)
Kohärenztheorie (37)
Konsenstheorie (38)
Korrespondenztheorie (36)
Methode (25)
Methodologie (29)
Paradigma (32)
Prognose (24)
Rechtfertigung (40)
Regel (27)
Regel, methodologische (27)
Reliabilität (42)
Validität (42)
Verstehen (23)
Wahrheit (34)
Werturteil (25)
Wissenschaftstheorie (22)

Lernkontrolle

1. Grenzen Sie die Wissenschaftstheorie von der Wissenschaftsphilosophie ab. Gehen Sie auch auf die Unterschiede zur Wissenschaftsgeschichte und -soziologie ein.
2. Definieren Sie die Wissenschaftstheorie.
3. Nennen Sie die kognitiven Wissenschaftsziele.
4. Beschreiben Sie kurz die wesentlichen Aufgaben, die mit den Ihnen bekannten Wissenschaftszielen verbunden sind.
5. Beschreiben Sie die Dimensionen von Forschungsprogrammen.
6. Was sind wissenschaftliche Regeln?
7. Diskutieren Sie die Bedeutung von methodologischen Regeln für die Wissenschaft.
8. Erläutern Sie eine methodologische Regel des kritischen Rationalismus.
9. Worin unterscheiden sich methodische und methodologische Regeln?
10. Was sind die Grundannahmen eines wissenschaftlichen Forschungsprogramms und welche kennen Sie?
11. Erläutern Sie den korrespondenztheoretischen Wahrheitsbegriff und gehen Sie auf seine Nachteile ein.
12. Welche Einsichten entnehmen Sie, trotz der Kritik an beiden Theorien, der Kohärenztheorie und der Konsenstheorie der Wahrheit?
13. Diskutieren Sie, warum es trotz der Uneinigkeit über den Wahrheitsbegriff sinnvoll ist, an ihm festzuhalten.
14. Erläutern Sie den Unterschied von Validität und Wahrheit.
15. Diskutieren Sie die beiden Auffassungen zur Validität.

16. Erklären Sie, warum es neben der Validität noch der Reliabilität bedarf, um die Qualität von wissenschaftlichen Methoden zu beurteilen.

Kommentierte Literaturempfehlungen

Zur Pflichtlektüre gehört sicherlich das Werk von THOMAS KUHN, das ihn berühmt gemacht hat: Die Struktur wissenschaftlicher Revolutionen (1962/1976); weitere Aufsätze finden sich in KUHN (1978a). Eine umfassende Monographie zu Kuhn stammt von HOYNINGEN-HUENE (1989). Wer sich für Weiterentwicklungen der Gedanken von Kuhn interessiert, findet viele Hinweise in CONANT/HAUGELAND (2000).

Die meistdiskutierte Alternative zu KUHN ist sicherlich die von LAKATOS: Seine wissenschaftlichen Forschungsprogramme hat er in LAKATOS (1974) beschrieben, eine kritische Analyse beider Konzeptionen mit den Ideen von POPPER liefert ANDERSSON (1988). Ich habe einige Passagen dieses Kapitels aus meinem Aufsatz BRÜHL (2006b) entnommen.

Es gibt zwei Monographien zu den methodischen Regeln des kritischen Rationalismus, deren Lektüre sich lohnt, eine frühe von JOHANSSON (1975) und eine ausführlichere von JARVIE (2001); aktuelle Diskussionen finden sich in NOLA/SANKEY (2007) und GADENNE (2006).

Veröffentlichungen über die Wahrheit füllen sicherlich viele Bücherwände, daher sind Überblicksbände am besten geeignet in die Diskussion einzuführen: meine persönliche Empfehlung ist KIRKHAM (1995) und als deutsches Werk GLOY (2004).

Die Diskussionen über den Wissensbegriff sind ausführlich dargestellt in BRENDEL (2013); in den Bänden zur Erkenntnistheorie von BAUMANN (2006), ERNST (2010) und GRUNDMANN (2008) finden sich darüber hinaus die Diskussionen um den Begriff der Rechtfertigung.

Validität wird intensiv in der Methodenliteratur der Psychologie und Pädagogik diskutiert. Zentral für meine Ausführungen sind die beiden Handbuchartikel von MESSICK (1989) und KANE (2006) sowie der Gegenentwurf von BORSBOOM et al. (2004), eine gute Diskussion beider Ansätze findet sich in HOOD (2009).

Diese Auffassung von Validität als Eigenschaft von Schlüssen hat den Vorteil, dass sie sich prinzipiell auf jede Form von wissenschaftlichen Prozess und Ergebnis von Forschung bezieht.

3 Ontologische Festlegungen für die Sozialwissenschaft

3.1 Sachverhalte in einer Ontologie des Sozialen

Stößt man auf Äußerungen von Sozialwissenschaftlern, in denen Worte wie ontologisch oder Ontologie auftauchen, so wird es häufig grundsätzlich. Und dies im doppeldeutigen Sinn: Zum einen legen Wissenschaftler in diesen Äußerungen die Gegenstände fest, mit denen sie sich beschäftigen wollen (Erkenntnisobjekt). Zum anderen dienen Diskussionen über ontologische Festlegungen dazu, sich über die grundsätzliche Struktur der sozialen Realität Klarheit zu verschaffen. Ontologische Festlegungen dienen somit u.a. dazu, den Gegenstandsbereich einer Wissenschaft und seine Strukturen aufzuweisen (*Poser*, 2001/2012, 197). Was aber ist Ontologie?

> „Interessant am Problem der Ontologie ist seine Einfachheit. Es kann mit drei deutschen Worten beschrieben werden: »Was gibt es?« Mehr noch, es kann mit einem einzigen Wort beantwortet werden: »alles« – und jeder würde diese Antwort als wahr akzeptieren" (*Quine*, 1951/1979a, 9)

Die allgemeine Ontologie beschäftigt sich mit dem Seienden und seinen Gegenständen (Entitäten) sowie den „Grundstrukturen des Wirklichen und Nichtwirklichen auf einer ganz allgemeinen Ebene" (*Meixner*, 2004, 9). Diese Grundstrukturen werden beschrieben, d.h., in der allgemeinen Ontologie wird deskriptiv gearbeitet.[1] Ein Ziel dieser Beschreibung ist es, die Wirklichkeit möglichst sparsam zu beschreiben, d.h., es ist mit wenigen Kategorien auszukommen.

---

[1] Ontologische Aussagen können über die tatsächlichen (phänomenalen) Gegebenheiten in den Sozialwissenschaften hinausgehen, wenn Alternativen zu den Grundstrukturen diskutiert werden (*Liske*, 2004, 18ff). Die Grundstrukturen alles Seienden schließt dann alles Reale, aber auch alles Mögliche und Unmögliche ein, also nicht nur Esstische, sondern auch Einhörner. Einige Ontologen trennen daher die Gesamtheit aller Grundstrukturen in ein Universum als Gegenstand der Naturwissenschaften und die Welt als Gegenstand der Philosophie (*Grossmann*, 2003, 19ff).

Eine **Sozialontologie**, als Lehre von den sozialen Kategorien (*Scholz*, 2008, 1229), beschreibt z.B., aus welchen Gegenständen die soziale Welt besteht und wie die allgemeinen Zusammenhänge zwischen diesen Gegenständen strukturiert sind. Ontologische Festlegungen beziehen sich daher zuerst auf die Frage, was überhaupt als soziale Realität angesehen werden soll. Dies wird erreicht über die Festlegungen, welche Kategorien die soziale Realität ausmachen. Anhand einer spezifischen Variante der Kategorienbildung – einer Sachverhaltsontologie (*Tegtmeier*, 1992, 37ff; *Armstrong*, 2005, 13ff) – können Fragen der Sozialontologie diskutiert werden. In ihr werden soziale Entitäten als Sachverhalte interpretiert (*Puntel*, 2005; *Tegtmeier*, 2005).

Als Kategorien einer allgemeinen Ontologie gelten Sachen und Sachverhalte, wobei Sachverhalte Verbindungen zwischen Sachen ausdrücken (*Wittgenstein*, 1921/1963, 11). Mit der Kategorie Sache sind Dinge, Eigenschaften und Beziehungen gemeint (*Tegtmeier*, 1992, 39).

1. Dinge können z.B. Hämmer, Filme und – auch wenn die Redeweise nicht besonders schön anmutet – Menschen, Fußballvereine oder politische Systems sein.
2. Eigenschaften charakterisieren Dinge wie z.B. die Eigenschaft eines Hammers, einen Holzgriff zu haben oder die Eigenschaft eines Menschen, eine Frau zu sein.
3. Auch Beziehungen können in Sachverhalten auftreten, so wenn eine Frau Mitglied im Vorstand eines Unternehmens ist.

Mit einer Sachverhaltsontologie wird angenommen, dass die Welt aus Sachverhalten besteht (*Armstrong*, 2005, 13; *Tegtmeier*, 1992, 161)[2] und „daß wir Dinge, Eigenschaften und Beziehungen nie abgesondert und für sich wahrnehmen, sondern immer nur im Zusammenhang von Sachverhalten“ (*Tegtmeier*, 1992, 144). Diese Aussage passt sehr gut zu unserer Standardauffassung über die Forschung von Sozialwissenschaftlern. So konstatieren JÜRGEN BORTZ und NICOLA DÖRING, dass Sozialwissenschaftler Untersuchungs-

---

[2] Eine Skizze zu verschiedenen Auffassungen von Sachverhaltsontologien findet sich in TEGTMEIER (2011).

objekte hinsichtlich ihrer Merkmale beschreiben und festgestellte Merkmalsunterschiede erklären (*Bortz/Döring*, 2006, 2). So werden z.B. Vorstände deutscher Unternehmen hinsichtlich des Merkmals Anteil der weiblichen Personen (Sachverhalt) beschrieben – 2012 lag er bei den 200 größten Unternehmen bei 4,0% (*Holst/Schimeta*, 2013, 4). Es wird versucht, Ursachen zu finden, warum der Anteil im Vergleich zu anderen Ländern der Europäischen Union geringer ist. Um zu klären, wie (kausale) Beziehungen zwischen Sachverhalten beschrieben werden, ist es notwendig, dass sich Sachverhalte zeitlich unterscheiden lassen:

- **Sachverhalte** können zeitlich ausgezeichnet werden, indem ihnen zeitliche Teile ontologisch zugeordnet werden, um Veränderung beschreiben zu können (*Tegtmeier*, 1992, 69ff). So ist der Sachverhalt, dass sich der Frauen-Anteil an Mitgliedern in einem Vorstand erhöht, durch zwei Sachverhalte beschreibbar.
- Da die Ursache der Wirkung zeitlich vorangehen muss, sind Sachverhalte geeignete ontologische Kandidaten, um Ursache-Wirkungs-Verhältnisse zu beschreiben. Sachverhalte können daher in einem **Ursache-Wirkungs-Verhältnis** stehen (**Kausalität**) (*Albert*, 2008, 33). Beispielsweise prüfen Forscher, ob der Sachverhalt von ausreichender Kinderbetreuung in einem Land einen positiven Einfluss auf den Sachverhalt Anteil der weiblichen Führungskräfte hat.
- Dies zeigt, dass in den Sozialwissenschaften mithilfe von empirischen Methoden versucht wird, die tatsächliche Beschaffenheit der sozialen Welt zu erforschen. **Tatsachen**, als bestehende Sachverhalte, wirken als „Wahrmacher" von Aussagen (*Armstrong*, 2005, 164ff; *Runggaldier/Kanzian*, 1998, 204ff). Eine Einsicht, die bereits von LUDWIG WITTGENSTEIN mit bewundernswerter Klarheit formuliert wird: „Was der Fall ist, die Tatsache, ist das Bestehen von Sachverhalten" (*Wittgenstein*, 1921/1963, 11).

Als **Erkenntnisobjekte der Sozialwissenschaften** gelten nach diesen Ausführungen alle Handlungen, die zweck- oder normenorientiert sind, d.h., die mit einer bestimmten Absicht (**Intention**) oder mit einer Normbeachtung verbunden sind, einschließlich der mit diesen Handlungen verbundenen Ergebnisse, als intendierte oder nicht-intendierte Ergebnisse, wie sie sich in Form von Institutionen den sozialen Akteuren zeigen.

Wie lässt sich das Verhältnis von (Sozial-)Ontologie und Sozialwissenschaft beschreiben? Auch für die Ontologie gilt der Vorbehalt des Fallibilismus, d.h., Aussagen der Ontologie sind Hypothesen und damit prinzipiell revidierbar (*Weissman*, 2000, 2ff). Ein a-priori-Status kommt ihnen nicht zu. Somit besteht zwischen Ontologie und Sozialwissenschaft ein Spannungsverhältnis, das durch gegenseitige Kritik und Korrektur der jeweilig hypothetischen Aussagen geprägt ist und für Revision in beiden Bereichen sorgen kann (*Trapp*, 1976).[3]

3.2 Eine Mehrebenen-Analyse der Ontologie

„Wir müssen den Einzelnen und sein Handeln betrachten, um das Kollektivgebilde zu erkennen“ (*Mises*, 1940, 33). So konstatiert LUDWIG VON MISES, einer der Väter der österreichischen Schule der Volkswirtschaftslehre, zur Frage, wie der Gegenstand der Volkswirtschaftslehre erkannt wird. Damit klingt auch schon eine wichtige Unterscheidung an, die beachtet werden muss, wenn Beiträge zur Individualismus-Kollektivismus-Debatte beurteilt werden. MISES proklamiert in der Nachfolge von CARL MENGER (1883) und JOSEPH SCHUMPETER (1908) den methodologischen Individualismus, d.h., er fordert den methodologischen Vorrang für individuelle Handlungen vor den kollektiven Sachverhalten.[4] Wer ein

---

[3] TRETTIN formuliert hierzu das Prinzip der phänomenologischen Adäquatheit, das dem ständigen Abgleich mit der Erfahrungswelt dient, und das Prinzip der Anschlussfähigkeit an domänenspezifische Wissenschaften, das dem Abgleich mit wissenschaftlichen Theorien dient (*Trettin*, 2000, 149).

[4] Wenn auch die Idee von MENGER (1883, 87ff) bereits entwickelt wurde, gilt SCHUMPETER (1908) als der Namensgeber des methodologischen Individualismus (*Schumpeter*, 1908, 88ff). Vor MENGER hat allerdings bereits JOHN STUART MILL den wesentlichen Gedanken formuliert: „The laws of the phenomena of society are, and can be, nothing but the laws of the actions and passions of human beings united together in the social state” (*Mill*, 1843/1974b, 879).

Anhänger dieser Auffassung ist, verpflichtet sich jedoch nicht, einen ontologischen Vorrang von individuellen Sachverhalten anzunehmen oder gar die Existenz kollektiver Sachverhalte zu verneinen: „Es fällt uns nicht ein, zu bestreiten, dass es gesellschaftliche Gebilde … gibt“ (*Mises*, 1940, 32). Um diese Debatte um die Ontologie individueller und kollektiver Sachverhalte aufzuhellen, ist es nützlich, beide Sachverhalte und ihre Eigenschaften vorzustellen (s. auch Philosophiebox 4, S. 65). Zur Vereinfachung wird im Folgenden von drei Ebenen ausgegangen (s. Abbildung 3):[5]

1. **Mikro-Ebene**: Auf der Mikro-Ebene wird von den individuellen Handlungen von Akteuren ausgegangen. Es wird untersucht, wie sie zu ihren Zielen und Überzeugungen gelangen und wie sie auf dieser Basis ihre Entscheidungen treffen, um zu handeln.
2. **Meso-Ebene**: Wenn sich eine Anzahl von Individuen zu einem Kollektiv zusammenschließen, kann dies beispielsweise eine Gruppe sein, um gemeinsame ideelle Ziele zu erreichen oder eine Organisation, um materielle Ziele zu verfolgen. Wenn es gemeinsame Ziele und Überzeugungen gibt, wird von kollektiver Intentionalität gesprochen. Kooperation ist als weiteres Merkmal in die Abbildung aufgenommen, weil ein gemeinsames Ziel erreicht werden soll; damit ist jedoch Konkurrenz oder Wettbewerb nicht ausgeschlossen.
3. **Makro-Ebene**: Alle sozialen Sachverhalte, die hierarchisch oberhalb der Meso-Ebene liegen, werden der Makro-Ebene zugeordnet. In ihr werden insbesondere Einflüsse der Gesellschaft auf Organisationen beschrieben, wobei Organisationen in Märkte eingebettet sind oder als wirtschaftliche Betriebe mit anderen Betrieben in einem Netzwerk kooperieren. Die Ordnungen, in denen Organisationen eingebettet sind, reichen von spontanen Ordnungen, wie sie sich in manchen Märkten realisieren, ohne dass sich diese Ordnungen auf die Intentionen einzelner Akteu-

[5] Es finden sich auch sparsamere Ebenen-Modelle, die nur Mikro- und Makroebene unterscheiden (*Esser*, 1993, 91ff) oder Modelle, die sich direkt auf Untersuchungseinheiten beziehen: Individuum, Gruppen, Organisationseinheiten, Organisation, Interorganisationale Netzwerke und Umwelt (*Hitt et al.*, 2007, 1387).

re zurückführen lassen, bis zu stark strukturierten Ordnungen, die auf den Intentionen der Beteiligten beruhen.

Vereinfacht ist diese Abbildung, weil im Folgenden die drei Betrachtungsebenen und ihr Verhältnis analysiert werden; es ist hier hingegen keine vollständige Analyse aller möglichen hierarchischen Beziehungen innerhalb und zwischen diesen Ebenen möglich.

Abbildung 3: Drei Ebenen der Betrachtung in der Sozialontologie

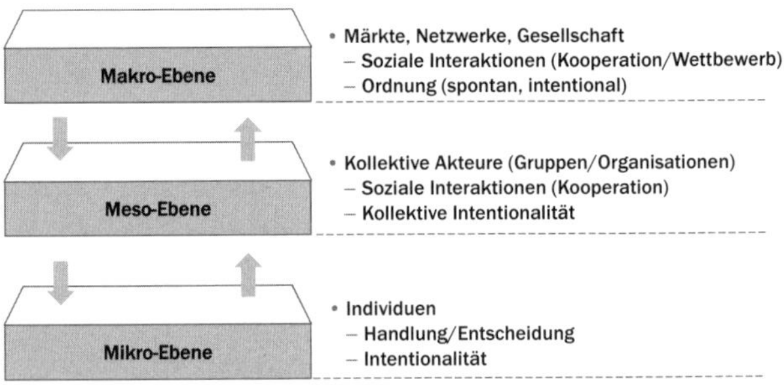

Handlungsmodell der Sozialwissenschaft

In diesem Abschnitt wird ein Handlungsmodell skizziert, das so konzipiert ist, dass es für sozial-, wirtschafts- sowie verhaltenswissenschaftliche Analysen geeignet ist. Das Modell soll weder auf eine spezielle Sozialwissenschaft zugeschnitten sein, noch soll es ein spezielles Forschungsprogramm innerhalb der Sozialwissenschaften präjudizieren. Es soll vielmehr dazu dienen, wesentliche Eigenschaften von Akteuren zu modellieren, auf die in den weiteren Teilen dieses Buches zurückgegriffen werden kann. Somit stellt es einen theoretischen Bezugsrahmen dar, in dem sich die Erörterungen wissenschaftstheoretischer Probleme bewegen werden, hingegen stellt es kein Forschungsmodell dar.

Auszugehen ist von einem Handlungsmodell aus dem Blickwinkel eines Individuums (s. Abbildung 4), d.h., im Zentrum steht der **Akteur** als handelndes Subjekt. Wenn in diesem Buch von Akteuren gesprochen wird, ist in der Regel von Individuen auszugehen, da allerdings auch Institutionen (Organisationen) als kollektive Akteure benannt werden, soll dies im jeweiligen Kontext verdeutlicht werden. **Handlungen** von Menschen werden als absichtsvolles (= **intentionales**) Verhalten aufgefasst (*Esser*, 1993, 4), d.h., Akteure vollziehen Handlungen, um ein Ziel zu erreichen und sie setzen dafür Mittel ein.

Abbildung 4: Das Handlungsmodell und seine Elemente

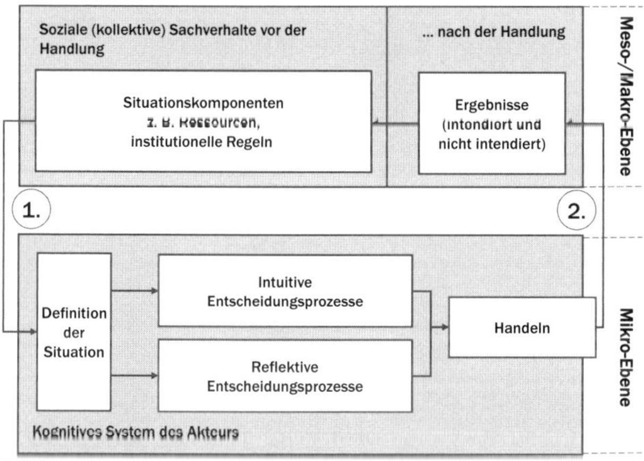

Diese Kennzeichnung von Handlungen sollte jedoch nicht zu eng ausgelegt werden. Psychologen grenzen ihr Erkenntnisobjekt so ab, dass sie das Verhalten von Menschen betrachten. Verhalten ist der weitere Begriff und umfasst auch nicht-intentionales Tun von Menschen (*Zimbardo*, 1995, 2). Auch unbewusstes Tun ist daher Gegenstand der Sozialwissenschaft und damit auch Teil eines Handlungsmodells ist. Es würden sonst viele Handlungen, insbesondere Routinehandlungen, aus dem Gegenstandsbereich der Sozialwissenschaften ausgeschlossen.

Abbildung 4 führt die für die angestrebte, grobe Skizze wesentlichen Elemente eines Handlungsmodells auf, daher ist sie sicherlich nicht vollständig. Das kognitive System des Akteurs enthält zwei Typen von kognitiven Prozessen: die intuitiven und die reflektiven

Entscheidungsprozesse; das Model beschreibt damit eine duale Prozesstheorie (*Evans*, 2008; 2010). Beiden Prozessen ist die Definition der Situation durch die Akteure gemein, mit der sie sich beispielsweise über die Möglichkeiten und Restriktionen informieren. Der Akteur bildet in beiden Entscheidungsprozessen mit seinen kognitiven Möglichkeiten Intentionen, welche die Grundlage seines Handelns sind. Während sich reflektive Entscheidungsprozesse durch ein bewusstes, kontrolliertes, analytisches und systematisches Vorgehen beschreiben lassen, folgen intuitive Prozesse eher einem unbewussten, automatischen, holistischen und heuristischen Vorgehen. Wenn Handeln als **intentional** charakterisiert wird, ist damit angedeutet, dass ein zielgerichtetes Verhalten vorliegt (*Audi*, 2001, 62f). Was in Abbildung 4 als kognitives System des Akteurs bezeichnet ist, wird in der Philosophie als **Geist** oder das Mentale bezeichnet; es umfasst alle bewussten und unbewussten mentalen Zustände (*Beckermann*, 2008, 5ff).

Aufbauend auf Vorläufern wie z.B. WILHELM DILTHEY haben die Klassiker WEBER und ALFRED SCHÜTZ das Konzept des Sinnverstehens in den Sozialwissenschaften entwickelt: Wichtig ist daher auch heute noch WEBERS Festlegung, dass der subjektiv gemeinte **Sinn**, als die Interpretationen der mit Handlungen verbundenen Zwecke, Absichten und weiteren relevanten Werten und Normen, Gegenstand der sozialwissenschaftlichen Analyse sein soll (vgl. *Weber*, 1922/1947, 1), und das Konzept der Lebenswelt von SCHÜTZ, dass die Alltagswelt der Akteure in die Analyse einzugehen habe (*Münch*, 2007, 191ff). Sie haben beide das Konzept des Verstehens in den Sozialwissenschaften etabliert, für das die mentalen Akte der Akteure eine große Rolle spielen. Die damit notwendige Trennung von mentalen und natürlichen Sachverhalten wird seit FRANZ BRENTANO (1874/1955) mit der Intentionalität begründet, die auch im Rahmen einer intentionalistischen Sozialontologie aufgegriffen und weiterentwickelt wird (*Schmid/Schweikard*, 2009a).

Nach dieser Interpretation unterscheiden sich soziale Sachverhalte von natürlichen Sachverhalten durch die **Intentionalität.**[6] Sie ist die Fähigkeit von Menschen, ihre mentalen Gehalte (Aussagen) auf etwas zu richten (*Brentano*, 1874/1955, 124f; *Searle*, 1987, 15ff). So hat z.B. ein Kunde einer Bank den Wunsch, Geld von seinem Konto abzuheben, und außerdem hat er die Absicht (Intention), dieses Geld einer gemeinnützigen Organisation zur Verfügung zu stellen.

> **Beachte:** Die Intentionen eines Akteurs sind von der Eigenschaft der Intentionalität zu unterscheiden: Intentionen, im Sinne von Absichten oder Zielen, sind ein möglicher Modus der Intentionalität (*Searle*, 1987, 21f). In der Philosophie des Geistes wird die Eigenschaft der Gerichtetheit als **Intentionalität** bezeichnet (*Teichert*, 2006, 102f).[7] Vereinfacht lässt sie sich mit einem dass-Satz kennzeichnen (*Searle*, 1987, 16). So richtet sich das **Ziel** des Akteurs auf den zukünftig angestrebten Zustand Z: Peter hat das Ziel, dass er die Prüfung schafft. Neben dem Inhalt des Ziels sind Präferenzen relevant. Mit **Präferenzen** lässt sich z.B. beschreiben, wie der Akteur seine Ziele gewichtet oder welches Ausmaß er anstrebt. Peter strebt eine sehr gute Note an und ist daher auch bereit, auf viele Stunden Freizeit zu verzichten. Er gewichtet die Note für seine Prüfung höher als die Freizeit, die er verliert.

Es gibt weitere geistige Zustände von Akteuren (*Searle*, 1987, 18f); für Handlungen sind insbesondere die **Überzeugungen** der Akteure von Bedeutung, in denen sich ihr Wissen von der Welt widerspiegelt. Der Akteur muss **überzeugt** sein zu wissen, welche Mittel es ihm ermöglichen, seine Ziele zu erreichen (*Hornsby*, 2004, 2). Auch hier lässt sich ein entsprechender dass-Satz bilden: Peter ist überzeugt, dass er bei ausreichender Vorbereitungszeit alle Mög-

---

[6] Zwar ist das Konzept der Intentionalität von BRENTANO in die neuzeitliche Diskussion der Abgrenzung von Psychologie und Naturwissenschaften eingeführt worden (*Jacquette*, 2004, 98ff), jedoch hat er Vorläufer insbesondere in der mittelalterlichen Philosophie (*Knudsen*, 1982).

[7] Zu beachten ist, dass im Deutschen für die Begriffe Intention und Intentionalität das gleiche Adjektiv „intentional" gebräuchlich ist.

lichkeiten hat, die Prüfung zu schaffen. Der Akteur sieht sich einer Reihe von situativen Gegebenheiten gegenüber, die er in seinem kognitiven System verarbeitet (*Esser*, 1999, 29ff). Auf Basis dieser situativen Gegebenheiten, seiner eigenen Ziele sowie seiner Überzeugungen werden die entsprechenden Informationen mittels eines Entscheidungsprozesses zu Zielen gewandelt, die als Triebfeder für sein Handeln gelten (*Gäfgen*, 1968, 95ff).[8]

Die in Abbildung 4 gekennzeichneten reflektiven Entscheidungsprozesse zeichnen sich dadurch aus, dass auf Basis einer Situationsdefinition systematisch vorgegangen wird. Dies ist jedoch nicht so zu verstehen, dass nicht Vereinfachungsstrategien eingesetzt werden. Ganz im Gegenteil verwenden Akteure häufig Heuristiken, um unmittelbar zur Handlungswahl und damit zur Handlung zu gelangen. Als **Heuristiken** werden kognitive Vereinfachungsstrategien bezeichnet, die sich auf unterschiedliche Komponenten beziehen können, z.B. werden weniger Informationen verarbeitet, die Präferenzen werden vereinfacht oder es werden weniger Alternativen betrachtet (*Shah/Oppenheimer*, 2008, 209). Mithilfe von Heuristiken als vereinfachte Regeln für typische Handlungsmuster lassen sich auch Routinehandlungen begründen, die ja ebenfalls der kognitiven Entlastung dienen. Viele sich wiederholende Alltagshandlungen müssen nicht immer wieder neu entschieden werden. Sobald die entsprechenden Signale für eine bestimmte Situation vom kognitiven System des Akteurs aufgenommen werden, läuft die Handlung routinemäßig ab.

Rationalität wird in den Sozialwissenschaften in sehr unterschiedlicher Weise beschrieben, meist jedoch mit einem Handlungsmodel verbunden. Als **rational** gelten Handlungen von Akteuren, wenn sie mit ihren Handlungen ihre Ziele erreichen und dies so geschieht, dass die Mittel entsprechend der Präferenzen bestmöglich eingesetzt werden. Beide Betrachtungen sind wichtig, d.h., es ist nicht nur von Belang, ob das Ziel überhaupt erreicht wird, sondern auch wie es erreicht wird. Wenn Maria von Berlin nach Mailand

---

8 GÄFGEN spricht hier, wie in der betriebswirtschaftlichen Entscheidungstheorie üblich, anstatt von der Situation von der Umwelt (*Eisenführ/Weber*, 1999, 16ff).

reist, dann kann sie dies auf sehr unterschiedliche Weise tun. Ohne die Kenntnis ihrer Ziele, die sie verfolgt, ist es nicht möglich, die Rationalität ihrer Handlungen zu beurteilen. Wenn sie es sehr eilig hat, also die Reisezeit für sie ein wichtiges Ziel ist, dann wird sie es in Erwägung ziehen, eine Flugreise zu buchen. Wenn sie allerdings sehr umweltbewusst handelt und Flugreisen möglichst vermeiden will, dann zieht sie vielleicht eine Bahnfahrt vor. Es hängt daher unter anderem von ihren persönlichen Präferenzen ab, ob ihre Handlungen als rational zu beurteilen sind. Wenn sich Maria für die Bahnreise entschieden hat, dann hat sie jedoch viele Möglichkeiten von Berlin nach Mailand zu fahren. Das Rational-Prinzip legt an ihre Handlung den Maßstab, dass sie mit geringstmöglichen Mitteln handelt.

Es ist daher wichtig zu erkennen, ob ein deskriptiver oder präskriptiver Begriff von Rationalität verwendet wird.[9]

- Insbesondere in der normativen Entscheidungs- und Spieltheorie wird ein **präskriptiver** Begriff verwendet, der an bestimmte Eigenschaften des Prozesses anknüpft und daher häufig als formale Rationalität bezeichnet wird. Dieses Konzept schreibt z.B. vor, dass die Präferenzen eines sozialen Akteurs bestimmten Eigenschaften entsprechen müssen.[10]
- Wird tatsächliches Verhalten beobachtet, dann handelt es sich um **deskriptive** Rationalität. Aus der Einsicht, dass Menschen keine Computer sind und nur über eingeschränkte kognitive Ressourcen verfügen, folgert SIMON, dass Menschen nur über eine begrenzte Rationalität (bounded rationality) verfügen (*Simon*, 2000, 25ff).

---

9 Ein kurzer Überblick zu verschiedenen Konzepten der Rationalität findet sich in (*Basel/Brühl*, 2013).

10 Rationalität wird in den Wirtschaftswissenschaften überwiegend so verwendet, dass sich die Anforderungen auf die Präferenzen der Akteure beziehen; wie z.B. dass der Akteur den Handlungsmöglichkeiten Präferenzen zuordnen kann, ein konsistentes Präferenzsystem hat und die Präferenzen zeitstabil sind (*Fishburn*, 1981). Auch in den Wirtschaftswissenschaften wird jedoch zunehmend die begrenzte Rationalität verwendet (*Kirchgässner*, 2008, 27ff).

Um Entscheidungsprozessen die Eigenschaft der Rationalität zu- oder auch abzusprechen, wird sich meist eines präskriptiven Modells bedient, mit dem Abweichungen als fehlerhaft und damit als nicht rational festgestellt werden.[11] In jüngster Zeit propagiert GERD GIGERENZER mit einem Forschungsprogramm zu intuitiven Entscheidungsprozessen ein alternatives Vorgehen: Insbesondere in Situationen, in denen aufgrund der Ungewissheit eine Berechnung von Risiken nicht möglich ist, sind Heuristiken, die von Menschen eingesetzt werden, zu untersuchen (*Gigerenzer/Brighton*, 2009; *Gigerenzer/Hertwig/Pachur*, 2011). Es wird vermutet, dass sie in bestimmten Situationen effektiver und effizienter als Optimierungsmodelle sind. Da ihre Herkunft nicht präskriptive Modelle sind, sondern sie aus Beschreibung von tatsächlichen Entscheidungsprozessen von Akteuren abgeleitet sind, wird dieses Rationalitätskonzept als angepasste oder **ökologische** Rationalität (ecological rationality) bezeichnet (*Basel/Brühl*, 2013, 749f).

Über die Modellierung der Ziele und Präferenzen sowie ihrer Überzeugungen besteht die Möglichkeit, sehr unterschiedliche Modelle von Akteuren zu erzeugen. Sie können von dem optimierenden, selbstinteresse-geleiteten Akteur bis zum altruistisch, moralisch handelnden Akteur reichen. Rationalität bezieht sich nicht nur auf Ziele – als Zweckrationalität –, sondern es können auch Normen und Werte betrachtet werden.[12]

---

11 Ein umfangreiches Forschungsprogramm hat hierzu viel über menschliche Schwächen bei Entscheidungsprozessen zusammengetragen; eine Quintessenz der Forschung aus der Sicht eines führenden Vertreters dieser Richtung findet sich in KAHNEMAN (2012).

12 Handlungen auf Basis der Wertrationalität, eingeführt von WEBER, lassen sich im Sinne einer Betrachtung der obersten Maximen interpretieren, auf deren Basis die eigentliche Zweck-Mittelauswahl erfolgen soll (*Stachura*, 2006).

Philosophiebox 3: Rationale Handlungstheorien in den Sozialwissenschaften

Schon bei den Klassikern finden sich, wenn auch nicht immer systematisch aufbereitet, Annahmen über die Rationalität von Akteuren. Allerdings hat erst das 20. Jahrhundert eine axiomatische Darstellung von Rationalität gesehen. Besonders prominent war in diesem Zusammenhang die Theorie des rationalen Verhaltens von JOHN VON NEUMANN und OSKAR MORGENSTERN, die mit ihrem Konzept des Erwartungsnutzens eine spezifische Form von Rationalität beschrieben haben und sie zur Modellierung von Interaktionen im Rahmen der Spieltheorie eingesetzt haben. Deren Axiome wurden vielfach verändert und an die Entwicklung der ökonomischen Theorie angepasst. Die Axiome beziehen sich auf die Präferenzen der Akteure und verlangen von ihnen beispielsweise, dass sie die Alternativen in eine Reihenfolge bringen können, dass ihre Präferenzen konsistent sind und dass sie neutral in Bezug auf die Alternativen sind.

Allen rationalen Handlungstheorien ist somit gemeinsam, dass sie Vorstellungen der Rationalität formulieren. Dies kann von sehr allgemeinen Formulierungen wie „Akteure streben eine Erreichung ihrer Ziele an“ bis zu etwas konkreteren Formen wie „Akteure maximieren ihren Erwartungsnutzen“ gehen, die auf mathematisch formulierten Axiomen beruhen. Methodologisch interessant ist aber, wie diese Vorstellungen von ihren Entwicklern eingeordnet werden. Hierzu einige Beispiele:

Ein prominenter Entwurf für eine rationale Handlungstheorie in der Volkswirtschaftslehre wurde von VON MISES vorgelegt. Er beansprucht für seine als Praxeologie bezeichnete Handlungstheorie einen apriorischen Status, der universell gültig sei. Eine solche Immunisierungsstrategie wird aus methodologischer Sicht zwar nicht mehr prinzipiell ausgeschlossen, wie die Debatte um den harten Kern von Forschungsprogrammen nach LAKATOS zeigt; sie wird allerdings auf Dauer wohl für keine Theorie aufrechtzuerhalten sein. Solche Wissensansprüche werden daher von Methodologen in der Ökonomie vielfach kritisiert, z.B. lehnt MARK BLAUG einen solchen kategorischen Anspruch rundweg ab, eine etwas differenziertere Argumentation bietet hingegen BRUCE CALDWELL, der darauf hinweist, dass VON MI-

SES sich bewusst gegen den Positivismus wendet und eine nomothetische Wissenschaft vom Handeln ablehnt. Zu bedenken ist jedoch, dass in der Volkswirtschaftslehre eine Reihe von Idealisierungen wie das Marktgleichgewicht oder effiziente Märkte ebenfalls meist vor der Falsifikation geschützt werden.

Rationale Handlungstheorien spielen auch in der Soziologie und Politikwissenschaft eine gewichtige Rolle, weil ja auch in diesen Disziplinen Annahmen über das Verhalten von sozialen Akteuren getroffen werden. So greifen ihre Vertreter auch auf bestimmte Theorien der Rationalität zurück. JAMES COLEMAN hat sich z.B. eindringlich für die Übernahme ökonomischer Rationalitätsmodelle der Nutzenmaximierung ausgesprochen und damit argumentiert, dass sie einfach und konkret sind, mithin für eine soziologische Theorie, die Makro-Phänomene erklären will, gut geeignet seien.

Auch HARTMUT ESSER stützt sich auf eine Theorie der Rationalität (Erwartungswert-Theorie) und formuliert allerdings: „Das „rationale" Handeln nach den Regeln der WE-Theorie [Wert-Erwartungs-Theorie, R.B.] ist daher nur ein bestimmter Modus der Entscheidungsfindung, manchmal sogar geleitet durch ein kulturelles Modell der Zweckrationalität als Norm" (1999, 358). Da ESSER eine empirische Theorie anstrebt, reichert er sie systematisch mit empirischen Erkenntnissen der Sozialwissenschaften an. Damit verlassen wir allerdings die rationalen Handlungstheorien.

(Quellen: *Blaug*, 1992; *Caldwell*, 1994; *Coleman*, 1990; *Diefenbach*, 2009; *Esser*, 1999; *Hastie/Dawes*, 2010; *Mises*, 1966; *Udehn*, 2003; *Sugden*, 1991)

Vom Handlungsmodell zu kollektiven, sozialen Sachverhalten

Mit der Unterscheidung in **Sachverhalte** vor und nach der Handlung wird angedeutet, dass sich Sachverhalte nach der Handlung ändern und dies durch die **intendierten** und **nicht-intendierten Ergebnisse** (einschließlich unerwünschter Nebenwirkungen) bewirkt wird (Pfeil 2, Abbildung 4, S. 55). Eine mögliche Wirkung von Handlungen ist somit die Schaffung und Stabilisierung von Institutionen (*Coleman*, 1990, 5). Der Begriff der **Institution** wird in den (neueren) Institutionenauffassungen der verschiedenen Sozialwissenschaften weit gefasst, d.h., er umfasst nicht nur Organisationen als zweckorientierte und dauerhaft angelegte Zusammenschlüsse von Individuen, sondern z.B. in der neuen Institutionenökonomie jede Form von Regelung, die Anreizwirkungen entfaltet und entsprechende Durchsetzungsmechanismen beinhaltet (*Erlei/Leschke/Sauerland*, 2007, 22). Noch weiter ist die Auffassung im Neoinstitutionalismus, in der „Institutionen als verfestigte soziale Erwartungsstrukturen verstanden werden" (*Walgenbach/Meyer*, 2008, 55).

Wenn Karl seine Nachbarin Elisabeth freundlich grüßt, dann intendiert er damit vielleicht, zu einem angenehmen Umgang in seinem Mietshaus beizutragen. Er trägt allerdings gleichzeitig dazu bei, dass Begrüßungsroutinen in der Gesellschaft stabilisiert werden. Wie durch diese beispielhaften Wirkungen beschrieben, ist es in einem weiteren Schritt möglich, von der individuellen Ebene des Handlungsmodells zur Berücksichtigung von sozialen Entitäten zu kommen, denn soziales Handeln findet in der Gesellschaft statt. **Soziales Handeln** ist ein Handeln, das sich an anderen Interaktionspartnern ausrichtet und in denen die Handelnden Sinn konstituieren (*Weber*, 1922/1947, 1). Handeln (Aktion) ist daher in der Regel **Interaktion**, welche von anderen Individuen und von Gruppen sowie Organisationen geprägt sind (*Strauss*, 1993, 24ff). Bei Interaktionen kommen somit weitere Akteure ins Spiel. Wenn Elisabeth die freundliche Begrüßung genauso freundlich erwidert, dann hat sie eventuell die gleiche Intention, für eine freundliche Atmosphäre im Haus zu sorgen. Daraus ergibt sich die Frage, wie die Intentionen der beiden miteinander verknüpft sind.

Kollektive Intentionalität wird als Konzept eingeführt, um vom individuellen Handeln zu einer Beschreibung des kollektiven Handelns zu gelangen. Mit seiner Hilfe soll **gemeinsames Handeln** erklärt werden, das sich vom individuellen grundsätzlich dadurch unterscheidet, dass es nicht alleine ausgeführt werden kann (*Schweikard*, 2008, 103). Es reicht nicht, dass Karl als Einziger freundlich ist. Nur wenn möglichst viele im Haus auch freundlich sind, kann die freundliche Atmosphäre im Haus entstehen.

Soziale Sachverhalte zeichnen sich nach JOHN SEARLE dadurch aus, dass sie sich generell auf kollektive Intentionalität stützen (*Sear-*

le, 1997, 37).[13] Analog zur individuellen Intentionalität lassen sich verschiedene Seinsweisen von **kollektiver Intentionalität** unterscheiden (*Schmid/Schweikard*, 2009a, 41ff): So gelten beispielsweise Wir-Ziele und Wir-Überzeugungen als Voraussetzung zur Deutung von kollektivem Handeln. Karl und Elisabeth haben das Wir-Ziel „Wir haben das Ziel, dass eine freundliche Atmosphäre in unserem Mietshaus geschaffen werden soll". Gemeinsames Handeln kommt dadurch zustande, dass sie auch noch gemeinsame Überzeugungen haben, wie sie dieses Ziel erreichen können, wie z.B. „Wir haben die Wir-Überzeugung, dass wir uns bei jeder Begegnung im Treppenhaus freundlich grüßen". Beide brauchen jedoch noch eine weitere Überzeugung: Peter muss überzeugt sein, dass Elisabeth die gleiche Überzeugung hat und Elisabeth muss die gleiche Überzeugung haben wie Peter (*Tuomela*, 2007, 92ff; *Johansson*, 1989, 270ff). Wir-Überzeugungen unterscheiden sich von individuellen Überzeugungen somit dadurch, dass ein Individuum die Überzeugung anderen Mitgliedern zuschreibt (*Gilbert*, 1992, 254ff), d.h., ein Merkmal für die kollektive Intentionalität ist es, dass mindestens zwei Personen sich wechselseitig die Ziele und Überzeugungen zuschreiben (*Detel*, 2007c, 75 ff). Diese gegenseitigen Zuschreibungen von Zielen und Überzeugungen sind nicht voraussetzungslos: **Soziale Interaktionen** sind dadurch geprägt, dass die Akteure sich Intentionalität zuschreiben und sich damit gegenseitig als interpretierbare und rationale Akteure anerkennen (*Detel*, 2007c, 73).

Von Verfechtern der kollektiven Intentionalität wird darauf hingewiesen, dass sie nicht auf individuelle Intentionalität reduzierbar ist. Ein wichtiges Argument gegen eine ausschließliche Berücksichtigung der individuellen Intentionalität ist der Zirkelschluss, der ihm zu Grunde liegt (*Searle*, 2009, 104ff). Es schleicht sich an einer Stelle des Arguments die gemeinsame Absicht (Wir-Ziel) ein, denn Karl muss z.B. voraussetzen, dass es ein gemeinsames Projekt „Wir schaffen eine angenehme, freundliche Atmosphäre in unserem

---

[13] Eine kurzen Überblick über wichtige Positionen zur kollektiven Intentionalität findet sich in TOLLEFSEN (2004) eine umfassende Dokumentation der aktuellen Debatte enthält der Sammelband von SCHMID/SCHWEIKARD (2009b).

Haus" gibt. Ansonsten hängt seine individuelle Absicht, zu dieser freundlichen Atmosphäre beizutragen, in der Luft. Wir setzen in der Regel ein „gemeinsame(s) Vorhaben schon voraus" (*Schmid*, 2007, 468). Wer diese Ansicht vertritt, ist allerdings nicht verpflichtet anzunehmen, dass die Organisation eine kollektive Intentionalität hat. Er wird vielmehr annehmen, dass Individuen neben der individuellen auch über kollektive Intentionalität verfügen (*Searle*, 2012, 46f).[14]

Philosophiebox 4: Individualismus versus Kollektivismus

Die Diskussion Individualismus versus Kollektivismus wird in den Sozialwissenschaften seit vielen Jahrzehnten geführt, ohne dass eine Einigung erzielt wurde. Vereinfacht besagt die Doktrin des Individualismus, dass, wenn soziale Sachverhalte erklärt werden sollen, von Individuen und ihren Handlungen auszugehen ist. Der Begriff „Erklären" deutet an, dass es sich um eine methodologische Annahme handelt. Dies hat SCHUMPETER veranlasst, diese Auffassung als **methodologischen Individualismus** zu bezeichnen. Vertreter dieser Auffassung treffen allerdings durchaus unterschiedliche ontologische Annahmen über das Verhältnis von Individuen und kollektive Entitäten wie Gruppen, Organisationen und weiterer gesellschaftlicher Institutionen. Eine erste Annahme lässt sich so formulieren:

1. Alle kollektiven Entitäten sind aus Individuen zusammengesetzt.

Wesentlich bleibt mit dieser Annahme, dass jeder soziale Sachverhalt nur mithilfe individueller Handlungen erklärt werden kann. Da es soziale Sachverhalte gibt, die nicht auf die Intentio-

---

[14] Dies wird durch Forschung zu den Kognitionsstrukturen von Team-Mitgliedern bestätigt. Langfristige Kognitionsstrukturen, wie mentale Modelle von Teammitgliedern (Team Mental Model), enthalten neben den aufgabenbezogenen Elementen des Teams weitere Elemente. Mit diesen Elementen, die sich auf die Vorstellungen der anderen Teammitglieder beziehen, ist es den einzelnen Mitgliedern möglich, miteinander zu kooperieren (vgl. *Brühl/Buch*, 2008; *Klimoski/Mohammed*, 1994).

nen einzelner Akteure zurückgeführt werden können, ist es für die Annahme zentral, dass Handlungen von Akteuren nicht intendierte Wirkungen haben können. In gemäßigten Varianten des methodologischen Individualismus wird daher davon ausgegangen, dass kollektive Entitäten existieren. Allerdings heißt dies nicht, dass sie ein Eigenleben erhalten. Mithin gilt:

2. Nur Individuen handeln, kollektive Entitäten handeln nicht.

Es gibt allerdings auch Vertreter, die kollektive Entitäten für Phantasiegebilde halten, die sich Sozialwissenschaftler ausdenken und daher nehmen sie an:

3. Soziale Entitäten existieren nicht.

Eine solch starke Annahme bringt sich jedoch in Schwierigkeiten mit unseren Intuitionen über gesellschaftliche Institutionen. Es fehlt schwer Aussagen wie „die römisch-katholische Kirche existiert nicht“ oder „der Fußballverein Borussia Dortmund existiert nicht“ zu akzeptieren. Wir leben in einer sozialen Welt, die fast ausschließlich aus sozialen Institutionen besteht. Eine Ontologie, die ihre Existenz negiert, wirkt unglaubwürdig. Auch die moderaten Formen sind allerdings mit Problemen behaftet. Lässt sich eine Gruppe aus zwei Individuen nur durch diese beiden Individuen beschreiben? Oder gibt es Eigenschaften, die nicht durch die Individuen sondern nur durch ihre Gemeinsamkeiten auftreten? Wissenschaftler, welche diese Frage mit ja beantworten, favorisieren eine kollektivistische oder holistische Auffassung für soziale Sachverhalte.

Ein starker **Kollektivismus** nimmt an, dass soziale Institutionen wie Unternehmen, Kirchen oder Fußballvereine tatsächlich existieren, handeln und dadurch kausal auf andere individuelle oder Akteure wirken. Moderate Formen des Kollektivismus nehmen nur an, dass eine kausale Wirkung möglich ist, ohne Existenzaussagen hinzuzufügen. Für die Erklärung von individuellen Handlungen ist es daher von Interesse, von welchen sozialen Entitäten kausale Wirkungen auf dieses Handeln ausgehen. Während der methodologische Individualismus – insbesondere in seinen starken Varianten – eine kausale Wirkung von Makrophänomenen verneint, nähern sich moderate Fassungen des Individualismus und Kollektivismus, wenn sie solche Wirkungen betrachten und die sogenannte Abwärtskausalität zulassen.

Wer nicht einem starken Individualismus huldigt, nimmt an, dass eine Emergenz zwischen einzelnen Ebenen auftritt, die eine vollständige **Reduktion** einer höheren Ebene durch eine niedrigere Ebene verhindert[15]. Von **Emergenz** wird dann gesprochen, wenn Eigenschaften auf einer höheren Ebene – hier: kollektive Akteure – auftreten, die sich nicht durch Eigenschaften einer niederen Ebene – hier: individuelle Akteure – erklären lassen. Dies lässt allerdings auch Interpretationen zu, bei denen individuelles Handeln als wesentlicher Faktor in der Erklärung sozialer Sachverhalte zu berücksichtigen ist und in denen von wechselseitigen Einflüssen beider Ebenen auszugehen ist. Ob das Verhältnis zwischen individueller und kollektiver Intentionalität durch starke oder schwache Emergenz geprägt ist, kann zwar auch in der Sozialontologie diskutiert werden, muss jedoch vor allem im Rahmen von inhaltlichen Theorien innerhalb der empirischen Sozialwissenschaften geklärt werden.

(Quellen: *Albert*, 2005; *Bhaskar*, 1979; *Gellner*, 1959; *Giddens*, 1997; *Heintz*, 2004; *Kincaid*, 1986; *Schumpeter*, 1908; *Udehn*, 2001; 2002; *Wagner*, 2012; *Watkins*, 1952; *Zahle*, 2007)

3.3 Realismus und Anti-Realismus

„Ich bin kein Konstruktivist" konstatierte THOMAS LUCKMANN, um dann noch hinzuzufügen, dass er sich als einen „an einer realistischen Ontologie und Epistemologie festhaltenden Nicht-Konstruktivisten" (*Luckmann*, 1999, 17) sieht. Und dies wird von einem Koautor des Buches „Die soziale Konstruktion der Wirklichkeit" geäußert (*Berger/Luckmann*, 1969), das aus Sicht vieler Interpreten das Tor für den sozialen Konstruktivismus weit aufgestoßen hat und für viele mit einer Widerlegung des Realismus einhergeht. Sein

---

[15] Eine schwache Emergenz ist hingegen mit einer reduktionistischen Position durchaus vereinbar (*Hoyningen-Huene*, 1994, 182; *Stephan*, 2006, 147ff; *Hoyningen-Huene*, 2006b). In der Sozialontologie gehört SEARLE zu der Gruppe der Realisten/Naturalisten, die ein streng reduktionistisches Programm vertreten (*Searle*, 1997, 159ff); für eine entgegen gesetzte Auffassung argumentiert SAARISTO (2006, 50ff).

Bekenntnis ist allerdings nur auf den ersten Blick verblüffend, denn unter Realismus lässt sich zum einen Vielerlei verstehen, zum anderen ist der naive – und dies ist nicht abwertend gemeint – Realismus auch unter Sozialwissenschaftlern weit verbreitet.

Realistische Positionen entsprechen unserer üblichen Alltagsintuition: Wir gehen davon aus, dass sich die Sachverhalte, die wir wahrnehmen, nicht nur in unserem Geist befinden, sondern dass sie tatsächlich existieren. Diese Grundannahme wird vom wissenschaftlichen Realisten geteilt, der jedoch darüber hinausgeht, indem er auch Entitäten, die wir nicht direkt wahrnehmen können, wie z.B. Atome, Moleküle oder die Unternehmenskultur, als real existierend annimmt (*Popper*, 1973, 49ff). Realistische Positionen gibt es in vielen Varianten (*Niiniluoto*, 2004), in der Regel sind sie mit zwei **Annahmen** verbunden (*Devitt*, 2008, 224; 1991, 14ff):[16]

(1) Es existieren Entitäten in der Realität.

(2a) Diese Entitäten der Realität existieren objektiv und unabhängig von unserem Geist.

Annahme (1) zeigt, dass der Realismus zuerst eine ontologische Theorie ist. Zwar ist diese ontologische eng mit einer epistemologischen Position verbunden, die sich darauf bezieht, dass wir grundsätzlich Kenntnis von der Realität erlangen können und diese Beschreibung mit den Tatsachen der Realität übereinstimmen (*Demmerling*, 2004, 29); so tritt sie häufig im Verbund mit der Korrespondenztheorie der Wahrheit auf. Allerdings ist dies nicht zwingend.

Wie in Annahme (2a) festgehalten, wird davon ausgegangen, dass es eine Realität gibt, die unabhängig von unserem Erkenntnisvermögen ist. Insbesondere bei natürlichen Tatsachen deckt sich dies mit unseren Alltagstheorien: Dass der Berg der Zugspitze mit Schnee bedeckt ist, gilt als eine natürliche Tatsache, die auch dann besteht, wenn sie von keinem Menschen erkannt oder gedacht wird.

[16] Zur aktuellen Diskussion in den Sozialwissenschaften KIVINEN/PIIROINEN (2004) und in der Ökonomie HAUSMAN (1998; 2000) und MÄKI (2000).

Im Gegensatz zum Realismus gibt es Anti-Realisten insbesondere **Idealisten** und (soziale) **Konstruktivisten**, die zwar der ersten Annahme des Realismus mit unterschiedlichen Interpretationen durchaus zustimmen können, allerdings der zweiten Annahme widersprechen und als Gegenthese formulieren (*Demmerling*, 2004, 30ff; *Kutschera*, 2006, 65ff):

(2b) Diese Entitäten existieren **nicht** unabhängig von unserem Geist.

Anti-realistische Erkenntnistheorien des Sozialen gehen davon aus, dass sich die Tatsachen nach unseren Ideen und Konstruktionen von den Tatsachen richten. Als besonders prominent gilt in diesem Zusammenhang der **soziale Konstruktivismus** (s. Philosophiebox 5, S. 74). In zu (2b) abgewandelter Form wird die Annahme (2c) vertreten (*Collin*, 2008, 23ff):

(2c) Soziale Sachverhalte existieren **nicht** unabhängig von unserem Geist.

Abbildung 5 zeigt vereinfacht in sechs Schritten, wie ein realistische Position Erkenntnis von Sachverhalten beschreibt.[17] Auszugehen ist davon, dass Alice ein Kaninchen beobachtet (Pfeil 1). Mit einem Realismus ist verbunden, dass der Sachverhalt, den Alice beobachtet, unabhängig von ihrer mentalen Repräsentation ist: Das Kaninchen ist auch dann da, wenn Alice es nicht beobachtet. Wenn das Kaninchen ins Blickfeld gelangt, Alice es also beobachtet (Pfeil 2), dann treffen Reize auf die Sinne von Alice und sie nimmt das Kaninchen wahr. Der Wahrnehmungsprozess löst neuronale Prozesse aus (Pfeil 4), die wiederum zu Überzeugungen führen (Pfeil 5). Überzeugungen sind intentionale Zustände, die einen propositionalen Gehalt haben, mithin Aussagen wie z.B. „Da ist ein Kaninchen." Sie können mit einer Beobachtungsaussage verglichen werden (Pfeil 6), um festzustellen, dass die Überzeugung wahr ist. Alle Dinge, die in Abbildung 5 aufgeführt sind, sind Dinge einer Welt.

[17] Ein Vertreter einer naturalistischen Erkenntnistheorie wie z.B. QUINE diskutiert ausführlich die in Abbildung 5 aufgeführten Schritte (*Quine*, 1995, 1ff); eine kritische Auseinandersetzung mit QUINE bietet KEIL (2011, 17ff).

Es werden keinerlei dualistische Annahmen benötigt, um diese Prozesse zu beschreiben. Sachverhalte, wie das Kaninchen, sind Bestandteil einer Realität und sind keine mentalen Sachverhalte oder gar Sätze. Sie sind unsere ultimativen Belege für Beobachtungsaussagen, mit denen wir hoffen, unsere Theorien – und seien es auch nur Alltagstheorien – zu bestätigen.

Abbildung 5: Realismus und Anti-Realismus

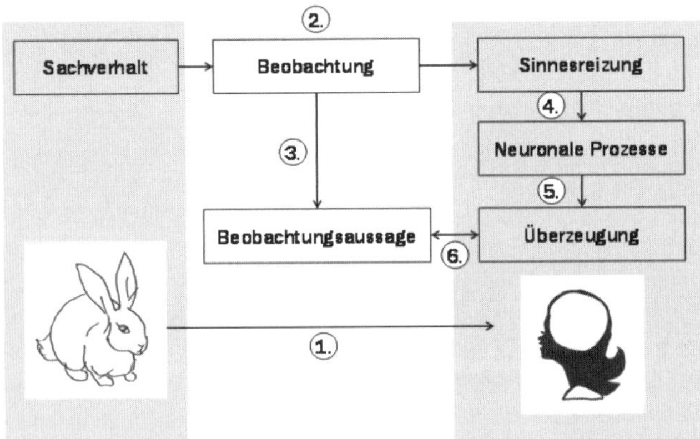

Wer sich die Kästen mit ihren Pfeilen anschaut – und dies ist nur ein Bruchteil der möglichen Kästen und Pfeile –, der wird an jedem Pfeil und Kasten mögliche Einfallstore für Entgegnungen und andere Interpretationen erkennen. Konstruktivistische Interpretationen drehen einige Pfeile in ihrer Richtung: So ist z.B. Beziehung 2 genau andersherum auszurichten, da unsere Begriffe den Sachverhalt konstruieren. Womit häufig einhergeht, von der **Theoriebeladenheit** der Beobachtung zu sprechen, d.h., Beobachtung ist durch unser Vorwissen beeinflusst (*Hanson*, 1958a, 19), und somit die Möglichkeit einer unabhängigen Prüfung von Beobachtungsaussagen und Überzeugung (Pfeil 6) in Frage zu stellen.

Sind soziale Sachverhalte ebenso beobachtbar, wie Alice das Kaninchen beobachtet? Dies lässt sich am Beispiel von Geld in einer Gesellschaft erläutern.

Geld erfüllt in einer Volkswirtschaft insbesondere die Funktion als Zahlungsmittel (*Suntum*, 2001, 85). Diese Funktion lässt sich anhand einer einfachen Formel darstellen (*Searle*, 1997, 38):

X hat die Funktion als Y im Kontext C

Für unser Beispiel lautet eine verkürzte Interpretation dieser Formel: Papierscheine (X) mit einem bestimmten Aufdruck (z.B. Euro-Zeichen und weiterer Bestandteile) hat die Funktion von Geld (Y) in der Europäischen Währungsunion (C). Zwar materialisiert sich Geld in Form von Münzen aus Metall und Scheinen aus Papier, seine Funktion als Zahlungsmittel ist davon jedoch weitgehend losgelöst: Sie wird in unserer Gesellschaft auch durch Plastikkarten als Kredit- oder Geldkarten oder wurde in der Vergangenheit durch Muscheln erfüllt, mithin können die physischen Eigenschaften unterschiedlich sein (*Hayek*, 1952, 84). Wer per Versand gelieferte Ware mit einer Überweisung von seinem Online-Konto bezahlt, hat nie materiell Geld bewegt (abgesehen sei davon, dass es Kontenbewegungen in Form von Veränderungen in der Speicherbelegung gibt).

Die Funktionszuweisung von Geld zeichnet sich nach SEARLE dadurch aus, dass es sich um eine konstitutive Funktion handelt. Konstitutiv ist sie, als sie erst dadurch entsteht, dass ihr durch die kollektive Intentionalität genau diese Funktion als Tauschmittel zugewiesen wird (*Searle*, 2008, 153ff; *Wilson*, 2007, 141ff). Auch hier gilt wieder, dass es nur gemeinsam funktioniert: Einzelne Individuen können nicht für sich ein Tauschmittel als allgemeinverbindlich deklarieren. Der soziale Status von Geld hängt daher von der allgemeinen Funktionszuweisung ab, der auch den Aspekt der Akzeptanz beinhaltet (*Tuomela*, 2003, 137ff). Der Begriff Geld für bestimmte Artefakte wie Papierscheine referiert daher erst mittels der zugewiesenen Statusfunktion auf einen sozialen Sachverhalt.

In ihrem täglichen Umgang mit Geld verwenden Akteure nicht unbedingt mehr bewusst die verschiedenen notwendigen Modi der kollektiven Intentionalität, da die dazu notwendigen Handlungen in soziale Praxis übergegangen sind und routiniert ablaufen. Da die soziale Praxis des Geldumgangs normativ geprägt ist, führt das Ausrichten der wirtschaftlichen Akteure auf die Normen zu Regelmäßigkeiten in eben dieser sozialen Praxis (*Stüber*, 2005, 316). Allerdings ist darauf hinzuweisen, dass es in unseren Gesellschaften auf die Intentionalität einzelner Akteure nicht ankommt. Auch wenn einzelne Akteure keinerlei Intentionen haben, müssen sie die Funktion von Geld anerkennen, wenn sie z.B. mit anderen Akteuren Waren austauschen wollen. Wenn jedoch sehr viele oder im Extremfall alle Akteure ein Zahlungsmittel nicht mehr anerkennen, verliert es auch tatsächlich seine Funktion.

Viele soziale Sachverhalte existieren durch Intentionalität von sozialen Akteuren und da Intentionalität nicht bewusst sein muss (*Ludwig*, 2003, 5), weil beispielsweise kulturelle Normen durch Sozialisierung als unbewusste Überzeugungen im mentalen System abgespeichert werden, muss sich der Akteur nicht jedes sozialen Sachverhalts bewusst sein. Daher sind sogenannte **latente Sinnzusammenhänge** mittels Intentionalität versteh- und erklärbar.

Das Gedankenexperiment, sich alle Individuen wegzudenken, führt zur nur vermeintlich absurden Konsequenz, dass es dann keine sozialen Sachverhalte mehr gibt: „Without people, no social facts" (*Rosenberg*, 2008, 147). Es fällt daher für soziale Sachverhalte schwer, eine Geistesunabhängigkeit anzunehmen (*Mäki*, 2012, 19). D.h. nicht, dass diese sozialen Entitäten nicht in einer sozialen Realität existieren, sondern diese soziale Realität eben nicht vollständig unabhängig von unserem Geist existiert. Es gibt allerdings auch soziale Sachverhalte, die nur indirekt mit der kollektiven Intentionalität von Akteuren verbunden zu sein scheinen. Trotzdem sie von keinem einzelnen Teilnehmer an dieser Realität bewusst erkannt oder beabsichtigt werden, sind sie Teil einer sozialen Realität. Ein Beispiel sind nicht intendierte Wirkungen von Handlungen (*Agassi*, 1975, 153f). So wird beispielsweise das Auftreten einer Rezession in einer Marktwirtschaft von niemand gewünscht, trotzdem treten Rezessionen immer wieder auf. Für diesen Sachverhalt ist zwar vordergründig eine Geistesunabhängigkeit gegeben, weil ja keiner der Akteure die Intention hat, eine Rezession herbeizuführen. Allerdings gilt auch in diesem Beispiel, dass sich Rezessionen auf viele soziale Sachverhalte stützen müssen, die wiederum intentionalistisch sind: Die Akteure richten ihre Handlungen auf einen von ihnen prognostizierten wirtschaftlichen Abschwung, indem z.B. die privaten Verbraucher ihren Konsum einschränken oder die Unternehmen ihre Investitionspläne herunterfahren.

Die vorgetragene Sichtweise einer Geistesabhängigkeit verneint nicht die Existenz von Sachverhalten und bindet sie auch nicht an die Sprache, etwa in der Form, dass erst mit dem Begriff der soziale Sachverhalt besteht. Mit diesem Primat der Sprache – erst der Begriff oder die Aussage, dann der Sachverhalt – wäre eine starke Variante des sozialen Konstruktivismus verbunden, die besagt, dass Sprache die Realität formt (*Kutschera*, 2003, 50ff). Diese Überlegungen sind jedoch für viele Sachverhalte nicht plausibel. So hat der Begriff der sozialen Differenzierung sicherlich nicht die vielfältigen Sachverhalte, die seit einer Reihe von Jahren in den entwickelten Industrie- und Dienstleistungsgesellschaften zu beobachten sind, hervorgebracht, sondern die Wissenschaft, die irgendwann auf dieses Phänomen aufmerksam wurde, hat ihnen einen Namen gegeben. Es bietet sich daher an, soziale Sachverhalte in **konstruierte** und **generierte Sachverhalte** zu unterteilen (*Thomasson*, 2003, 278), wobei auch die generierten Sachverhalte von intentionalistischen Zuständen von Akteuren abhängen.

Wenn die Intentionalität ein wesentliches, mentales Merkmal ist, mit der eine Abgrenzung zur natürlichen (materiellen) Realität erfolgt, dann stellt sich die Frage des Zusammenspiels beider Phänomene. Monistische Auffassungen wie der Materialismus und Naturalismus versuchen eine Vereinheitlichung mit dem Primat entweder der Materie oder des Geistes. Allerdings hat die Besonderheit der mentalen Eigenschaften auch zur Entwicklung von **dualistischen Positionen** geführt. Seit DESCARTES werden daher verschiedene Varianten diskutiert, die eine gleichzeitige Existenz von materiellen und mentalen Substanzen oder Eigenschaften in der Realität annehmen (*Robinson*, 2008; *Rosenthal*, 2005a). Wer sich einer solchen Auffassung anschließt, tut sich allerdings schwer, die Verbindungen, die hergestellt werden müssen, plausibel zu beschreiben. Über den Zusammenhang von Gehirn und Geist wird insbesondere in der Philosophie des Geistes heftig gerungen, ohne dass sich eine Ansicht durchgesetzt hat (*Beckermann*, 2008).

Philosophiebox 5: Sozialer Konstruktivismus

Im Titel der 1966 in den USA veröffentlichten Schrift „Die gesellschaftliche Konstruktion der Wirklichkeit“ von PETER BERGER und THOMAS LUCKMANN schwingt bereits eine Grundthese dieser Strömung mit: Die soziale Realität wird maßgeblich durch die sozialen Verhältnisse bestimmt. Sie selbst haben ihr Werk mit dem Untertitel „Eine Theorie der Wissenssoziologie“ versehen und wollten einen soziologischen Beitrag hingegen weniger einen philosophischen Beitrag leisten. Es ist daher nützlich, sich den unterschiedlichen Charakter von philosophischen Beiträgen – meist mit einem normativen Anspruch – und den soziologischen Analysen – häufig mit empirischem Charakter – vor Augen zu führen.

Der **soziale Konstruktivismus** tritt in verschiedenen Varianten auf, die sich mit der Frage beschäftigen, wie Akteure die soziale Realität wahrnehmen. BERGER und LUCKMANN entwickeln das Konzept der Lebenswelt (Alltagswelt) von ALFRED SCHÜTZ weiter, um die soziale Welt aus Sicht der Akteure begrifflich einzufangen. Die Lebenswelt wird insbesondere durch die Wissensrepräsentationen der Akteure konstruiert.

Von der These, dass soziale Realität durch die Akteure konstruiert wird, ist es nicht weit zu der These, dass die soziale Realität durch die Akteure konstituiert wird. Dies ist eine anti-realistische These, welche die Subjekt-Objekt-Dichotomie durchbrechen will, indem sie dem Subjekt Autonomie über das Objekt gibt. Akteure stehen damit nicht einer unabhängigen, objektiven Realität gegenüber, sondern diese soziale Realität wird durch sie erst geschaffen. Häufig wird diese These noch um weitere Elemente ergänzt, die eine Subjektivierung der sozialen Realität weiter vorantreiben. Zum einen wird die Sprache als wichtiges Medium der Lebenswelt hervorgehoben, mit dem subjektive Wirklichkeiten geschaffen werden, zum anderen – und nicht unabhängig davon – ist die Kultur ein Faktor, der Lebenswelten entscheidend prägt. Wenn dieser erste Schritt einmal getan ist, können weitere Folgen: Denn wenn begründet werden kann, dass sich die eine soziale Welt in verschiedene Welten auflöst, die sich durch unterschiedliche Sprachen oder Kulturen konstituieren, dann lässt sich dies bis zum einzelnen Akteur fortführen und die soziale Welt in so viele Welten aufteilen, wie es Akteure gibt. Historisch ist diese letzte Position als Solipsismus bekannt und gilt als extreme Form eines Skeptizismus und Relativismus.

Es ist jedoch nicht zwingend, ausgehend von der These, dass Akteure in ihren mentalen Systemen Wissensrepräsentationen von der sozialen Realität schaffen und dass sich diese Repräsentationen zwischen ihnen unterscheiden, darauf zu schließen, dass diese Akteure unterschiedliche soziale Welten erschaffen. Plausibler erscheint eher die Annahme, dass sie aufgrund ihrer unterschiedlichen Erfahrungen und Wahrnehmungen dieser sozialen Realität zu unterschiedlichen Repräsentationen kommen, die sich aber nicht auf jeweils eigene soziale Realitäten beziehen.

Wer der letzten Vermutung folgt, für den erscheint die Trennung in eine objektive gegebene soziale Realität und die vom jeweiligen sozialen Akteur konstruierte Lebenswelt durchaus sinnvoll. Während die soziale Realität auch dann existiert, wenn sie nicht von einzelnen Akteuren gewollt wird, bildet die Lebenswelt den subjektiven Raum, in dem Akteure handeln.

(Quellen: *Ameln*, 2004; *Berger/Luckmann*, 1969; *Collin*, 2008; *Knorr-Cetina*, 1989; *Kukla*, 2000)

Zusammenfassung

- Ontologische Festlegungen sind für die Sozialwissenschaft zunächst Festlegungen ihres Erkenntnisgegenstands. Ontologie versucht eine möglichst sparsame Beschreibung der Grundstruktur des Wirklichen und Nichtwirklichen, eine Sozialontologie versucht dementsprechend, mit möglichst wenig sozialen Kategorien auszukommen.
- In einer Sachverhaltsontologie wird von Sachverhalten ausgegangen, die als Verbindungen zwischen Sachen aufzufassen sind; wobei Sachen – etwas unschön formuliert – auch Menschen als Akteure umfassen. Tatsachen wirken als Wahrmacher von Sachverhalten. Für soziale Sachverhalte spielen Intentionen eine herausragende Rolle, da sie dazu dienen, Ziele und Überzeugungen von Individuen ins Spiel zu bringen.
- Es wird eine Betrachtung sozialer Sachverhalte mit mehreren Ebenen vorgenommen. Auf der Mikro-Ebene sind individuelle Handlungen und die Untersuchung ihrer Intentionen angesiedelt. Die Meso-Ebene ist den Organisationen vorbehal-

ten, die als kollektive Akteure auch über kollektive Intentionalität verfügen. Die dritte Ebene ist die Makro-Ebene, die als Umfeld von Organisationen in Form von Märkten (Wettbewerb) und Netzwerken (Kooperation) oder als Gesellschaft auftreten.

- Rationalität ist mit dem Handlungsmodell verbunden und beschreibt, dass Akteure ihre Ziele anstreben (erreichen) und dies mit einem effizienten Mitteleinsatz erreichen. In vielen Modellen der Sozialwissenschaften wird Rationalität unterstellt und an dieser Annahme wird festgehalten, obwohl Abweichungen vom Rational-Modell durch die Forschung zahlreich dokumentiert sind.
- Kollektive Akteure verfügen über kollektive Intentionalität, die sich – idealtypisch – alle individuellen Akteure gegenseitig zuschreiben. Mit diesem Schritt besteht noch die Möglichkeit, kollektive Intentionalität im kognitiven System von individuellen sozialen Akteuren zu verankern. Kollektive Akteure verfügen über ein internes Entscheidungssystem, das der Bildung dieser kollektiven Intentionen dient.
- Realistische Positionen gehen von einer Geistesunabhängigkeit der sozialen Realität aus. In den Sozialwissenschaften ist eine vollständige Geistesunabhängigkeit nicht gegeben, da die meisten sozialen Sachverhalte von den mentalen Systemen der Akteure abhängen.

Schlüsselwörter

Akteur, sozialer (54)
Dualismus (73)
Emergenz (67)
Handlung (55)
Handlung, soziale (63)
Individualismus, methodologischer (65)
Institution (62)
Intention (56)
Intentionalität (57)
Intentionalität, kollektive (64)
Konstruktivismus, sozialer (74)
Rationalität (58)
Realismus (68)
Reduktion (67)
Sozialontologie (50)
Sozialwissenschaft, Erkenntnisobjekt der (51)
Tatsache (51)
Überzeugung (57)
Ziel (57)

Lernkontrolle

1. Was unterscheidet das Erfahrungsobjekt vom Erkenntnisobjekt?
2. Vergleichen Sie anhand von vier Lehrbüchern in Ihrer Disziplin, wie das Erkenntnisobjekt abgegrenzt wird.
3. Womit beschäftigt sich die allgemeine Ontologie?
4. Was ist ein Sachverhalt?
5. Was ist der Unterschied zwischen einem Sachverhalt und einer Tatsache?
6. Definieren Sie die Intentionalität. Grenzen Sie sie auch gegen Intentionen ab.
7. Zeigen Sie anhand eines selbstgewählten Beispiels aus Ihrer sozialwissenschaftlichen Disziplin die drei Ebenen (Mikro-, Meso- und Makro-Ebene) auf.
8. Mit welchen Merkmalen lassen sich soziale Handlungen beschreiben? Erläutern Sie diese kurz.
9. Was ist der Unterschied zwischen Zielen und Präferenzen?
10. Welche beiden Entscheidungsprozesse lassen sich unterscheiden?
11. Was ist Rationalität? Zeigen Sie an Beispielen, was als rationales Handeln gelten kann.
12. Warum ist es wichtig, zwischen deskriptiver und präskriptiver Rationalität zu unterscheiden?
13. Erläutern Sie, wie soziale Interaktion zu kollektiven sozialen Sachverhalten führt.
14. Was ist kollektive Intentionalität?
15. Wodurch zeichnet sich der methodologische Individualismus aus? Diskutieren Sie seine wesentlichen Annahmen.
16. „Wer glaubt, dass Akteure z.B. Verantwortliche in Unternehmen Spielraum in ihren Handlungen haben, der unterliegt einer unglaublichen Illusion.“ Nehmen Sie zu dieser These Stellung.
17. Was ist Emergenz?
18. Welche Annahmen werden durch Realisten in der Sozialontologie vertreten?
19. Welche Positionen vertreten hingegen Anhänger des Sozialkonstruktivismus?
20. Erläutern Sie am Beispiel von Geld, wie soziale Sachverhalte entstehen.
21. Gehen Sie auf den Begriff der latenten Sinnzusammenhänge ein.
22. Erklären Sie den Unterschied zwischen konstruierten und generierten Sachverhalten.

Kommentierte Literaturempfehlungen

Allgemeine Einführungen in die Ontologie sind von MEIXNER (2004) und RUNGGALDIER/KANZIAN (1998); zur Sachverhaltsontologie sind die Werke von TEGTMEIER (1992) und ARMSTRONG (2005) zu empfehlen. Ein kurzer einführender Überblick zur Sozialontologie ist SCHOLZ (2008), ein Plädoyer für einen moderaten Kollektivismus mit ontologischen Argumenten findet sich in ALBERT (2008); kritisch Kroneberg (2009).

Wer sich für die verschiedenen Handlungstheorien interessiert, findet umfassende Überblicke in ETZRODT (2003) und MIEBACH (2006). Eine abgewogene Einführung zur Rationalität findet sich in STANOVICH (2010).

Die intentionalistische Sozialontologie beruht auf einer Reihe von Veröffentlichungen. Ein wesentlicher Anstoß ist von SEARLE „Die Konstruktion der gesellschaftlichen Wirklichkeit“ (1997); aktualisiert (2012); wichtige Vorläufer sind RUBEN (1985) und GILBERT (1992). Aufsätze zur kollektiven Intentionalität sind abgedruckt in SCHMID/SCHWEIKARD (2009b); ihre Einleitung zu diesem Sammelband bietet einen instruktiven Überblick zur Entwicklung und aktuellen Diskussionen und ist als Einstieg gut geeignet (*Schmid/Schweikard*, 2009a).

Die Debatte um den Realismus wird sehr ausführlich von NIINILUOTO (2004) dokumentiert.

4 Forschungsprozess und Forschungsmethoden

4.1 Logik und Forschungsprozess

Wird der Forschungsprozess betrachtet, so hat HANS REICHENBACH vorgeschlagen, in einen Entdeckungszusammenhang (context of discovery) und einen Begründungszusammenhang (context of justification) zu trennen (*Reichenbach*, 1938, 6f, 382ff). Im **Entdeckungszusammenhang** geht es um die Fragen, wie Hypothesen gefunden und entwickelt werden, die Aussagen über die soziale Realität machen. Im **Begründungszusammenhang**, der manchmal auch als Rechtfertigungszusammenhang bezeichnet wird, werden diese Hypothesen (Theorien) einer Prüfung unterzogen, indem durch geeignete Methoden gezeigt werden soll, ob der in der Hypothese behauptete Zusammenhang tatsächlich existiert. Die als vorläufig bestätigten Aussagen werden im **Gestaltungszusammenhang** eingesetzt, um sozialwissenschaftliche Sachverhalte zielgerichtet zu gestalten (*Zelewski*, 2008, 32). Kritiker dieser Einteilung äußern Zweifel, ob denn zwischen Entdeckungs- und Begründungszusammenhang eindeutig getrennt werden kann. So verweist z.B. KUHN darauf, dass die Unterscheidung nicht a-priori Gültigkeit beanspruchen kann, sondern Teil einer Theorie und daher empirisch zu prüfen ist (*Kuhn*, 1962/1976, 23f). Auch wenn zuzugeben ist, dass es nicht einfach ist, die verschiedenen Zusammenhänge eindeutig abzugrenzen, weisen die drei Zusammenhänge methodologische und methodische Schwerpunkte auf, ihre Trennung beruht somit nicht auf zeitlichen, sondern auf sachlichen Kriterien (*Kelle*, 1994, 134f).[1] Werden verschiedene Perspektiven gewählt, dann lassen sich Fragen nach der Beschreibung von Tatsachen von der Beurteilung dieser Beschreibung trennen: Während im Entdeckungszusammenhang Behauptungen über Tatsachen aufgestellt werden, werden im Rechtfertigungszusammenhang diese Behauptung bewertet und beurteilt (*Hoyningen-Huene*, 2006a, 128 f.).

---

[1] Es ist daher zu betonen, dass es bei der Unterscheidung in Entdeckungs- und Begründungszusammenhang nicht um eine zeitliche Phaseneinteilung geht, sondern um eine sachliche Trennung von Problemen der Entdeckung und Begründung (*Nickles*, 1980, 8ff).

In der analytischen Wissenschaftstheorie galt lange das Verdikt von REICHENBACH und POPPER, dass Aussagen darüber, wie Theorien gefunden werden, in den Bereich der Psychologie gehören, die Wissenschaftstheorie sich hingegen auf die Probleme der **Begründung** von Aussagen zu konzentrieren habe (*Popper*, 1935/ 2005, 6ff; *Reichenbach*, 1951, 231). Allerdings gibt es in der Wissenschaftstheorie inzwischen eine Vielzahl von Veröffentlichungen zu einer Logik der Entdeckung (*Nickles*, 1980). Für viele Wissenschaftstheoretiker ist eine Logik der Entdeckung jedoch ein widersprüchliches Vorhaben: Während die Logik strengen Regeln folgt, zeichnet sich die Entdeckung von neuem Wissen durch ihre Regellosigkeit und Kreativität aus (*Popper*, 1935/2005, 7). Als Kern einer Logik der Entdeckung wird in der Wissenschaftstheorie die **Abduktion** diskutiert. Anstoß zur Beschäftigung mit ihr liefert auch die qualitative Sozialforschung, deren Verfahren sich zunehmend in den verschiedenen Sozialwissenschaften etablieren (*Reichertz*, 2004).

Bei der folgenden Diskussion von Abduktion, Induktion und Deduktion ist es hilfreich, zwischen zwei Ebenen zu unterscheiden: einer logischen und einer eher erkenntnistheoretischen und wissenschaftstheoretischen Analyse. In der **Logik** werden Argumente daraufhin untersucht, ob sie logisch korrekt oder inkorrekt sind. Während im allgemeinen Verständnis Argumente als gut begründet gelten, wenn die Gründe als überzeugend angesehen werden, beschäftigt sich die Logik nicht mit der Frage, ob diese Gründe – Prämissen – wahr sind, sondern sie untersucht, ob die Beziehung zwischen den Gründen (Prämissen) und der Schlussfolgerung (Konklusion) logisch korrekt ist (*Salmon*, 1983, 12). So wird mit einer **Deduktion** von einer allgemeinen Aussage (1. Prämisse: Alle Menschen sind sterblich) und einer beobachteten Tatsache (2. Prämisse: Sokrates ist ein Mensch) auf das Vorliegen der in der allgemeinen Aussage behaupteten Eigenschaft geschlossen (Konklusion: Sokrates ist sterblich).

Aussagen und deduktive Folgerungen

Aussagen sind Sätze, die wahr oder falsch sind, d.h., es kann ihnen ein Wahrheitswert zugewiesen werden. Ob dies auch für normative Aussagen (Werturteile) gilt, ist jedoch umstritten. **Normative** Aussagen sind vorschreibend. Sie gebieten z.B. Unternehmen etwas zu tun oder zu lassen: „Die Gesundheit von Arbeitnehmern soll nicht gefährdet werden". Dieses Gebot ist zwar begründungsfähig, weil es durch eine übergeordnete Norm – „Du sollst keinen Menschen verletzen" – abgeleitet werden kann, es ist jedoch nicht empirisch wahrheitsfähig (*Tugendhat*, 1993, 15). Im Folgenden sind daher unter Aussagen empirische Aussagen zu verstehen.

Aussagen sind zwar sprachlich gebunden, es ist allerdings nicht diese sprachliche Bindung, sondern der Bezug zum Sachverhalt, der mittels der Aussage beschrieben wird und der sie zu einer Aussage macht. So ist die Aussage in den beiden Sätzen „Es schneit" und „It snows" die gleiche, nämlich das Schnee fällt, d.h., es kommt mithin nicht darauf an, in welcher Sprache die Aussage formuliert ist.

So kann gefolgert werden, wenn Hans tatsächlich singt und tanzt, dass dann die Aussage „Hans singt und tanzt" wahr ist oder wenn Hans nur singt und nicht tanzt, dass die Aussagen falsch ist.[2] In der Logik steht die logische Schlussfolgerung von Argumenten im Mittelpunkt, denn mit ihrer Hilfe wird versucht, aus einzelnen Aussagen mithilfe von logischen Regeln Aussagen abzuleiten, die, wenn die Ausgangsaussagen (Prämissen) wahr sind, ebenfalls (Konklusion) wahr sind.

Eine Aussage als wahr zu bezeichnen, kann daher zwei verschiedene Bedeutungen haben, die von der Aussagenart abhängig sind. Wenn wir die klassische Einteilung in analytische und synthetische

---

2 Im Buch werden an vielen Stellen Sätze der Objektsprache in Anführungszeichen gesetzt, um anzuzeigen, dass über sie gesprochen wird. Wir unterscheiden zwischen der **Objektsprache** einer Wissenschaftssprache, das ist der Teil, der Aussagen über die untersuchte Realität macht. Wenn wir über diese Objektsprache befinden wollen, setzen wir die **Metasprache** ein. In der Regel geht es aus dem Kontext hervor auf welcher sprachlichen Ebene man sich befindet. Im vorliegenden Buch werden trotzdem an den meisten Stellen objektsprachliche Aussagen gekennzeichnet.

Aussagen zugrunde legen,[3] dann erhalten wir zwei Arten von **Wahrheitsprädikaten**:

1. Wahrheit von **analytischen** Aussagen ist durch die Regeln der Logik und durch definitorische Festsetzungen begründbar. Sie wird unabhängig von der empirischen Realität untersucht.
2. Die Wahrheit von **synthetischen** Aussagen muss hingegen empirisch überprüft werden, da diese Aussagen etwas über die soziale Realität behaupten.

Zur sprachlichen Vereinfachung wird in diesem Buch unter dem Prädikat wahr das Letztere verstanden und wenn vom Ersteren die Rede ist, von analytischer Wahrheit gesprochen.

Wenn Wissenschaftler ihre Ergebnisse zu begründen versuchen, dann verwenden sie – in der Terminologie der Logik – Argumente. **Argumente** sind demnach eine oder mehrere miteinander verbundene Aussagen. Mindestens eine Aussage ist die Konklusion (Schlussfolgerung) und eine oder mehrere Aussagen sind die Prämissen, die Gründe enthalten, die zur Schlussfolgerung führen (vgl. *Salmon*, 1983, 10). Beispiel 1 enthält einen korrekten, deduktiven Schluss und ist damit ein logisch gültiges Argument.

---

[3] Die Unterscheidung in synthetische und analytische Aussagen geht auf KANT zurück, der sie ausführlich analysiert hat (*Kant*, 1787/1983, 52ff). QUINE (1951/1979b) hat darauf aufmerksam gemacht, dass diese Unterteilung zu voraussetzungsreich ist und daher besser aufzugeben ist. Insbesondere kritisiert er, dass Fragen der Bedeutung und der Synonymität in natürlichen Sprachen nicht so eindeutig geregelt werden können, wie es für die Unterscheidung in analytische und synthetische Aussagen notwendig wäre. Allerdings gibt es gute Gründe diese Unterscheidung nicht aufzugeben: Sozialwissenschaftler haben kenntlich zu machen, ob sie eine Aussage über die soziale Realität machen wollen oder ob sie festlegen, auf welcher Basis sie diese Aussagen machen wollen. Diese letzte Ebene betrifft analytische Aussagen, die z.B. Sprachkonventionen unter Wissenschaftlern festlegt, auf deren Basis empirische Forschung erst möglich wird (ähnlich *Schurz*, 2011, 106).

Beispiel 1: Deduktiver Schluss

Alle Banken sind private Unternehmen	(Prämisse A)
Alle privaten Unternehmen streben nach Gewinn.	(Prämisse B)
Alle Banken streben nach Gewinn.	(Konklusion)

Um zu erkennen, ob eine logische Folgerung gültig oder ungültig ist, müssen alle Aussagen betrachtet werden. Ein **gültiger** Schluss zeichnet sich dadurch aus, dass, wenn die Prämissen wahr sind, dann auch die Konklusion wahr sein muss (*Sinnott-Armstrong/ Fogelin*, 2005, 57). Daher ist eine wichtige Eigenschaft von deduktiven Schlüssen, dass sie wahrheitserhaltend sind (*Hintikka/Sandu*, 2007, 13). Der Schluss im Beispiel 1 ist zwar gültig, allerdings ist die Prämisse A falsch, weil es in Deutschland und vielen anderen Staaten öffentliche Banken gibt. Ob die Aussagen über dem Strich (Prämissen) tatsächlich wahr sind, wird allerdings nicht durch die Logik geprüft, sondern dies festzustellen ist Aufgabe der Einzelwissenschaften.

Die Logik hilft den sozialwissenschaftlichen Forschenden in ihrer einzelwissenschaftlichen Argumentation. Mit ihrer einzelwissenschaftlichen Forschung erarbeiten sie gute Gründe (Prämissen). Mit der Logik können sie zeigen, dass ihre Ergebnisse (zwingend) aus ihren Gründen folgen. Wer für seine Argumente Zustimmung haben will, der will natürlich seine Zuhörer oder seine Leser überzeugen. Um überzeugend zu argumentieren, müssen daher zwei Voraussetzungen vorliegen:

1. wahre Prämissen und ein
2. gültiger Schluss.

Ob die Prämissen im Beispiel 1 wahr sind, ist durch entsprechende Forschungen zu klären. Diese Frage ist jedoch strikt davon zu trennen, ob die richtige Beziehung zwischen Gründen (Prämissen) und Ergebnissen hergestellt wird. Daher ist auch für Einzelwissenschaftler Kenntnis der Logik notwendiges Rüstzeug, um logisch korrekte Folgerungen aus ihrer Forschung zu ziehen.

Genauso wichtig ist es für Einzelwissenschaftler zu erkennen, wann ein Fehlschluss vorliegt. Fehlschlüsse sind logisch inkorrekte Argumente. Bei ihnen stimmt die Beziehungen zwischen Prämissen und Konklusion nicht, d.h., es ist nicht gewährleistet, dass, wenn alle Prämissen wahr sind, auch eine wahre Konklusion gefolgert wird. Tatsächlich können in Fehlschlüssen wahre Konklusionen auftreten, die nicht durch die Prämissen gestützt werden.

Beispiel 2: Ein Fehlschluss

Wenn Bankmanager zu hohe Boni erhalten, dann werden sie zu hohe Risiken eingehen.	(Prämisse A)
Bankmanager gehen zu hohe Risiken ein.	(Prämisse B)
Bankmanager erhalten zu hohe Boni.	(Konklusion)

Prämisse A ist eine Wenn-Dann Aussage (materiale Implikation) und die Bejahung der Dann-Aussage reicht nicht aus, um einen gültigen Schluss zu erzeugen (*Rosenkranz*, 2006, 186f). Es kann durchaus richtig sein, dass zu hohe Boni-Zahlungen bei Bankmanagern dazu führen, dass sie zu hohe Risiken eingehen. Es kann auch sein, dass Bankmanager zu hohe Risiken eingehen. Es muss aber durchaus nicht der Fall sein, dass Bankmanager zu hohe Boni erhalten. Vielleicht sind Bankmanager generell risikofreudig und zwar unabhängig von den Boni-Zahlungen.

4.2 Induktion und Abduktion

Während deduktive Folgerungen wahrheitserhaltend sind, trifft dies auf die Induktion und Abduktion nicht zu. Mit ihnen sind riskante Schlüsse verbunden, d.h., dass sie trotz wahrer Prämissen nicht garantieren, dass auch die Konklusion wahr ist. Daher ist es von Interesse, ob es mit ihnen trotzdem möglich ist, der Wahrheit näher zu kommen.

Induktion als Erkenntnis- und Schlussverfahren

Mit der (enumerativen) **Induktion** wird von einer Beobachtung einzelner Fälle (**Prämissen**: 1. Dies ist ein weißer Schwan, 2. dies ist ein weiterer weißer Schwan usw.) auf alle Fälle geschlossen (**Konklusion**: Alle Schwäne sind weiß). Der induktive Schluss gilt als **gehaltserweiternd**, da in den Prämissen nicht alle Fälle enthalten sind. Werden nicht alle Fälle untersucht, bleibt bei einem induktiven Schluss die Unsicherheit auf einen Fall zu stoßen, der die allgemeine Aussage nicht bestätigt (Beobachtung: schwarze Schwäne in Australien). Dies unterscheidet den induktiven Schluss vom deduktiven Schluss: obwohl alle Prämissen wahr sind – wir haben tatsächlich nur weiße Schwäne beobachtet –, ist die Konklusion falsch (*Rescher*, 1987, 23f). Damit ist das klassische Induktionsproblem angesprochen, das DAVID HUME formuliert hat. Es handelt von der Unmöglichkeit der Rechtfertigung dieser Schlüsse und gilt bis heute als nicht gelöst (*Poser*, 2001/2012, 115ff).[4] Damit ist ein Grundproblem der menschlichen Erkenntnis angesprochen: Jedes gehaltserweiternde Erkenntnisverfahren birgt die Gefahr in sich, dass ein falscher Schluss gezogen wird.

An einem **Beispiel** aus der kognitiven Strategieforschung lässt sich auch zeigen, dass es mit der (enumerativen) Induktion nur eingeschränkt möglich ist, neue Hypothesen zu bilden: In einer explorativen Untersuchung werden Manager über die Wettbewerber ihres Unternehmens befragt. Es werden mittels eines qualitativen Interviews und einer Kartenlegetechnik die individuellen mentalen Modelle der Manager konstruiert. Ein **mentales Modell** ist die interne Wissensrepräsentation von Menschen, mit deren Hilfe Phänomene und Systeme beschrieben, erklärt und deren Verhalten vorhergesagt werden (*Rouse/Morris*, 1986, 351; *Markman/Gentner*, 2001, 228). Die Konzepte (Begriffe), auf denen die Modelle beruhten, wurden vorgegeben und waren für alle Probanden gleich. Als Ergebnis zeigten sich unterschiedliche mentale Modelle der Manager über die Wettbewerber.

Eine Hypothese hat die Aufgabe, diese Unterschiede zu erklären. Aus den Daten lässt sich schwerlich eine Hypothese dazu ableiten, es lassen sich nur Unterschiede in den mentalen Modellen erkennen, aber keine Gründe, warum diese Unterschiede auftreten. Die Forscher verfügen jedoch in aller Regel über Hintergrundwissen, das es ihnen ermöglicht, Hypothesen aufzustellen. **Hintergrund-**

---

[4] Für den kritischen Rationalisten POPPER ist diese Erkenntnis Ausgangspunkt seiner falsifikationistischen Methodologie, die ihn soweit führte, die Induktion völlig abzulehnen (*Popper*, 1973).

wissen als Wissen zeichnet sich durch zwei Eigenschaften aus: (1) Es enthält mehrere Komponenten wie das theoretische Wissen und das Alltagswissen (*Meinefeld*, 1995, 91; 2005, 273) und (2) es wird häufig als unproblematisch angesehen (*Popper*, 1963/2009, 369).[5] Es ist allerdings wichtig zu erkennen, dass dieses Hintergrundwissen nicht in den Prämissen eines Induktionsschlusses steckt, es ist ja nicht Teil der beobachteten Daten. Ein (enumerativer) Induktionsschluss kann daher streng genommen nicht zu einer Hypothese führen. Im Beispiel führt das Hintergrundwissen, dass beispielsweise die mentalen Modelle von Managern von ihrer Funktion abhängig sind, zu einer Gruppierung der Beobachtung, die einen sinnvollen induktiven Schluss zulassen.

Beispiel 3: Induktiver Schluss

Der beobachte Manager A aus dem Funktionsbereich F
hat das mentale Modell X. (Prämisse A)

...

Der beobachte Manager N aus dem Funktionsbereich F
hat das mentale Modell X. (Prämisse N)

Alle Manager aus dem Funktionsbereich F
haben das mentale Modell X. (Konklusion)

Am Beispiel 3 lässt sich auch das Rechtfertigungsproblem des Induktionsschlusses klarmachen. Obwohl sämtliche Beobachtungen von Managern im Funktionsbereich F wahr sind, kann trotzdem die Konklusion, dass dies auf alle Manager zutrifft, falsch sein. Der Induktionsschluss ist nicht wahrheitserhaltend. Wenn nicht alle Manager auf der Erde, die in einem Funktionsbereich F arbeiten, untersucht werden, kann die Konklusion nicht verifiziert werden. Da es die Sozialwissenschaften meist mit sehr großen Untersuchungseinheiten zu tun haben, kann es eine solche endgültige Verifikation nicht geben.

---

[5] In der Literatur zur qualitativen empirischen Sozialforschung wird anstatt von Hintergrundwissen häufig von Vorwissen oder von Vorverständnis gesprochen.

Abduktion als Erkenntnis- und Schlussverfahren

Die **Abduktion** ist ein Schlussverfahren, das verwendet wird, um zu neuen Hypothesen zu gelangen. Sie wird daher herangezogen, wenn eine Logik der Entdeckung entwickelt werden soll. Die Abduktion ist von CHARLES SANDES PEIRCE in die Logik als **drittes Schlussverfahren** neben Induktion und Deduktion eingeführt worden. Die Rezeption der Abduktion setzte allerdings sehr viel später im zwanzigsten Jahrhundert ein, sie wurde dadurch erschwert, dass PEIRCE sein Konzept mehrfach überarbeitete (*Fann*, 1970; *Richter*, 1995). Dabei verschob sich seine Interpretation der drei Verfahren als Schlussverfahren (Logik) zu einer Betrachtung der Erkenntnisverfahren (*Anderson*, 1987, 19f, 22f; *Aliseda*, 2006, 32f). Mithilfe der Abduktion werden neue Hypothesen und somit nach PEIRCE neues Wissen eingeführt. Beispiel 4 zeigt einen solchen Schluss (*Peirce*, 1934, 1935/1960V, S. 117; *Hanson*, 1958a, 1086f).

Beispiel 4: Der abduktive Schluss

Die überraschende Tatsache B wird beobachtet.	(Prämisse A)
Wenn die Hypothese H wahr ist, dann gilt auch B.	(Prämisse B)
Also gibt es einen Grund, die Hypothese H zur Erklärung von B vorzuschlagen.	(Konklusion)

Im Beispiel hatten die Wissenschaftler nicht damit gerechnet, dass die Manager in einem Unternehmen unterschiedliche mentale Modelle über die Wettbewerber haben (überraschende Tatsache B). Mithilfe der (enumerativen) Induktion kann aus den untersuchten mentalen Modellen der Manager nicht abgeleitet werden, warum Unterschiede zwischen ihnen auftreten. Die Wissenschaftler könnten allerdings durch eine Abduktion vermuten, dass die Unterschiede in den mentalen Modellen der Manager sich durch zwei Variablen erklären lassen: die zeitliche Dauer der Betriebszugehörigkeit und die Funktion, in der der Manager beschäftigt ist. Es ließen sich aus diesen Vermutungen zwei **Hypothesen** H formulieren: 1. Je länger ein Manager im Unternehmen tätig ist, desto differenzierter ist sein mentales Modell über die Wettbewerber; 2. wenn Manager in unterschiedlichen Funktionsbereichen im Unternehmen tätig sind, dann sind ihre mentalen Modelle unterschiedlich. Beide Hypothesen erklären die Tatsache B (Unterschiede in den mentalen Modellen von Managern) und können im Abduktionsschluss verwendet werden. Wenn beispielsweise davon ausgegangen wird, dass die zweite Hypothese wahr ist, und somit das überraschende Auftreten von B erklärt werden kann, dann ist es sinnvoll, diese Hypothese zur Erklärung vorzuschlagen.

Der Schluss in Beispiel 4 ist höchst unsicher; denn es können tatsächlich viele Ursachen – hier: Hypothesen – die Tatsache B erklären. Die Abduktion ist daher – ähnlich wie die Induktion – **gehaltserweiternd**, und ihre Rechtfertigung ist wie die Induktion problematisch (*Hintikka*, 1998, 504f). Dies veranlasst eine Reihe von Autoren, in der Abduktion mehr eine Erkenntnis- als ein Schlussverfahren zu sehen (*Hintikka*, 1998).

Wie kommt es zu einer Abduktion? Nach PEIRCE führt die Abduktion neues Wissen in den Forschungsprozess ein. Sie ist daher die eigentliche **kreative** Phase einer Untersuchung. PEIRCE betont jedoch, dass sie regelgeleitet ist, was er u. a. dadurch ausdrückt, dass er die Abduktion als Schlussverfahren bezeichnet, um die Nähe zur Logik anzudeuten. Konkrete Regeln und Schritte werden jedoch von ihm nicht entwickelt.

PEIRCE hat auf die Tatsache hingewiesen, dass Forscher nicht erst unzählige mögliche Hypothesen ausprobieren, sondern häufig in drei bis vier Schritten eine vielversprechende Hypothese finden. Er hat insbesondere den Instinkt des Menschen hervorgehoben, der durch die Evolution zu dieser Leistung in der Lage ist (*Peirce*, 1934, 1935/1960, V, 106 f). Psychologische Studien haben diese Vermutung insofern bestätigt und erweitert, als sie festgestellt haben, dass unsere **kognitiven Strukturen** unser Schlussvermögen beeinflussen. Wichtige Funktion hat dabei unser Hintergrundwissen, da es die Möglichkeit beeinflusst, Hypothesen zu entwickeln (*Westermann/Gerjets*, 1994, 450ff). Im Beispiel zeigen sich die beiden Quellen, aus denen sich die Abduktion speist: Daten und Hintergrundwissen wie z.B. das Wissen der Forschenden über typische Merkmalsverteilungen der beobachteten Manager. Das Hintergrundwissen von Wissenschaftlern ist deklarativ und prozedural, neben dem

Faktenwissen setzen Wissenschaftler verschiedene Methoden ein. Für die Ausarbeitung des Hintergrundwissens empfehlen BORTZ/DÖRING vier **Explorationsstrategien**: 1. theoriebasierte Exploration, 2. methodenbasierte Exploration, 3. empirisch-quantitative Exploration und 4. empirisch-qualitative Exploration (*Bortz/Döring*, 2006, 357ff).

Wenn Forscher nicht große Mengen an Hypothesen untersuchen, sondern schnell zu ihren Hypothesen gelangen, ist zu vermuten, dass sie bei der Abduktion Heuristiken einsetzen und die verschiedenen Hypothesen beurteilen (*Niiniluoto*, 1999, S441). Bei der Bewertung von Hypothesen in der Abduktion ist es daher von Interesse, welche Kriterien zur Beurteilung eingesetzt werden. Es ist die Frage zu klären: Wie kommen Wissenschaftler zu einem Schluss auf die beste Erklärung (Abduktion)?

Schluss auf die beste Erklärung

Die Diskussion um den Schluss auf die **beste Erklärung (inference to the best explanation)** wurde von GILBERT HARMAN (1965) in Gang gesetzt (*Lipton*, 2004). Im letzten Abschnitt wurde dieses Schlussverfahren als abduktiv beschrieben. Im Alltag machen wir ständig von ihm Gebrauch. Wenn Sie nach Feierabend ungeplant einen Freund besuchen und er nicht da ist, dann werden Sie annehmen, dass er vielleicht noch länger arbeitet oder einkaufen ist. Sie werden sehr wahrscheinlich nicht annehmen, dass er ausgewandert ist oder, noch weniger plausibel, von Marsmenschen entführt wurde. Die ersten beiden Gründe werden Sie für die besseren Erklärungen halten. Und wenn Sie Ihren Freund kennen und wissen, dass er noch nie länger gearbeitet hat, denken Sie, dass er noch einkaufen ist. Ohne weiteres Wissen werden Sie diese Alternative für die plausibelste Erklärung halten. Sie können sich allerdings irren. Denn der Schluss auf die beste Erklärung ist wie die Abduktion **gehaltserweiternd** und daher kann bei fehlenden Informationen (fehlenden Prämissen) die Konklusion zu einer falschen Einsicht führen.

In den Wissenschaften wird ähnlich wie im Alltagsleben der Schluss auf die beste Erklärung eingesetzt. Die erwähnte **Plausibilität** ist aber noch näher zu erläutern. Im bereits eingeführten Beispiel aus der kognitiven Strategieforschung werden die Unterschiede in den mentalen Modellen durch die Variablen Dauer der Betriebszugehörigkeit und Funktion der Manager erklärt. Dies wird mit dem Hintergrundwissen der Wissenschaftler begründet, denn im Hintergrundwissen sind verschiedene Theorien verankert. Es ist zu vermuten, dass Hypothesen im Hinblick auf die vorhandenen Daten und die bereits existierenden Theorien beurteilt werden. Rivalisierende Hypothesen sollen nicht nur die Daten erklären, sie sollen sich auch in vorhandene Theorien einfügen. Ein wichtiges Kriterium ist dann die **Vereinheitlichung**: die betrachteten Hypothesen sollen sich in bereits vorhandene Theorien einfügen und mit ihnen zusammen eine **größere Erklärungskraft** entfalten. In der Regel beinhaltet dies, dass die dann entstehende Theorie eine größere empirische Bewährung hat (*Schurz*, 1996, 98).

Für das Beispiel werden zwei Hypothesen formuliert, die Unterschiede von mentalen Modellen erklären sollen. Die Hypothese, dass sich Unterschiede in ihren mentalen Modellen durch die Funktion, in der die Manager tätig sind, erklären lassen, könnte sich dabei in andere Hypothesen einfügen, die die unterschiedlichen Situationen (Kontingenzen) zur Erklärung heranziehen. Angenommen sei, dass es sich um eine Theorie über Entwicklung von mentalen Modellen bei Managern handelt. Dann stellen die beiden Hypothesen eine Erweiterung der Theorie dar, die in der Realität auftretende Unterschiede erklären können (*Hodgkinson/ Sparrow*, 2002, 122ff).

Allerdings können empirische Untersuchungen auch dazu führen, dass bestehende Theorien in Frage gestellt werden müssen. Das genannte Kriterium der Vereinheitlichung kann dann nicht mehr verwendet werden. Hätte eine empirische Untersuchung zu den mentalen Modellen herausgefunden, dass mentale Modelle von Managern in der Untersuchung gleich sind, obwohl sie in unterschiedlichen Funktionen tätig sind, hätte dies die kontingenztheoretische Erklärung in Frage gestellt. In Abhängigkeit von dem bisherigen Grad der **empirischen Bewährung** wird von einer einzelnen Untersuchung jedoch selten eine Theorie als gescheitert erklärt. Es bietet sich in diesem Fall allerdings an, die Hypothesen in verschiedenen Kontexten einer Prüfung zu unterziehen.

Zu beachten ist an dieser Stelle, dass Hypothesen, die im Rahmen einer Untersuchung aufgrund der empirischen Daten entwickelt wurden, nicht an den gleichen Daten geprüft werden dürfen. Sie sind ja auf der Basis der Merkmalsverteilung in der Stichprobe entwickelt worden, eine Prüfung muss aufgrund dieser **tautologischen Beziehung** zu einer Bestätigung kommen. Ein ernsthafter Test der Hypothesen muss daher auf einer erneuten Stichprobe erfolgen, d.h., explorative Studien zur Theorienentwicklung sind von explanativen Untersuchungen zur Theorienprüfung zu trennen (*Bortz/Döring*, 2006, 379f).

Abduktion, Induktion und Deduktion

Eine idealtypische Abfolge von wissenschaftlichen Untersuchungen beginnt nach PEIRCE mit der Abduktion, gefolgt von Deduktion und wird mit der Induktion abgeschlossen (*Peirce*, 1934, 1935/1960VI, 320ff). Allerdings ist das Wechselspiel zwischen Abduktion, Deduktion und Induktion viel komplexer, als dies in solchen vereinfachenden Schemata zum Ausdruck kommt.

So wird zwar im **Begründungszusammenhang** der Königsweg in der Deduktion gesehen, wobei ein wichtiges Argument ihr wahrheitserhaltender Charakter ist. Da Induktionen als nicht verifizierbar gelten, ist ihre Begründungsfähigkeit gegenüber der Deduktion schwächer. Aus Sicht eines kritischen Rationalisten sollten daher induktive Schlüsse grundsätzlich unterbleiben. POPPER lehnt die Induktionslogik ab und hält induktive Schlüsse gegenüber einer deduktiven Überprüfung für unnötig (*Popper*, 1935/ 2005, 9ff; *Schurz*, 2002). Es lässt sich jedoch zeigen, dass dies der Praxis sozialwissenschaftlicher Forschung nicht entspricht.

Durch die **Deduktion** werden auf Basis von Hypothesen und empirischen Anfangsbedingungen Prognosen aufgestellt, die einer empirischen Prüfung unterzogen werden können (*Hempel*, 1965/ 1977, 5ff). So könnte in einer Untersuchung überprüft werden, ob in Unternehmen einer Branche Manager in unterschiedlichen Funktionen unterschiedliche mentale Modelle über Wettbewerber haben. Der entsprechende Deduktionsschluss hat dann folgendes Aussehen:

Beispiel 5: Deduktiver Schluss

Wenn Manager in unterschiedlichen Funktionsbereichen in Unternehmen arbeiten, dann haben sie unterschiedliche mentale Modelle. (Prämisse A)
In mehreren Unternehmen werden Manager in unterschiedlichen Funktionsbereichen beobachtet. (Prämisse B)

Die mentalen Modelle der Manager sind unterschiedlich. (Konklusion)

Induktive Schlüsse werden angewendet, wenn von einer Stichprobe auf eine Grundgesamtheit geschlossen wird (*Bortz/Döring*, 2006, 300f). Da es meist nicht möglich ist, die gesamte Population z.B. alle Manager in Deutschland zu untersuchen, wird eine für die Grundgesamtheit möglichst repräsentative Stichprobe festgelegt. Eine solche **statistische Induktion** entspricht der einführend dargestellten enumerativen Induktion. Beide Varianten unterscheiden sich dadurch, dass die statistische Induktion darauf schließt, dass bestimmte Eigenschaften mit einer gewissen Wahrscheinlichkeit in der Grundgesamtheit zu finden sind. Erreicht wird dies mit der Inferenzstatistik, wie sie in vielen Lehrbüchern zur schließenden Statistik dargestellt ist (*Bortz*, 2005; *Eid/Gollwitzer/Schmitt*, 2010).

4.3 Eine allgemeine Argumentform

Bisher wurden Argumente so beschrieben, dass sie meist aus mehreren Prämissen bestehen, die zusammen zu einer Schlussfolgerung führen, die als Konsequenz bezeichnet wird. Wer wissenschaftliche Texte liest, bemerkt sicherlich, dass in ihnen keine Argumente zu finden sind, bei denen immer ganz klar hervorgeht, was die Prämissen sind, was die Konklusion ist und warum sich das Eine aus dem Anderen ergibt. Um sich der Praxis des Argumentierens zu nähern, hat STEPHEN TOULMIN ein Schema entwickelt, dass der Grundform jeglicher Argumentation nahe kommen soll (s. Abbildung 6).

Seine Argumentform besteht aus sechs Bestandteilen, die zwar nicht immer alle auftreten, jedoch in vielen Argumenten zu finden sind (*Toulmin*, 1958/1996, 88ff).

1. **Konklusion** (K) ist die Behauptung, die im Argument aufgestellt wird. Sie ist meist die zentrale These, Proposition oder Idee in einer Veröffentlichung.
2. **Daten** (D) sind die Aussagen, die zur Begründung herangezogen werden, um die Behauptung zu rechtfertigen. Dies sind häufig Tatsachenaussagen, die sich auf Untersuchungen beziehen.
3. Ein **Operator** (O) dient dazu anzuzeigen, wie stark die Daten die Konklusion rechtfertigen. Häufig sind in den Sozialwissenschaften probabilistische Aussagen notwendig, da bestimmte Phänomene nicht auf alle Akteure zutreffen.
4. Eine **Schlussregel** (SR) ist eine Aussage, die häufig implizit ist und dafür sorgt, dass aus den Daten auf die Konklusion geschlossen werden kann.
5. **Stützung** (S) ist verbunden mit einer Aussage, die Auskunft darüber gibt, ob es angemessen ist, in der Argumentation eine bestimmte Schlussregel zu verwenden.
6. **Ausnahmebedingungen** (A) sind Gründe, die gegen die Konklusion sprechen und beispielsweise auf Bedingungen hinweisen, unten denen die Konklusion nicht gilt.

Abbildung 6: Argumentform nach Toulmin

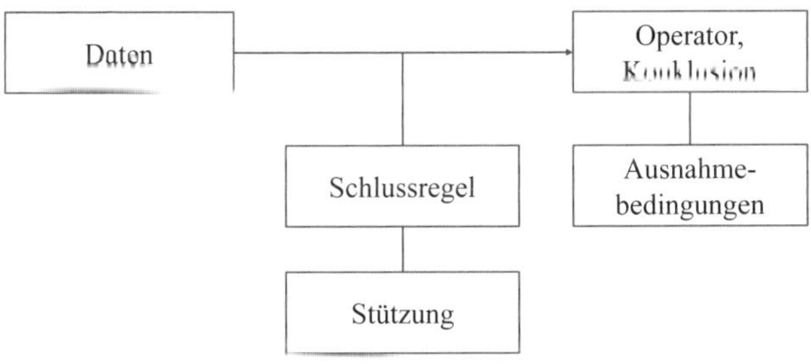

Wer dieses Schema mit den drei Beispielen zur Abduktion, Deduktion und Induktion vergleicht, wird unschwer erkennen, dass sie sich einfach in das Schema einfügen lassen. Was TOULMIN als Daten bezeichnet, entspricht den Prämissen dieser Schlüsse und die Konklusion wird von ihm genauso bezeichnet. Allerdings macht sein Schema darauf aufmerksam, was alles zu einem überzeugenden Argument dazugehört und zeigt daher seinen praktischen Nutzen bei der Analyse von Argumenten in der Praxis von Akteuren. Besonders wichtig erscheint die Nennung von Ausnahmebedingungen und Operatoren, denn beide spielen für das wissenschaftliche Argumentieren eine große Rolle.

Eine weitere wichtige Besonderheit ist es, die Aufmerksamkeit auf den Übergang von den Daten zur Konklusion zu richten (vgl. *Bayer*, 2007, 142). Er wird am Anfang dieses Kapitels als das Besondere der Logik herausgestellt, dass sie sich mit der Struktur von Argumenten befasst. TOULMIN sieht in der Schlussregel und ihrer Stützung ein wesentliches Moment des Argumentierens. Beispiel 6 zeigt seine Sicht auf das Argumentieren an einem Beispiel auf.

Beispiel 6: Finanzkrise und das Argumentschema nach Toulmin

Die Finanz- und Wirtschaftskrise, die sich im Jahre 2007/2008 von den USA in die Weltwirtschaft ausbreitete, hat sicherlich viele Ursachen. Je nach wissenschaftlicher Disziplin und nach bestimmten Hintergrundannahmen werden sie sehr unterschiedlich gewichtet und als die wahren Auslöser der Krise benannt. Da es im Beispiel aber nicht darum geht, eine Theorie der Krise zu entwickeln, werden ausgewählte Aussagen zusammengestellt, an denen das Argumentationsschema von TOULMIN erläutert werden kann.

Die Argumentstruktur ist bei dieser rivalisierenden Erklärung in ihrem Kern vorgegeben, weil die Behauptung (Konklusion) unstrittig ist: Die Krise mit ihren vielfältigen Wirkungen ist eingetreten. Rivalität besteht insbesondere darin, dass die Ursachen, die zur Krise geführt haben, umstritten sind. Da die ersten Schockwellen aus dem Bankensektor kamen, ist sie ein bevorzugtes Gebiet für die Krisenanalyse.

So schreibt HANS-WERNER SINN (2009) in seinem Buch Kasino-Kapitalismus: „Das Problem liegt aber nicht in erster Linie in der fehlenden Moral der Akteure, sondern in den falschen Anreizen, die das Rechtsinstitut der Haftungsbeschränkung in Verbindung mit einer allzu laschen Regulierung liefert." (S. 12) Dies ist seine

Ursache, warum es zur Krise gekommen ist, der er dann in seinem Buch im Einzelnen nachgeht. Da die Haftungsbeschränkung allerdings ein „Erfolgsgeheimnis des Kapitalismus“ (S. 84) ist, handelt es sich um eine Einschränkung, mit der er seine Ursache qualifiziert: „sie hat die gewaltige Akkumulation von Kapitalien ermöglicht, die die Voraussetzung der Industrialisierung und des wirtschaftlichen Wohlstands der westlichen Welt war und weiterhin ist.“ (S. 87) Daher ist es notwendig, einen modalen Operator (O) mit der Behauptung zu verbinden, um anzuzeigen, dass Haftungsbeschränkung erst ab einem gewissen Niveau als Problem angesehen werden kann: „Man sieht, dass diese Quoten [Eigenkapitalquoten, R.B.] im Bereich von nur 3 bis etwa 4.5% lagen.“ (S. 88). Er qualifiziert damit seine Aussage, so dass beispielsweise Banken, die eine Eigenkapitalquote von 25% haben, nicht als Problem angesehen werden. SINN betrachtet dann ausgewählte Beispiele zur Regulierung und stellt ihre Laschheit fest.

Da es nicht darum geht, seine ausgefeilte Argumentation nachzuzeichnen, kann sein Argument vereinfacht dargestellt werden: Wenn Banken mit nur wenig (z.B. kleiner als 5%) Eigenkapital ausgestattet sind und wenn ihre Regulierung lasch ist und weitere Gründe existieren, dann kommt es mit hoher Wahrscheinlichkeit zu einer Finanz-Krise. Meistens findet sich in Texten jedoch keine konkrete Schlussregel (SR), d.h., jeder, der Argumente nachvollziehen will, muss sie aus entsprechenden Wörtern für Konklusionen und Daten selbst entwickeln. Welches Argument kann diese Schlussregel stützen? Bei Argumenten ist es häufig überhaupt nicht notwendig, sie zu stützen. Der einfache Grund hierfür ist, dass Schlussregeln meist implizit sind und nicht eigens erwähnt werden. Als geeignete Kandidaten von Schlussregeln kommen Theorien und in ihnen enthaltene Gesetze in Frage.

Da im Zuge der Finanzkrise auch die Entlohnung von Managern als Krisenauslöser genannt wird, stellt sie eine wichtige Ausnahmebedingung (A) dar, die als Gegenargument verwendet wird. SINN argumentiert dafür, dass letztlich die Haftungsbeschränkung der Aktionäre für die Gestaltung der Entlohnungssysteme ursächlich ist (S. 97) und daher seine Argumentation ohne Berücksichtigung dieser Tatsachen auskommt.

4.4 Typen von sozialwissenschaftlichen Methoden

Mithilfe der Logik können Wissensbehauptungen im Forschungsprozess beurteilt werden und daher spielt sie für die Rechtfertigung von Wissen eine bedeutende Rolle. In der einzelwissenschaftlichen Forschung lässt sich eine Vielzahl von Methoden beobachten. Sie sollen kurz skizziert werden. Mithilfe empirischer wissenschaftlicher **Methoden** werden Daten systematisch aus der sozialen Realität aufgenommen und verarbeitet, um daraus Information entsprechend der Zielsetzung der Forschenden zu erzeugen. Neben diesen empirischen Methoden werden in den Wissenschaften auch Methoden eingesetzt, die als analytisch bezeichnet werden.

- **Analytisch-deduktive Methoden** werden für rationale Handlungstheorien eingesetzt (*Wild*, 1975, 2661ff). In der analytisch-deduktiven Methodengruppe werden formal-analytische Methoden, wie sie paradigmatisch in der präskriptiven Entscheidungs- und Spieltheorie praktiziert werden, und verbal-analytische Methoden unterschieden.[6]
- Innerhalb der empirischen Handlungstheorien werden **quantitative und qualitative Methoden** unterschieden. Methoden, die mittels ihrer Auswertungsverfahren überwiegend interpretierend vorgehen, werden als qualitativ bezeichnet, dementsprechend wird im Falle von Methoden, die überwiegend Messwerte statistisch analysieren, von quantitativen Methoden gesprochen (*Bortz/Döring*, 2006, 298ff).

In den Sozialwissenschaften werden die analytisch-deduktiven Methoden insbesondere im Entdeckungszusammenhang des Forschungsprozesses eingesetzt. Bestehen noch recht vage Vorstellungen über die ökonomischen Zusammenhänge, werden sie eher verbal formuliert (**verbal-analytisch**) und in einem fortgeschrittenen

---

[6] Die Charakterisierung „analytisch" bezieht sich darauf, dass diese Aussagen aus Annahmen mit Hilfe von Mathematik und Logik oder begrifflichen Festlegungen abgeleitet werden. Sie sind als deduktiv zu bezeichnen, da sie den Wahrheitswert ihrer Annahmen erhalten (*Schurz*, 2011, 79f).

Stadium werden Formalmodelle (**formal-analytisch**) aufgestellt (*Williamson*, 1993, 38ff).

Unter **verbal-analytischen** (konzeptionellen) Methoden sollen solche Methoden verstanden werden, die auf einer verbalen argumentativen Vorgehensweise beruhen und in der Regel nicht sofort nach einer empirischen Prüfung ihrer Ergebnisse streben. Vielmehr wollen sie häufig zunächst ein plausibles Forschungsmodell aufstellen, d.h., sie formulieren als Ergebnisse verschiedene Hypothesen.

- In einem solchen Artikel formulieren TOMLINSON und MAYER (2009) ein Forschungsmodell für den Aufbau und Wiederaufbau von Vertrauen nach einem negativen Ereignis. Für die Ableitung ihrer Hypothesen verwenden Sie verschiedene Theorien, in deren Zentrum die Attributionstheorie steht (*Weiner*, 1986). Mit deren Hilfe versuchen sie zu begründen, welche Prozesse bei sozialen Akteuren ablaufen, wenn ein negatives Ereignis eingetreten ist. Sie zeigen auf, wie mit Hilfe der Abgabe von Rechenschaft, Vertrauen wieder aufgebaut werden kann.

Eine weitere Art von Untersuchungen ist eine Zusammenstellung vorhandener Literatur unter einem bestimmten, manchmal neuen Aspekt, manchmal auch Vorschläge zu neuen Begriffsdefinitionen. In wissenschaftlichen Zeitschriften finden sich auch häufig Überblicke über die empirische Forschung.

- So zeigt z.B. Newbert (2007) in einem Artikel zum ressourcenorientierten Ansatz zwar keine neuen Ergebnisse der Forschung, allerdings ist es bei einer großen und heterogenen Vielzahl von Untersuchungen sinnvoll, einen Überblick für Forscher zu schaffen und dadurch Forschungsdefizite erkennbar zu machen.

Manchmal bahnen verbal analytische (konzeptionelle) Arbeiten neuen Ideen den Weg, denn unser Blick auf die soziale Realität ist durch unser theoretisches Vorwissen geprägt. Ein spekulativer Wechsel des Blickwinkels kann Forschung in neue Bahnen lenken, ohne dass dies schon empirisch untermauert sein muss. Trotzdem lassen sich auch in konzeptionellen Arbeiten auf Basis der theoretischen Vorstellungen Hypothesen ableiten.

- Genau dies hat BARNEY mit seinem Aufsatz zum ressourcenorientierten Ansatz 1991 erreicht. Nachdem PORTERS Ansatz die Theorie des strategischen Managements mit seinem marktorientierten Blick auf strategische Vorteile dominierte, schärfte BARNEY den Blick auf die internen Ressourcen von Unternehmen, insbesondere auf die Ressourcen, die sich durch Wettbewerber nicht kopieren lassen (*Barney*, 1991).

Formal-analytische Methoden verwenden in ihrer Argumentation Modelle. **Modelle** sind vereinfachte Abbilder der Realität und sind Problemrepräsentationen, die je nach dem untersuchten Wissenschaftsziel z.B. als Interpretationsmodelle (Verstehen) oder Kausalmodelle (Erklärung) aufzufassen sind (*Zelewski*, 2008, 44). Modelle stellen damit insbesondere heuristische Hilfsmittel der Theorieentwicklung und -prüfung dar, d.h., die analytisch-deduktiven Methoden unterstützen beide Erkenntnismethoden: „Verstehen" und „Erklären".

Empirische Methoden haben zum Zweck, Wissen über die Realität zu sammeln (Erhebungsmethoden) und zu analysieren (Auswertungsmethoden). Angestrebt wird mit dem theoretischen Wissenschaftsziel der Erklärung kausale Aussagen zu erhalten. Es sollen die Beziehungen zwischen Phänomenen in der Wirklichkeit erklärt werden. In einem ersten Schritt ist dazu die Beschreibung notwendig. Für die Beschreibung spielen Begriffe, deren Definitionen und Operationalisierung in Form von Variablen, ihre Klassifikation sowie Zusammenhangsanalysen eine herausragende Rolle. Eine wesentliche Behauptung in der Wissenschaftstheorie ist es, dass erst, wenn die Stufen der Beschreibung, des Verstehens und der Erklärung erklommen sind, es möglich ist, Aussagen über die Gestaltung der Wirklichkeit abzuleiten.

Philosophiebox 6: Modell und Theorie

Modelle werden als vereinfachte Abbilder der Realität bezeichnet, die dazu dienen, einen sozialen Sachverhalt in angemessener Weise wiederzugeben, so dass es möglich ist, mit ihrer Hilfe die kognitiven Wissenschaftsziele – Beschreibung, Verstehen, Erklärung, Prognose und Gestaltung – zu erreichen. Da soziale Sachverhalte als komplex einzuschätzen sind, werden meist eine

Strukturähnlichkeit und keine Strukturgleichheit mit der Realität angestrebt. Es zeigt sich, dass die kognitiven Ziele von Modellen und Theorien gleich sind, und damit geht die Frage einher, wie beide voneinander abzugrenzen sind. Hierzu gibt es eine Vielzahl von Auffassungen, die sich nach ihrer hierarchischen Beziehung ordnen lassen.

1. Modelle gelten als Theorien untergeordnet, weil das vornehmste Ziel der Wissenschaft das Aufstellen von Theorien ist. Modelle sind somit Hilfsmittel oder, wie in diesem Kapitel dargestellt, Bestandteile von einzelnen Methoden, um mit der Komplexität der sozialen Realität umgehen zu können.
2. Wenn eine größere Eigenständigkeit von Modellen proklamiert wird, ist meist die Praxis der Wissenschaft der Ausgangspunkt. Besonders prominent werden Simulationen – insbesondere Computer-Simulationen – diskutiert, die aus Sicht ihrer Protagonisten grundsätzlich neue Fragen an die Wissenschaftstheorie stellen.

Simulation ist als Weiterentwicklung von formal-analytischen Methoden zu verstehen. Zum einen gibt es Varianten, welche gezielt eingesetzt werden, wenn eine formal-analytische Lösung nicht sinnvoll oder nicht möglich ist. Zum zweiten gibt es Varianten, die reale Prozesse oder Teile dieser Prozesse nachahmen, um beispielsweise aufgrund einfacher Regeln komplexe Phänomene entstehen zu lassen. Sogenannte agentenbasierte Modelle sind eine Variante, die es ermöglichen, emergente Phänomene zu erzeugen, mithin Auswirken individueller Phänomene auf der Makro-Ebene zu analysieren.

Stoßen Simulationen neue wissenschaftstheoretische Debatten an? Wenn sie gleichungsbasiert sind, dann ist ihre Nähe zu den formal-analytischen Methoden so groß, dass deren Beurteilung auch für Simulationen gültig ist. Agentenbasierte Simulationen sind jedoch nicht (immer) gleichungsbasiert, so dass es praktisch nicht möglich ist, den Mechanismus, der zu ihrem Ergebnis führt, zu beschreiben. Liegt in diesem Fall eine Erklärung, so wie sie im 7. Kapitel beschrieben wird, vor?

Eine Erklärung nach dem Muster von Hempel/Oppenheim erfordert in der Regel eine gesetzesartige Aussage, aus der unter Einbeziehung von Randbedingungen die Ergebnisse deduktiv abgeleitet werden. Simulationen sind hingegen angemessener als induktiv zu beschreiben. Die Validität der Ergebnisse ist somit abhängig vom Status des Schlusses. Wichtig ist jedoch zu erkennen, dass zur Beantwortung derartiger Fragen nicht etwa neue wissenschaftstheoretische Kenntnisse benötigt werden.

Simulationen lassen sich je nach Ausgestaltung als Kombinationen verschiedener Methoden beschreiben. Ihre Beurteilung beruht daher auf Kriterien, wie sie auch sonst für wissenschaftliche Methoden angewendet werden.

(Quellen: *Bailer-Jones*, 2009; *Boumans*, 2005; *Frigg/Reiss*, 2009; *Grüne-Yanoff/Weirich*, 2010; *Grüne-Yanoff*, 2011; *Hartmann*, 2010; *Morgan/Knuuttila*, 2012)

Zusammenfassung

- Wissenschaft soll Wissen schaffen. Als Wissen werden insbesondere Aussagen bezeichnet, die wahr und gerechtfertigt sind. Herausragendes Merkmal für die Rechtfertigung von Wissen ist in den Wissenschaften der Einsatz von Methoden.
- Mit Hilfe der Logik sollen wissenschaftliche Argumente überzeugend vorgebracht werden. Die Logik befasst sich allerdings nur mit einem Aspekt von Argumenten: ihrer Struktur. Valide Argumente zeichnen sich dadurch aus, dass sie die Wahrheit ihrer Prämissen erhalten.
- In der Wissenschaft wird sich der Abduktion, Induktion und Deduktion bedient, um auf verschiedene Art zu schlussfolgern. Mit der Abduktion ist das Aufstellen von Hypothesen verbunden, was insbesondere durch den Schluss auf die beste Erklärung erreicht wird. Die Induktion, die in der Form der enumerativen Induktion und der statistischen Induktion eingesetzt wird, ist ein gehaltserweiternder Schluss. Mithin besteht die Gefahr, dass trotz wahrer Prämissen die Konklusion falsch ist. Dies ist im Gegensatz zur Deduktion, die, wenn ein valider Schluss vorliegt, die Wahrheit ihrer Prämissen erhält.
- Neben den analytisch-deduktiven Methoden werden empirische Methoden eingesetzt. Während die verbal-analytischen und formal-analytischen Methoden zur Theoriebildung beitragen, wird mit den empirischen Methoden (qualitativ und quantitativ) versucht, Theorien auf Basis der sozialen Realität zu konstruieren und zu testen.

Schlüsselwörter

Lernkontrolle

1. Wie ist Wissen definiert und welche Theorie der Rechtfertigung bietet sich für das Wissen in der Wissenschaft an?
2. Grenzen Sie den Entdeckungszusammenhang vom Begründungszusammenhang ab.
3. Warum ist es auch für Wissenschaftler nützlich, sich grundlegendes Wissen über Logik anzueignen?
4. Welche zwei unterschiedlichen Wahrheitsprädikate kennen Sie?
5. Was ist ein Argument und was macht ein gültiges Argument aus?
6. Erläutern Sie, warum es möglich ist, dass sie bei der enumerativen Induktion, obwohl alle Prämissen wahr sind, trotzdem eine falsche Konklusion erhalten können.
7. Warum ist die Abduktion gehaltserweiternd?
8. Beschreiben Sie an einem selbst gewählten Beispiel den Schluss auf die beste Erklärung.
9. Nennen Sie Kriterien, mit denen Sie Hypothesen beurteilen, um einen Schluss auf die beste Erklärung durchzuführen.
10. Suchen Sie nach Artikeln in Ihrer Disziplin, die verschiedene Methoden einsetzen, und stellen Sie die Argumente zusammen, die von den Autoren genannt werden.

Kommentierte Literaturempfehlungen

Kenntnisse in induktiver und deduktiver Logik sind für jeden sozialwissenschaftlich Forschenden von Nutzen. Es gibt jedoch eine unübersehbare Fülle von Einführungen in die Logik, mit sehr unterschiedlichem Anspruch, insbesondere wie formal die Darstellung ist. Eine sehr anschauliche, allerdings überwiegend verbale Einführung hat SALMON (1983) vorgelegt, eine etwas mehr formal orientierte Einführung ist von ROSENKRANZ (2006). Eine umfassende Diskussion der Abduktion findet sich in ALISEDA (2006) und ihr Einsatz in der qualitativen Forschung wird dargestellt von REICHERTZ (2003).

Eine einführende Betrachtung der allgemeinen Argumentationstheorie findet man in TETENS (2004), umfassender wird sie in SINNOTT-ARMSTRONG/FOGELIN (2005) abgehandelt. Einige Teile des Kapitels zur Abduktion, Induktion und Deduktion finden sich in meinem Aufsatz: BRÜHL (2006a).

Es gibt nicht ein einzelnes Werk zu den Methoden, die in der sozialwissenschaftlichen Forschung eingesetzt werden. Für die empirischen Methoden sind Bücher der empirischen Sozialforschung zu empfehlen. Wer einen stärker quantitativen Fokus sucht, verwende BORTZ/DÖRING (2006), wer hingegen stärkeren Bezug zur qualitativen Forschung sucht, greife zu LAMNEK (2010) oder FLICK (2007). Ein sehr anschauliches, wenn auch nicht umfangreiches Methodenbuch, dass beide empirischen Methodengruppen gleichgewichtig behandelt und ein eigenständiges Kapitel zu Methodenkombinationen enthält, ist HUSSY/SCHREIER/ECHTERHOFF (2010), den konzeptionellen Hintergrund von Methodenkombinationen analysieren TEDDLIE/TASHAKKORI (2009) und für die Betriebswirtschaftslehre BRÜHL (2010).

5 Verstehen

5.1 Verstehen als Konzept der Hermeneutik

Verstehen ist ähnlich wie Erklärung ein schillernder Begriff und eng mit der Entwicklung der philosophischen Hermeneutik, der Hermeneutik als Methode sowie der qualitativen Sozialforschung verwoben. Die Einschätzung über den wissenschaftlichen Stellenwert des Verstehens im Kanon der anderen kognitiven Ziele wie Erklärung oder Beschreibung fällt jedoch sehr unterschiedlich aus. So weist beispielsweise KARL-DIETER OPP in seiner weitverbreiteten Monographie zur Methodologie der Sozialwissenschaften auf eine Art Hilfsfunktion des Verstehens für Erklärungen hin (*Opp*, 1970/2014, 83f) und deshalb unterlässt er in seinem Buch wohl auch eine systematische Betrachtung des Verstehens. Hingegen steht das Konzept des Verstehens im Zentrum der Diskussion um die Grundlagen der qualitativen Sozialforschung und so konstatiert LAMNEK: „In den Sozialwissenschaften ist das Verstehen zentral" (*Lamnek*, 2010, 56). Es ist daher insbesondere der verstärkte Einsatz von qualitativen Methoden in den Sozialwissenschaften, der zu einer (Rück-)Besinnung geführt hat: „Die Hermeneutik ist in den letzten Jahren immer mehr in den Vordergrund geisteswissenschaftlicher Methoden- und Prinzipienreflexion gerückt" (*Geldsetzer*, 1989, 127). Eine Rückbesinnung ist dies insoweit, als WILHELM DILTHEY, der eine Grundlegung der Geisteswissenschaften, die auch die Sozialwissenschaften umfasst, und ihrer Methoden anstrebte, das Verstehen in ihr Zentrum rückte: „Das Verstehen und Deuten ist die Methode, welche die Geisteswissenschaften erfüllt" (*Dilthey*, 1927/1958, 205).[1]

Hermeneutik wird als Lehre vom Auslegen und der Interpretation bezeichnet (*Grondin*, 2001, 13; *Bleicher*, 1980, 1; *Ineichen*, 1991, 17). Ihre Wurzeln reichen bis in die Antike zurück und im Verlaufe des zwanzigsten Jahrhunderts nahm sie zunehmend Einfluss auf ver-

---

[1] DILTHEY richtet seinen Entwurf ausdrücklich gegen die Konzeptionen von AUGUSTE COMTE und JOHN STUART MILL (1843/1974a), die eine starke Anlehnung der Sozialwissenschaften an die Naturwissenschaften befürworteten.

schiedene Sozialwissenschaften (s. Philosophiebox 7, S. 105). Im Zuge dieser Entwicklung ist das Konzept des Verstehens entstanden, mit dem zu Beginn überwiegend das Erfassen und Begreifen von sprachlichen Äußerungen gemeint war (*Haussmann*, 1991, 137). Es ist jedoch auf weitere Objekte ausgeweitet worden und bezieht sich dann beispielsweise auf Handlungen, Erlebnisse und Ereignisse.[2] Somit ist **Verstehen** im sozialwissenschaftlichen Kontext auf das Erkennen von Bedeutung, insbesondere sprachlicher Äußerungen, und Sinn, insbesondere von Handlungen, gerichtet.

Die Verwendung des Terminus philosophische Hermeneutik geht auf HANS-GEORG GADAMER zurück, der damit klarstellt, dass es ihm nicht um die Methode der Hermeneutik geht, sondern um eine philosophische Grundlegung der Hermeneutik. Er sieht im Anschluss an HEIDEGGER das „Verstehen [als] nicht eine unter den Verhaltensweisen des Subjekts, sondern die Seinsweise des Daseins selber“ (*Gadamer*, 1965, XVI). Daher ist zu beachten, dass er seine philosophische Hermeneutik nicht auf eine Methodik der Geisteswissenschaften verkürzt sehen will. Er stellt dies im Vorwort zur zweiten Auflage seines Hauptwerks „Wahrheit und Methode“ klar: "Insofern ist von den Methoden der Geisteswissenschaften hier überhaupt nicht die Rede." (*Gadamer*, 1965, XIV). Es ist daher üblich, zwischen der **philosophischen Hermeneutik**, wie sie GADAMER maßgeblich entwickelt hat, und der **Hermeneutik als Methode** zu trennen.[3] Auch wenn ich in diesem Kapitel dieser Trennung im Wesentlichen folge, ist entgegen GADAMERS Diktum anzubringen, dass eine philosophische Hermeneutik für die hermeneutische Methode nutzbar gemacht werden sollte. Wenn sie als eine Strömung der Wissenschaftstheorie aufgefasst wird, dann sind auch Aussagen über Methoden des Verstehens gefordert (*Scholz*, 2004).

---

2 Die Einteilung geht auf DILTHEY zurück, wurde von HABERMAS aufgegriffen und von HAUSSMANN erweitert (*Dilthey*, 1983, 286ff; *Habermas*, 1968, 206ff; *Haussmann*, 1991, 135).

3 BLEICHER trennt zusätzlich in die kritische Hermeneutik nach HABERMAS und APEL (*Bleicher*, 1980, 1ff).

Methodische Regeln sind in ein System aus methodologischen und normativen Regeln eingebettet und werden von epistemologischen, ontologischen und normativen Grundannahmen beeinflusst (s. Abbildung 1. S. 27). Eine Hermeneutik als Methode hat ihren Schwerpunkt in den Verfahrensregeln der Methoden des Verstehens, eine philosophische Hermeneutik sollte hingegen diese Verfahrensregeln absichern und klären, inwieweit das auf diesen Methoden erworbene Wissen als wahr und gerechtfertigt gelten kann.

Philosophiebox 7:
Hermeneutik als Methode des Verstehens

Die Hermeneutik wurde über Jahrhunderte als eine Lehre des Auslegens menschlicher – sprachlicher oder symbolischer – Artefakte beschrieben. Textwissenschaften wie die Bibelexegese bedienten sich der Hermeneutik, um die im Text vermuteten Bedeutungen auszulegen und deren Relevanz auszudrücken. So beschrieb FRIEDRICH SCHLEIERMACHER den Gegenstand der Hermeneutik als „die Kunst, die Rede eines andern, vornehmlich die schriftliche, richtig zu verstehen“ (*Schleiermacher*, 1838/ 1977, 71). Während die lange Zeit vorherrschende Einschätzung, dass er der erste war, der eine allgemeine Hermeneutik begründete, heute als überholt gilt, wird seine Unterscheidung in ein grammatikalisches und ein psychologisches Verstehen seit vielen Jahren lebhaft diskutiert. Denn das psychologische Verstehen wirkt wie ein Einfall eines subjektiven Moments, so dass Verstehen als ein Einfühlen in die Gedanken eines Redners oder Autors aufgefasst wird. Diese Interpretation von Verstehen als einem subjektiven Vorgehen, das nicht frei von Willkür ist und das einem objektiven Vorgehen, wie es Wissenschaft auszeichnen sollte, widerspricht, wird als Standardvorwurf von Philosophen artikuliert, die der Hermeneutik und dem Konzept des Verstehens skeptisch gegenuberstehen.

Hatte SCHLEIERMACHER den Blick auf die Hermeneutik als Methode gerichtet, so ist der Stellenwert, den WILHELM DILTHEY ihr gibt, in eine allgemeine Grundlegung der Geisteswissenschaften, die auch die Sozialwissenschaften in sich aufnehmen, eingebettet. Sein Anliegen ist auch die Hermeneutik als die Methode des Verstehens gegen den Standardvorwurf zu verteidigen, denn

„sie soll gegenüber dem beständigen Einbruch romantischer Willkür und skeptischer Subjektivität … die Allgemeingültigkeit der Interpretation theoretisch begründen" (*Dilthey*, 1900/1959, 331).

Zwei wichtige Denker der Hermeneutik als Philosophie im 20. Jahrhundert sind MARTIN HEIDEGGER und HANS-GEORG GADAMER. Beide heben die Bedeutung des Verstehens als für den Menschen existentiell hervor und interessieren sich wenig für die methodischen Fragen der Hermeneutik. Während vor und nach HEIDEGGER Hermeneutik mit ihren methodischen und methodologischen Regeln diskutiert wird, vollziehen HEIDEGGER und in seiner Nachfolge GADAMER für die Hermeneutik eine ontologische Wende. Verstehen wird zu einer grundlegenden menschlichen Kategorie, die sich der Diskussion um den methodischen Unterschied zwischen Natur- und Geisteswissenschaften entzieht. Aus Sicht von GADAMER ist Verstehen die wesentliche Seinsweise des Menschen, sie geht „dem methodischen der verstehenden Wissenschaften, ihren Normen und Regeln, schon voraus" (*Gadamer*, 1965, XVf).

In gewisser zeitlicher Parallelität zu den kurz skizzierten Philosophen hat sich insbesondere im 20. Jahrhundert eine sozialwissenschaftliche Hermeneutik entwickelt. Als maßgebliche Vordenker werden MAX WEBER und ALFRED SCHÜTZ angesehen. MAX WEBER, der als Begründer einer verstehenden Soziologie gilt, hat Verstehen von sozialen Handlungen als ein Verstehen des Sinnzusammenhangs aufgefasst. Soziologie soll „soziales Handeln deutend verstehen und dadurch in seinem Ablauf und seinen Wirkungen ursächlich erklären" (*Weber*, 1922/1947, 1). Klingt bei WEBER noch eine Ausgewogenheit von Sinnadäquanz (Verstehen) und Kausaladäquanz (Erklärung) an, so wendet sich SCHÜTZ stärker der Sinnadäquanz zu. Besonders betonte er, dass wissenschaftliches Verstehen als Konstruktionen zweiter Ordnung sich auf das Alltagsverstehen als Konstruktionen erster Ordnung bezieht.

(Quellen: *Bühler*, 2003; *Detel*, 2011; *Grondin*, 2001; *Ineichen*, 1991; *Joisten*, 2009; *Kurt*, 2004; *Scholz*, 2001)

5.2 Grundlegung einer hermeneutischen Methode

In jüngster Zeit hat WOLFGANG DETEL einen umfassenden Versuch einer Rekonstruktion der Hermeneutik vorgelegt, indem er einen geist-theoretisch inspirierten Entwurf einer Hermeneutik entwickelt (*Detel*, 2011). Ziel seines Entwurfs ist es, die Theorie des Geistes für eine allgemeine Theorie des Verstehens fruchtbar zu machen. DETEL wendet das Vokabular dieser Disziplin auf das Verstehen an, um die Anbindung der Hermeneutik an die aktuellen Entwicklungen einer wichtigen Teildisziplin der Philosophie zu gewährleisten.

Geist-theoretische Aspekte der Hermeneutik

Was wird in der Philosophie des Geistes unter dem menschlichen Geist verstanden? Der menschliche **Geist** wird als die Gesamtheit seiner mentalen Zustände bezeichnet (*Detel*, 2011, 31). Zwei wichtige Typen mentaler Zustände sind Empfindungen und intentionale Zustände (*Beckermann*, 2008, 13). Intentionale Zustände zeichnen sich dadurch aus, dass sie auf etwas gerichtet sind; dies können Überzeugungen, Wünsche oder Glaube u.v.m. sein. So ist beispielsweise ein Akteur überzeugt, dass es morgen schneit; d.h., sein Geist befindet sich im intentionalen Zustand einer Überzeugung. Diese Überzeugung ist auf die Aussage gerichtet, dass morgen Schnee fällt.

Intentionalität, wie das Beispiel der Überzeugung, werden durch „dass-Sätze" beschrieben. Diese „dass-Sätze" beschreiben den semantischen Gehalt der Überzeugungen und können auch als **Repräsentationen** bezeichnet werden. Repräsentationen haben neben dem semantischen Gehalt eine Reihe weiterer Eigenschaften wie die Referenz und die Korrektheitsbedingungen (*Detel*, 2011, 35).

Verstehen, im Sinne von Fremdverstehen, lässt sich als **Meta-Repräsentation** (*Detel*, 2011, 36), d.h. als Repräsentation einer Repräsentation auffassen (s. Abbildung 7). Hierzu ist eine spezifische, kognitive Fähigkeit notwendig, die als Theorie des Geistes bezeichnet wird. Menschen verfügen in der Regel ab einem Alter von 4 bis

5 Jahren über eine Theorie des Geistes:[4] Sie versetzt sie in die Lage zu erkennen, dass andere Menschen mentale Zustände, wie z.B. Überzeugungen, haben können, die mit ihren Überzeugungen übereinstimmen oder von ihnen abweichen können. Wenn Akteure über diese Fähigkeit verfügen, dann sind sie in der Lage, sich eine Repräsentation der Repräsentation ihres Gegenübers zu bilden. Im Beispiel wird dies dadurch angestoßen, dass der Andere äußert, dass es morgen schneit (der erste Schritt in Abbildung 7). Auf der Basis dieser sprachlich ausgedrückten Überzeugung kann sich die Überzeugung bilden, dass der Andere eine Überzeugung hat (der zweite Schritt in Abbildung 7).

Abbildung 7: Verstehen als Meta-Repräsentation

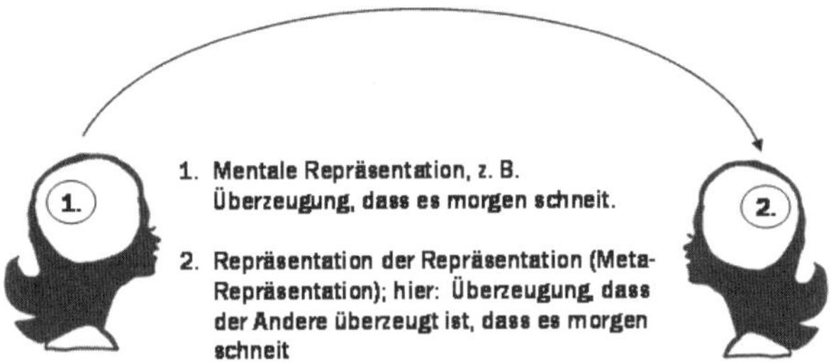

Am Beispiel der Überzeugungen, dass es morgen schneit, lassen sich weitere Eigenschaften, die für Verstehen relevant sind, beschreiben. Überzeugungen beziehen sich auf Aussagen wie z.B. die Aussage, dass es morgen schneit. Aussagen werden auch als Propositionen bezeichnet, weil sie sich auf etwas beziehen; im Beispiel ist dies der Sachverhalt, dass es morgen schneit. Auch wenn es morgen nicht schneit, der Sachverhalt nicht eintritt, handelt es sich um eine mentale Repräsentation, nur ist sie eben falsch.

---

[4] Einer der ersten empirischen Untersuchungen geht auf PERNER und WIMMER (1985) zurück, eine kritische Bestandsaufnahme der Theorie und seine empirische Fundierung findet sich in APPERLY (2012).

Somit unterliegen Überzeugen Wahrheitsbedingungen, d.h., sie können wahr oder falsch sein. Wir können am nächsten Tag feststellen, ob es wirklich schneit. Da es noch andere intentionale Zustände wie z.B. Ziele oder Wünsche gibt, bei denen die Frage nach der Wahrheit nicht weiterführt, aber wir trotzdem wissen wollen, ob sich die Propositionen erfüllen, sprechen wir allgemein von Erfüllungsbedingungen (*Teichert*, 2006, 118). Wenn Alice sich wünscht, Ski zu fahren, dann sind die Erfüllungsbedingungen von Interesse, unter denen der Wunsch in Erfüllung geht. Ihr Skifahren am nächsten Tag erfüllt ihren Wunsch.

Eine weitere wichtige Eigenschaft von mentalen Repräsentationen sind die Beziehungen zwischen ihnen. Sie sind nicht etwa willkürlich verbunden, sondern durch kausale oder rationale Beziehungen. Aus dem Wunsch von Alice, Ski zu fahren, und ihrer Überzeugung, dass es morgen schneit, leitet sie den Wunsch ab, dass sie am nächsten Morgen möglichst früh an ihrer Lieblingspiste ankommen will. Alice wird noch viele weitere mentale Überzeugungen und Wünsche haben, die ihr Handeln leiten werden. Es wird davon ausgegangen, dass dieses Geflecht aus Überzeugungen und Wünschen durch rationale Beziehungen geprägt ist.

Die Stufen des Verstehens

Sprachliche Äußerungen sind für das Verstehen von intentionalen Zuständen wie z.B. Überzeugungen und Meinungen von herausragender Bedeutung, weil sie sich auf einen propositionalen Gehalt beziehen (*Teichert*, 2006, 19). Der **propositionale Gehalt** entspricht der Bedeutung von Sätzen und Gedanken, die sprachlich ausgedrückt werden (*Detel*, 2007b, 71). Dadurch wird es den Forschenden überhaupt erst möglich, die Repräsentationen von Akteuren zu verstehen. Denn Verstehen bezieht sich auf die Bedeutung, die mit einer sprachlichen Äußerung – wie z.B. einem Text – verbunden ist. Ein Interpret hat etwas verstanden, wenn er die Bedeutung der sprachlichen Äußerung erfasst hat (*Ineichen*, 1991, 28ff; *Wellmer*, 1997/2007, 96ff). Damit Verstehen gelingt, muss der Interpret der Sprache (oder der Symbole) mächtig sein. Verstehen wird daher als

Erkennen der Bedeutung von sprachlichen Äußerungen und des Sinns von Handlungen festgelegt.[5]

Sprachliche Äußerungen werden in Kommunikationssituationen getätigt. Sie lassen sich als Sprechakte und damit als spezifische Formen von Handlungen auffassen (*Savigny*, 1980, 127ff). Nach AUSTIN verbinden sich drei Handlungen mit einer sprachlichen Äußerung (*Austin*, 1962/2002, 112ff): 1. Der Akteur sagt etwas; 2. indem der Akteur etwas sagt, handelt er; 3. dadurch dass der Akteur etwas sagt, erzeugt er eine Wirkung. Kurz gesagt: Wer spricht, handelt. Wenn Akteure die Bedeutung von sprachlichen Äußerungen erfassen wollen, ist es notwendig, dass sie die jeweiligen Intentionen, die mit diesen Äußerungen verbunden sind, erkennen und deuten können. Ein Interpret muss daher nicht nur der Sprache mächtig sein, sondern auch die Lebenswelt kennen, in der die sprachlichen Äußerungen getätigt werden.

Um den Prozess des Verstehens zu analysieren, bietet es sich an, verschiedene Stufen des Verstehens zu unterscheiden.[6]

1. Erstens ist die korrekte Wahrnehmung der sprachlichen Äußerung zu nennen, die es dem Interpreten ermöglicht, die Äußerung buchstabengetreu wiederzugeben (*Künne*, 1981, 4). Wenn z.B. ein Telefongespräch geführt wird und einer der Teilnehmer dieser Gesprächssituation durch laute Geräusche gestört wird, dann werden von ihm vielleicht nur Gesprächsfetzen verstanden und wichtige Informationen könnten verloren gehen. Wahrnehmung von Sprache ist an die Muttersprache gebunden, als kategoriale Wahrnehmung extrahiert sie nur die linguistisch relevanten Merkmale und ist durch diese Reduktion sehr effizient (*Klatte/Schick*, 2006, 102f); d.h., die Wahrnehmungsfähigkeit ist

---

5 Fragen der Bedeutung stehen auch im Zentrum der sprachanalytischen Philosophie, daher bietet sich an, Auslegung und Interpretation von Texten, zu einem gemeinsamen Anliegen der analytischen und hermeneutischen Philosophie zu machen (*Albert*, 1994, 4; *Habermas*, 1999a).

6 Unterschiedliche Stufen des Verstehens findet man in KÜNNE (1981), STRUBE (1985). SCHOLZ (2001, 294ff) nimmt eine weitere Verfeinerung dieser Stufen-Konzepte vor.

in einer fremden Sprache, das können auch Dialekte sein, die sich in ihren linguistisch relevanten Merkmalen unterscheiden, erheblich eingeschränkt.

2. Ein kompetenter Sprecher einer Sprache versteht die buchstäbliche Bedeutung einer Aussage, wenn er in der Lage ist, die Äußerung zu paraphrasieren (bedeutungsgemäß wiederzugeben) oder sie angemessen zu übersetzen (*Künne*, 1981, 5; *Strube*, 1985, 319). Ein Sonderfall liegt sicherlich vor, wenn die Äußerung mehrdeutig ist (*Künne*, 1981).
3. Als nächste Stufe gilt es, den propositionalen Gehalt einer Äußerung zu erfassen. Der Unterschied zur Stufe davor ist es, dass Sprechakte in bestimmten Situationen geäußert werden. Häufig ist der propositionale Gehalt erst durch die konkrete Sprechsituation erfassbar (*Künne*, 1981, 5), d.h., um den propositionalen Gehalt zu verstehen, ist häufig der Kontext relevant, in der die Aussage geäußert wird. Eine Äußerung wie „Ich fühle mich schlecht" kann daher bedeuten, dass sich derjenige körperlich unwohl fühlt, da er zu viel gegessen hat. Vielleicht hat er sich aber unmoralisch verhalten und seine Äußerung drückt sein schlechtes Gewissen aus.
4. Auch wenn der Interpret den propositionalen Gehalt verstanden hat, kann er die Äußerung trotzdem missverstehen. Wenn er nicht erkennt, wie er in der Situation verwendet wird, ist ein Missverstehen der Äußerung wahrscheinlich (*Searle*, 1987, 21f).
5. Verstehen kann manchmal nur dadurch gelingen, dass ein Zusammenhang mit anderen Aussagen hergestellt werden kann. Hierzu gehört zum einen, dass überhaupt verstanden wird, und zum anderen kann es sich auf den Fall beziehen, dass erst durch den Zusammenhang ein tieferes Verständnis möglich wird (*Strube*, 1985, 322f). Beispielsweise wird im Rahmen eines Interviews folgende Äußerung protokolliert: „Ich spüre bei all meinen Bemühungen, voran zu kommen, eine gläserne Decke." Wer den Ausdruck „gläserne Decke" nicht kennt, wird die Äußerung wohl kaum verstehen. Verständnis wird nur ein Interpret haben, der über ausreichendes Kontextwissen verfügt und daher weiß, dass mit dem Konzept der gläsernen Decke eine Form von unsichtbarer Barriere postuliert wird, die insbesondere

Frauen daran hindert, in hohe Führungspositionen zu gelangen (*Purcell/MacArthur/Samblanet*, 2010).

6. Als letzte Stufe trifft das Verstehen auf die Handlungserklärung: Der Interpret strebt eine intentionale Erklärung an, d.h., wenn er die Wünsche und Überzeugungen des Akteurs – seine Informationsgrundlage – kennt, dann kann er die Handlung rational nachvollziehen und damit verstehend erklären. Es zeigt sich somit der enge Zusammenhang des Verstehens von sprachlichen Äußerungen und der Erklärung von Handlungen (*Künne*, 1981, 7; *Strube*, 1985, 333; *Scholz*, 2001, 311).[7]

In den einzelnen Stufen werden somit **Interpretationshypothesen** aufgestellt, die sich auf die Bedeutung von sprachlichen Äußerungen und auf den Sinn von Handlungen beziehen. So wird ein Interpretationshypothese für Handlungen aufgestellt, mit der behauptet wird, dass ein Akteur, der ein Ziel anstrebt und die Überzeugungen hat, welche Mittel er einsetzen muss, um unter bestimmten Restriktionen das Ziel zu erreichen, die Mittel einsetzen wird (*Mantzavinos*, 2006, 79).

Spätestens mit der Stufe des Verstehens, die ausdrücklich das Verstehen von Handlungen ins Visier nimmt, kann daher die Brücke zu einer sozialwissenschaftlichen Hermeneutik geschlagen werden. Aus dem Konzept der Lebenswelt lässt sich entnehmen, dass ein Interpret noch mehr beherrschen muss als nur die Sprache (*Grathoff*, 1989, 93ff). Er bewegt sich in einer bereits vorgefundenen kulturellen Überlieferung, die als Hintergrund das Handeln der Akteure prägt (*Habermas*, 1981, 123). Somit muss er auch den Sprach-

[7] Diese Stufe des Verstehens deutet eine grundlegende Schwierigkeit in der Abgrenzung von Verstehen und Erklären an, denn die Rede von einer verstehenden Erklärung zeigt eine Überlappung beider Konzepte an. Diese bewusst nicht abgrenzende Verbindung von „Erklären" und „Verstehen" soll darauf hinwirken, die Überschneidung zwischen beiden Vorgehensweisen anzuzeigen. Wer Erklären nicht nur als Subsumption unter ein Gesetz versteht, sondern auch andere Formen der Erklärung – wie die noch zu erläuternde intentionale Erklärung – zulässt (*Stegmüller*, 1983, 481), wird diese Formulierung akzeptieren.

zusammenhang mit der spezifischen Lebenswelt des Akteurs herstellen können: Sprachbeherrschung bezieht sich auch auf die spezielle Sprache der Lebenswelt des Akteurs (*Habermas*, 1981, 158ff).

Im skizzierten Handlungsmodell bezieht sich die Lebenswelt auf die Situationskomponenten, in denen die Handlung eingebettet ist (s. Abbildung 4, S. 55). Somit muss der Beobachter auch in der Lage sein, sämtliche Situationskomponenten der Handlung zu erkennen. Er rekonstruiert die Situation, in der sich der Handelnde befand, und beurteilt die Handlung auf Basis der subjektiven Ziele, die sich der Handelnde gesetzt hat, und seiner Überzeugungen, wie die Ziele zu erreichen sind. Um eine Handlung zu verstehen, ist es notwendig, die Deutung der Situation durch den Handelnden und seine Zielsetzung zu interpretieren.[8] Die sozialwissenschaftliche Hermeneutik und damit eine interpretative Sozialforschung hat daher die Aufgabe, den „Nachvollzug des subjektiv gemeinten Sinns" (*Rosenthal*, 2005b, 19) zu erreichen, wobei Sinn als wesentlichen Aspekt die Intention enthält, also die Absicht, die der Akteur mit seinen Handlungen verfolgt (*Miebach*, 2006, 20).[9]

Eine naturalistische Hermeneutik

Als markante Besonderheit einer naturalistischen Hermeneutik fällt das Adjektiv „naturalistisch" auf. Mit dieser Bezeichnung wollen Vertreter dieser Hermeneutik anzeigen, dass sie auf der Grundlage des Naturalismus stehen. **Naturalistische Positionen** für die Sozialwissenschaften lassen sich grob in ontologische und epistemolo-

---

[8] SCHÜTZ (1954) spricht von der Konstruktionsleistung des Einzelnen, der eine zweite Konstruktionsleistung - die der Nachkonstruktion durch den Forscher - folgt (*Schütz*, 1954, 267; *Giddens*, 1976, 162, bezeichnet dies als doppelte Hermeneutik).

[9] Zwei wesentliche Anmerkungen sind an dieser Stelle notwendig: Erstens ist der Sinnbegriff in der Soziologie facettenreicher als die auf die Intention fokussierte Sichtweise, zweitens gibt es Verfahren, wie z.B. die objektive Hermeneutik, mit deren Hilfe ausdrücklich latente Sinnstrukturen rekonstruiert werden sollen, die nicht unmittelbar in den mentalen Repräsentationen sozialer Akteure zu finden sind (*Oevermann et al.*, 1979, 366ff).

gische (methodologische) Varianten unterteilen (s. Philosophiebox 8, S. 117). Wenn sozialwissenschaftliche Tatsachen in irgendeiner Form durch naturwissenschaftliche Tatsachen ersetzt werden, ist eine ontologische These ausgesprochen. Ein methodologischer Naturalist ist der Ansicht, dass die Methoden der Naturwissenschaften maßgeblich für die Sozialwissenschaften sein sollten. Überwiegend wird darunter die Forderung einer einheitlichen Methode verstanden; so schreibt CHRYSOSTOMOS MANTZAVINOS, dass „sich alle Wissenschaften … der gleichen Methode bedienen" (*Mantzavinos*, 2006, 14; *Böhm/Bühler*, 2012, 592). Während GEERT KEIL in seiner Analyse verschiedener naturalistischer Positionen feststellt, dass diese sich nicht zur Frage äußern, welche Methode das denn ist, die so ausgezeichnet für alle Wissenschaften verbindlich deklariert wird, sind Vertreter der naturalistischen Hermeneutik der Auffassung, dass dies nur die hypothetisch-deduktive Methode sein kann. Die Zurückhaltung, eine Methode als ausgezeichnet zu benennen, rührt daher, dass es unmöglich sei, zu wissen, welche Methode oder welche methodologischen Standards in der Zukunft erfolgversprechend sein werden. Denn die Wissenschaftsgeschichte lehrt uns, dass sich Standards ändern können (*Keil*, 2008, 271).

In Programm der **naturalistischen Hermeneutik** wird die Hermeneutik „eine *Technologie auf nomologischer Grundlage*" (*Albert*, 1994, 99). Sie ist als eine Methodologie zu entwickeln, die auf Basis empirischer Forschung das Verstehen untersucht. Ziel der Analyse tatsächlich stattfindender (empirischer) Verstehensakte ist es, Regeln aufzustellen, die Interpretationen erfolgreich machen. Eine Methodologie der naturalistischen Hermeneutik arbeitet zwar auch empirisch oder verwendet empirische Ergebnisse, sie zielt jedoch darauf ab, eine Menge an Normen, d.h. Regeln, des guten Interpretierens aufzustellen (*Bühler*, 2003, 6). Daher wird die Einheitsthese auch so formuliert, dass die Wissenschaften „im wesentlichen nach denselben methodologischen Grundsätzen verfahren" (*Böhm/Bühler*, 2012, 592).

Vertreter einer naturalistischen Hermeneutik weisen auf die hypothetisch-deduktive Methode hin (*Mantzavinos*, 2006, 14), die insbesondere mit dem wissenschaftstheoretischen Vorstellungen von

POPPER verbunden ist.[10] Es bietet sich daher an, einige methodologische Regeln der naturalistischen Hermeneutik zu beschreiben.

Eine erste methodologische Regel lässt sich aus der Grundidee des Falsifikationismus ableiten, dass wissenschaftliche Aussagen und somit auch Interpretationshypothesen „kritisch zu überprüfen" (*Mantzavinos*, 2006, 14) sind und somit „dem Objektivitätskriterium der intersubjektiven Nachprüfbarkeit" (*Böhm*, 2002, 225) zu entsprechen haben. Mit einer **Interpretationshypothese**, die sich auf einen Text bezieht, wird eine Behauptung darüber aufgestellt, was die Bedeutung oder der Bedeutungszusammenhang eines Textes ist (*Mantzavinos*, 2006, 118f). Daher lautet eine dementsprechende methodologische Regel: Formuliere Interpretationshypothesen, die von anderen Interpreten nachprüfbar sind. Die Art der Nachprüfung kann ein logischer Vergleich sein, in dem z.B. die verschiedenen Interpretationshypothesen, die ein System von Aussagen oder eine Theorie darstellen, auf ihre logische Konsistenz geprüft werden (*Popper*, 1935/2005, 8). Aussagen sollen auch empirisch geprüft werden: Es sind singuläre Aussagen abzuleiten, die Sachverhalte prognostizieren und, es ist zu prüfen, ob diese Sachverhalte tatsächlich eintreten.

Ein Interpret wird „versuchen, für die Interpretationshypothese empirische Belege zu erhalten" (*Bühler*, 1999, 131). Solche Belege dienen in erster Linie dazu, seine Interpretationshypothese und damit seine Theorie zu stützen. Allerdings ist nicht immer zwingend davon auszugehen, dass die Belege nur zu einer Interpretationshypothese passen. Vielmehr besagt die Unterbestimmtheitsthese, dass sich empirische Befunde von unterschiedlichen Theorien gleich gut erklären lassen oder mit anderen Worten, dass „es stets mehr als nur eine angemessene Möglichkeit gibt, sich die Welt zu denken" (*Quine*, 1995, 142). Formuliert man dies nicht nur als Frage (*Føllesdal*, 1979/2004, 162), sondern als methodologische Regel, so ist nach unterschiedlichen Interpretationshypothesen zu su-

[10] So wird beispielsweise darauf verwiesen, dass die hypothetisch-deduktive Methode und die methodologischen Grundsätze fallibel und daher in der Zukunft revidierbar sind (*Böhm*, 2002, 224; *Mantzavinos*, 2006, 77) und somit auf einen Fallibilismus hingewiesen.

chen, die mit den gefundenen Belegen genauso gut übereinstimmen.

Bei der Prüfung, ob ein Sachverhalt eintritt, ist die Asymmetrie von Verifikation und Falsifikation zu beachten. Während eine Hypothese nicht endgültig verifiziert werden kann, reicht ein negativer Beleg aus, um die Hypothese zu Fall zu bringen. Daher sollten Interpreten nicht ausschließlich nach verifizierenden, sondern auch nach falsifizierenden Belegen suchen.

Mit dem negativen Beleg, welcher dem prognostizierten Sachverhalt widerspricht, ist das sogenannte Problem von Protokollsätzen (Basissätzen) verbunden. Ein **Protokollsatz** hält die jeweiligen Beobachtungen wie in einem Protokoll fest. Ein konsequenter Fallibilismus stellt auch negative Belege als Falsifikationen in Frage. Da es nach dieser Auffassung keine (absolut) gesicherte Basis des Wissens geben kann, sind daher auch Falsifikationen als fallibel anzusehen. Wir können uns nie sicher sein, dass unsere Falsifikation erfolgreich ist. Negative Belege werden als Teil eines komplexen Protokollsatzes ausgedrückt. Um zur Falsifikation von allgemeinen Interpretationshypothesen zu führen, sollten die negativen Belege in Form einer negativen Prognose formuliert sein (*Andersson*, 1998, 152ff). Ein falsifizierender Protokollsatz enthält dann neben dieser Negation der Prognose die Konjunktion der Anfangsbedingungen (*Popper*, 1935/2005, 105).

Da es somit weder eine endgültige Verifikation noch eine endgültige Falsifikation geben kann, tritt ein rationales Verfahren in Kraft, das einzelne Protokollsätze als anerkannt auszeichnet. Während der Interpretation müssen sich die beteiligten Forscher durch Diskussion auf diese Protokollsätze einigen.

Kritisch anzumerken ist, dass die hypothetisch-deduktive Methode überwiegend dazu verwendet wird, Interpretationshypothesen zu prüfen. Es gibt hingegen so gut wie keine Hinweise, wie denn Hypothesen methodengeleitet zu entwickeln sind. Somit laufen Hinweise, dass Hypothesen aus Theorien abzuleiten sind, solange ins Leere, bis eine Theorie vorhanden ist.

Philosophiebox 8: Naturalismus

Naturalistische Positionen finden sich in vielen Wissensgebieten des Menschen und dies gilt auch für die Wissenschaftstheorie der Sozialwissenschaften. Es gibt verschiedene Varianten des Naturalismus, die eine gemeinsame Idee haben: Soziale und natürliche Sachverhalte sind so miteinander verbunden, dass eine sachgerechte Beschreibung und Erklärung sozialer Sachverhalte ohne Berücksichtigung dieser Verbindung nicht möglich ist. Bei dieser noch schwachen Beschreibung des Naturalismus ist insbesondere die Verbindung erläuterungsbedürftig.

Viele naturalistische Positionen gehen von einer Verbindung als hierarchische Beziehung aus, indem die Natur die übergeordneten Phänomene innehat. Wenn dies als ontologische These formuliert wird, dann liegt ein metaphysischer Naturalismus vor:

1. Es gibt nur natürliche Sachverhalte. Alle sozialen Sachverhalte lassen sich auf natürliche Sachverhalte zurückführen.

Weiter verbreitet scheinen jedoch naturalistische Ansichten, die sich explizit auf ein Modell der Naturwissenschaften ausrichten, an dem sich die Sozialwissenschaften zu orientieren haben. Historisch wird dies dadurch verständlich, dass die Naturwissenschaften als Erfolgsmodell der Wissenschaftsgeschichte eine Vorreiterrolle innehaben und aus diesen positiven Erfahrungen soll Nutzen gezogen werden. Eine starke Form des Naturalismus wurde im Wiener Kreis vertreten. Namhafte Vertreter wie z.B. OTTO NEURATH und RUDOLF CARNAP – verlangten nach einer Einheitswissenschaft, die auf Basis der Naturwissenschaften insbesondere der Physik zu entwickeln sei. Da insbesondere CARNAP der Ansicht war, dass sich dieses Projekt am besten durch die Schaffung einer gemeinsamen Sprache realisieren lässt, hoffte er, zeigen zu können, dass sich z.B. die Sprachen der Physik und der Philosophie ineinander überführen lassen. Mithin lässt sich diese Variante des Naturalismus mit folgender Annahme verbinden:

2. Alle sozialen Sachverhalte lassen sich mithilfe der Theorien der Naturwissenschaften beschreiben und erklären.

Wie steht es um dieses Projekt? Lassen sich die Sprachen und ihre Vokabulare (Begriffe) der Naturwissenschaften in die der So zialwissenschaften überführen? Viele Philosophen neigen zu der Ansicht, dass dies nicht gelungen ist und auch nicht gelingen kann. Stellvertretend kann DONALD DAVIDSON angeführt werden, der sinngemäß sagt, dass sich die Vokabulare nicht ineinander überführen lassen, da das Vokabular der Sozialwissenschaften normativ geprägt sei. So erkennen sich Akteure gegenseitig als rationale Wesen an, ein Umstand, der sich nicht in die Sprache der Physik übersetzen lässt.

Als dritte Position verbleibt ein methodologischer Naturalismus, der auf die Methoden der Naturwissenschaft zurückgreift und eine Einheit in den allgemeinen Methoden postuliert:

3. Sozial- und Naturwissenschaften verwenden die gleichen allgemeinen Methodologien.

Es wird mit dieser Variante postuliert, dass die allgemeinen methodologischen Kriterien in beiden Wissenschaftsgruppen gleich sind. Anhänger dieser Variante betonen insbesondere die hypothetisch-deduktive Methode, eine solche Beschränkung ist jedoch nicht zwingend.

(Quellen: *Davidson*, 1995/2008; *Detel*, 2007a; *Keil*, 2008; *Keil/Schnädelbach*, 2000; *Koppelberg*, 2010; *Stegmüller*, 1978; *Sukopp*, 2007)

Sozialwissenschaftliche Hermeneutik

Eine sozialwissenschaftliche Hermeneutik ist mit dem Wissenschaftsprogramm der verstehenden Soziologie verbunden. Als deren Ahnherr gilt WEBER, der in seinen Schriften Gegenstand und Methode einer verstehenden Soziologie beschrieben hat. Als Gegenstand gilt ihm das soziale Handeln als ein Handeln, das sich an anderen Interaktionspartnern ausrichtet und in denen die Handelnden Sinn konstituieren. WEBER betont daher, dass Sozialwissenschaftler sich um das Verständnis des subjektiven Sinns der Akteure zu bemühen haben (*Weber*, 1922/1947, 4). Die Stufen des Verstehens müssen nicht nur von jedem sozialen Akteur bewältigt werden, wenn er die Handlungen anderer Akteure verstehen will, auch Wissenschaftler müssen diese Stufen erfolgreich durchlaufen. Während sich Akteure jedoch ihres Verstehens nicht bewusst sein müssen, da sie routiniert ablaufen können, versuchen Wissenschaftler Verstehen in einzelnen Stufen zu rekonstruieren. So konstatiert

HANS-GEORG SOEFFNER: „Verstehende Soziologie als Wirklichkeitswissenschaft zielt auf das Verstehen und Erklären aller gesellschaftlicher Konstruktionen" (*Soeffner*, 1999, 39).

Sozialwissenschaftliche Hermeneutik lässt sich daher als Bereichshermeneutik kennzeichnen, die als spezifischen Gegenstand vollzogene Handlungen von Akteuren hat. Sie betont den sozialen Charakter dieser Handlungen als ein auf andere Akteure bezogenes Handeln, so dass Interaktionen als die kleinste zu betrachtende Untersuchungseinheit angesehen werden können (*Oevermann et al.*, 1979, 379). Die Stufen des Verstehens weisen darauf hin, dass für das Verstehen von Handlungen sprachliche Äußerungen herangezogen werden müssen. Sozialwissenschaftliche Hermeneutik hat daher Kenntnisse einer allgemeinen Hermeneutik zu beachten. Es zeigt sich, dass eine sozialwissenschaftliche Hermeneutik weitgehend eine Text- und Sprachwissenschaft ist, weil sie sich auf das wichtigste Symbolsystem in Gesellschaften stützt: Sprache (*Soeffner*, 2005, 164). Verstehen findet auf der Basis von Texten (Protokollen) statt, welche die Handlungen repräsentieren (*Oevermann et al.*, 1979, 378).

Text ist in der Sozialwissenschaft ein geschriebener und damit fixierter Diskurs (*Ricœur*, 1981, 145), der sich beispielsweise in einem Interview-Transkript manifestiert. Er dokumentiert Handlungen von Akteuren, die vollzogen und daher nicht mehr revidierbar sind. Wissenschaftliches Verstehen setzt an diesen vollzogenen Handlungen an und setzt voraus, dass der Interpret den Text ohne Handlungsdruck auslegen kann. Daher wird in aller Regel verlangt, dass der Text dokumentiert und damit in schriftlicher Form vorliegt.

Aus Sicht einer intentionalen Sozialontologie erzeugen die Akteure soziale Wirklichkeit durch ihre mentalen Konstruktionen, die sie in gesellschaftliche Praxis umsetzen. Die wechselseitige Zuschreibung von Intentionalität, die der in der Soziologie üblichen Sprechweise von Sinn und Sinnstrukturen weitgehend entspricht, ist ein wesentliches Element sozialer Praxis. So werden die Interaktionen während einer Vorstandssitzung in einer Aktiengesellschaft nach bestimmten Regeln ablaufen. Die Normativität, die einzelnen Handlungen zugrunde liegt, steuert weitgehend den Ablauf und die

Handlungen der einzelnen Akteure und sie macht die Handlungen für alle Beteiligten berechenbar. Die mentalen Modelle, die sich die Beteiligten von einer solchen Vorstandssitzung bilden, entsprechen den von SCHÜTZ sogenannten **Konstruktionen erster Ordnung** (*Schütz*, 1953/1971, 6f). Gegenstand einer verstehenden Soziologie ist daher eine bereits interpretierte Welt.

Wie die Stufen des Verstehens zeigen, ist es zum Verstehen notwendig, dass Akteure über das vorhandene Wissen in der Gesellschaft zurückgreifen können. Ein sozialer Akteur, der nicht über dieses Wissen verfügt, ist daher nicht in der Lage, Handlungen anderer Akteure zu verstehen; dies trifft auch auf Wissenschaftler zu. Sie schaffen keine neue Welt, sondern versuchen die Konstruktionen erster Ordnung zu verstehen und schaffen eine neue Konstruktion: **die Konstruktion zweiter Ordnung** (*Schütz*, 1953/1971, 6f).

Einer sich auf die Intentionen von Akteuren konzentrierende soziale Hermeneutik wird vorgeworfen, dass sie die sozialen Sachverhalte, die über das Individuum und seine Intentionen hinausgehen, vernachlässigt oder gar nicht erst in den Blick bekommt. Die Analyse sozialen Handelns müsse vielmehr wie z.B. bei MEAD von einem gesellschaftlichen Ganzen ausgehen (*Mead*, 1934/1973, 45). Gegenstand der Analyse sollen dann nicht die subjektiven Intentionen von Akteuren sein, sondern latente Sinnzusammenhänge, welche als reale, objektive Gegebenheiten den subjektiven Intentionen vorangehen (*Oevermann et al.*, 1979, 380f). Nützlich ist diese Sichtweise, um zu zeigen, dass Akteure handeln, ohne dass sie sich jedes Einflusses, der auf sie wirkt, bewusst sind. Es sind allerdings zwei Aspekte zu beachten:

- Erstens laufen viele soziale Handlungen zwar tatsächlich unbewusst und routinemäßig ab, d.h. jedoch nicht, dass sie ohne Intentionen sind. Nur wurden diese Intentionen in der Vergangenheit gebildet und die darauf beruhenden Handlungen werden unbewusst abgerufen, ohne dass es einer erneuten Intentionsbildung bedarf.
- Zweitens sind alle überindividuellen sozialen Entitäten soziale Konstruktionen der sozialen Akteure: Ohne die individuelle Perspektive – Konstruktionen erster Ordnung – ist eine Kon-

struktion zweiter Ordnung durch Wissenschaftler nicht möglich.

Bevor an einer bekannten Methode der sozialwissenschaftlichen Hermeneutik gezeigt wird, welche methodischen und methodologischen Regeln diskutiert werden, sollen wesentliche Merkmale sozialwissenschaftlicher Hermeneutik beschrieben werden, die Gemeinsamkeiten aber auch das Besondere gegenüber einer allgemeinen Hermeneutik kennzeichnen.

Sozialwissenschaftler, die Texte (Protokolle) von sozialen Akteuren interpretieren, finden **vorinterpretierte Daten** vor (*Soeffner/Hitzler*, 1994a, 33). Dies sind die Konstruktionen erster Ordnung; es gibt in der sozialwissenschaftlichen Hermeneutik keine „nackten“ Tatsachen. Um diese Interpretationen zu verstehen, muss jeder Akteur und daher auch Wissenschaftler über spezifische Kompetenzen verfügen. OEVERMANN führt z.B. drei Kompetenzen an (*Oevermann et al.*, 1979, 387f): 1. sprachliche Kompetenz, 2. kommunikative Kompetenz, 3. kognitive und moralische Kompetenz. Aus der Tatsache, dass soziale Tatsachen interpretierte Tatsachen sind, wird häufig geschlossen, dass sich der Gegenstand von Natur- und Sozialwissenschaften unterscheidet. Schütz hat dies mit folgenden Worten umschrieben: „Die Tatsachen, Daten und Ereignisse, mit denen der Naturwissenschaftler umgehen muß, sind lediglich Tatsachen, Daten und Ereignisse innerhalb eines Beobachtungsfeldes; jedoch „bedeutet“ dieses Feld den darin befindlichen Molekulen, Atomen und Elektronen gar nichts“ (*Schütz*, 1953/1971, 6). Die in der sozialen Welt vorzufindende Sinnstruktur erschließt sich daher nur dem, der über die entsprechenden Kompetenzen verfügt.

Eine sozialwissenschaftlich fundierte Hermeneutik erzeugt Rekonstruktionen sozialer Handlungen und den mit ihnen verbundenen Konstruktionen erster Ordnung. Um den Anspruch der Wissenschaftlichkeit zu erfüllen, hat eine solche Rekonstruktion **überprüfbar** zu sein (*Soeffner*, 2005, 167). Für diese sozialwissenschaftliche Konzeption des Verstehens sind qualitative Methoden der Sozialforschung als Möglichkeit anzusehen, ein kontrolliertes, methodenorientiertes, und damit überprüfbares Vorgehen zu gewährleisten.[11] Ein solchermaßen wissenschaftliches Verstehen ist daher auch nicht mit Einfühlung der Forschenden in ihren Gegenstand zu verwechseln; ein Vorwurf, der zwar immer wieder vorgebracht wird, der jedoch mit dem Stand der Diskussion sozialwissenschaftlicher Hermeneutik offensichtlich nicht Schritt halten kann (*Soeffner/Hitzler*, 1994a, 34; *Seipel/Rieker*, 2003, 63).[12]

Um auf Basis von interpretierten Daten Handlungen zu rekonstruieren, werden **typische Handlungen** (Handlungsmuster, Handlungstypen) verwendet. Handlungstypen sind Handlungen als Interaktionsprozesse, die gleichbleibend und häufig routiniert ablaufen und bei denen die Akteure auf gemeinsame Wissensbestände zurückgreifen (*Soeffner*, 1983, 18f). Auf Basis solcher normalen, durchschnittlichen Handlungen werden Typen von Handlungen gebildet.

Typische Handlungen sind ein erster Schritt zur Erfassung von **Regularitäten**, die von sozialen Akteuren auch so gedeutet werden. Es gibt dann ein gemeinsames Wissen über diese Handlungen, die Akteure wissen, wie sie zu handeln haben – was von ihnen erwartet wird – und wie andere Akteure reagieren werden. Mit der Typenbildung geht eine Generalisierung einher, da sich die unter-

---

[11] Da in diesem Artikel der Fokus auf den Methoden liegt, wurde diese verkürzte Sichtweise gewählt. Die Wissenschaft ist allerdings ein viel zu komplexes Phänomen, um es nur auf eine Methodenorientierung und ihre Überprüfbarkeit zu verengen (*Schurz*, 2011, 26ff; *Detel*, 2003, 172ff).

[12] Insbesondere in den ökonomischen Disziplinen hat das Verstehen einen geringen Stellenwert. Sowohl in der älteren als auch der neueren methodenorientierten betriebswirtschaftlichen Literatur gibt es jedoch viele skeptische Einschätzungen zur Erkenntnisweise des Verstehens und der Hermeneutik, die meist jedoch auf dieser Charakterisierung als Einfühlung beruhen und die ihr bestenfalls eine heuristische Funktion im Entdeckungszusammenhang zubilligen (*Raffée*, 1993, 14f; *Wild*, 1975, 2658f; *Schanz*, 1975, 31f; *Schweitzer*, 2004, 74). In Beiträgen zur interpretativen Organisationsforschung finden sich hingegen auch andere Sichtweisen (*Wollnik*, 1992; 1995; *Walter-Busch*, 2004).

suchten Fälle auf bestimmte Weise auf die gebildeten Typen beziehen. Häufig findet sich eine Form der Typenbildung, bei der eine an der Fallstruktur orientierte Typologie entwickelt wird, die auf Basis von als wesentlich angesehenen Merkmalen erfolgt (zur Typenbildung s. Kapitel 6.3, S. 177ff).

Um die von den sozialen Akteuren geschaffene soziale Realität zu verstehen, ist deren Interpretation Ausgangspunkt der Analyse. Sozialwissenschaftliche Hermeneutik konzentriert sich auf die **Handlungen von Akteuren** in ihrem Kontext und sie hilft zu verstehen, warum einzelne Akteure in einer bestimmten Situation so und nicht anders handeln.

Interpretation von Handlungen folgt häufig dem Prinzip der **Sequentialität**. Es wird davon ausgegangen, dass jegliches Handeln auch anders hätte erfolgen können. Mithin wird davon ausgegangen, dass sich Akteure bewusst oder unbewusst für das Handeln entscheiden. Akteure richten sich in ihrem Handeln an sozialen Normen und Regeln aus. Einer Regel folgen, kann dabei genauso eine Handlung sein, wie eine Regel zu brechen und nicht regelkonform zu handeln. Regelfolgen und bewusste Regelverstöße setzen jedoch wieder die Regelbeherrschung mithin die verschiedenen Kompetenzen voraus. Bei der Sequenzanalyse werden daher die einzelnen Schritte einer Handlung analysiert, indem sie in ihrem Ablauf rekonstruiert werden.

Verstehen von Handlungen wird dadurch erreicht, dass individuelle Eigenschaften von Akteuren an typisch Handelnden gespiegelt werden. Letztlich werden damit eine Reihe von Eigenschaften unterstellt, mithin eine Modellvorstellung von sozialen Akteuren verwendet. Eine wesentliche Unterstellung ist die **Rationalität von Akteuren.**[13] Dies ist nur eine Konsequenz der bereits angeführten drei Kompetenzen, die Akteure innehaben müssen, um verstehen zu können. Kommunikation ohne die gegenseitige Unterstellung

---

[13] POPPER hat dies für die Sozialwissenschaften in Form der sogenannten Situationsanalyse diskutiert, in der die Annahme der Rationalität eine zentrale Funktion hat (*Popper*, 1994; *Hedström/Swedberg/Udehn*, 1998).

von Rationalität ist kaum möglich. Dies gilt für jegliche Interaktion, denn sie beruht ja auf Erwartungen, die ich gegenüber dem Anderen hege. Würden sie systematisch enttäuscht, wäre soziales Handeln unmöglich gemacht.

Um die Schlüsse, die auf Basis von Methoden im Prozess des Verstehens gezogen werden, abzusichern, sind demzufolge – ähnlich wie für die quantitativen Methoden – **Gütekriterien** zu entwickeln (*Steinke*, 1999). Da in diesem Buch die Kooperation oder Ergänzung von Erkenntnismethoden diskutiert wird, sind Gütekriterien eine Möglichkeit, gemeinsame Standards für die Kooperation zu setzen.

5.3 Methodologie sozialwissenschaftlicher Hermeneutik

In der qualitativen Forschung werden verschiedene Verfahren eingesetzt, um Texte auszulegen und zu interpretieren, die auf Handlungen beruhen. Besonders prominent ist die Grounded Theory, die von GLASER/STRAUSS konzipiert und später von STRAUSS/CORBIN weiterentwickelt wurde.[14] Ein wesentlicher Grund, die Grounded Theory für die folgende Analyse heranzuziehen, ist, dass sie als gut dokumentiertes Verfahren gilt, zu dem es eine große Anzahl an Veröffentlichungen zu den verschiedenen Aspekten des Verfahrens gibt. Außerdem ist sie in der empirischen Forschung sowohl international als auch in vielen sozialwissenschaftlichen Disziplinen weit verbreitet. Eine umfassende Beschreibung dieser Methode ist nicht intendiert, vielmehr sollen ausschließlich die methodologischen Aspekte im Hinblick auf die sozialwissenschaftliche Hermeneutik erörtert werden. Während es bei einigen Vertretern der qualitativen Sozialforschung wie z.B. MAYRING einen expliziten Hinweis auf die Hermeneutik gibt (*Mayring*, 2003, 27ff), wird sie weder bei GLASER, noch bei STRAUSS/CORBIN erwähnt. In den Stichwortverzeichnissen ihrer wichtigen Monographien finden sich keine Hinweise zur Hermeneutik.

---

[14] Grundlegend ist GLASER/STRAUSS (1967); STRAUSS hat mit CORBIN einen praktisch orientierten Text zur Methode der Grounded Theory verfasst (*Strauss/Corbin*, 1998).

Zwar stehen methodische Regeln nicht im Vordergrund der folgenden Analyse der Grounded Theory, sie sind jedoch oft so eng mit methodologischen Regeln verbunden, dass sie – wenn auch unsystematisch – mitbetrachtet werden. Vornehmlich sollen jedoch methodologische Regeln einer sozialen Hermeneutik betrachtet und hinterfragt werden, welche Annahmen mit ihnen verbunden sind. Vier Fragen sollen analysiert und diskutiert werden, die zur Grundlegung von Methodologien sozialwissenschaftlicher Hermeneutik beitragen:

1. Sie muss Aussagen über das Vorverständnis treffen. Wird z.B. von einem theoretischen Vorverständnis ausgegangen, was meist zutrifft, stellt sich die Frage, wie dies bei der Interpretation berücksichtigt wird.
2. Gibt es methodologische Regeln, die für den Entdeckungszusammenhang entwickelt werden und welche die Begriffs- und Hypothesenbildung steuern? Oder, wenn es mit anderen Worten formuliert wird: Gibt es eine Logik der Entdeckung?
3. Welche methodologischen Regeln werden für die Fallauswahl aufgestellt, um die Begriffs- und Hypothesenbildung abzusichern? Es ist davon auszugehen, dass methodologische Regeln der Fallauswahl sich direkt auf die Möglichkeit der Generalisierbarkeit der Ergebnisse auswirken.
4. Lassen sich grundlegende hermeneutische Prinzipien identifizieren, die zur Rechtfertigung von Interpretationen verwendet werden? Gibt es methodologische Regeln, welche die Ergebnisse validieren? Gibt es eine Wahrheitskonzeption der sozialwissenschaftlichen Hermeneutik und lassen sich diese Vorstellungen in ein Konzept der Validität überführen?

Da es in der Diskussion zu den vier Fragekomplexen weitere Vorschläge gibt, die nicht durch die Grounded Theory beantwortet werden, sollen diese Vorschläge zusätzlich berücksichtigt werden.

Zur Bedeutung des Vorwissens

Seit HEIDEGGER wird in der Hermeneutik der hermeneutische Zirkel als Metapher verwendet, um die Besonderheit des Verstehens herauszustellen (*Heidegger*, 1927/1967, 152f). Kurz gefasst, wird davon ausgegangen, dass für jedes Verstehen ein Vorwissen oder Vorverständnis[15] der Akteure vorhanden sein muss, um einen Text zu verstehen.[16] Abbildung 8 zeigt, dass Verstehen ein Prozess ist, der sich wie eine **Spirale** entwickelt, indem schrittweise ein verbessertes Textverständnis erzeugt wird (*Stegmüller*, 1972, 27). Wenn davon ausgegangen wird, dass, um zu verstehen, Interpretationshypothesen aufgestellt, verifiziert oder falsifiziert werden, dann lässt sich weiterhin annehmen, dass ohne Vorwissen das Aufstellen von Interpretationshypothesen schwer möglich ist. In einer sozialwissenschaftlichen Hermeneutik geht es dann um die Frage, wie Vorwissen zum Gelingen des Verstehens beiträgt; d.h., zu klären ist, ob sich dieser Beitrag methodisch unterstützen lässt und inwieweit verhindert werden kann, dass dieses Vorwissen nicht zu verzerrten Interpretationen führt.

Während GLASER/STRAUSS in ihrem frühen gemeinsamen Werk für eine möglichst vorurteilsfreie, voraussetzungslose Herangehensweise plädieren, d.h. frei von Vorwissen (*Glaser/Strauss*, 1967, 37), haben STRAUSS/CORBIN die Rolle des Vorwisssens später eingehender behandelt und diese Ansicht korrigiert (*Strauss/Corbin*, 1998, 42ff; *Strauss*, 1987, 12ff). Sie stellen vielmehr die Erfahrung von Wissenschaftlern heraus, die sich in ihrer Sensibilität ausdrückt. Sensibilität zeichnet sich dadurch aus, dass Wissenschaftler Einsicht in die Ereignisse und Prozesse der Daten haben und ihnen Bedeutung (Sinn) geben können (*Strauss/Corbin*, 1998, 46; *Glaser*, 1992, 27ff). STRAUSS/CORBIN stehen somit im Einklang mit folgenden philosophischen Einsichten:[17] Wissenschaftler haben in der Regel

---

[15] Die Begriffe „Vorwissen“ und „Vorverständnis“ verwende ich synonym zu dem im 4. Kapitel eingeführten Begriff „Hintergrundwissen“ (s. S. 86).

[16] GADAMER prägt in diesem Zusammenhang den Begriff des Vorurteils neu, dadurch dass er ihn im Sinne von Vorwissen, welches in einem Überlieferungszusammenhang steht, und damit als Vorbedingung des Verstehens positioniert (*Gadamer*, 1965, 255ff).

[17] So diskutiert GADAMER das Vorwissen, das er Vorurteil nennt, ausführlich und im Zusammenhang mit dem hermeneutischen Zirkel (*Gadamer*, 1965, 270ff; *Tietz*, 1999, 37ff); ähnlich wird auch in der

ein durch die jeweilige historische Situation geprägtes Hintergrundwissen, sie greifen auf die Wissensbestände aus der Gesellschaft zurück, in der sie leben. Jeder Interpret geht daher mit Vorwissen an die Auslegung von Texten heran.

Abbildung 8: Hermeneutische Spirale

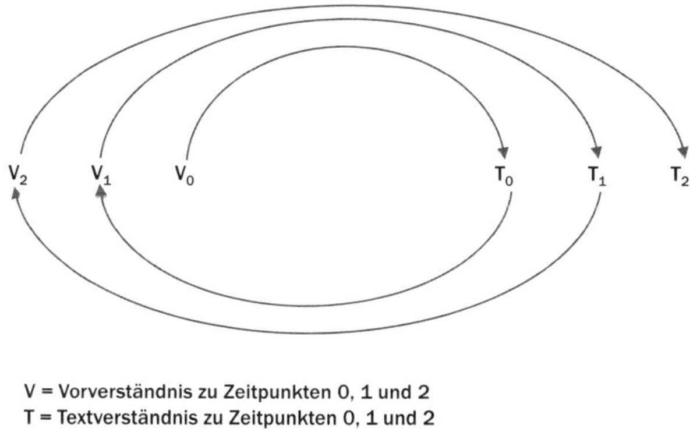

(Quelle: leicht verändert übernommen aus *Danner*, 1979, 53)

Hintergrundwissen setzt sich aus mehreren Komponenten zusammen. Sozialwissenschaftliche Hermeneutiker stützen sich insbesondere auf das Konzept der Lebenswelt, um auf das Alltagswissen hinzuweisen, welches sozialen Akteuren als handlungsleitende Orientierung dient (*Schütze*, 1973, 16ff). Auf diese Wissensbestände greifen dementsprechend sozialwissenschaftlich Forschende zurück (*Hitzler*, 1993, 230). OEVERMANN hat dieses Wissen als Regelwissen expliziert und darauf hingewiesen, dass Verstehen auf dessen Basis erst möglich ist (*Oevermann et al.*, 1979, 387f). Wenn hingegen eine solche „Heuristik des Alltagwissens" (*Kelle*, 2007, 103) fehlt, ist es schwer, Interpretationen zu formulieren. Allerdings ist zu beachten, dass wir zwar, um überhaupt etwas zu verstehen, unser Hinter-

analytischen Philosophie argumentiert, dass es theorieloses Beobachten oder Interpretieren nicht geben kann (*Schurz*, 2011, 57ff).

grundwissen als unproblematisch ansehen (*Popper*, 1963/2009, 368f). Aber auch dieses Wissen ist grundsätzlich fallibel und damit revidierbar.[18]

Inwieweit ist auch wissenschaftliches Wissen, z.B. Theorien, für Verstehen von Handlungen notwendig? Für ihren expliziten Einsatz plädieren Vertreter einer naturalistischen Hermeneutik, die ihre Forderung auf den Begründungszusammenhang beziehen (*Mantzavinos*, 2006, 18). Welche Rolle sollen Theorien im Entdeckungszusammenhang spielen? Vordergründig kollidiert ihr Einsatz mit der Forderung nach Offenheit von Wissenschaftlern gegenüber den zu untersuchenden Phänomenen (*Rosenthal*, 2005b, 48ff). In einer qualitativen Untersuchung im Entdeckungszusammenhang ist es sinnvoll, Theorien heranzuziehen, nicht, um sie zu prüfen, sondern um das Forscherteam zu stimulieren, neue Theorien zu entwickeln oder bereits bestehende Theorien weiterzuentwickeln. Es gibt sicherlich viele Möglichkeiten, wie Theorien in Untersuchungen nutzbringend eingesetzt werden; zwei Möglichkeiten sind z.B.:

1. Es werden auf Basis einer Theorie, die als noch nicht voll entwickelt gilt, Fragen formuliert, die zur Zeit als nicht geklärt gelten, weil sie bisher noch nicht untersucht wurden. Eventuell sind in empirischen Untersuchungen Anomalien aufgetreten, die sich durch die Theorie nicht erklären lassen oder die zentralen Annahmen der Theorie widersprechen. Ausgangspunkt der Untersuchung ist eine Theorie und sie hilft bei der Bestimmung der Forschungsfragen.
2. In vielen Disziplinen wird sich sogenannter Meta-Theorien bedient. Dies sind Theorien, die nicht empirisch geprüft werden sollen, sondern die als Bezugsrahmen eingesetzt werden. Es lassen sich auf ihrer Basis z.B. eine Strukturierung von Handlungen

---

[18] So argumentiert Oevermann das universalgrammatikalische Regeln der linguistischen Kompetenz diesen a-priori Anspruch innehaben (*Oevermann*, 1986, 25ff). Auch die Hypothesen einer Theorie der Universalgrammatik sind jedoch fallibel und gelten vielen Forschern nicht als bewährt, einige zweifeln bereits über ihren Status als wissenschaftliche Aussagen (*Evans/Levinson*, 2009).

vornehmen, wie dies in der Grounded Theory der Einsatz eines Kodierparadigmas leistet.

Die zwei angedeuteten Möglichkeiten zeigen auf, dass es nicht darum geht, ob Theorien eingesetzt werden, sondern dass zu klären ist, welche Theorie für welche Fragestellung herangezogen wird.

Begriffs- und Hypothesenbildung in der Grounded Theory

Wie soll die Grounded Theory im Entdeckungszusammenhang eingesetzt werden? Zur Klärung dieser Frage ist es hilfreich, sich die wichtigsten Bestandteile von Theorien zu vergegenwärtigen: Begriffe und Aussagen (*Strauss/Corbin*, 1998, 22). Um Theorien zu entwickeln, ist es notwendig, zuerst die Begriffe (Konstrukte) zu entwickeln und danach Beziehungen zwischen diesen Konstrukten herzustellen und entsprechende Hypothesen zu formulieren.

Kernstück der Methode der Grounded Theory ist die Textinterpretation als Kodierung von Texteinheiten (*Strauss/Corbin*, 1998, 101ff) (s. Abbildung 9). Mithilfe der **offenen Textkodierung** werden Texteinheiten einem bestimmten Code (= Begriff und Begriffskombinationen) zugeordnet.[19] Nach dieser Zuordnung werden Konstrukte gebildet, weil sie die Bausteine der Theorie- und Hypothesenentwicklung sind (*Dey*, 1999, 48f, 57). Konstrukte gehen als abstrakte Begriffe aus Interpretationen von Codes hervor.

Danach werden die Konstrukte dahingehend untersucht, ob es sich um Ursachen der Phänomene, ihren Kontext, intervenierende Bedingungen, auf die Phänomene bezogene Handlungsstrategien oder deren Konsequenzen handelt (*Strauss/Corbin*, 1998, 127f; *Dey*, 1999, 106f). Diese zweite Phase wird von STRAUSS/CORBIN als **axiales Kodieren** bezeichnet. In der dritten Phase der Kodierung (**selektives Kodieren**) ist das wichtigste Ziel, die theoretischen Begriffe (Konstrukte) mithilfe von Hypothesen zu integrieren, um zu einer gegenstandsbezogenen Theorie zu gelangen.

---

[19] STRAUSS/CORBIN verwenden die Begriffe Code und Kategorien. Im Folgenden wird jedoch anstatt Kategorie von Konstrukten gesprochen, da dies konsistent zur Begrifflichkeit in diesem Buch ist.

Abbildung 9: Ablauf der Grounded Theory

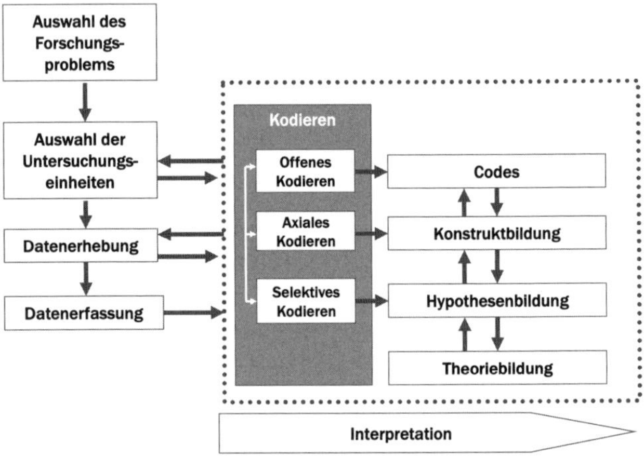

(Quelle: leicht verändert übernommen aus *Osann*, 2010, 77)

Konstrukte sind spezielle Sinneinheiten eines Textes, sie gehen über den Sinn einzelner Worte des Textes hinaus. Beispielsweise werden in einer Reihe von Interviewtexten bestimmte Kombinationen von Instrumenten und Tätigkeiten durch die Interviewten genannt. Der Interpret kann diesen immer wieder genannten Instrumenten einen gemeinsamen Namen geben, um ihre Verbindung zu kennzeichnen. Eventuell ist er auf diese Weise in der Lage. ein Konstrukt aus dem Feld heraus zu konstruieren; ein solches Konstrukt könnte z.B. Integrationsfähigkeit genannt werden. Sie ist eine bestimmte Fähigkeit des Managements, Instrumente und Tätigkeiten zu kombinieren. Sie ergibt sich bei der Interpretation, indem „*theoretisch und logisch mögliche Merkmalskombinationen* der untersuchten Phänomene" (*Kelle*, 1996, 37) bestimmt werden.

Interpretationsleistungen sind bei der Konstruktbildung in mindestens zweifacher Weise notwendig:

- Erstens hat der Interpret die Aussagen der Interviewten in ihrem Zusammenhang zu verstehen. Häufig sind die Aussagen nicht alle in einem Kontext gemacht worden, sondern im Verlaufe eines Interviews an verschiedenen Stellen geäußert worden.

- Zweitens hat der Interpret die Aufgabe, Ursache-Wirkungsbeziehungen in den Texten aufzuspüren (*Brühl/Horch/Orth*, 2008, 311). Ohne eigene Kenntnis über die Sache, die Gegenstand der Interviews ist, wird ihm dies kaum gelingen.[20]

Welche methodischen Hinweise werden in der Grounded Theory gegeben, die diese Interpretationsleistungen unterstützen? Für die Konstrukt- und Hypothesenbildung werden verschiedene **Kodierparadigmen** angeboten, mit deren Hilfe eine Zuordnung vorgenommen werden kann. Kodieren ist Zuordnung von Texteinheiten zu Codes. Nur im Falle von In-vivo-Codes – das sind unveränderte Texteinheiten aus dem Fallmaterial – können Wissenschaftler darauf verzichten, abstrakte Begriffe zu bilden. Häufig werden sie jedoch aus dem Fallmaterial Texteinheiten bestimmten abstrakten Begriffen zuordnen müssen. GLASERs Hinweis zu warten, bis das Problem aus den Daten emergiert, ist wenig hilfreich (*Glaser*, 1992, 21ff). An dieser Stelle spielt das Vorwissen der Interpretierenden eine entscheidende Rolle, da im Abstraktionsprozess nicht nur die Daten einfließen werden.

Zur Hypothesenbildung wird ein **Kodierparadigma** vorgeschlagen, das wie ein handlungstheoretisches Modell wirkt (s. Abbildung 10). Es besteht aus verschiedenen Elementen (*Strauss/Corbin*, 1998, 130ff). (1) das zu untersuchende Phänomen, (2) Bedingungen, die zum Entstehen von Phänomenen führen; sie werden unterteilt in (2a) kausale Bedingungen, (2b) intervenierende Bedingungen, (2c) kontextuelle Bedingungen, (3) Aktionen/Interaktionen sowie (4) Konsequenzen. Mit diesem Kodierparadigma zeigt sich die Herkunft von STRAUSS aus der Chicago School of Sociology, in der maßgeblich der **Symbolische Interaktionismus** entwickelt wurde (*Strauss/Corbin*, 1998, 9; *Corbin/Strauss*, 1990, 5). Wie aufgezeigt, ist es somit in der Grounded Theory von Interesse, Zusammenhänge – auch kausale Zusammenhänge – zwischen den Konstrukten her-

[20] Die Sachkenntnis des Interpreten ist eine notwendige Voraussetzung der Interpretation, die nicht mit dem Einfühlungsvermögen zu verwechseln ist (*Haussmann*, 1991, 179ff).

zustellen. Es ist zu beachten, dass die damit angesprochenen Hypothesen nicht mit Interpretationshypothesen verwechselt werden dürfen. **Interpretationshypothesen** beziehen sich auf die Auswertung des Textmaterials, sie dienen seiner Auslegung und beziehen sich auf die Aussagen von sozialen Akteuren. Mithilfe **gegenstandsbezogener Hypothesen** soll über den einzelnen Fall hinausgegangen werden und es sollen Zusammenhänge zwischen sozialen Sachverhalten konstatiert werden.

Zwar ist das Kodierparadigma eine Interpretationshilfe, es lässt sich allerdings ebenfalls nicht ohne Vorwissen einsetzen. Auch bei der Entwicklung von Hypothesen zeigt sich, dass weder Codes noch Konstrukte und Hypothesen ohne theoretische Zusatzannahmen aus den verbalen Daten emergieren, dem Vor- und Hintergrundwissen von Wissenschaftlern kommt daher eine entscheidende Bedeutung zu (*Kelle/Kluge*, 1999, 27ff).

Abbildung 10: Kodierparadigma von Strauss (1987)

(Quelle: verändert übernommen aus *Strübing*, 2004, 27)

Fallauswahl, Theorieentwicklung und Generalisierung

Die theoretische Fallauswahl in der Grounded Theory unterscheidet sich grundsätzlich von der statistischen Fallauswahl in der quantitativen Forschung. Bei der theoretischen Fallauswahl wird nicht auf eine vorab definierte Stichprobe zurückgegriffen, sondern die Fallauswahl wird während der gesamten Untersuchung durch den Entwicklungsstand der Theorie geleitet. Bei der Wahl der ersten Fälle wird sich an den Forschungsfragen orientiert, die Wahl der weiteren Fälle wird auf Basis der drei Kodierungsphasen bestimmt sowie auf Basis des jeweils erreichten Theoriestandes entschieden, und somit bestimmt sich das Ende der Datenerhebung nach dem Stand der entwickelten Theorie. Ziel solle es sein, durch iterative Abläufe zwischen Datenerhebung und -auswertung zu einer durch die Daten erzeugten Theorie zu kommen und theoretische Sättigung zu erreichen.

STRAUSS/CORBIN appellieren an die Sensibilität des Forschers, die theoretische Relevanz der einzelnen erhobenen Daten zu hinterfragen. Nach dem Prinzip der hermeneutischen Spirale bedeutet dies, dass während der Kodierung immer wieder zu „alten" Daten zurückzukommen ist, um sie auf Basis neu gewonnener Erkenntnisse noch einmal zu kodieren. STRAUSS/CORBIN beschreiben, wie die theoretische Fallauswahl mit den Kodierphasen verbunden sind (*Strauss/Corbin*, 1998, 101ff).

- In der ersten Phase des offenen Kodierens wird die Fallauswahl nach der Forschungsfrage ausgerichtet. Eventuell bestehen bereits vage Vorstellungen über den zu untersuchenden Sachverhalt, wie sie BLUMER mit dem Begriff der „sensitizing concepts" bezeichnet hat (*Blumer*, 1954/1969, 147). Dieses Wissen dient als Ausgangspunkt für die Suche nach ersten Fällen. Ziel ist es, möglichst viele relevante Daten zu den Phänomenen, ihren Eigenschaften und Beziehungen zwischen ihnen zu erheben.
- Beim axialen Kodieren wird die Fallauswahl ebenfalls auf Basis theoretisch relevanter Begriffe durchgeführt, jedoch mit einem anderen Fokus: dem Weiterentwickeln von Konstrukten und deren Beziehungen sowie der Validierung dieser Beziehungen. Es sollte versucht werden, die Fallauswahl auf die verschiedenen Dimensionen der Phänomene zu beziehen und ihre Charakteristika aufzudecken. Dabei sollte ein deduktives Vorgehen unter Ausrichtung auf der Basis der theoretisch entwickelten Konstrukte gewählt werden, indem Daten zu erstellten Ergeb-

nissen gezielt gesammelt und analysiert werden (*Strauss/Corbin*, 1998, 209f).

- Die Integration zu einem wesentlichen Konstrukt soll während der Phase des selektiven Kodierens erfolgen. Fälle werden dann so ausgewählt, dass die Grundlagen der Theorie und die Beziehungen zwischen Konstrukten weiter intensiviert werden und eventuell unvollständige Konstrukte mit Inhalt ausgefüllt werden können. Die ständige Überprüfung und das Einbauen von neuen Variationen der entwickelten Theorie sollen durch die Fallauswahl ermöglicht werden (*Kelle*, 1994, 331f).

Beendet wird die Untersuchung, wenn im Prozess des ständigen Vergleichs zwischen bereits entwickelter Theorie und neuen Daten keine neuen Erkenntnisse erzielt werden. In der Grounded Theory wird dies als theoretische Sättigung bezeichnet (*Glaser/Strauss*, 1967, 61). Wann keine neuen Fälle mehr untersucht werden, ist somit eine Entscheidung, die das Forscherteam in Bezug zum Stand der Theorieentwicklung trifft.

Ein Standardvorwurf gegenüber der fallbasierten Forschung ist die fehlende Generalisierbarkeit, denn es wird bemängelt, dass die Auswahl der Fälle nicht repräsentativ ist, weil sie nicht zufällig ausgewählt werden. Daher sei es nicht möglich, auf eine größere Anzahl von Fällen zu schließen. Diese Argumentation wird meist aus Sicht einer theorietestenden Logik geführt, die auf inferenzstatistischen Verfahren beruht. Wie ist Generalisierung im Hinblick auf theorieentwickelnde Untersuchungen zu beurteilen?

Wenn alle bekannten Fälle in einer Untersuchung homogen wären, dann gäbe es kein Problem der Generalisierung (*Gomm/Hammersley/Foster*, 2000, 104). Da in der sozialen Realität von heterogenen Fällen auszugehen ist, stellt sich die Frage, ob es möglich ist, dieses Problem in einer qualitativen Untersuchung adäquat zu adressieren. Dies ist dann möglich, wenn Informationen über die Heterogenität erhoben werden können.

1. Zunächst ist zu klären, welche Eigenschaften, die heterogen sind, für die Untersuchung von Relevanz sind. Wenn Eigenschaften keine Auswirkungen auf die Ergebnisse haben, können sie vernachlässigt werden.

2. Wenn beispielsweise für ein Konstrukt die niedrigste und höchste Ausprägung ihrer jeweiligen Eigenschaften bekannt sind, dann ist es möglich, den Merkmalsraum abzubilden, in dem sich alle potentiellen Fälle bewegen werden. Wenn diese Extremfälle auf systematische Unterschiede in den einzelnen Komponenten des Kodierparadigmas untersucht werden, lassen sich eventuell Unterschiede in den Bedingungen finden, die zu diesen Ausprägungen führen (*Glaser/Strauss*, 1967, 55ff).

Dieses Vorgehen sichert nicht statistisch den Schluss auf die Grundgesamtheit ab, das ist auch gar nicht bezweckt. Mit diesem Verfahren wird abgesichert, dass die Fälle möglichst die wesentlichen Faktoren von Heterogenität innerhalb der untersuchten Population abdecken. Wenn es sich um eine theoretisch gesättigte Theorie handelt, besteht eine hohe Wahrscheinlichkeit, dass sie auch in Zukunft weiteren Überprüfungen standhält. Mithin gibt es zwar keinen Algorithmus für Theorieentwicklung, es lassen sich hingegen methodologische Regeln formulieren, die Theorieentwicklung wahrscheinlich einen größeren Schritt voranbringt, als Überlegungen, die sich Forscher zuhause in ihrem Lehnstuhl einfallen lassen.

Intentionen als Grundlage hermeneutischer Regeln

In der Literatur zur Hermeneutik finden sich Prinzipien der Hermeneutik, welche die Interpretation leiten sollen. Es sind jedoch auch weitere Begriffe wie Maxime oder Kanon (*Betti*, 1962, 14) zu finden. Da in diesem Buch der Begriff der Regel vorgezogen wird, soll er auch hier verwendet werden.

Eine erste Regel bezieht sich auf die Frage, ob ein subjektiver oder objektiver (intersubjektiver) Sinn Gegenstand der Interpretation sein soll. Wird sich für den subjektiven Sinn entschieden, dann ist die maßgebliche Quelle der einzelne Akteur; hingegen weist die Suche nach dem objektiven Sinn über den einzelnen Akteur hinaus. Die erste Variante versucht mit Hilfe von **Interpretationshypothesen**, den Sinn von Handlungen eines sozialen Akteurs zu rekonstruieren, indem die wesentlichen Elemente seiner Handlungssituation – Ziele, Überzeugungen und Situationsbedingungen – beschrieben und in einen Zusammenhang gebracht werden (*Mantzavinos*, 2006, 119). In ihrem Zentrum stehen damit der subjektive Sinn eines einzelnen sozialen Akteurs und damit auch seine subjektiven Intentionen. Der Akteur ist damit auch der erste Ansprechpartner, um die Frage zu klären, ob die Interpretationshypothese zutrifft oder nicht. Somit sollen Handlungen (Texte) auf Basis der Intentionen des individuellen Akteurs (Autors) interpretiert werden.

Wie lässt sich feststellen, ob die Bedeutung eines Textes richtig verstanden wurde? Was ist die Instanz, die über die Richtigkeit der Interpretation entscheidet? Im Laufe der Geschichte der Hermeneutik und insbesondere der Literaturwissenschaft hat es hierzu unterschiedliche Antworten gegeben. Sie lassen sich grob in zwei Gruppen einteilen. In der ersten Gruppe sind Vertreter, die den Autor als alleinigen Maßstab ansehen, zur zweiten Gruppe zählen Vertreter, die den Text, der sich objektiviert hat, als Maßstab wählen. Beispielsweise hat ERIC HIRSCH über die Interpretation von literarischen Texten geäußert, dass die **Intentionen des Autors** als der Maßstab der Richtigkeit von Interpretationen gelten sollten (*Hirsch*, 1972, 34). Auch EMILIO BETTI, der einen Kanon von Interpretationsregeln aufstellt, betont die Autorenintention (*Betti*, 1962, 14f).[21]

Maßgeblichen Einfluss auf die zweite Gruppe hatte ein Aufsatz von WILLIAM WIMSATT/MONROE BEARDSLEY (1946), in dem sie die Doktrin angriffen, dass die Intentionen des Autors der Maßstab der Interpretation sein soll. Sie bezeichnen dies als intentionalen Trugschluss. Zwar richtet sich ihr Angriff und die jahrzehntelange Diskussion auf literarische Werke; da sich einige sozialwissenschaftliche Forscher als Textwissenschaftler sehen, ist die Argumentation dieser konträren Grundposition von allgemeinem Interesse. Nach

---

[21] Der Kanon von BETTI bezieht sich auf wichtige Vorläufer, wie z.B. SCHLEIERMACHER: (1) Die Eigenständigkeit des Objekts bezieht sich auf die innere Logik des Textes und beruht auf der Autorenintention bei Entstehung des Textes. (2) Die Interpretation hat ganzheitlich und auf mehreren Ebenen zu erfolgen: Text, verwendete Sprache, Werk des Autors und Kultur. (3) Es ist aktuelle Situation des Interpreten und sein Vorwissen einzubeziehen. (4) Der Interpret soll eine harmonische Entsprechung zwischen sich und dem zu interpretierenden Objekt herstellen (*Betti*, 1967, 216ff; *Seebohm*, 1972).

WIMSATT/BEARDSLEY gilt bei der Interpretation der Vorrang des Textes als literarisches Werk, eine besondere Betrachtung der Intentionen des Autors ist somit überflüssig. Auch wenn es möglich wäre, die Autorenintention zu erfassen, wäre es gar nicht wünschenswert, sie zu ermitteln (*Wimsatt/Beardsley*, 1946, 468). Da sich die Bedeutung im Werk objektiviert habe, könne sich die Interpretation auf das Werk konzentrieren und die Intentionen des Autors vernachlässigen.

Es gibt in dieser Diskussion insbesondere ein Argument, das auch für die soziale Hermeneutik von Relevanz ist. Autoren müssen sich nicht bewusst für bestimmte Textpassagen entschieden haben, daher lässt sich die Beziehung zwischen Text und Intentionen des Autors bestenfalls indirekt ermitteln. Obwohl es auch unbewusste Intentionen geben kann, zielt dieser Einwand auf den Kontext, in dem sich der Autor befindet und der sich im Text manifestieren wird. Es wird somit angenommen, dass sich im Text eine objektive Bedeutung befindet, die auf tiefer liegenden Faktoren beruht (*Ricœur*, 1978, 88f). In seiner **kognitiven Hermeneutik** hat PETER TEPE dieser Argumentation dadurch Rechnung getragen, dass er zwar die Autorenintention berücksichtigt, allerdings den Interpretationsrahmen erweitert. Er unterscheidet drei sogenannte **textprägende Instanzen** (des Autors): (1) das Textkonzept, (2) das Literaturprogramm und (3) das Überzeugungssystem, wobei letzteres insbesondere das Hintergrundwissen des Autors enthält (*Tepe*, 2007, 62ff).[22] Der Autor muss sich dieser textprägenden Instanzen nicht im Einzelnen bewusst sein.

Welche Lehren lassen sich aus den Diskussionen um den Intentionalismus in der Literaturwissenschaft ziehen? Es gibt zwar eine gewisse Analogie zwischen der Literaturwissenschaft und einer sich als Textwissenschaft verstehenden Sozialwissenschaft, da in beiden Texten eine Welt beschrieben wird – sie ließen sich als Textwelt und soziale Welt bezeichnen –, allerdings verfügt die soziale Welt

---

[22] Textkonzept ist „eine bestimmte künstlerische Ausgestaltung oder Zielsetzung, eine bestimmte Gestaltungsidee" (*Tepe*, 2007, 63), Literaturprogramm ist „eine bestimmte werthaft-normative Auffassung davon, wie Literatur aussehen sollte (*Tepe*, 2007, 65).

nicht über einen Autor, der sie geschaffen hat und dessen Intentionen für die Frage relevant sein kann, warum die Textwelt so ist, wie sie im Text beschrieben ist. Die Parallele besteht vielmehr darin, dass nach der intentionalistischen Auffassung der Akteur und der Autor Handlungen vollziehen, die auf ihren Absichten beruhen. Daher geht diese Position davon aus, dass es möglich ist, am Ergebnis der Handlung (*Tepe*, 2007, 73) zu erkennen, welche Absichten damit verbunden sind. In der sozialen Hermeneutik sind daher Akteure als die Autoritäten anzusehen, die befragt werden können, warum bestimmte Handlungen von ihnen vollzogen werden.

Bereits DILTHEY brachte eine Welt des **objektiven Geistes** ins Spiel, in der sich das Individuum orientiert und in dem es „eintaucht in das Medium von Gemeinsamkeiten“ (*Dilthey*, 1927/1958, 208f). Sein Konzept des einfachen Verstehens ist daher auch nicht auf ein bewusstes Schlussverfahren angewiesen. Die grundlegende Überlegung hinter diesem Gedanken ist einfach und plausibel. Da Intentionen mentale Zustände sind, die unter sozialen Bedingungen entstehen, lässt sich annehmen, dass die Gesellschaft diese Intentionen beeinflusst. Hieraus leiten sich zwei wesentliche Erkenntnisse ab:

1. Es gibt einen objektiven Sinnzusammenhang, der sich in der Handlung manifestiert, und
2. dem sozialen Akteur muss dieser objektive Sinnzusammenhang nicht bewusst sein.

Anstatt von einem objektiven Sinnzusammenhang wird auch von einem **latenten Sinnzusammenhang** gesprochen, für den zwar die individuellen Intentionen eine wesentliche Bedingung darstellen, deren sich die Akteure jedoch nicht bewusst sein müssen. Fraglich ist jedoch, wie methodisch vorzugehen ist, um solche Sinnstrukturen zu ermitteln.

Als Problem kann angesehen werden, dass sich die Akteure bestimmter Sinnstrukturen nicht bewusst sein müssen. Wenn ihre subjektiven Sinnstrukturen erfasst werden, indem sie beobachtet oder befragt werden, lässt sich nicht direkt auf latente Sinnstrukturen schließen. Ob sich hieraus der Vorwurf ableiten lässt, eine solche Methode bleibe einer bloßen Deskription verhaftet, die nicht zu den latenten Sinnstrukturen durchstoßen kann, ist allerdings eher fraglich. Ein solcher Vorwurf übersieht, dass der subjektive Sinn den Bezugspunkt für jede Analyse von latenten Sinnstrukturen bildet.

- Wie lassen sich latente Sinnstrukturen konstruieren? Mit dem Konzept von SCHÜTZ ist ein erster Zugang möglich, in dem auf Basis der Konstruktionen erster Ordnung durch die Akteure Forscher Konstruktionen zweiter Ordnung bilden. Latente Sinnzusammenhänge lassen sich durch theoretische Begriffe und ihre Zusammenhänge in Theorien beschreiben (*Heckmann*, 1992, 143 f), denn wie soeben gezeigt, ist es nur schwer möglich, diese Zusammenhänge auf Basis der Texte induktiv zu ermitteln.

Prinzip der hermeneutischen Billigkeit und Rationalität

Eine – in der Regel kritisch gemeinte – Charakterisierung der Methoden des Verstehens ist, dass sie keine Verifikationsmethode ist und dass sie die üblichen wissenschaftlichen Standards von Wissenschaften nicht erfüllt (*Abel*, 1964, 185). Damit verbunden ist der Vorwurf an die Adresse der Hermeneutiker, nur subjektiv gültige Ergebnisse zu erreichen, objektiven Maßstäben hingegen nicht gerecht werden. Wie ist dies mit dem Anspruch einer sozialwissenschaftlichen Hermeneutik in Einklang zu bringen, die für ihre Ergebnisse durchaus Objektivität beansprucht? So führt die Methode der objektiven Hermeneutik diesen Anspruch schon im Titel (*Oevermann et al.*, 1979), aber auch andere Vertreter der sozialwissenschaftlichen Hermeneutik und der hermeneutischen Wissenssoziologie reklamieren intersubjektive Gültigkeit (*Reichertz*, 1999).

Wenn von Akteuren und deren Intentionen als Interpretationsgrundlage ausgegangen wird (Prinzip der Akteursintention), ist ein weiteres Prinzip aus der hermeneutischen Tradition zu betrachten: das **Prinzip der hermeneutischen Billigkeit**.

> „Die hermeneutische Billigkeit (aequitas hermeneutica) ist die Neigung des Auslegers, diejenigen Bedeutungen für hermeneutisch wahr zu halten, welche mit den Vollkommenheiten des Urhebers der Zeichen am besten übereinstimmen, bis das Gegenteil erwiesen wird" (*Meier*, 1757/1996, 17).

Wer dieses Prinzip zur Grundlage von Interpretationen macht, der unterstellt, dass der Autor des Textes vollkommen ist. Mit dieser Unterstellung von Vollkommenheit wird angenommen, dass ein Autor über wahre Erkenntnis verfügt. Das Prinzip „enthält also nicht nur …, daß ein Text seine Meinung vollkommen aussprechen soll, sondern auch, daß das, was er sagt, die vollkommene Wahrheit ist"; GADAMER bezeichnet dies als den „**Vorgriff der Vollkommenheit**, der all unser Verstehen leitet" (*Gadamer*, 1965, 278, Hervorhebung R.B.). Neben dieser Bezeichnung von GADAMER findet sich eine weitere Variante. Es ist das Prinzip der wohlwollenden Interpretation von DONALD DAVIDSON.[23]

DAVIDSON hat ein Gedankenexperiment von QUINE, die radikale Übersetzung,[24] für eine umfassende Theorie des sprachlichen Verstehens aufgegriffen und zur radikalen Interpretation entwickelt. Im Kern geht es um die Möglichkeiten, eine Sprache zu verstehen und sprachlichen Äußerungen Bedeutungen zuzuordnen. Das Prinzip der wohlwollenden Interpretation ist Teil dieses umfassenden Programms von DAVIDSON, das den Versuch enthält, eine Theorie der Bedeutung als allgemeine Theorie des Verstehens zu etablieren. Im Zentrum der Interpretation steht nach DAVIDSON das **Prinzip der wohlwollenden Interpretation** („principle of charity")[25] oder der **Nachsichtigkeit**, welches dem Akteur ein wahres und weitgehend kohärentes Überzeugungssystem unterstellt. DAVIDSON ist der Meinung, dass dieses Prinzip eine Annahme für jede Theorie des Verstehens sein muss, denn erst wenn wir den Sätzen, die jemand äußert, zuschreiben, dass sie wahr sind, verstehen wir (die Bedeu-

---

[23] Eine Analyse dieser Varianten findet sich in SCHOLZ (2001, 51ff, 88ff), eine prägnante Diskussion der drei Autoren bietet KÜNNE (1990), einen weitergehenden Vergleich von DAVIDSON und GADAMER liefert STÜBER (1994).

[24] QUINE beschreibt, wie ein Sprachforscher ein weißes Kaninchen sieht und in der im unbekannten Sprache eines unberührten Volkes „Gavagai" äußert (*Quine*, 1960/1980, 63ff).

[25] Der Begriff wurde von QUINE verwendet, um sein Konzept der radikalen Übersetzung abzusichern; er griff auf eine Bezeichnung von WILSON zurück (*Quine*, 1960, 59, 69; *Wilson*, 1959, 532).

tung) der Äußerung: „wenn wir andere verstehen wollen, müssen wir ihnen in den meisten Dingen recht geben, ob wir das mögen oder nicht" (*Davidson*, 1973/1986, 280).

Das Prinzip der wohlwollenden Interpretation lässt sich daher mit zwei Prinzipien konkretisieren: Ein eher formales Prinzip (Kohärenzprinzip), das den Interviewten mit einem Grundgerüst an logischen Fähigkeiten ausstattet, und zum zweiten ein Prinzip, das dem Interviewten einen gewissen Grad an wahren Überzeugungen über die Welt zuschreibt (Wahrheitsprinzip). Jeder Interpret ordnet den Äußerungen Bedeutungen zu und schreibt dem Anderen Einstellungen (wie z.B. Ziele und Überzeugungen) zu. Beide Zuweisungen werden durch das Prinzip der wohlwollenden Interpretation geregelt (*Davidson*, 1991/2003, 349f). Mit diesen Prinzipien wird dem sozialen Akteur eine gewisse Basisrationalität unterstellt, die ähnlich wie bei HERBERT SIMON's begrenzter Rationalität (bounded rationality) eine zwar intendierte, jedoch aufgrund der begrenzten kognitiven Fähigkeiten eingeschränkte Rationalität ist (*Scholz*, 2001, 230f). Weder ein Irrtum noch das Auftreten einzelner irrationaler Verhaltensweisen werden dadurch ausgeschlossen, beide lassen sich vielmehr „nur vor einem Hintergrund der Rationalität erklären und verstehen" (*Davidson*, 1993/2008, 265). Rationalität und Irrationalität sind asymmetrische Begriffe: Irrationalität kann nur in einer Welt, in der weitgehend Rationalität herrscht, als Konzept verwendet werden. Umgekehrt ist es jedoch nicht möglich. Wenn wir einem sozialen Akteur nur falsche Überzeugungen über Sachverhalte zuschreiben, dann ist es fraglich, ob er überhaupt Gedanken über diesen Sachverhalt hat (*Davidson*, 1984/2006, 80). D.h., das Prinzip der wohlwollenden Interpretation sichert uns genügend Übereinstimmung, damit unser Dissens überhaupt interpretierbar ist (*Davidson*, 1999, 342).

Mit dem methodologischen Status des Prinzips der wohlwollenden Interpretation geht die Frage einher, ob es ein notwendiges Prinzip bei der Interpretation ist (*Davidson*, 1984/2006, 76f), das a-priori Gültigkeit beanspruchen kann. Eine Folgerung aus dem Prinzip ist es ja, dass ohne die Annahme der Rationalität ein Verstehen von Akteuren nicht möglich ist (*Stüber*, 1993). Doch bereits GEORG MEIER hat bei seinem Prinzip der hermeneutischen Billigkeit darauf hingewiesen, dass sie eben nur gilt, solange nicht das Gegenteil erwiesen ist, mithin auch jede Interpretationshypothese revidierbar ist. Tatsächlich betrifft dies allerdings nicht die Gültigkeit des Prinzips, sondern nur die Gültigkeit der auf ihrer Basis abgeleiteten Interpretationshypothese. Wenn bestimmte Interpretationshypothesen sich als falsch erweisen, greift dies das Prinzip zwar an. Aber erst wenn auf Basis dieses Prinzips ausschließlich Interpretationshypothesen entstehen, die sich im Nachhinein als falsch herausstellen, würde wohl dieses Prinzip grundsätzlich in Frage gestellt werden. Sowohl die Eigenschaft der Asymmetrie von Rationalität und Irrationalität, auf deren Basis ein Gedankenexperiment zur Überlegenheit dieses Prinzips führt, als auch die empirische Bestätigung durch die tägliche Praxis spricht allerdings dagegen, dass Rationalität eine in der nahen Zukunft aufzugebende Annahme ist.[26] Während des Prozesses des Verstehens unterstellen wir Rationalität, allerdings können die darauf beruhenden Interpretationshypothesen an der Erfahrung scheitern und damit auch ihre Unterstellung der Rationalität (*Scholz*, 2001, 239). Daher ist zu beachten, dass „Prinzipien der wohlwollenden Interpretation … keine Regeln [sind], deren mechanische Befolgung Verständnis garantiert. Solche Regeln gibt es nicht" (*Künne*, 1990, 231).

Rationalität als Unterstellung im Handeln von sozialen Akteuren ist auch in der sozialwissenschaftlichen Hermeneutik weit verbreitet. Schon WEBER hatte beim Verstehen von Handlungen auf Rationalität zurückgegriffen und von Zweckrationalität gesprochen (*Weber*, 1922/1947, 2ff). Es lässt sich in Analogie zum Prinzip der wohlwollenden Interpretation behaupten: Wenn dem Handelnden nicht rationales Handeln unterstellt wird, ist der Interpret nicht in der Lage, die Handlungen zu verstehen (*Soeffner/Hitzler*, 1994b, 112; *Soeffner*, 1999, 47f). Auf die sozialwissenschaftliche Hermeneutik übertragen, bedeutet das Prinzip, dass der Akteur absichtsvoll gehandelt hat und eine Interpretation annimmt, dass seine Handlun-

[26] Ausführlich werden die Grenzen des Prinzips der wohlwollenden Interpretation von BÖHM (*Böhm*, 2006, 144ff) diskutiert; dort auch eine Diskussion über die Möglichkeiten einer generellen Unterstellung von Irrationalität und Inkonsistenz.

gen mit seinen Zielen und Überzeugungen im Einklang stehen und ihm ein kohärentes Ziel- und Überzeugungssystem zugeschrieben werden kann.

Mithilfe der beiden vorgestellten Prinzipien werden Interpretationen möglich gemacht, da ihr methodologischer Status sie als notwendige Bedingungen für erfolgreiches Interpretieren auszeichnet. Es bleibt die Frage, wie als wahr angesehene Interpretationen validiert werden können, denn die Unterstellung von Rationalität gewährt nicht automatisch einen Status als valides Wissen. Vielmehr sind Bedrohungen der Validität von Interpretationen zu erkennen und ihnen ist mit entsprechenden Maßnahmen zu begegnen.

5.4 Validität von Interpretationen

Die Wahrheit gehört zu den zentralen Begriffen der Erkenntnis- und damit der Wissenschaftstheorie. Im Folgenden soll kurz die Frage der Wahrheit im Rahmen der Hermeneutik als Methode diskutiert werden. Hierfür ist es zentral, sich die bisher getroffene Unterscheidung der Hypothesen vor Augen zu halten: Interpretationshypothesen für Texte (sprachliche Äußerungen) oder Handlungen und gegenstandsbezogene Hypothesen.

Wenn es um die Frage der Wahrheit geht, dann sind natürlich beide Hypothesenarten auf dem Prüfstand. Während es jedoch bei letzterer Hypothesenart ein zumindest in der sozialwissenschaftlichen Forschung ausgefeiltes Konzept der Hypothesenprüfung gibt, mit dem der Wahrheitsanspruch überprüft werden soll, wird der Wahrheitsanspruch von Interpretationen seltener behandelt. Welche Wahrheitskonzeption wird für Interpretationen zugrunde gelegt?[27]

Auszugehen ist von der Annahme der sozialwissenschaftlichen Hermeneutik, dass der Akteur der Ausgangspunkt ist, um festzustellen, ob die Hypothese wahr ist. Eine Interpretation gilt dann als vorläufig wahr, wenn sie vom sozialen Akteur bestätigt wird. Inter-

[27] Von einigen Autoren wird darauf hingewiesen, dass Interpretation nicht als wahr sondern besser als korrekt oder richtig ausgezeichnet werden sollten (*Ineichen*, 1991, 40; *Bühler*, 2008, 343ff). Für das weitere Vorgehen ist es jedoch sinnvoll am Prädikat „wahr" festzuhalten.

pretation von Handlungen ist eingebettet in ein System von Überzeugungen, daher wird der Interpret das Überzeugungssystem des sozialen Akteurs für die Interpretation heranziehen und Wahrheit lässt sich dann auf Basis der Kohärenztheorie von Wahrheit interpretieren.

Da es Zweck von Interpretationen ist, den Sinn und Sinnzusammenhang zu erfassen, ist eine auf dem Realismus beruhende Korrespondenztheorie für Interpretationen einzelner Handlungen nicht angebracht. Die Zuschreibung von Bedeutungen sowie Meinungen und Überzeugungen findet sich nicht in einer von unserem Bewusstsein unabhängigen Realität. Sie ist vielmehr Ausdruck unserer subjektiv vorgenommenen Zuschreibungen. DAVIDSON hat für Interpretationen die **Kohärenztheorie** vorgeschlagen: „Eine Kohärenztheorie kann nichts weiter behaupten, als daß die meisten Überzeugungen in einer kohärenten Gesamtmenge von Überzeugungen wahr sind" (*Davidson*, 1983/2003, 235). Kohärenz zielt in einem ersten Schritt auf die Wahrheit eines Überzeugungssystems einer einzelnen Person. Eine Kohärenztheorie ist eine epistemische Wahrheitstheorie, da Wahrheit vom Fürwahrhalten einzelner Menschen abhängt (*Künne*, 2003b, 122). Ihr Vorteil ist es, eine erkenntnistheoretische Begründung zu liefern, warum zur Interpretation das Prinzip der wohlwollenden Interpretation herangezogen werden sollte. Denn das Prinzip beruht auf der Annahme, dass der Interpret von einem im Wesentlichen kohärenten Überzeugungssystem des sozialen Akteurs ausgeht. Der Interpret kann einen sozialen Akteur gar nicht verstehen, der sich über die meisten Sachverhalte der sozialen Welt irrt.

Wer als Wissenschaftler anstrebt, Kenntnisse zu vermitteln, die wahr sind, wird sich fragen, wie sich dies im Rahmen des Verstehens erreichen lässt. In den empirischen Sozialwissenschaften haben sich dafür Standards etabliert, die dafür sorgen sollen, dass die Idee der Wahrheit sich in der praktischen Tätigkeit von Wissenschaftlern wiederfindet.[28] Wenn, wie vorgeschlagen, Validität als ei-

---

[28] Angesichts der unterschiedlichen wissenschaftstheoretischen Positionen innerhalb der qualitativen Sozialforschung gibt es eine kontroverse Diskussion über die Übernahme oder Anpassung von Gütekri-

ne Eigenschaft von Schlüssen bezeichnet wird, dann lässt sich dies auch auf Methoden der Interpretation ausweiten. Eine **interpretative Validität** bezieht sich somit auf Schlüsse, die auf Basis von Methoden der Interpretation und ihren Ergebnissen gezogen werden (*Maxwell*, 1992, 288ff; *Flyvbjerg*, 2001, 130). Interpretative Validität zu erlangen, muss mit verschiedenen Validierungsstrategien verbunden sein, so dass wissenschaftliche Standards für das Verstehen als Erkenntnismethode entwickelt werden.

Bei interpretativen Verfahren steht an erster Stelle die Gültigkeit der Inhalte und damit der Interpretationshypothesen auf dem Prüfstand. Wie kann beispielsweise gewährleistet werden, dass der Interpret die Bedeutung der sprachlichen Äußerungen der Interviewten nicht falsch versteht? Das Prinzip der wohlwollenden Interpretation ermöglicht die Interpretation und das Aufstellen von Interpretationshypothesen. Es gibt allerdings keine Rechtfertigung der Richtigkeit der Interpretation, weil es nur als Vorannahme dient, die notwendig ist, um überhaupt eine Interpretation zu erreichen.

In der qualitativen Forschung sind daher Strategien zur Erreichung von Validität als Standards zu etablieren (s. Tabelle 1). Hierzu zählen z.B. Maßnahmen, welche die individuellen Vorurteile von Forschern aufdecken und als solche erkennen lassen. Geeignete Maßnahmen wären für diesen Fall, Kodieren und Kategorienbildung in Teams vorzunehmen. Die Kodierung sollte unabhängig voneinander durchgeführt werden und es sollten Standards für die Übereinstimmung eingehalten werden. Wenn während der Prozesse sogenannte Memos (Notizen) erstellt werden, die dokumentieren, welche Gründe die Wissenschaftler geleitet haben, kann dieser Prozess transparent gemacht werden. Es werden so die Vorurteile bewusst gemacht. Tabelle 1 zeigt, dass für Interpretationen Validierungsstrategien eingesetzt werden können, um systematisch verzerrte Interpretationen zu verhindern. Eine interpretative Validität bezieht sich auf Aussagen von Forschern, welche Handlungen von sozialen Akteuren interpretieren, die häufig dokumentiert in Textform, z.B.

---

terien aus der quantitativen Sozialforschung (*Seale*, 1999; *Steinke*, 1999; 2004).

als Transkript eines Interviews, vorliegen. Als wichtiges Vorgehen zur Sicherung der Validität hat sich die Konsensbildung zwischen den verschiedenen am Forschungsprozess Beteiligten entwickelt (*Bortz/Döring*, 2006, 335; *Wrona*, 2006, 205f):

1. Es werden die Interviewten erneut befragt (member-check) (*Seale*, 1999, 61ff);
2. es werden Experten oder Berater hinzugezogen, die mit den untersuchten Phänomenen vertraut sind;
3. es wird ein Konsens innerhalb des Forschungsteams hergestellt.

Tabelle 1: Beispiele für Validitätsbedrohungen und Validierungsstrategien

Beziehungen zur Validität / Verstehensstufen	Mögliche Verzerrungen des Verstehens (Validitätsbedrohung)	Mögliche Maßnahmen (Validierungsstrategien)
Korrekte Wahrnehmung	- fehlerhafte Aufzeichnung wegen schlechter Bandqualität	- Transkript vom Interviewer auf Basis des Bandes prüfen - Prüfung durch Interviewten
Satzverstehen (Sprachkompetenz)	- Missverständliche Formulierungen	- Klärung durch Interviewten (member check)
Sprachverstehen (Kulturkompetenz)	- Verwendungsweise der Wörter unbekannt - Wörter unbekannt	- Klärung durch Interviewten (member check) - Expertenbefragung
Verstehen des proportionalen Gehalts	- Bedeutung von Aussagen unklar	- Klärung durch Interviewten (member check) - Expertenbefragung
Verstehen des Kontexts	- Zusammenhang der Aussagen nicht herstellbar	- Klärung durch Interviewten (member check) - Expertenbefragung

Neben dieser konsensuellen Validierung wird häufig ein „Grundsatz der Ganzheit“ (*Betti*, 1962, 15) angewandt, indem die Interpretationen in einen größeren Zusammenhang von Aussagen gebracht werden. Verhält sich die Interpretation kohärent zu diesen Aussagen, wird auf ihre Validität geschlossen.

Allerdings ist die hier vertretene Auffassung nicht unumstritten: Es gibt eine Reihe von qualitativen Sozialforschern, die als wissenschaftstheoretische Basis eine konstruktivistische Variante wählen. Nach dem sozialen Konstruktivismus ist die Realität eine soziale Konstruktion von Individuen. Eine Konsequenz aus dieser Sichtweise ist, dass es nicht eine, sondern viele Wahrheiten gibt, die alle ihre Berechtigung haben. Ein Kriterium wie die Validität wird daher von Anhängern des sozialen Konstruktivismus abgelehnt, da sie als unangemessener Maßstab einer anderen Wissenschaftsvorstellung entspringt. So setzen LINCOLN/GUBA in ihrer Konzeption der „naturalistic inquiry“ der Validität die Glaubwürdigkeit entgegen: Sie soll anzeigen, inwieweit der Forscher die multiplen Realitäten eingefangen hat (*Lincoln/Guba*, 1985, 294ff). Wird dieses Kriterium jedoch genauer betrachtet, fällt auf, dass die Maßnahmen, die zur Sicherung der Glaubwürdigkeit beschrieben werden, sehr ähnlich zu den in diesem Kapitel beschriebenen sind. Dies zeigt, dass ihnen die regulative Idee von Wahrheit nicht völlig fremd ist.

Zusammenfassung

- Hermeneutik ist die Lehre vom Auslegen und Interpretieren. In diesem Kapitel wird zwischen der Hermeneutik als Methode und der philosophischen Hermeneutik unterschieden, wobei letztere wichtige Impulse für erstere gibt. Hermeneutik wird als Methode des Verstehens angesehen.
- Für die geist theoretische Auffassung der Hermeneutik sind intentionale Zustände von sozialen Akteuren zentral. Sie werden durch ihren semantischen Gehalt beschrieben (Repräsentationen). Fremdverstehen ist dann Meta-Repräsentation – mithin: Repräsentation von der Repräsentation eines Anderen. Da der semantische oder propositionale Gehalt wahr oder falsch sein kann, unterliegen Repräsentationen den Wahrheitsbedingungen.

- Um einen Text (Protokoll etc.) zu verstehen, sind mehrere Stufen des Verstehens zu durchlaufen. Voraussetzung jeden Sprachverstehens ist die korrekte Wahrnehmung. Danach muss die buchstäbliche Bedeutung einer Aussage verstanden werden. Auf der dritten Stufe ist der propositionale Gehalt zu erfassen. Viertens muss der psychische Modus erkannt werden. Fünftens ist es häufig notwendig, Kontextwissen zu haben, um zu verstehen. Zum Handlungsverstehen wird die Kenntnis von Ziel und Überzeugungen von Akteuren benötigt.
- Eine naturalistische Hermeneutik verschreibt sich dem Einheitsprogramm der Wissenschaft. Es wird eine einheitliche Methode – die hypothetisch-deduktive Methode – vorgeschlagen.
- Methodologische Regeln lassen sich in Analogie zu den Regeln entwickeln, die Popper in seiner Methodologie aufgestellt hat. Wichtige Kriterien sind die Nachprüfbarkeit durch andere Interpreten, die Suche nach alternativen Interpretationen oder die Festlegung falsifizierender Belege. Die Regeln sind jedoch nicht geeignet, Theorien zu bilden, sie richten sich ausschließlich auf das Testen.
- Zentral ist in einer sozialwissenschaftlichen Hermeneutik der Text, denn mit seiner Hilfe sollen Handlungen rekonstruiert werden. Auf Basis der Konstruktionen erster Ordnung der Akteure schaffen Wissenschaftler Konstruktionen zweiter Ordnung. Auch latente Sinnstrukturen bedürfen einer subjektiven Perspektive. Wie bereits durch die Stufen des Verstehens erläutert, ist zum Verstehen Kompetenz auf verschiedenen Gebieten notwendig (Sprache, Lebenswelt).
- Für Methoden der Interpretation, deren Ziel das Aufstellen von Hypothesen ist, wird Vorwissen (Hintergrundwissen) benötigt. Die Hermeneutische Spirale weist darauf hin, dass mit zunehmendem Wissen über den Gegenstand sich auch das Verständnis entwickelt.
- Kodierparadigmen, die auf einem handlungstheoretischen Modell beruhen, und die das zu untersuchende Phänomen, seine kausalen Bedingungen, Konsequenzen sowie intervenierende und kontextuelle Bedingungen beinhalten, dienen

als allgemeiner theoretischer Bezugsrahmen zur Hypothesenentwicklung.

- Intentionen der Akteure (Autoren) gelten als wesentlicher Ausgangspunkt jeder Interpretation. Daran ändert auch sich auch nichts durch das Vorhandensein von latenten (objektiven) Sinnzusammenhängen.
- Interpretationen werden durch das Prinzip der wohlwollenden Interpretation geleitet. Es unterstellt demjenigen, der Überzeugungen äußert, dass er überwiegend wahre Überzeugungen und ein kohärentes Überzeugungssystem hat.
- Wahrheit von Interpretationen wird meist mit dem Kohärenzprinzip begründet, das auch Teil des Prinzips der Nachsicht ist. Eine interpretative Validität bezieht sich auf Schlüsse, die auf Basis von Methoden der Interpretation und ihren Ergebnissen gezogen werden.

Schlüsselwörter

Autorenintention (136)
Gehalt, propositionaler (109)
Hermeneutik (103)
Hermeneutik, Methode (104)
Hermeneutik, naturalistische (114)
Hermeneutik, Philosophie (104)
Hermeneutik, sozialwissenschaftliche (119)
Interpretationshypothese (112)
Kodierparadigma (131)
Konstruktion, erster/zweiter Ordnung (120)
Meta-Repräsentation (107)
Naturalismus (113)
Prinzip der wohlwollenden Interpretation (140)
Protokollsatz (116)
Sinn (56)
Sinnzusammenhang, latenter (138)
Spirale, hermeneutische (126)
Validität, interpretative (145)

Lernkontrolle

1. Definieren Sie den Begriff Hermeneutik.
2. Grenzen Sie die philosophische Hermeneutik von der Hermeneutik als Methode ab. Nennen Sie die wichtigsten Vertreter beider Richtungen.
3. Erläutern Sie das Verstehen als Meta-Repräsentation in einer geisttheoretischen Hermeneutik.

4. Zeigen Sie anhand der sechs Stufen des Verstehens, wie von der Wahrnehmung sprachlicher Symbole bis zum Handlungsverstehen vorgegangen wird.
5. Was ist das naturalistische an der naturalistischen Hermeneutik.
6. Erläutern Sie die methodologischen Regeln der naturalistischen Hermeneutik.
7. Wie kann in Verfahren der Interpretation falsifiziert werden?
8. Was unterscheidet Konstruktionen erster Ordnung von denen zweiter Ordnung?
9. Warum sind latente Sinnstrukturen eine Herausforderung für eine intentionalistische Sichtweise der Hermeneutik?
10. Über welche Kompetenzen sollten Wissenschaftler verfügen, die Verstehen wissenschaftlich betreiben wollen?
11. Warum ist sozialwissenschaftliche Hermeneutik nicht auf Einfühlung angewiesen?
12. Was bedeutet das Konzept der Sequentialität beim Verstehen von Handlungen?
13. Warum ist bei Interpretationen Vorwissen notwendig?
14. Erläutern Sie die hermeneutische Spirale.
15. Welche Gefahren sind mit dem Vorwissen von Wissenschaftlern verbunden, wenn sie interpretieren?
16. Welche Funktionen hat Theorie im Prozess des Verstehens?
17. Welche Funktionen haben die verschiedenen Phasen der Kodierung in der Grounded Theory für die Konstrukt- und Hypothesenbildung?
18. Welche Methode der Fallauswahl kennen Sie, um eine theoretische Generalisierbarkeit zu erzeugen?
19. Warum sind die Intentionen von sozialen Akteuren (Autoren) maßgeblich für das Verstehen von Handlungen?
20. Was ist das Prinzip der hermeneutischen Billigkeit?
21. Erläutern Sie das Prinzip der wohlwollenden Interpretation. Gehen Sie auf die beiden Kriterien ein, die zu seiner Erfüllung diskutiert werden.
22. Warum ist die Annahme der Rationalität für die Interpretation von Handlungen von zentraler Bedeutung?
23. Beschreiben Sie die interpretative Validität.
24. Zeigen Sie an ausgewählten Beispielen, welche Validitätsbedrohungen bei Interpretationen auftreten können und wie ihnen begegnet werden kann.

Kommentierte Literaturempfehlungen

Ein aktueller, prägnanter Überblick zur philosophischen Hermeneutik findet sich in JOISTEN (2009); zwar älter, aber keineswegs überholt ist INEICHEN (1991). DETEL (2011) entwickelt in seiner Monographie seine eigene geist-theoretisch inspirierte Variante der Hermeneutik, bietet allerdings auch einen sehr umfassenden historischen Teil. Dies gilt gleichfalls für SCHOLZ (2001), dessen Schwerpunkt allerdings bei Interpretationsprinzipien liegt. Umfassende Überblicke zum Begriff des Verstehens finden sich in APEL (1955; 2001). Kritische Analysen zur Frage des hermeneutischen Zirkels finden sich bei z.B. in STEGMÜLLER (1979) und MANTZAVINOS (2008).

Zur naturalistische Hermeneutik sollte die Monographie von MANTZAVINOS (2006) herangezogen werden; eine kritische Analyse dieser Konzeption liefert DETEL (2011). Ein kurzer Überblick zur sozialwissenschaftlichen Hermeneutik ist von SOEFFNER (2005); seine Aufsatzsammlung vereint ein breiteres Spektrum und behandelt auch die von mir nur kurz erwähnte Sequenzanalyse: SOEFFNER (2004). Die Grounded Theory wird kanonisch in STRAUSS/CORBIN (1998) dargestellt; empfehlenswert auch die Sammelbände von MEY/MRUCK (*Mey/Mruck*, 2007) und CHARMAZ/BRYANT (*Charmaz/Bryant*, 2007).

Die Diskussion um Autorenintention findet sich in DANNEBERG/MÜLLER (1983a; b) und DICKIE/WILSON (1995). Interpretationsregeln, von BETTI als Kanon bezeichnet, finden sich ausführlich in BETTI (1962) und wesentlich kürzer in BETTI (1967). Auf seiner Basis entwickelt HECKMANN (1992) Interpretationsregeln für die sozialwissenschaftliche Hermeneutik.

Eine kurze Einführung zum Prinzip der wohlwollenden Interpretation findet sich in KÜNNE (1990), sehr viel ausführlicher dargestellt in GLÜER (2011). Einführend zur interpretativen Validität ist Maxwell (*Maxwell*, 1992) zu empfehlen.

6 Beschreibung

6.1 Wesentliche Ziele beschreibender Untersuchungen

Jede Untersuchung eines sozialen Sachverhalts ist auf eine verlässliche Beschreibung dieses Sachverhalts angewiesen, d.h., zunächst ist festzuhalten, was der Fall ist (*Stegmüller*, 1983, 114). Wer als sozialwissenschaftlich Forschender den Verantwortlichen einer Organisation besonders erfolgsversprechende Empfehlungen zur Steuerung seiner Organisation geben will, muss zuerst klarstellen, wie denn der Erfolg der Organisation beschrieben werden kann, welche wesentlichen Größen auf ihn wirken und wie sie erfolgsträchtig verändert werden können. Eine Beschreibung soll die grundlegenden Zusammenhänge, umfassen.

Wie lassen sich Beschreibungen von Erklärungen, die Gegenstand des nächsten Kapitels sind, unterscheiden? Im Eingangssatz wird Beschreibung mit der Frage identifiziert, was der Fall ist. Soziale Sachverhalte zu beschreiben, ist jedoch mehr, als soziale Tatsachen zu sammeln und aufzulisten. Wie das letzte Kapitel zum Verstehen gelehrt haben sollte, sind soziale Sachverhalte mit den Bedeutungen verbunden, die ihnen von den sozialen Akteuren gegeben werden: Ihre „Analyse ist also das Herausarbeiten von Bedeutungsstrukturen“ (*Geertz*, 1983, 15). GEERTZ hat die Untersuchung der Kultur daher als interpretierende Untersuchung geschildert, „die nach Bedeutungen sucht“ (*Geertz*, 1983, 9). Besonders prominent ist seine Metapher der dichten Beschreibung geworden. Dieser Terminus wurde von GILBERT RYLE vorgeschlagen, der ihn an einem Beispiel illustriert.

Beispiel 7: Dichte Beschreibung

Eine verkürzte Fassung des Beispiels von GILBERT RYLE lautet: Eine dünne Beschreibung ist die physiologische Beschreibung eines zuckenden Auges eines Jungen. Die Beobachtung des zuckenden Auges wird zu einer Interpretation, wenn die Intentionen ins Spiel kommen und es nicht als Zucken, sondern als Zwinkern angesehen wird. Beispielsweise kann es sich um ein vorher verabredetes Zeichen zwischen zwei Freunden handeln,

> eine Party zu verlassen. Vielleicht ist dieses vorher verabredete Zeichen einem dritten Jungen bekannt und er macht sich über diese Art der Kommunikation lustig und parodiert das Zwinkern und schneidet noch eine Grimasse dazu. Eine dichte Beschreibung hat diese verschiedenen Interpretationsebenen zu betrachten: "but its thick description is a many-layered sandwich, of which only the bottom slice is catered for by that thinnest description" (*Ryle*, 1968/2009, 497).[1]

Beschreibung ist daher nicht etwa eine vorwissenschaftliche Tätigkeit, sondern ein wesentlicher Teil jeder Forschung (*Dubin*, 1978, 218ff): Daher kommt der Begriffsbildung und der Beschreibung von Zusammenhängen eine entscheidende Rolle in der Theorie-Konstruktion zu. Zwar ist bei der Betrachtung der Zusammenhänge zwischen Konzepten die Nähe zur Erklärung besonders deutlich, doch auch konzeptionelle Überlegungen sind ohne einen theoretischen Rahmen nur schwer vorstellbar. Die Übergänge zwischen beiden kognitiven Zielen der Wissenschaft sind daher nicht in Stein gemeißelt. In diesem Kapitel wird die Beschreibung von Zusammenhängen aus der Sicht von Wissenschaftlern betrachtet, die Hypothesen generieren wollen, im nächsten Kapitel steht dann die hypothesentestende Betrachtung im Fokus.

Es hängt vom Theoriestatus ab, ob es sich um eine hypothesengenerierende oder eine hypothesentestende Untersuchung handelt. Gleichwohl stehen im Zentrum beider Untersuchungstypen Aussagen. **Aussagen** bestehen aus Begriffen, die miteinander in Beziehung gesetzt werden (*Zetterberg*, 1965, 64). Daher ist ein erstes wesentliches Ziel:

1. **Begriffsbildung**
   Begriffe sollen die zu untersuchenden Phänomene sprachlich wiedergeben und deren sprachliche Bedeutung festlegen. Mithilfe von Definitionen wird dies in mindestens zwei Schritten erreicht: 1. Nominaldefinitionen legen die Bedeutung fest, 2. Ope-

---

[1] Eine kritische Analyse des Konzepts der dichten Beschreibung findet sich in HAMMERSLEY (2008, 52ff).

rationale Definitionen geben Indikatoren an, mit denen die Bedeutung verfeinert werden kann.

Wenn eine quantitative Untersuchung angestrebt wird, führt der letztgenannte Schritt bereits zum zweiten wesentlichen Ziel von Beschreibungen:

2. Messung der Variablen

Da wir es in den Sozialwissenschaften überwiegend mit Begriffen zu tun haben, die wir nicht direkt beobachten können, ist es notwendig, sie mit empirisch beobachtbaren Sachverhalten zu verbinden. Die nicht beobachtbaren Begriffe, die in der Sprache von quantitativen Untersuchungen als latente Variable oder Konstrukte bezeichnet werden, werden durch die Messung von beobachtbaren (manifesten) Variablen empirisch gefüllt. **Messung** ist eine Zuordnungsrelation, bei der Zahlen anderen Objekten, insbesondere empirischen Phänomenen, zugeordnet werden (*Trout*, 1998, 48f).

Häufig ist das zu untersuchende Phänomen äußerst komplex und entzieht sich der Möglichkeit einer einfachen Begriffsbildung. Unser Begriffsverständnis geht davon aus, dass jeder Begriff seine Bedeutung von anderen Begriffen erhält. Manche Begriffe entziehen sich jedoch dieser Logik, d.h., nicht jeder Begriffsbestandteil ist ein notwendiger Begriffsbestandteil. In solchen Fällen ist es notwendig, das dritte Ziel der Beschreibung zu verfolgen:

3. Typenbildung

Wenn mehrere Begriffsbestandteile mit unterschiedlichen Ausprägungen vorliegen, dann können Typen gebildet werden, die jeweils bestimmte Ausprägungen in sich vereinigen. Zweck der Typenbildung sind Typen, die in sich möglichst homogen und zu anderen Typen möglichst heterogen sind. Bei Typen sind die Grenzen zwischen den einzelnen Typen nicht eindeutig, bei Klassen sehr wohl. Daher wird Klassifikation als Sonderform der Typenbildung betrachtet.

Für eine Beschreibung ist jedoch mehr notwendig als nur Definieren oder Typenbildung. Meist sollen Zusammenhänge im untersuchten Kontext aufgezeigt werden. Dies führt uns zum vierten Ziel beschreibender Untersuchungen.

4. **Zusammenhänge ermitteln**
   Wer für wissenschaftliche Untersuchungen Aussagen formuliert, setzt Begriffe in Beziehung. Die einfachste Beziehung, die in einer Aussage zwischen Begriffen formuliert werden kann, ist ein Zusammenhang zwischen beiden Begriffen. Beispielsweise wird angenommen, dass zwischen dem wahrgenommenen Vertrauen in einen Zulieferer und dessen Termintreue bei der Lieferung von Bauteilen ein positiver Zusammenhang besteht, d.h., hohe Termintreue ist verbunden mit hohem Vertrauen in den Zulieferer. Im Beispiel zum Vertrauen wird nicht angenommen, dass Vertrauen auf Termintreue kausal wirkt. Es wird nur ein Zusammenhang festgestellt, ohne auf die Art des Zusammenhangs einzugehen.

Bevor die vier Ziele der Beschreibung in diesem Kapitel systematisch behandelt und insbesondere ihre wissenschaftstheoretischen Implikationen analysiert werden, sollen zunächst und zum Einstieg die wesentlichen Bausteine von wissenschaftlichen Untersuchungen gekennzeichnet werden.

Bausteine beschreibender Untersuchungen

Zentrales Anliegen von Wissenschaftlern ist es, Theorien aufzustellen, zu überprüfen und weiterzuentwickeln. Theorien sind dazu da, die soziale Realität zu beschreiben, zu erklären und Prognosen aufzustellen, wie sich bestimmte Phänomene entwickeln werden. Sie bestehen aus Aussagen, in denen Begriffe in Beziehung gesetzt werden (*Popper*, 1935/2005, 3f).[2] Mithilfe von **Begriffen** werden die sozialen Sachverhalte sprachlich ausgedrückt, indem sie Eigenschaften benennen, welche auf diese sozialen Sachverhalte zutreffen sollen. Da es in Theorien um Zusammenhänge von Phänomenen geht, werden durch Aussagen diese Phänomene in Relation zueinander gebracht. Begriffe und Aussagen stellen daher die wichtigsten Bausteine für Theorien dar. Es gibt eine Reihe von Begriffsarten, die in wissenschaftlichen Sprachen unterschieden werden

[2] Diese Begriffsfassung von Theorien ist sicherlich die am weitest verbreitete und wird als aussagenorientierte Konzeption oder als Satzmodell von Theorien bezeichnet (*Lembeck*, 2011, 2187f).

können (*Schurz*, 2011, 66ff); zwei Begriffsarten sind zu unterscheiden:

- Deskriptive Begriffe (theoretische und empirische Begriffe)
- Logische Begriffe

Deskriptive Begriffe dienen unserer Welterkenntnis; sie bezeichnen Dinge, Eigenschaften von Dingen und vieles mehr. Sie beziehen sich entweder auf nicht-beobachtbare Sachverhalte, dann bezeichnet man sie als **theoretische Begriffe**. Wenn der Sachverhalt hingegen beobachtbar ist, handelt es sich um **empirische Begriffe**. Mithilfe von **logischen Begriffen** lassen sich deskriptive Begriffe zu Aussagen kombinieren. So wird aus „Das Bruttosozialprodukt sinkt im dritten Quartal um 2%“ und „Die Arbeitslosigkeit steigt im dritten Quartal um 1,8%“ durch die aussagenlogische Verbindung „und“ eine neue Aussage „Das Bruttosozialprodukt sinkt im dritten Quartal um 2% und die Arbeitslosigkeit steigt im dritten Quartal um 1,8%“, bei der sich ihre Wahrheitsbedingung ändert: Sie ist nur dann wahr, wenn beide Aussagen wahr sind.

Begriffe werden in Aussagen miteinander verbunden. In den Sozialwissenschaften interessiert besonders der Charakter von Aussagen, die über empirische Sachverhalte Auskunft geben sollen. Sie treten in wissenschaftlichen Untersuchungen meist in Form von Hypothesen auf. **Hypothesen** sind Aussagen, die über empirische Sachverhalte informieren und deren Wahrheit nicht sicher ist. Da sie über vermutete Zusammenhänge der Realität Auskunft geben, sollten sie empirisch prüfbar sein. Nach einem erfolgreich bestandenen Test können sie als vorläufig bewährt angesehen werden. Sie lassen sich in vielerlei Arten einteilen (*Bortz/Döring*, 2006, 492ff):

1. Hypothesen nach der Art der Beziehung

a) Zusammenhangshypothesen

a1) Korrelationshypothesen

Wenn zwischen zwei oder mehreren empirischen Sachverhalten ähnliche Entwicklungen festgestellt werden, stellt sich die Frage, ob es systematische Zusammenhänge zwischen ihnen gibt (Korrelation).

Beispiel: Vertrauen, das ein Mensch einem anderen Menschen entgegenbringt, hängt mit dessen Zugehörigkeit zur gleichen Gruppe zusammen.

a2) Kausale Zusammenhangshypothesen
Wenn zwischen zwei oder mehreren empirischen Sachverhalten ein Sachverhalt zeitlich zuerst auftritt und das zweite immer nach dem ersten mit einer bestimmten Ausprägung, stellt sich die Frage, ob es eine Kausalbeziehung zwischen ihnen gibt.
Beispiel: Die Zugehörigkeit eines Menschen zu einer Gruppe (Ursache) beeinflusst das Vertrauen, das andere Menschen in diesen Menschen haben (Wirkung).

b) Unterschiedshypothesen
Wenn zwischen zwei oder mehreren empirischen Sachverhalten Abweichungen festgestellt werden, stellt sich die Frage, ob es systematische Unterschiede zwischen ihnen gibt.
Beispiel: Private und öffentliche Unternehmen verfolgen unterschiedliche Ziele.

Während sich die aufgeführten Hypothesenarten auf die Sachverhalte und die Art ihrer Beziehung konzentrieren, unterscheiden sich die folgenden Hypothesenarten darin, dass sie sich auf unterschiedliche Zeiten, Kulturräume oder Typen von Akteuren beziehen (*Hussy et al.*, 2010, 31f).

2. Hypothesen nach der Art der Generalisierung

a) Universelle Hypothesen (deterministisch)
Sie gelten zeitlich und räumlich sowie für alle Akteure unbeschränkt und sind in den Sozialwissenschaften praktisch nicht anzutreffen. Dies liegt daran, dass für soziale Systeme keine zeitliche Konstanz anzunehmen ist.

b) Beschränkt universelle Hypothesen (deterministisch)
Solche Hypothesen werden zwar in Bezug auf die Kriterien Zeit, Raum oder Akteur eingeschränkt; es wird jedoch angenommen, dass die Hypothesen innerhalb der Beschränkung ohne Ausnahme gelten. Solche gesetzesartigen Aussagen sind häufiger, als von vielen Wissenschaftstheoretikern angenommen.
Beispiele: In den Politikwissenschaften sind einige gesetzesartige Aussagen mit Demokratien verbunden, beispielsweise führen Demokratien keine Kriege miteinander oder in De-

mokratien treten keine Hungerkatastrophen auf (*Goertz*, 2012, 89).

c) Quasi universelle Hypothesen (probabilistisch)
Sie stellen einen häufigen Fall in den Sozialwissenschaften dar, denn sie schränken den Aussagencharakter so ein, dass Ausnahmen von der Hypothese zulässig sind. Es gibt dann soziale Akteure, die in der Untersuchung nicht die durch die Hypothese angenommenen Merkmale haben.
Beispiel: Akteure werden negative Ereignisse, wie z.B. eine Verletzung der Fähigkeit, durch einen Bankvorstand im Hinblick auf die Verantwortung seiner Manager einschätzen, indem sie mithilfe von Kausalattributionen ermitteln, ob das Ereignis von den Managern beeinflusst werden konnte. Einige Aktionäre werden mehr als andere dazu tendieren, den Vorstand für das negative Ereignis verantwortlich zu machen.

In den Sozialwissenschaften wird häufig unausgesprochen von einer Reihe von **Beschränkungen** ausgegangen, die bei der Formulierung der Hypothesen meist nicht erwähnt werden. Erstens ist eine zeitliche Einschränkung notwendig und solange nicht historische Untersuchungen angestrebt sind, wird eine Beschränkung auf die Gegenwart als selbstverständlich angenommen. Zweitens wird eine räumliche Einschränkung ebenfalls häufig nicht in die Hypothesenformulierung aufgenommen, obwohl dies für viele Phänomene angebracht erscheint. In den Sozialwissenschaften kommen für die räumliche Dimension vornehmlich Kulturräume in Frage, weil angenommen werden kann, dass sich eine Reihe von sozialen Sachverhalten zwischen Kulturräumen unterscheiden.

6.2 Begriffsbildung und Messung von Variablen

Zentral für die sozialwissenschaftliche Theorieentwicklung ist die **Begriffsbildung**. In explorativen Studien ist sie häufig das wichtigste Ergebnis, das in späteren Phasen der Theorieentwicklung präzisiert wird. Wenn Begriffe in sozialwissenschaftlichen Studien mit der Realität konfrontiert werden, müssen sie operationalisiert werden. Je unpräziser sie entwickelt wurden, desto schwieriger ist es, auf ihrer Basis empirisch zu forschen: „A prerequisite to measurement is the precise conceptual definition of the phenomena being measured“ (*Hughes*, 1976, 36). Gegenstand dieses Kapitels sind zwei Ebenen der Theorieentwicklung und die damit verbundenen Begriffspaare (s. Abbildung 11): theoretische und empirische **Begriffe** sowie latente und manifeste **Variable**. Während letzteres Begriffspaar in der Methodenliteratur für sozialwissenschaftliche Forschung häufiger zu finden ist, wird ersteres überwiegend in der wissenschaftstheoretischen Literatur verwendet. Aus einer gemeinsamen Betrachtung ergeben sich zwei Vorteile:

- Erstens werden die Unterschiede und die Gemeinsamkeiten der beiden Ebenen in der Theorieentwicklung erkennbar; insbesondere wird klar, dass in der begrifflichen Ebene **Bedeutungsanalysen** und in der messtheoretischen Ebene Fragen der **Messbarkeit** überwiegen.
- Zweitens erkennen Forscher das Wechselspiel zwischen beiden Ebenen. Die begriffliche Ebene hat zwar vermeintlich den Vorrang, allerdings wird gezeigt, dass sich aus der messtheoretischen Ebene Rückwirkungen auf die begriffliche Ebene ergeben.

Begriffe als Bausteine von wissenschaftlichen Aussagen

Mit Hilfe von wissenschaftlichen Theorien sollen reale Phänomene beschrieben und erklärt werden. Für diese zwei Funktionen werden Aussagen formuliert, die in wissenschaftlichen Untersuchungen meist in Form von Hypothesen auftreten. **Hypothesen** beinhalten die realen Phänomene in Form von Begriffen, die sie – je nach Art der Hypothese – in einen Zusammenhang bringt. Begriffe sind demnach die wesentlichen Bausteine von Aussagen. **Empiristische** Philosophen bemühten sich aufzuzeigen, dass alle Begriffe auf beobachtbare Phänomene zurückgeführt werden können. Eine wichtige Einsicht der Wissenschaftstheorie des zwanzigsten Jahrhunderts ist es jedoch, dass dies nicht möglich ist (*Feyerabend*, 1985). Wie so häufig in der Philosophie wurden allerdings unterschiedliche Antworten darauf gegeben, wie mit diesem Problem umzugehen ist. Ein Vorschlag ist die **Zwei-Ebenen-Konzeption** wissenschaftlicher Sprachen, die maßgeblich durch RUDOLF CARNAP entwickelt wurde. Ihr wichtigstes Merkmal ist es, dass es zwei Sprachebenen in der Wissenschaft gibt (*Carnap*, 1966/1986, 225ff): 1. die theoretische Sprache, 2. die Beobachtungssprache.

Abbildung 11: Ebenen der Theorieentwicklung

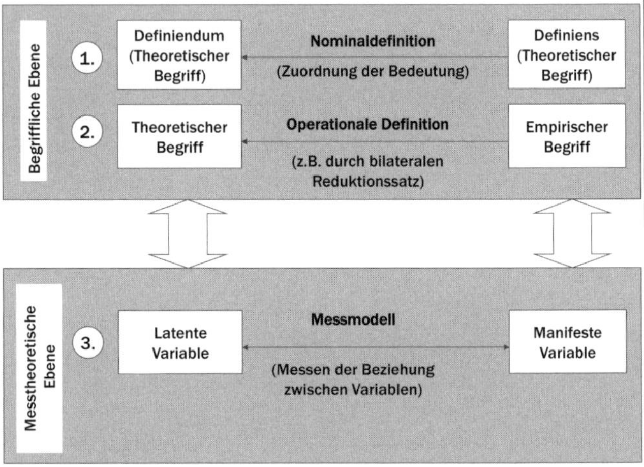

(Quelle: *Brühl*, 2008, 363)

Ein wesentlicher Zweck dieses Kapitels ist es, die Verbindung zwischen der begrifflichen und messtheoretischen Ebene zu betonen. Die Wahrscheinlichkeit, **valide** Schlüsse aus einer empirischen Untersuchung ziehen zu können, steigt sicherlich, wenn auf der begrifflichen Ebene ausreichend theoretische Vorarbeit geleistet wird. Diese Vorarbeit kann sich wiederum aus vielen Quellen speisen, wie z.B. konzeptionelle Beiträge, qualitative oder quantitative Untersuchungen, eigene systematische Zusammenstellungen („literature review") der bisherigen Kenntnisse auf dem untersuchten Gebiet. Ohne diese systematische theoretische Vorarbeit entstehen oft Ad-hoc-Konstrukte, deren wissenschaftlicher Wert äußerst fraglich ist (*Diller*, 2006, 612). Auf Basis dieser theoretischen Vorarbeit wird ein **theoretischer Bezugsrahmen** entworfen, der als erster Theorieentwurf zu interpretieren ist, in dem die entwickelten Begriffe eingebettet sind (*Kirsch et al.*, 2007, 22ff).

Theoretische und empirische Begriffe

Ein idealtypischer Forschungsprozess beginnt mit der Festlegung wesentlicher Begriffe, die in der wissenschaftlichen Untersuchung verwendet werden sollen. Eine solche Nominaldefinition ist häufig der Ausgangspunkt für wissenschaftliche Projekte. **Nominaldefinitionen** weisen einem Begriff (Definiendum) eine meist größere Anzahl anderer Begriffe (Definiens) zu und postulieren Bedeutungsgleichheit. Sie sind sprachliche Festlegungen, die nichts über die Realität behaupten (*Opp*, 1970/2014, 120). Für empirische Wissenschaft sollten allerdings auch nominale Definitionen empirisch adäquat sein, denn es sollen ja empirische Phänomene begrifflich erfasst werden (*Pawlowski*, 1980, 82ff). So wird z.B. in der sozialwissenschaftlichen Forschung als Begriff das Vertrauen in Akteure verwendet. Vertrauen ist immer dann notwendig, wenn Akteure unsicher über die Handlungen anderer Akteure sind. Wer vertraut, weil er nicht genau weiß, wie der Andere handeln wird, akzeptiert somit seine Verwundbarkeit. In einer ersten Umschreibung wird daher Vertrauen als ein psychologischer Zustand beschrieben, in dem soziale Akteure, weil sie positive Erwartungen gegenüber den Handlungen anderer von Akteuren haben, ihre Verwundbarkeit akzeptieren (*Rousseau et al.*, 1998, 395). Es wird daher definiert:

Vertrauen :=

Akteure akzeptieren in einer Situation der Unsicherheit ihre Verwundbarkeit und sie haben positive Erwartungen an das Verhalten anderer. (1)

Das Zeichen „:=" bedeutet „definitionsgemäß gleich", d.h., wir können in jedem Text das Definiendum „Vertrauen" durch sein Definiens ersetzen. Mit diesem Prinzip der **Eliminierbarkeit** lassen sich wissenschaftliche Texte erheblich vereinfachen (*Essler*, 1982, 76ff). Das Beispiel zeigt auch, dass die vorläufige Definition noch verfeinert und präzisiert werden muss, wenn eine empirische Untersuchung angestrebt wird: Zum einen können noch weitere Nominaldefinitionen erfolgen oder es sind auf Basis der theoretischen Begriffe empirische Begriffe zu entwickeln.

Die Unterscheidung von theoretischen und **empirischen** Begriffen (= Beobachtungsbegriffen) wird auf Basis des Kriteriums der Beobachtbarkeit getroffen. Es ist allerdings nicht eindeutig geregelt, was genau als beobachtbar oder als nicht beobachtbar gilt (*Kaplan*, 1964, 57ff). In der Erkenntnisphilosophie wird Beobachtung häufig mit sinnlicher Wahrnehmung gleichgesetzt, so dass z.B. die Wahrnehmung eines Kerzenhalters auf einem Tisch als direkt beobachtbar gilt. Gegen diese Auffassung wird jedoch eingewendet, dass auch solche Wahrnehmungsprozesse von vielen Faktoren beeinflusst werden, die sich nicht direkt aus dem zu beobachtenden Phänomen ergeben: Es wird von einer **theoriebeladenen** oder theoriegetränkten Beobachtung gesprochen (*Hanson*, 1958b, 19; *Popper*, 1973, 85f). POPPER lehnt daher konsequenterweise die Zwei-Ebenen-Konzeption der Wissenschaftssprache ab. Wie ist mit diesem Einwand umzugehen?

In jeder Wissenschaft werden Theorien entwickelt, in denen theoretische Begriffe auftreten wie im obigen Beispiel das Vertrauen. Da sie nicht beobachtbar sind, wird durch geeignete Regeln versucht, empirische Begriffe zu entwickeln, die sich in der Realität feststellen lassen. Es soll so eine Beziehung zu den theoretischen Begriffen hergestellt werden, die ihre – zumindest teilweise – **empirische Interpretation** zulässt. Wenn z.B. ein Fragebogen eingesetzt wird, dann wird das Beantworten der Fragen beobachtet. Eine einzelne Frage auf dem Fragebogen gilt dann als der empirische Begriff, der beobachtet werden kann. Für einen Einzelwissenschaftler sind empirische Begriffe unentbehrlich, da sie sich auf Phänomene der Realität beziehen, die intersubjektiv feststellbar sein sollen. Es ist jedoch zu beachten, dass Beobachten in der Sozialwissenschaft häufig Messen voraussetzt. Um empirische Begriffe messen zu können, sind jedoch Hilfshypothesen notwendig, die sich auf die Messoperationen beziehen. In den empirischen Sozialwissenschaften wird trotzdem diese Art von Messung unter dem Begriff der Beobachtung subsumiert. **Empirische** Begriffe sind daher in den Sozialwissenschaften Begriffe, die auf Basis der zu diesem Zeitpunkt gültigen Theorien – Hilfs- und Hintergrundtheorien – als beobachtbar eingestuft werden (*Tuomela*, 1973, 16ff; *Gadenne*, 1984, 36).

Theoretische Begriffe in den Sozialwissenschaften sind häufig sogenannte **Dispositionen**. Dies sind Eigenschaften von zu untersuchenden Objekten, die zwar vorhanden sind, allerdings nur unter bestimmten Bedingungen beobachtbar sind. **Dispositionsbegriffe** zeichnen sich daher dadurch aus, dass sie immer dann beobachtet werden können, wenn diese bestimmten Bedingungen vorliegen und herbeigeführt werden (*Opp*, 1970/2014, 129). So ist das Vertrauen in andere Akteure nicht direkt beobachtbar. Vielmehr stellt sie eine Eigenschaft von sozialen Akteuren dar, die zwar potenziell vorhanden ist, jedoch erst unter gewissen Untersuchungsbedingungen sichtbar gemacht werden kann.

Operationale Definition durch einen Reduktionssatz

Wenn Aussagen über die Realität angestrebt werden, ist es sinnvoll, dass sich die in den Aussagen enthaltenen Begriffe auf diese Realität beziehen. So wird z.B. der theoretische Begriff Vertrauen mit einem empirischen Begriff verbunden. Ein Forscher könnte z.B. Kunden, Aktionäre oder andere Stakeholder einer Bank befragen, ob sie ihrer Bank vertrauen. Sehr wahrscheinlich werden die Wissenschaftler nicht nur eine, sondern mehrere Fragen stellen, um das Vertrauen zu messen.

Die Verknüpfung zwischen theoretischen und empirischen Begriffen folgt gewissen Regeln. CARNAP bezeichnet sie als **Korrespondenz-** oder **Zuordnungsregeln** (*Carnap*, 1960, 218ff), CARL G. HEMPEL als **interpretative Sätze** oder als interpretatives System (*Hempel*, 1958/1965, 184, 206ff). Ihr Zweck ist es, theoretischen Begriffen einen teilweise empirischen Gehalt zuzuordnen. Um dies zu erreichen, stellen sie einen funktionalen Zusammenhang zwischen beiden Begriffsebenen her. Im Beispiel könnte er folgendermaßen aussehen (*Carnap*, 1936, 440f; *Trapp*, 1975, 356):

$$\forall\ (Tx \leftrightarrow (Rx \leftrightarrow Dx)) \qquad (2)$$

Die logische Notation sei kurz am Beispiel erläutert: Für alle Kunden gilt (∀): Wenn einem Kunden einer Bank die Frage nach dem Vertrauen gestellt wird (T = Testbedingung), dann gilt: Der Kunde antwortet nur dann mit ja (R = Reaktion, Testergebnis), wenn er seiner Bank tatsächlich vertraut (D = Dispositionseigenschaft).

Die Zuordnungsregel wird auch als **bilateraler Reduktionssatz** bezeichnet, da sie die Eigenschaft „Vertrauen zu einer Bank haben" auf die Frage in einem Fragebogen und die Antwort eines Kunden reduziert und die Dispositionseigenschaft mit einer bestimmten Reaktion gleichsetzt. D.h., wenn der Kunde mit ja antwortet, liegt die Dispositionseigenschaft „Vertrauen in eine Bank haben" vor, und wenn er mit nein antwortet, liegt sie nicht vor. Die in (2) wiedergegebene Beziehung wird auch als **operationale Definition** bezeichnet (*Schnell/Hill/Esser*, 2011, 71), die sich von expliziten Nominaldefinitionen unterscheidet:

- Es handelt sich um eine **bedingte Definition**; denn es muss die in der Zuordnungsregel festgelegte Testbedingung erfüllt werden, bevor eine Zuordnung erfolgen kann. Über Kunden, die nicht befragt werden, sagt der bilaterale Reduktionssatz nichts aus.
- Während in Nominaldefinitionen der definierte Begriff in jedem Text durch sein Definiens ersetzt werden kann, ist dies für (2) nicht ohne weiteres möglich (*Essler*, 1982, 164). Im Beispiel kann die Dispositionseigenschaft, Vertrauen in eine Bank zu haben, nur mit Hilfe des bilateralen Reduktionssatzes eliminiert werden, wenn die Voraussetzungen des Testes vorliegen.

Für sozialwissenschaftliche Untersuchungen ist die Zuordnungsregel (2) allerdings in vielen Fällen zu erweitern. Häufig will man eine Disposition nicht schon dann zuordnen, wenn nur eine positive Testbedingung vorliegt. Eine **Testbedingung** im Beispiel ist ja gleichzusetzen mit dem Beantworten einer Frage in einem Fragebogen. Es werden dann einem theoretischen Begriff weitere empirische Begriffe zugeordnet (*Schnell et al.*, 2011, 73). In der Zuordnungsregel (2) müssen dann alle Terme um die zusätzlichen Testbedingungen (Fragen) und jeweiligen Testergebnisse erweitert werden.[3] Die bilateralen Reduktionssätze ermöglichen eine **logische** Absicherung der Theorieentwicklung auf der begrifflichen Ebene. Es ist jedoch für Forscher, die sich mit ihren Begriffen an der Realität orientieren wollen, sinnvoll, ihre Begriffe und Zuordnungsregeln empirisch zu überprüfen (*Schurz*, 2011, 168). Dies führt uns

[3] TRAPP (1975, 360ff) zeigt, wie ein einziger Reduktionssatz beschaffen sein muss, der alle Testbedingungen enthält. ESSLER/TRAPP diskutieren Reduktionssätze für quantitative Dispositionen (1977, 389ff).

zur messtheoretischen Ebene der Theorieentwicklung. Zunächst ist jedoch noch auf die Möglichkeit hinzuweisen, dass die theoretischen Konstrukte so komplex sind, dass sie weiter aufgeteilt werden müssen.

Abbildung 12: Drei-Ebenen-Modell von Begriffen

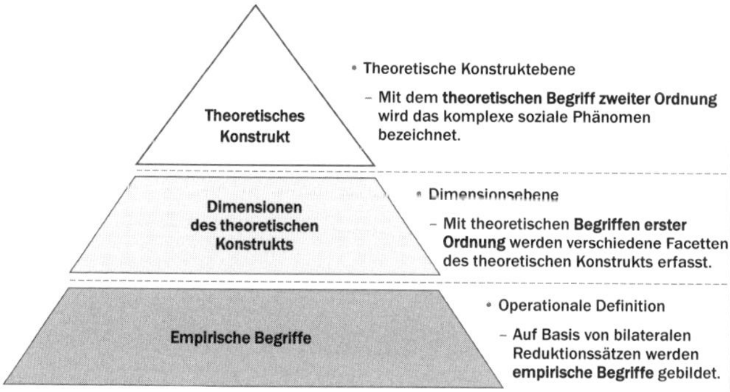

Das Drei-Ebenen-Modell von Begriffen

Ein Drei-Ebenen-Modell von Begriffen soll als Ausgangspunkt gewählt werden, um das Konzept der mehrdimensionalen Begriffsbildung zu erläutern (*Goertz*, 2006, 6ff). Komplexere soziale Sachverhalte sind häufig als mehrdimensionale Konstrukte aufzufassen, d.h., sie können aufgrund ihrer Komplexität nur in verschiedenen Dimensionen wiedergegeben werden (s. Abbildung 12).

Wenn die Analyse des Vertrauens in Banken ergibt, dass Kunden ihrer Bank im Hinblick auf zwei verschiedenen Dimensionen vertrauen, ist es angebracht, einen mehrdimensionalen theoretischen Begriff zu konstruieren. Das Beispiel bezieht sich bisher auf die Integrität eines sozialen Akteurs. Kunden vertrauen, dass ihre Bank nach Prinzipien handelt, die sie teilen. Außerdem erhoffen sie sich in der komplizierten Welt der Finanzprodukte eine kompetente Beratung und daher vertrauen sie auch in die Kompetenz der Bank, sie umfassend ihren Wünschen entsprechend zu beraten. Abbildung 13 zeigt die beiden Dimensionen von Vertrauen: Fähigkeit und Integrität.

Abbildung 13: Beispiel für einen mehrdimensionalen theoretischen Begriff

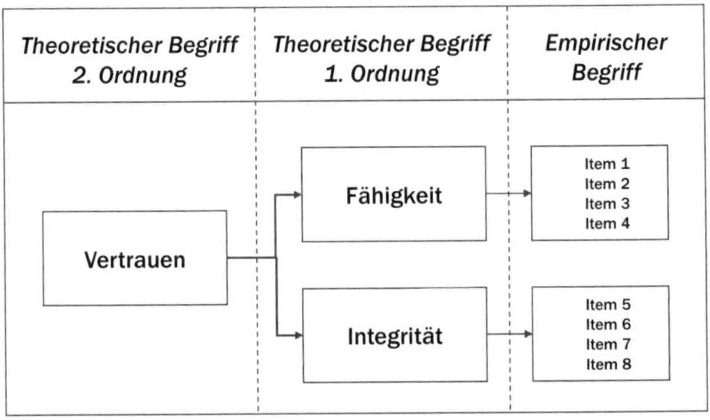

Abbildung 13 enthält Annahmen darüber, wie die verschiedenen Ebenen für Vertrauen in Banken miteinander verbunden sind. Tabelle 2 stellt zusammenfassend die wichtigsten Beziehungen zwischen den Begriffsebenen dar, die in diesem Kapitel zu den Begriffen und zu den Typen besprochen werden.[4]

Die Nominaldefinition der Zelle a) stellt eine definitorische Beziehung dar, die auf sprachliche Bedeutungskonventionen und der Konjunktion der Aussagenlogik beruht. Eine Nominaldefinition ist nur dann wahr, wenn alle Eigenschaften vorliegen, d.h., jede Eigenschaft ist eine notwendige Bedingung für die Wahrheit der Definition. In Zelle b) sind die bereits im Vertrauensbeispiel angesprochenen empirischen Beziehungen zwischen den Begriffsebenen aufgeführt. Es sind insbesondere Korrelationen und kausale Beziehungen zu nennen.

---

[4] Goertz fügt noch die ontologischen Beziehungen hinzu (*Goertz*, 2006, 53ff).

Tabelle 2: Beziehungen zwischen den Begriffsebenen

Beziehungen zwischen / Beziehungsarten	theoretischen Begriffen 1. und 2. Ordnung	theoretischen Begriffen 1. Ordnung und empirischen Begriffen
Logische Beziehungen (inkl. definitorischer Art)	a) definitorisch, UND-Beziehung (Konjunktion)	c) Bilateraler Reduktionssatz
Empirische Beziehungen	b) korrelativ, kausal	d) korrelativ, kausal

Zelle c) enthält den bilateralen Reduktionssatz, der die operationale Definition logische absichert. Sie wird ergänzt um die Zelle d), mit der auf den empirischen Charakter hingewiesen wird.

Zusammenhang zwischen Begriffen und Variablen

Wer als Forscher theoretische Begriffe entwickelt und diese mit empirischen Begriffen verbinden will, hat schon den wichtigen Schritt einer Operationalisierung gemacht. Will er sie an der Realität prüfen, bedient er sich der Methoden der empirischen Sozialforschung. Dort werden allerdings meist andere Begriff verwendet. Theoretische Begriffe entsprechen **latenten Variablen**, Konstrukten oder hypothetischen Konstrukten, empirische Begriffe entsprechen **manifesten Variablen**, Indikatoren oder Items. **Variable** sind Symbole, die stellvertretend für die Merkmalsausprägungen der jeweiligen untersuchten Eigenschaft stehen (*Kerlinger*, 1986, 27). Tabelle 3 listet die wichtigste Gemeinsamkeit auf, die sich daraus ergibt, dass theoretischer Begriff oder latente Variable nicht-beobachtbar und empirischer Begriff und manifeste Variable beobachtbar sind (*Lazarsfeld*, 1936/1972, 48).

Variable sind die messtheoretischen Entsprechungen von Begriffen. Sobald ein Forscher seine Begriffe in einer empirischen Untersuchung testen will, muss er die entsprechenden Variablen entwickeln. Wenn Wissenschaftler primär auf der begrifflichen Ebene argumentieren, habe ich solche Untersuchungen als **verbal-analytisch** oder **konzeptionell** bezeichnet. Wie die bisherigen Ausführungen gezeigt haben, benötigen begriffliche Überlegungen bereits Aussagen der Theorie: Zuordnungsregeln wie (1) werden auf Basis einer Theorie entwickelt. Beide Ebenen stehen daher nicht unverbunden nebeneinander, die messtheoretische setzt vielmehr die begriffliche (theoretische) Ebene voraus (*Blalock*, 1982, 11). Empirische Untersuchungen können andererseits neue Kenntnisse auch für die begriffliche Ebene liefern und theoretische Kenntnisse erweitern. So ergibt sich im Verlauf der Entwicklung von Theorien ein ständiger Austausch zwischen beiden Ebenen.

Tabelle 3: Begriffe und Variable

Beobachtbarkeit / Ebenen der Theorieentwicklung	Nicht-beobachtbar	Beobachtbar
Begriffliche Ebene	Theoretischer Begriff	Empirischer Begriff
Messtheoretische Ebene	Latente Variable	Manifeste Variable

Von Variablen zu den Messmodellen

Auf der begriffstheoretischen Ebene wird die **Operationalisierung** als Zuordnung von theoretischen und empirischen Begriffen bezeichnet. Wenn diese Vorarbeit durch den Forscher geleistet ist, werden auf der messtheoretischen Ebene die Variablen entwickelt. So wird z.B. im Beispiel der Begriff Vertrauen als latente Variable aufgefasst, die im Rahmen einer Befragung in einzelne Fragen (Items, Indikatoren) aufgelöst wird. Kunden von Banken werden diese Fragen vorgelegt, um ihre subjektive Einschätzung zu ermitteln.

Ein wesentlicher Schritt in der Untersuchung ist daher die **Spezifikation** eines Messmodels, das latente und manifeste Variablen miteinander verbindet (*Steyer/Eid*, 1993, 3). Wenn Kausalität als Beziehung angenommen wird, dann sind verschiedene **kausale Mess-Modelle** möglich. Tabelle 4 zeigt verschiedene Grundmodelle, die sich zum einen hinsichtlich der **Richtung** der Ursache-Wirkungsbeziehung zwischen latenter und manifester Variablen (LV, MV) unterscheiden – reflektive oder formative Kausalmodelle –, und zum anderen danach differenziert werden können, ob die latente Variable mehrere **Dimensionen** hat.

Tabelle 4: Kausalmodelle im Drei-Ebenen-Modell

zwischen 1. und 2. Ebene / zwischen 2. und 3. Ebene	Reflektiv (LV → MV)	Formativ (MV → LV)
Reflektiv (LV → MV)	rein reflektives Kausalmodell	gemischt reflektives Kausalmodell
Formativ (MV → LV)	gemischt formatives Kausalmodell	rein formatives Kausalmodell

(Quellen: *Albers/Götz*, 2006; *Edwards*, 2001)

In einem **reflektiven** Kausalmodell gelten die latenten Variablen als Ursache der manifesten Variablen (Wirkungen). Reflektive Modelle sind die am meisten eingesetzten Modelle bei kausalanalytischen Betrachtungen, da häufig davon ausgegangen wird, dass Dispositionen die Ursachen von manifesten Variablen sind. Sie galten lange Zeit als die Standardauffassung in der Methodenliteratur der Sozialwissenschaften, weil sie sich auf die bereits geschilderte Auffassung stützen, dass das Phänomen, auf dem der theoretische Begriff beruht, die Ursache für die Phänomene sind, die wir empirisch erfassen können.

Abbildung 13 zeigt ein solch rein reflektives Modell des Vertrauens. Es wird davon ausgegangen, dass das Vertrauen in eine Bank sich in den beiden Dimensionen Fähigkeit und Integrität widerspiegelt. Für beide Dimensionen werden vier manifeste Variable (Items, Indikatoren) entwickelt, mit denen sich diese Dimensionen messen lassen. Beispielsweise könnte das Vertrauen in die Integrität einer Bank sich durch folgende Indikatoren messen lassen: „Meine Bank besitzt ein hohes Maß an Integrität." und „Meine Bank behandelt ihre Kunden mit Respekt". Die Fähigkeit könnte z.B. mit folgenden Indikatoren erhoben werden: „Meine Bank hat gute Kenntnisse über die Arbeit, die getan werden muss." und „ Meine Bank ist sehr gut in dem, was sie macht." Die Kunden sollen diese Aussagen auf einer fünfstufigen Likert-Skala von „Stimme überhaupt nicht zu" bis „Stimme vollständig zu" beurteilen.

In **rein formativen Modellen** sind (manifeste) Variable Ursachen von Dimensionen und die Dimensionen Ursachen der latenten Variablen.[5] Formative Modelle kehren daher die Ursache-Wirkungsbeziehung um. So könnte beispielsweise die Reputation (latente Variable) eines Unternehmens durch die Reputation bei verschiedenen Stakeholdern verursacht sein, die auf einer Skala die Reputation (manifeste Variable) beurteilen. Formative Variablen wirken im Beispiel wie die einzelnen Bestandteile eines Reputations-Index (*Diamantopoulos/Winklhofer*, 2001). In gemischten Modellen wechselt zwischen den Ebenen die Richtung der Ursache Wirkungsbeziehung.[6]

Wahrheit von Definitionen

Auf die Frage, ob Definitionen wahr sein müssen, gibt OPP in seinem Methodologie-Buch eine klare Antwort: „*Ein Nominaldefinition kann weder wahr noch falsch sein.*" (*Opp*, 1970/2014, 120). Im Folgenden soll erläutert werden, warum dies für Wissenschaftler überhaupt von Relevanz ist. Anschließend soll die Aussage für die in diesem Kapitel getroffene Unterscheidung in Nominaldefinition und operationale Definition präzisiert werden.

Für Wissenschaftler ist es wichtig zu erkennen, ob Aussagen analytisch oder synthetisch sind. Da synthetische Aussagen etwas über die soziale Realität behaupten, ist es notwendig, sie empirisch zu überprüfen. Bei analytischen Aussagen ist dies hingegen nicht zweckmäßig, weil ihre Wahrheit durch die Regeln der Logik überprüft wird oder durch definitorische Festlegungen bestimmt ist (*Schurz*, 2011, 86). Auch **Nominaldefinitionen** gehören zu den analytischen Aussagen, ihr Wahrheitswert wird allerdings nicht durch Regeln der Logik, sondern durch die Bedeutungskonventionen der Sprache festgelegt (*Schurz*, 2011, 86). Eine Nominaldefinition legt daher mittels Konventionen der Sprache die Bedeutung

---

[5] Maßgeblich beeinflusst wird die Diskussion durch den Artikel von JARVIS ET AL. (2003), die sich für formative Modellen aussprechen; es gibt allerdings auch ablehnende Stimmen (*Edwards*, 2011).

[6] Zu gemischt kausalen Modellen finden sich Hinweise in ALBERS/GÖTZ (2006) und EDWARDS (2001) .

fest wie z.B.: „Ein Junggeselle ist ein unverheirateter Mann". Diese Nominaldefinition ist analytisch wahr, d.h., ihre Wahrheit wird nicht empirisch geprüft. Wer in der Realität nach einem verheirateten Junggesellen sucht, ist verdächtig, dass er die Sprachkonventionen nicht beherrscht. D.h., die Wahrheit der Nominaldefinition lässt sich anhand der Bedeutungskonventionen der Sprache überprüfen.

Die Aussage von OPP lässt sich somit dahingehend interpretieren, dass Nominaldefinitionen keine Aussagen über die Realität machen und daher ihre Wahrheit nicht empirisch überprüft werden kann. Allerdings trifft auf sie das Prädikat analytisch wahr oder falsch zu und es kann anhand der sprachlichen Bedeutungskonventionen geprüft werden, ob eine Nominaldefinition analytisch wahr oder analytisch falsch ist.

Auf **operationale Definitionen** trifft diese Charakterisierung jedoch nicht zu, weil ihre Zuordnungsregel keine analytische, sondern eine synthetische Aussage darstellt. Sie haben damit Hypothesencharakter und sollten empirisch überprüft werden (*Gadenne*, 1984, 23ff; *Schurz*, 2011, 168). Die Zuordnungsregel schafft einen Zusammenhang zwischen theoretischen und empirischen Begriffen. Empirische Begriffe werden als beobachtbar gekennzeichnet und zwar auf Basis der derzeit gültigen Hilfs- und Hintergrundtheorien, die ja ihrerseits als vorläufig bewährt und damit von hypothetischem Charakter sind. Eine Verknüpfung von theoretischen und empirischen Begriffen hat daher folgerichtig ebenfalls hypothetischen Charakter.[7]

Anforderungen an Definitionen

Da bei der Definition sprachliche Bedeutungen im Vordergrund stehen, gibt es keine konkreten Kriterien, wie sie für Messungen diskutiert werden. Trotzdem lassen sich auch für Definitionen Ratschläge aus wissenschaftstheoretischer Sicht erteilen, die insbeson-

[7] OPP und SCHURZ diskutieren, ob bei nur einem Reduktionssatz noch analytischer Charakter vorliegt, kommen aber im Ergebnis zum gleichen Resultat wie hier (*Opp*, 2002, 115f; *Schurz*, 2011, 167f).

dere auf vier Kriterien von CARNAPs Verfahren der Explikation zurückgehen. Die **Explikation** dient dazu, aus einem umgangssprachlichen Begriff (Explikandum) einen exakteren Begriff (Explikat) zu entwickeln. Um das Ergebnis zu beurteilen, formuliert CARNAP vier **Adäquatheitsbedingungen**, die hier als Ausgangspunkt dargestellt und um weitere Aspekte ergänzt werden (*Carnap*, 1950/1962, 5ff). Adäquatheitsbedingungen werden formuliert, um sicherzustellen, dass es sich beim Ergebnis tatsächlich um einen exakteren Begriff handelt.

1. Ähnlichkeit

Das Explikat soll sich nicht völlig von der Bedeutung des Explikandums lösen. D.h., die sozialen Sachverhalte, die bisher unter der Bedeutung des Explikandums fielen, sollen zum überwiegenden Teil auch zukünftig darunter fallen.

Die Idee der Explikation ist ja die Schärfung von Begriffen (*Poser*, 2001/2012, 42ff), ihr Einsatz ist allerdings auch deswegen sinnvoll, weil es für viele soziale Sachverhalte bereits Begriffe gibt. Forschende sollten sich überlegen, mit einem bereits bekannten Begriff zu arbeiten und ihn mit Hilfe der Explikation für die eigenen Zwecke zu verändern, bevor sie neue, ungewöhnliche Begriffe entwickeln.

2. Exaktheit der Bedeutungszuweisung

Dem Explikat soll eine Bedeutung mit exakten Regeln zugewiesen werden, so dass jeder Akteur den sozialen Sachverhalt diesem Explikat zuweisen kann. Ein Problem ist allerdings häufig gar nicht, dass die Regeln nicht exakt sind, sondern dass die Beschreibung des sozialen Sachverhalts nicht vollständig ist (*Opp*, 1970/2014, 143). Bei nicht vollständigen Beschreibungen kann aufgrund der schlechten Informationslage nicht präzise zugeordnet werden.

Bei der Begriffsbildung werden zwei Dimensionen unterschieden (*Esser/Klenovits/Zehnpfennig*, 1977, 62ff):

- **Intension:** Sie legt die Eigenschaften und damit die Bedeutung des Begriffs fest. So ist eine Eigenschaft einer Führungskraft, dass sie Weisungsbefugnis gegenüber anderen Managern oder Mitarbeitern hat, und als weitere Eigenschaften kommen z.B.

die Entscheidungskompetenz und Verantwortung oder die Vertretungsbefugnis außerhalb des Unternehmens in Betracht.
Es hängt von der Untersuchung oder genauer von der Theorie ab, welche Eigenschaften von Führungskräften gewählt werden und wie präzise sie beschrieben sind, damit Akteure die sozialen Sachverhalte dem Begriff richtig zuordnen.

- **Extension:** Mit der Extension eines Begriffs sind die sozialen Sachverhalte in der Realität gemeint, die mit der Intension beschrieben werden. Ob eine Führungskraft unter den Begriff fällt, hängt davon ab, ob er die Eigenschaften (seine Intension) aufweist.

Eine möglichst präzise Definition führt daher auch zur Anforderung, keine negativen Definitionen zu verwenden (*Copi*, 1998, 69) In **negativen Definitionen** werden die Eigenschaften nicht im obigen Sinne festgelegt, vielmehr wird gesagt, welche Eigenschaften nicht gemeint sind. Ein typisches Beispiel soll hier analysiert werden.[8]

Immaterielle *Werte*	:=	nicht-monetäre (nicht-finanzielle) *Werte* ohne körperliche Substanz	(3)

Als erstes ist zu konstatieren, dass der Begriff „Wert“ auf beiden Seiten der Definitionsgleichung auftaucht und damit auf beiden Seiten das gleiche Wort steht und er somit nicht definiert wird. Immateriell wird dann mit zwei Eigenschaften festgelegt: 1. „nicht-monetär“ und 2. „ohne körperliche Substanz“. Ein Nachteil dieser Vorgehensweise ist es, dass keine Eigenschaft explizit festgelegt wird. Wenn der Akteur aber nicht weiß, welche Eigenschaften einen sozialen Sachverhalt auszeichnen, wird es große Schwierigkeiten geben, die richtigen Sachverhalte in der sozialen Realität zu benennen. Dies hat daher in der Literatur zu immateriellen Vermögensgütern zur Konsequenz geführt, dass eine Vielzahl von enume-

---

[8] Das Beispiel ist in enger Anlehnung an die Definition des Arbeitskreises „Immaterielle Werte“ der Schmalenbach-Gesellschaft (2001) entwickelt.

rativen Definitionen diskutiert wird, die meist in Form von Kategorienlisten auftreten.

3. Theoretische Fruchtbarkeit

Theoretische Fruchtbarkeit zeigt sich darin, dass es mit dem Begriff möglich ist, viele Hypothesen zu bilden, die eine hohe Erklärungskraft für ein einzelnes Wissensgebiet besitzen. Ihre Fruchtbarkeit zeigt sich aber insbesondere darin, dass sie in verschiedener Weise operationalisiert und messbar gemacht werden können. Dies trifft insbesondere auf theoretische Begriffe zu, die einen hohen **Bedeutungsüberschuss** haben. So lässt sich auch der im Beispiel verwendete Begriff „Vertrauen" in verschiedener Form operationalisieren. Theoretische Begriffe sind daher prinzipiell offen für neue Anwendungen und tragen so zur Weiterentwicklung von Theorien bei (*Carnap*, 1966/1986, 238).

Dieses dritte Kriterium spiegelt den Zweck der Begriffsbildung wider, da sie nicht Selbstzweck ist, sondern der Theoriebildung und -entwicklung dient. Es wird damit auch klar, dass Begriffs- und Theoriebildung parallel vonstattengehen.

4. Einfachheit

Sie gilt nach Carnap als nachgeordnetes Kriterium, das entscheiden soll, wenn mehrere Alternativen zur Verfügung stehen (*Carnap*, 1950/1962, 7): Es ist dann die einfachste Variante zu wählen.

Dieses Kriterium kann jedoch auch als Hinweis gelten, Definitionen nicht zu überfrachten, indem versucht wird, möglichst vollständige Definitionen zu erzeugen. **Vollständige Definitionen** versuchen, komplexe soziale Sachverhalte mit allen ihren Eigenschaften wiederzugeben. Bei komplexen sozialen Sachverhalten stößt jedoch das Konzept der notwendigen und hinreichenden Bedingungen, wie es unausgesprochen diesem Kapitel zugrunde liegt, an seine Grenzen. Es besagt, dass alle Eigenschaften vorliegen müssen – sie sind **notwendiger** Bestandteil – und wenn sie alle vorliegen, dann ist dies auch **hinreichend**, dass der Begriff vorliegt.[9] Dieses starre Konzept entspricht jedoch nicht immer der sozialen Realität, da es Phänomene gibt, bei denen die Eigenschaften in unterschiedlichen Kombinationen auftreten und trotzdem als ein sozialer Sachverhalt angesehen werden.

Anforderung an Messungen

Validität ist als eine Eigenschaft von Schlüssen eingeführt worden. Sie ist ein Sammelbegriff, der mit Adjektiven wie intern, extern oder Inhalts- und Konstruktvalidität konkretisiert wird. Da sie dazu dient, Wahrheitsnähe anzuzeigen, wird sie mithilfe von Aussagen beurteilt, die ein komplexes Netz von Argumenten bilden, um sie zu rechtfertigen. Einem Gesamturteil über die Validität einer Untersuchung liegt somit eine Reihe von Validitätsargumenten zugrunde (*Kane*, 1992).

Zur Beschreibung dieses Ansatzes bietet sich an, das Argumentationsschema von TOULMIN zu verwenden (s. Kapitel 4.3, S. 92). Für die Argumentation, die zur Messung eines Konstrukts mithilfe von manifesten Variablen notwendig ist, schlägt MICHAEL KANE fünf Schlüsse vor (*Kane*, 2006, 43; 1992, 529f):

1. **Beobachtung**: Dieses Argument dient dazu, die Beobachtung abzusichern, d.h., ob die Messung eines einzelnen Indikators durch die für den Messprozess festgelegte Prozedur erfolgt.
2. **Generalisierung**: Bei der Generalisierung wird vom einzelnen Messwert auf alle möglichen Messwerte geschlossen. Es wird von den spezifischen Bedingungen während des Messens abgesehen und somit z.B. angenommen, dass es keine Rolle spielt, ob die Messung morgens oder abends vorgenommen wird.
3. **Theoriebasierte Interpretation**: Auf Basis der Theorie wird ein Schluss von den Indikatoren auf das Konstrukt gezogen, um zu gewährleisten, dass erkannt wird, welche Annahmen damit verbunden sind und ob sie erfüllt sind.

---

[9] Dieses Prinzip trifft insbesondere auf die explizite (unbedingte) Definition zu; die Diskussionen zu den impliziten (bedingten) Definitionen haben allerdings gezeigt, dass es Abstufungen zu diesem Prinzip gibt.

4. **Extrapolation**: Wenn vom Konstrukt auf andere Konstrukte geschlossen werden soll, ist dieses Argument erforderlich.
5. **Implikationen**: Dieses Argument wird gebildet, wenn Entscheidungen auf Basis des Konstrukts getroffen werden sollen.

Für die Etablierung eines messtheoretisch abgesicherten Konstrukts ist es notwendig, die fünf Argumentationsschritte zu durchlaufen. Um die Güte dieses Schlusses zu beurteilen, sind die Annahmen für die Schlüsse, die Schlussregel und ihre Stützung sowie Ausnahmebedingungen zu analysieren. Abbildung 14 zeigt dies anhand des Argumentationsschemas von TOULMIN für den dritten Schritt der theoriebasierten Interpretation. Da dies ein Schluss von den Messwerten für einzelne Indikatoren auf ein Konstrukt ist, werden Theorien eingesetzt, die eine inhaltliche Zuordnung der Messwerte auf das Konstrukt rechtfertigen, und des Weiteren werden Messtheorien verwendet, um das angenommene Messmodell zu überprüfen. Zwar zeigt es sich, dass in diesen Argumenten auch statistische Informationen verwendet werden, die Argumentation insgesamt aber nicht darauf reduziert werden kann.

Abbildung 14: Theoriebasierte Interpretation mit dem Argumentationsschema von Toulmin

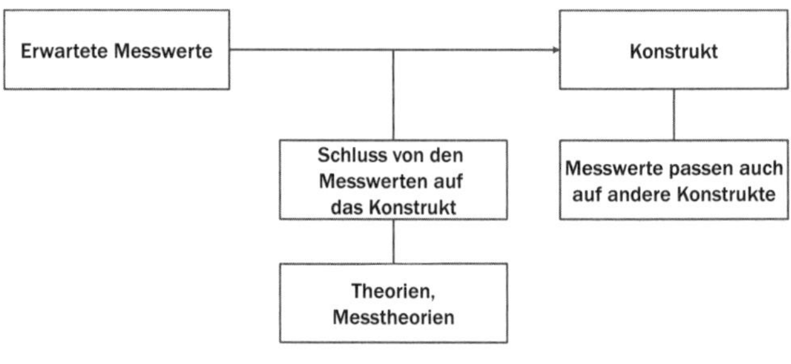

Da es in Abbildung 14 um die Konstruktbildung geht, ist eine **Konstruktvalidität** anzustreben. Sie ist als Ergebnis eines Arguments ein Indiz dafür, ob die Messungen das Konstrukt hinreichend widerspiegelt (*Shadish et al.*, 2002, 65). Wenn bereits gut gesicherte Hypothesen vorliegen, lassen sich anhand der Messergebnisse Rückschlüsse auf die Konstruktvalidität ziehen. So ist beispielsweise anzunehmen, dass, wenn diese gut gesicherten Hypothesen mit der Messung bestätigt werden können, die Konstruktvalidität des Tests hoch ist. Liegen noch keine gut gesicherten Hypothesen vor, kann es als ein Indiz auf Vorlage von Konstruktvalidität gedeutet werden, wenn die aus dem Zielkonstrukt abgeleiteten Hypothesen anhand der Messwerte bestätigt werden können (*Cronbach/Meehl*, 1955, 282). Diese Vorgehensweise trägt dann wiederum zur Formulierung von Hypothesen bei. Es wird deutlich, dass die Ermittlung einer Maßzahl für den Grad der Validität schwierig ist (*Lienert/Raatz*, 1998, 11; *Cronbach/Meehl*, 1955, 300).

6.3 Von der Begriffs- zur Typenbildung

Als drittes Ziel wird in diesem Kapitel die Typenbildung behandelt, die in einer wissenschaftlichen Untersuchung dazu dient, die soziale Realität im Hinblick auf die Untersuchungsziele zu ordnen. Da diese Aufgabe auch von Begriffen erfüllt wird, stellt sich daher die Frage, warum Begriffe und Typen unterschieden werden. Begriffe wurden eingangs dieses Kapitels so definiert, dass sie soziale Sachverhalte sprachlich ausdrücken, indem sie Eigenschaften benennen, welche auf diese sozialen Sachverhalte zutreffen. Legen wir dieses Verständnis zugrunde, dann lassen sich auch Typen als eine Form von Begriffen auffassen. Dies ist eine Auffassung, die auch der folgenden Formulierung von HEMPEL/OPPENHEIM entnommen werden kann: "..., werden die eigentlichen Typenbegriffe praktisch stets in mehreren Richtungen abstufbar gewählt und stellen daher mehrdimensionale Ordnungsbegriffe dar" (*Hempel/ Oppenheim*, 1936, 66). Im Folgenden wird allerdings die heute übliche verkürzende Schreibweise beibehalten und nur von Typen gesprochen.

Typen und Typologien in den Sozialwissenschaften

Mit einer **Typologie** wird angestrebt, soziale Sachverhalte zu beschreiben, so dass den einzelnen Typen verschiedene Eigenschaftskombinationen zugeordnet werden. Sie ist somit ein organisiertes System von Typen (*Collier/LaPorte/Seawright*, 2008, 152). Ein **Typus** stellt nach dieser Auffassung eine bestimmte Eigenschaftskombination, d.h. etwas Mehrdimensionales, dar, die innerhalb der möglichen Eigenschaftsausprägungen von den Forschenden festgelegt wird. Der Aspekt der **Mehrdimensionalität** bezieht sich darauf, dass nicht nur eine Eigenschaft, sondern mehrere Eigenschaften zur Typenbildung herangezogen werden.

In einer vieldiskutierten Typologie unterscheiden HALL/SOSKICE (2001) zwei Typen des Kapitalismus: eine liberale Marktwirtschaft und eine koordinierte Marktwirtschaft (S. 8). Ihre Zuordnung beruht auf fünf Sphären, in denen Unternehmen in einer Wirtschaft ihre Koordinationsprobleme lösen: industrielle Beziehungen, berufliche Aus- und Weiterbildung, Finanzsystem und Unternehmensverfassung, Beziehung zwischen Unternehmen und Beziehungen zu Arbeitnehmern (*Hall/Soskice*, 2001, 6f). Den beiden Typen – liberale Marktwirtschaft und koordinierte Marktwirtschaft – werden spezifische Ausprägungen zugewiesen. Wenn bedacht wird, dass fünf Eigenschaften vorliegen, dann ist die geringe Anzahl an Typen auf den ersten Blick verblüffend. Denn selbst wenn nur zwei Ausprägungen für jede Eigenschaft angenommen werden, dann ergeben sich $2^5 = 32$ Merkmalskombinationen. Die Autoren sollten klarstellen, dass es sich bei den Eigenschaften um dichotome Variable handelt und welche der zweiunddreißig Merkmalskombinationen den beiden Typen jeweils zugeordnet werden.

Ein Unterschied zur Begriffsbildung, wie sie zu Beginn dieses Kapitels beschrieben wird, ist, dass die Typenbildung an eben diese Begriffsbildung anknüpft und mehrere Begriffe als Ausgangspunkt der Typenbildung gewählt werden. So erreicht sie die Mehrdimensionalität. Zwar zeigt das Beispiel für ein latentes Konstrukt zum Vertrauen (Abbildung 13, S. 166) ebenfalls einen theoretischen Begriff mit mehreren Dimensionen, allerdings ist der entscheidende Unterschied, dass innerhalb des Eigenschaftsraums der Typus festgelegt wird: er „erhält … einen Ort im typologischen *Merkmalsraum [Eigenschaftsraum, R.B.]* individuell zugewiesen“ (*Hempel/ Oppenheim*, 1936, 67). Während somit ein mehrdimensionaler Begriff, wenn er als mehrdimensionale latente Variable gemessen wird, Variation im Rahmen seiner Skalierung und Messung zulässt, wird ein Typus als eine bestimmte Kombination von Eigenschaften fixiert. Sobald er die durch die Typologie festgelegten Grenzen überschreitet, wird ein anderer Typus zugewiesen. Meistens werden für die einzelnen Eigenschaftskombinationen Namen vergeben wie in der Typologie von HALL/SOSKICE die Typen liberale Marktwirtschaft und koordinierte Marktwirtschaft.

HALL/SOSKICE (2001) weisen beispielsweise den liberalen Marktwirtschaften in der Sphäre des Finanzsystems und der Unternehmensverfassung die Eigenschaft zu, dass sie sich ihr Eigenkapital hauptsächlich über den organisierten, öffentlich zugänglichen Kapitalmarkt beschaffen (S. 27ff). Hingegen beschaffen sich die koordinierten Marktwirtschaften ihr Kapital stärker über Quellen, die durch eine nicht-öffentliche Informationslage geprägt sind (S. 22 f.). Da koordinierte Marktwirtschaften unternehmens- und branchenspezifische Arbeitnehmerfähigkeiten favorisieren, wird das berufliche Aus- und Weiterbildungssystem darauf ausgerichtet und durch ein öffentlich subventioniertes System unterstützt (S. 25). In liberalen Marktwirtschaften wird eine allgemeine berufliche Aus- und Weiterbildung favorisiert, die mit einem stärkeren Training innerhalb von Unternehmen verbunden ist (S. 30). Obwohl HALL/SOSKICE (2001, 8) konstatieren, dass sie Idealtypen untersuchen, beruht diese Zuweisung von Eigenschaften auf ihren Analysen von Deutschland als koordinierte und den USA als liberale Marktwirtschaft und sollten daher besser als Realtypen aufgefasst werden. Idealtypen sind gedankliche Gebilde, denen die Eigenschaften mit ihren maximalen Ausprägungen zugeordnet werden (*Weber*, 1904/1951, 190f). Der Vorteil dieser Typen besteht darin, dass auch Ausprägungen, die nicht in realen Fällen zu finden sind, in die Typologie aufgenommen werden können (*Doty/Glick*, 1994, 245). Realtypen beruhen hingegen auf den empirisch nachweisbaren Eigenschaftsausprägungen. Im Prozess der Typenbildung werden beide Typologie-Kategorien eingesetzt, um sie zu vergleichen und um aus diesem Vergleich Schlüsse über wichtige Zusammenhänge zu ziehen.

Fraglich ist es noch, ob die Typologie vollständig (exhaustiv) sein soll. Dies ist damit verbunden, dass der gesamte mögliche Eigenschaftsraum abgedeckt wird (*Reynolds*, 1971, 5), d.h., jedem sozialen Sachverhalt soll ein bestimmter Typus zugeordnet werden. In der Typologie von HALL/SOSKICE ist dann jede real existierende

Marktwirtschaft einem Typus – liberale Marktwirtschaft oder koordinierte Marktwirtschaft – zuzuordnen.[10]

Phasen der Typologie-Konstruktion

Nachdem geklärt ist, was eine Typologie ist und wie Typen beschaffen sind, soll dies in den Zusammenhang zur Theorie gestellt werden. Um die empirische Typenbildung, die zur Theoriebildung beiträgt, zu analysieren, sollen vier Phasen beschrieben werden (*Kluge*, 1999, 260ff):

1. Auswahl der Eigenschaften für die Typenbildung;
2. Analyse der zu untersuchenden Fälle im Hinblick auf diese Eigenschaften;
3. Analyse der inhaltlichen Zusammenhänge zwischen Eigenschaftskombinationen innerhalb und zwischen den gebildeten Typen;
4. Charakterisierung der Typen im Hinblick auf die Theorie, die entwickelt werden soll.

Ausgangspunkt der **Auswahl der Eigenschaften** ist die Fragestellung der Untersuchung und der theoretischen Vorkenntnisse. Als Ergebnis der Typenbildung sollen die Typen so gegeneinander abgegrenzt werden, dass die sozialen Sachverhalte, die verschiedenen Typen zugeordnet sind, sich deutlich unterscheiden, innerhalb eines Typus sollen sie sich hingegen möglichst ähnlich sein. Die Eigenschaften müssen so beschaffen sein, dass sie nicht nur mehrere Ausprägungen theoretisch besitzen, sondern sie auch in der Realität bei den untersuchten Fällen vorhanden sind. Allerdings können mithilfe theoretisch möglicher Ausprägungen **Idealtypen** konstruiert werden, an denen die empirisch vorgefundenen **Realtypen** gespiegelt werden (*Doty/Glick*, 1994, 237f).

Somit werden in einer zweiten Phase die zu untersuchenden Fälle im Hinblick auf die **Eigenschaften analysiert**, um in sich homogene Typen zu bilden. Sinnvoll ist es dabei, einen idealtypischen

---

[10] Empirische Untersuchungen bestätigen bisher diese Dichotomie nicht: Beispielhaft sei SCHNEIDER/PAUNESCU (2012) genannt, die auf Basis einer Cluster-Analyse fünf Typen unterscheiden.

Eigenschaftsraum zu konstruieren, in den jede untersuchte Einheit eingeordnet werden kann. Es ist damit möglich, eventuell nicht notwendige Eigenschaften zu erkennen und sie eventuell zu eliminieren oder mehrere Eigenschaften zu kombinieren, um den Eigenschaftsraum und damit Komplexität zu reduzieren (*Lazarsfeld*, 1937/2007, 353ff).

Die dritte Phase zeigt deutlich, wie sehr die ordnende Aufgabe der Beschreibung mit theoretischem Vorwissen verknüpft ist, denn die **Analyse der inhaltlichen Zusammenhänge zwischen Eigenschaftskombinationen** ist Teil einer Theoriebildung. Es wird bei dieser Analyse davon ausgegangen, dass die in der Realität auffindbaren Eigenschaftskombinationen kein Zufall, sondern das Ergebnis von empirischen Zusammenhängen sind. Ähnlich wie bei der Begriffsbildung stellt sich auch bei Typenbildung die Frage nach der Einbettung in eine Theorie. Sie kann an dieser Stelle im Hinblick auf zwei Fragen konkretisiert werden:

1. Welche Faktoren führen zur Variation einzelner Eigenschaftsausprägungen?
2. Welche Zusammenhänge gibt es zwischen den einzelnen Dimensionen und ihren Ausprägungen?

Treten mehrdimensionale Eigenschaftskombinationen nicht zufällig auf, dann ist von einem empirischen Zusammenhang auszugehen. Empirische Zusammenhänge werden eingeteilt in korrelative Zusammenhänge, d.h., zwei soziale Sachverhalte hängen miteinander zusammen, wobei die Richtung des Zusammenhangs noch spezifiziert werden muss, und kausale Zusammenhänge, d.h., zwei soziale Sachverhalte stehen in einer Ursache-Wirkungs-Beziehung. In der Regel wird man von Eigenschaften, die zu einer Typenbildung herangezogen werden, verlangen, dass sie miteinander zusammenhängen (*Bailey*, 1994, 4). Zur Begründung wird der bereits geäußerte Gedanke angeführt, dass das Auftreten von Kombinationen von Eigenschaften kein Zufall, sondern vielmehr auf bestimmte Regelmäßigkeiten der sozialen Realität zurückzuführen sein soll. HEMPEL/OPPENHEIM formulieren daher: „Aus dem Bestehen von Gesetzen … folgt insbesondere, daß nicht beliebige Ausprägungen der verknüpften Merkmale [Eigenschaften, R.B.] zusammen auftreten können“ (*Hempel/Oppenheim*, 1936, 105).

Dies führt zur vierten Phase der Typenbildung, welche die Typenbildung in die **Theoriebildung** einbettet. Da Theorien als Aussagensysteme bezeichnet werden, sind Typen in eben dieses Aussagensystem einzuordnen und es ist zu klären, welche Aufgabe Typologien bei der Theorienentwicklung einnehmen. Nach SUSANN KLUGE haben sie eine wichtige Funktion, denn „sie stellen einen Zwischenschritt dar, der zur Hypothesenbildung anregt" (*Kluge*, 1999, 51). Auch an dieser Stelle zeigt sich, dass die ordnende Aufgabe der Begriffs- und Typenbildung direkt mit der Analyse von Zusammenhängen verbunden ist. HALL/SOSKICE (2001) verwenden ihre Typologie zur Erklärung von Unterschieden in den spezifischen Wettbewerbsvorteilen von Unternehmen. Beide Typen von Marktwirtschaften unterscheiden sich durch die Art der Innovation, die durch die spezifische Konfiguration der Institutionen ihres Typus gefördert wird. Die Autoren vermuten, dass in liberalen Marktwirtschaften radikale Innovationen und in koordinierten Marktwirtschaften inkrementelle Innovationen bevorzugt werden (S. 38ff). Sie erwarten außerdem, dass sich die verschiedenen Sphären gegenseitig verstärken, und daher gehen sie davon aus, dass die Typen nicht zufällig auftreten (S. 18).

Anforderung an Typologien

Typologien stützen sich auf Begriffe und ihre Eigenschaften. Somit sind Typologien darauf angewiesen, dass die Begriffe, die sie verwenden, die Anforderungen an Begriffe erfüllen (es kann daher auf die Seiten 171ff verwiesen werden). Da Typologien als besonders komplexe Begriffsbildung beschrieben werden, ist es sicherlich möglich, die Anforderungen an Typen und Typologien auf Basis der Anforderungen an Begriffe abzuleiten. Die Besonderheit der festen Zuordnung von Eigenschaftskombinationen zu bestimmten Typen führt jedoch zu einigen weiteren Anforderungen.

Wie bereits erwähnt, ist es sinnvoll zu fordern, dass die Typologie vollständig ist und somit jeder in der sozialen Realität auffindbare Fall einem Typus zugeordnet werden kann. Häufig wird auch gefordert, dass ein Fall genau einem Typus zugeordnet wird, d.h., die Typen schließen sich gegenseitig aus. Eine deterministische Zuordnung zu verlangen, wird von einigen Autoren jedoch abgelehnt, die eine probabilistische Zuordnung favorisieren. Besonders prominent ist der Ansatz von CHARLES RAGIN, der sich für eine Zuordnung auf Basis von **unscharfen Mengen** (fuzzy sets) ausspricht (*Ragin*, 2000).[11] Real auftretende Fälle können mit dieser Methode mehreren Typen in verschiedenen Graden zugeordnet werden, was der sozialen Realität mehr entspricht als die einfache Ja-oder-Nein-Entscheidung (*Schneider/Wagemann*, 2009, 392).

Eine mehrfache Zuordnung von Fällen zu einem Typus kollidiert jedoch mit einer weiteren Anforderung an Typologien: Typen sollen untereinander möglichst heterogen sein. Mithin sollen die Merkmalskombinationen sich zwischen den Typen deutlich unterscheiden. Innerhalb eines Typs sollen die Fälle hingegen möglichst ähnlich (homogen) sein (*Everitt et al.*, 2011, 7), um so zu gewährleisten, dass sich Aussagen auf Basis eines Typus auf eine ähnliche Merkmalskombination beziehen. Wenn Überlappungen zwischen Typen zugelassen werden, dann bietet es sich forschungspraktisch an, Typologien, bei denen Überlappungen zugelassen sind, mit Typologien zu vergleichen, bei denen dies nicht der Fall ist (*Bacher/Pöge/Wenzig*, 2010, 147).

Typologien sollen Bestandteil einer Theorie sein, die sich in weiteren Untersuchungen bewährt und damit auch die Typologie bestätigt. Ad-hoc-Typologien, die auf Basis von einmaligen Datenerhebungen gebildet werden, und dann nicht in weiteren Untersuchungen, z. B. mit unterschiedlichen Kontexten, validiert werden, sind häufig ein Artefakt dieser Untersuchung. Ihr theoretischer Wert ist daher zweifelhaft.

---

[11] Unscharfe Mengen zeichnen sich dadurch aus, dass ihre Elemente in Graden zugeordnet werden. Einem Element kann – bei Graden von 0 = nicht zugehörig und 1 = vollständig zugehörig – ein Zugehörigkeitsgrad von 0,4 zugewiesen werden, um anzudeuten, dass er eher nicht der Menge zugehört als dass er ihr zugehört. Damit ist es möglich, graduelle Aussagen mengentheoretisch abzusichern. Dies hat den Vorteil, dass beispielsweise einem Staat Demokratie auch teilweise zugesprochen werden kann. Die Boolesche Algebra beruht hingegen auf einer strikten Zuordnung von Elementen, d.h., wenn ein Staat betrachtet wird, kann er nur zur Menge der Demokratien zugeordnet werden oder eben nicht.

Validität von Typen bezieht sich wiederum auf die Schlüsse, die auf Basis der Methoden und ihrer Ergebnisse gezogen werden. Ein zentrales Stützungsargument ist die Theorie, auf dessen Basis die Typologie entwickelt ist, weil sie beispielsweise die Argumentation der Auswahl der Variablen, die Festlegung von Skalenniveaus, der Kombinationen und ihrer Auswirkung auf weitere Variable plausibel macht. Wenn die theoretische Ableitung gelingt und sich hieraus Hypothesen ableiten lassen, die auf der Wirkung von Typen auf weitere Variable ergeben, und wenn auf dieser Basis erfolgreiche empirische Tests unternommen werden, dann ist dies ein Indiz für die Validität der Typologie (*Bailey*, 1994, 60f). Gelingt die Bestätigung der mit ihr verbundenen Theorie in weiteren Untersuchungen, dann können sie als weitere Belege für eine valide Typologie gewertet werden. Eine generelle Empfehlung für die Validierung ist daher die Prüfung der Typen mit weiteren Variablen, die nicht zur Konstruktion der Typologie verwendet werden (*Aldenderfer/Blashfield*, 1984, 66).

Daneben wird häufig als ein erster Schritt der Validierung vorgeschlagen, innerhalb einer Untersuchung zwei Zufallsstichproben zu ziehen und zu prüfen, ob die gleichen Typen in beiden Stichproben auftauchen (*Aldenderfer/Blashfield*, 1984, 65). Zwar kann dieses Vorgehen zur Falsifikation der Typologie verwendet werden, es ist hingegen für die Beurteilung der Validität der erst genannten Validierung unterlegen. Denn sie gibt nur einen ersten schwachen Hinweis, dass die gefundenen Strukturen nicht zufällig sind. Schwach ist sie deshalb, weil meist nur sehr wenige Stichproben gezogen werden und daher ein Test, ob es sich um eine zufällig gefundene Struktur handelt, nur unzureichend ist. Der wesentliche Vorteil einer Validierung mit einer weiteren Variablen ist die Prüfung der theoretischen Fruchtbarkeit der Typologie, was mit Hilfe dieses Quasi-Stichprobentests nicht möglich ist.

6.4 Beschreibung von Zusammenhängen

Als viertes Ziel von Beschreibungen wird zu Beginn des Kapitels die Beschreibung von Zusammenhängen aufgeführt. Sie sollen hier kurz an Beispielen erläutert und im nachfolgenden Kapitel weiter vertieft werden. Eine wesentliche Annahme von Forschern, die nach **Zusammenhängen** zwischen sozialen Sachverhalten suchen, ist es, dass sie von Regelmäßigkeiten ausgehen, d.h., es wird davon ausgegangen, dass die Sachverhalte nicht in einer zufälligen Beziehung zueinander stehen. Je nachdem, wie diese Regelmäßigkeit beschrieben wird, spricht man auch von gesetzesartigen Aussagen. Mit dem Terminus gesetzesartige Aussage oder **Gesetz** wird eine Hypothese bezeichnet, die insbesondere durch empirische Untersuchungen bewährt ist. Der Begriff der Bewährung von Aussagen wird allerdings erst im nächsten Kapitel diskutiert.

Arten von Zusammenhängen

Es lassen sich folgende Formen von Zusammenhängen unterscheiden:

1. inhaltlicher Zusammenhang (Korrelation);

a) ungerichteter Zusammenhang: es wird ein Zusammenhang konstatiert, der jedoch nicht spezifiziert wird;
   Beispiel: Vertrauen in die Fähigkeit einer Bank hängt mit der Bereitschaft einen Kredit zu beantragen zusammen.

b) gerichteter Zusammenhang, allgemein: es wird ein positiver oder negativer Zusammenhang konstatiert;
   Beispiel: Je höher das Vertrauen in die Fähigkeit einer Bank ist, umso mehr Aufträge eines Kunden erhält sie.

c) gerichtet, funktional: es wird ein funktionaler Zusammenhang aufgezeigt, der z.B. linear oder exponentiell sein kann;
   Beispiel: Mit der steigenden Reputation einer gemeinnützigen Organisation steigt das Spendenaufkommen proportional.

d) gerichtet, funktional und spezifiziert: es wird auf Basis des funktionalen Zusammenhangs eine konkrete quantitative Beziehung zwischen den sozialen Sachverhalten angenommen;
   Beispiel: Wenn der Reputationsindex einer gemeinnützigen Organisation um 10% steigt, dann steigt ihr Spendenaufkommen um 20%.

Die Präzision der Zusammenhänge steigt von a) nach d) und damit auch die Möglichkeit ihrer Falsifikation. Mit dem zunehmenden Grad an Präzision steigen allerdings auch die Anforderungen an die Daten. Während für a) und b) nominale (kategoriale) und ordinale Daten ausreichen, sind für c) und d) metrische Daten erforderlich.

Wenn Entwicklungen beschrieben werden sollen, dann ist es notwendig, zeitliche Beziehungen zwischen sozialen Sachverhalten herzustellen. Daher werden als zweite Gruppe von Zusammenhängen zeitliche Zusammenhänge aufgeführt:

2. zeitlicher Zusammenhang;

a) sequentiell, ein Sachverhalt: es wird die Entwicklung eines Sachverhaltes in der Zeit untersucht, ohne dass weitere Sachverhalte betrachtet werden;
   Beispiel: Es wird die Entwicklung eines Vertrauensindex über die Zeit betrachtet.
b) sequentiell, mehrere Sachverhalte: es wird eine sequentielle Anordnung von unterschiedlichen Sachverhalten betrachtet.
   Beispiel: Mit der steigenden Reputation in Periode 1 erhöht sich das Spendenaufkommen einer gemeinnützigen Organisation in Periode 2.

Als drittes sollen kausale Zusammenhänge aufgeführt werden, die sich dadurch auszeichnen, dass, wenn eine Ursache auftritt, dies eine gewisse Wirkung nach sich zieht:

3. kausaler Zusammenhang (Kausalität);
   es lassen sich sehr verschiedene Kausalmodelle aufstellen, die sich dadurch unterscheiden, wie viele Ursachen und Wirkungen berücksichtigt werden und ob es eine Kausalkette mit mehreren Ursache-Wirkungsbeziehungen gibt. Zwei Beispiele sollen dies illustrieren:
   Beispiel 1: In einer Untersuchung wird die Langfristorientierung von Partnern in einer Wertschöpfungskette als Ursache von Austausch strategischer Informationen betrachtet.
   Beispiel 2: Zusätzlich zum Modell in Beispiel 1 wird eine Ursache-Wirkungs-Beziehung zwischen dem Informationsaustausch und dem Erfolg der Wertschöpfungskette angenommen.

Gesetze und gesetzesartige Aussagen in den Sozialwissenschaften

Wann qualifizieren sich die beispielhaft aufgezählten Aussagen über Zusammenhänge als Gesetz oder als gesetzesartige Aussage? Als **Gesetz** wird in der Wissenschaftstheorie der Naturwissenschaften eine Aussage bezeichnet, die räumlich und zeitlich unbeschränkte

Gültigkeit beansprucht und sich empirisch bewährt hat, d.h. bisherige Falsifikationsversuche erfolgreich bestanden hat (*Opp*, 1970/2014, 41). Diese auf den ersten Blick klare Definition entpuppt sich bei genauerer Analyse als gar nicht mehr so klar. Dies lässt sich an drei Beispielen kurz erläutern:

1. Alle Menschen sind sterblich.
2. Alle Einwohner in Berlin sind sterblich.
3. Alle Menschen werden durch den Kapitalismus egoistisch.

Die erste Aussage lässt sich sicherlich als Gesetz bezeichnen, da ihre raum-zeitliche Unbeschränktheit kaum bestritten wird. Wie sieht es aber mit der zweiten Aussage aus? Es ist zwar auch eine All-Aussage, allerdings ist sie räumlich und auch zeitlich eingeschränkt, weil auch vor der Gründung Berlins Menschen gelebt haben. Auch das dritte Beispiel wartet mit einer historischen Einschränkung auf, denn der Kapitalismus tritt in der Menschheitsgeschichte erst vor einigen hundert Jahren auf und es gibt in unserer heutigen Zeit eine Reihe von Ländern, die nicht als kapitalistisch angesehen werden. Daraus folgt, dass in den Sozialwissenschaften Gesetze besser als graduelle Aussagen aufzufassen sind, weil eine zu enge Festlegung als räumlich und zeitlich unbeschränkte All-Aussage der sozialen Realität nicht gerecht wird.[12] Daher werden die beiden Begriffe „Gesetz" und „gesetzesartige Aussage" in diesem Buch synonym verwendet und es wird davon ausgegangen, dass es unterschiedliche Grade dieser Aussagen gibt. Welche Unterscheidungen hier sinnvoll sind, ist Gegenstand dieses Kapitels.

Es gibt eine lang währende Debatte um die Frage, ob die Sozialwissenschaften diesen Gesetzesbegriff übernehmen sollen und, wenn diese Frage negativ beantwortet wird, ob sie überhaupt eines Konzeptes gesetzesartiger Aussagen bedürfen oder ob sie ausschließlich Einzelfallanalyse betreiben sollen. Solange es sich bei der Frage der Existenz von sozialwissenschaftlichen Gesetzen nicht um eine logische Unmöglichkeit handelt, über die a priori entschieden werden kann, sondern es sich vielmehr um eine empirische Frage handelt

---

[12] Dies konstatiert Schurz generell für den Gesetzesbegriff (*Schurz*, 2011, 94).

(*McIntyre*, 1996, 166), ist es eigentlich immer ratsam, keine Forschungsverbote auszusprechen.[13] Daher konzentriert sich das Folgende auf die Frage, wie Gesetze oder gesetzesartige Aussagen in den Sozialwissenschaften beschaffen sein können.

Wer die soziale Realität betrachtet, wird nicht umhin kommen, Abstufungen verschiedener Formen von Regelmäßigkeiten vorzuschlagen. Eine solche Ansicht muss berücksichtigen, dass

1. soziale Akteuren über **Willensfreiheit** verfügen und dass
2. trotzdem nicht vollständige **Kontingenz** herrscht.

Eine erste Intuition ist es, dass Akteure sich einem dichten Netz von Regeln und Normen gegenüber sehen und dieses Netz mit ihren Absichten und ihrem Selbstinteresse abstimmen. Zwar sind auch ihre Absichten und Selbstinteressen sozial geformt, jedoch liegt kein Determinismus vor, der Akteure zu roboterhaften Normenbefolgern macht. Vielmehr ist es im Konzept von sozialen Akteuren möglich, dass sie Intentionen bilden, mit dem Ziel Normen zu verletzen und Regeln zu brechen. Zwar wird von ihnen erwartet, dass sie Normen einhalten, doch durch ihre Normenverletzung tragen sie zur sozialen Dynamik bei. Dies ist ein Ausdruck ihrer Willensfreiheit. Eine philosophische Konsequenz ist dann sicherlich, dass es keinen Determinismus im umfassenden Sinne geben kann: Denn in einer deterministischen Welt gibt es keine Wahlmöglichkeiten (*Keil*, 2013, 217). Aus diesen Überlegungen lassen sich verschiedene Einsichten für gesetzesartige Aussagen gewinnen:

- Regeln in der sozialen Realität stellen Erwartungen an Handlungen von sozialen Akteuren dar. Wenn viele Akteure diese Erwartungen erfüllen, tragen sie zur Regelhaftigkeit, die über eine einzelne Handlung hinausgeht, in der sozialen Realität bei (*Popitz*, 1980, 24ff). Es finden sich daher Handlungsmuster in der sozialen Realität.

[13] McIntyre weist im Übrigen ausführlich darauf hin, dass eine überzogene Vorstellung von naturwissenschaftlicher Forschung als Gradmesser für die Sozialwissenschaften diskutiert wird (*McIntyre*, 1996, 103ff).

- Einzelne Akteure enttäuschen diese Erwartungen und befolgen die Regel nicht, d.h., Handlungsmuster lassen sich nicht bei allen vergleichbaren Handlungssituationen finden. Es gibt Kontingenzfaktoren und Eigenschaften von Akteuren, die verhindern, dass die Handlungsmuster wirksam werden.

Aus beiden Einsichten lassen sich verschiedene Schlussfolgerungen ziehen. Zum einen lassen sich Aussagen über Handlungsmuster formulieren, die zur Erklärung der Handlungen von Akteuren beitragen, und zum anderen gelten die Erklärungen in Sozialwissenschaften aus den genannten Gründen als nicht deterministisch.

Dabei muss dieser Sachverhalt nicht ontologisch gedeutet werden. Es muss nicht vorausgesetzt werden, dass die soziale Realität und die darin zu beobachtenden Handlungen nicht-deterministisch in einem umfassenden Sinne sind. Es mag auch Situationen geben, in denen es deterministisch zugeht. Selbst wenn sie jedoch deterministisch sein sollten, bleibt unser Erkenntnisvermögen beschränkt.[14] In der Einleitung zu diesem Buch habe ich für den Pluralismus plädiert, weil Theorien in den Sozialwissenschaften unvollständig sind. Nur der Dämon von LAPLACE ist in der Lage, die soziale Realität vollständig zu beschreiben und vorherzusagen. Sozialwissenschaftliche Theorien sind hingegen dadurch unvollständig, dass in ihnen Faktoren fehlen, von denen davon auszugehen ist, dass sie sich auf die untersuchten Phänomene auswirken. So ist beispielsweise die empirische Entscheidungsforschung überwiegend kognitiv geprägt; sie untersucht, wie Entscheidungen von der Wahrnehmung, dem Gedächtnis oder der Aufmerksamkeit beeinflusst werden. In den meisten Untersuchungen spielen jedoch Gefühle (Emotionen) keine Rolle, obwohl bekannt ist, dass sich Emotionen auf Entscheidungen auswirken.

Bei Unvollständigkeit müssen allerdings zwei Aspekte auseinandergehalten werden:

- Eine Theorie ist unvollständig, weil die Faktoren, die sich auf das untersuchte Phänomen beziehen, unbekannt sind.

---

[14] SCHURZ spricht daher auch von epistemischen Indeterminismus (*Schurz*, 2011, 96)

- Obwohl die Faktoren bekannt sind, werden sie aus Einfachheitsgründen nicht – oder genauer: nicht spezifiziert – in der Theorie berücksichtigt.

Insbesondere der letzte Aspekt kann wiederum aus verschiedenen Teilaspekten bestehen. So ist es immer möglich, dass unvorhersehbare oder sehr unwahrscheinliche Ereignisse die Kausalkette, die in der Theorie angenommen wird, unterbrechen. So verzögert sich ein vorhergesagter Aufschwung nach einer Konjunkturkrise, weil eine Jahrhundertflut wichtige Ressourcen, die für den Aufschwung benötigt werden, vorübergehend unzugänglich macht. Oder ein Akteur wird in dem Moment, wenn er eine vorhergesagte Handlung vollziehen will, vom Blitz getroffen und ins Krankenhaus gebracht. Sozialwissenschaftliche Theorien gehen meist vom **Normalfall** aus, d.h., mit ihnen wird angenommen, dass nicht besondere – auch naturwissenschaftliche – Ereignisse auftreten. Treten sie dann allerdings doch auf, stimmen unsere Erklärungen oder Vorhersagen nicht.

In der wissenschaftstheoretischen Diskussion haben allerdings nicht diese unvorhergesehen oder unwahrscheinlichen Fälle die Diskussion in Gang gehalten; es sind vielmehr die bewussten Entscheidungen, bestimmte Einflussfaktoren konstant zu halten, die kontrovers diskutiert werden. Hypothesen oder Theorien, in denen Faktoren konstant gehalten werden, sollten vor allem eine ceteris paribus Annahme enthalten. Eine **Ceteris-paribus-Aussage**, die wörtlich „unter sonst gleichen Bedingungen" bedeutet, legt dann fest, welche Faktoren konstant zu halten sind (*Gadenne*, 1984, 73f). Warum ist es für Sozialwissenschaftler wichtig, die konstant gehaltenen Faktoren zu explizieren? Ein wesentlicher Grund ist sicherlich, dass für die Weiterentwicklung der Wissenschaft Kenntnis darüber bestehen sollte, warum z.B. bestimmte Vorhersagen auf Basis einer Theorie nicht eingetreten sind. Nur bei Kenntnis dieser Faktoren besteht die Möglichkeit der Verbesserung der Theorie und damit die Hoffnung auf verbesserte Prognosen. Was ist mit den unbekannten Faktoren? Da sie unbekannt sind, können sie vor der Untersuchung nicht festgelegt werden, sondern es kann nur nach der Untersuchung über sie spekuliert werden. Mit abduktiven Schlüssen auf Basis des Hintergrundwissens ist es sicherlich möglich, geeignete Faktoren zu benennen und in weiteren Untersuchungen einzubeziehen (*Kincaid*, 1996, 68f).

Neben den deterministischen Aussagen werden daher in diesem Buch drei Arten von nicht-deterministischen Aussagen unterschieden (*Schurz*, 2011, 90ff).

1. **Probabilistische** Aussagen: Es wird eine statistische Aussage über einen sozialen Sachverhalt gemacht. Sie wird in Form einer bedingten Wahrscheinlichkeit ausgedrückt, weil der Zusammenhang nicht immer gilt (*Herzog*, 2012, 102): Ein Akteur wird mit einer Wahrscheinlichkeit von 80% diese Handlung ausführen.
2. **Normische** Aussagen: Sie ähneln den probabilistischen Aussagen, sie werden allerdings nicht mit statistischen Wahrscheinlichkeiten versehen. Hauptgrund ist es, dass keine Häufigkeiten festgestellt werden können. Eine solche Aussage könnte z.B. so lauten: Wenn ein Akteur ein Ziel hat und überzeugt ist, mit der Handlung H sein Ziel zu erreichen, dann wird er meistens die Handlung ausführen (*Schurz*, 2011, 90).
3. **Ceteris-Paribus-Aussagen**: In ihnen ist eine Annahme enthalten – die ceteris-paribus-Annahme –, die besagt, dass bekannte oder unbekannte Faktoren sich nicht auf den behaupteten Zusammenhang auswirken (*Gadenne*, 1984, 43). In den Sozialwissenschaften wird auf diese Annahme meist nicht ausdrücklich hingewiesen.

Zusammenhangshypothesen und Fallauswahl

Wie lassen sich die soeben betrachteten Zusammenhänge finden? Oder in der Sprache der Logik: Wie lassen sich die Hypothesen, die für den abduktiven Schluss notwendig sind, entwickeln? Sicherlich ist es möglich, dass Forschende auf Basis von Analogieschlüssen oder auf Basis purer Spekulation Hypothesen entwickeln. Im Folgenden soll hingegen analysiert werden, wie diese Entwicklung auf Basis von systematischer Fallauswahl unterstützt wird.

Wenn davon ausgegangen wird, dass in einer Untersuchung Fälle auf ihre Zusammenhänge geprüft werden, stellt sich die Frage, wie über diese Einzelfälle hinaus Zusammenhänge erkannt werden können. Betrachtet werden soll ein Beispiel: In einer Untersuchung über das Informationsverhalten von Partnern in einer Wertschöpfungskette zeigt sich in den ersten Fällen, dass Informationsaustausch von strategischen Informationen in vier Fällen vorliegt und in allen Fällen mit einem Konzept gemeinsam auftritt, dass die Forscher als „Langfristorientierung" bezeichnen, d.h., die Partner sind in einer längeren gemeinsamen Beziehung (s. Beispiel 8).

Das Beispiel soll mit einer Abbildung illustriert werden, das W. S. ROBINSON (1951) verwendet hat, um zu zeigen, dass sich die sogenannte analytische Induktion an den eliminativen Methoden der Induktion von JOHN STUART MILL messen lassen muss (s. Philosophiebox 9). Die **analytische Induktion** geht auf FLORIAN ZNANIECKI (1934/1968) zurück und hat seitdem verschiedene Bedeutungen angenommen. Während der Begriff einen induktiven Schluss suggeriert, ist seine Bedeutung eher als Forschungsmethode zu verstehen, die als Ziel hat, zwischen auftretenden Effekten und vermuteten Ursachen kausale Zusammenhänge zu finden (*Katz*, 2001, 480). Zur Vereinfachung geht Beispiel 8 davon aus, dass die Konzepte entweder vorhanden sind oder eben nicht.

Beispiel 8: Analytische Induktion (I)

		Informationsaustausch vorhanden	Informationsaustausch nicht vorhanden
Langfrist-orientierung	vorhanden	4	?
	nicht vorhanden	0	?

Mit einer hypothesengenerierenden Untersuchung verfolgen wir den Zweck, Ursachen für uns bekannte Wirkungen zu finden. Im Beispiel bemerken die Forschenden, dass die Partner in der Wertschöpfungskette auch strategische Informationen austauschen, und fragen sich, was die Ursachen dafür sind. Aus den Interviews mit Verantwortlichen der Organisationen erfahren sie, dass alle Partner in einer langfristigen Beziehung sind. Wer die Tabelle (Beispiel 8) betrachtet und mit Philosophiebox 9 vergleicht, wird erkennen, dass bisher nur notwendige Bedingungen für den Zusammenhang untersucht werden (MILLS Methode der Übereinstimmung). Wenn eine Ursache eine notwendige Bedingung ist, dann muss sie vorliegen, um den Effekt zu bewirken. Damit der Effekt auftritt, muss die Ursache nicht nur notwendig sein, sie muss auch hinreichend sein. Wie muss sich die rechte Spalte füllen, damit wir eine idealtypische Konstellation bekommen, aus der wir schließen können, dass die Langfristorientierung eine notwendige und hinreichende Bedingung für das Auftreten des Informationsaustauschs ist? Im oberen Kasten muss auch eine Null stehen (*Robinson*, 1951, 815), d.h., wir dürfen keine Fälle finden, in denen Langfristorientierung vorhanden ist, aber gleichzeitig kein Austausch von strategischen Informationen stattfindet.

Wenn ein Zusammenhang zwischen Langfristorientierung und Informationsaustausch postuliert werden soll, ist es angebracht, nach Fällen zu suchen, in denen kein Informationstausch vorliegt (MILLS Methode des Unterschieds). Daher lässt sich eine Regel formulieren, um Verzerrungen bei der Fallauswahl zu begegnen. Fälle sind so auszuwählen, dass die Begriffe, die in einen Zusammenhang gebracht werden sollen, möglichst variieren (*King/Keohane/Verba*, 1994, 129). Für das Beispiel bedeutet dies, dass die zweite Spalte untersucht werden muss, um festzustellen, ob im Fall von Partnern einer Wertschöpfungskette, welche keinen Informationsaustausch praktizieren, auch keine Langfristorientierung vorliegt.

Angenommen sei, dass zwanzig Unternehmen untersucht werden. Die Ergebnisse sind in der Tabelle eingetragen und zeigen ein differenziertes Bild über den Zusammenhang zwischen Langfristorientierung und Informationsaustausch (s. Beispiel 9).

Beispiel 9: Analytische Induktion (II)

		Informationsaustausch	
		vorhanden	nicht vorhanden
Langfrist-orientierung	vorhanden	8	2
	nicht vorhanden	3	7

Bei der Betrachtung von Beispiel 9 fühlen sich unsere Forscher deutlich wohler, da in 75% der Fälle der Zusammenhang vorliegt, dagegen in 25% der Fälle nicht. Sie halten daher an der Hypothese fest, dass ein Zusammenhang zwischen Langfristorientierung und Informationsaustausch besteht. Wie lässt sich eine solche induktive Vorgehensweise beurteilen?

Es handelt sich um einen **induktiven Schluss**, der riskant ist, da er von einigen Fällen auf alle Fälle schließt. Zwar ist eine Rechtfertigung für induktive Schlüsse grundsätzlich nicht möglich, allerdings ist dies für hypothesengenerierende Untersuchungen nicht weiter störend, weil die Konstruktion der Theorie im Vordergrund steht.

Da die Stichprobe nicht auf einer **Zufallsauswahl** beruht, sind die prozentualen Werte nicht als Wahrscheinlichkeiten zu interpretieren. Aus dem gleichen Grund ist von einer Anwendung inferenzstatistischer Methoden abzuraten. Daran würde auch die Untersuchung zusätzlicher Fälle nichts ändern; die Eigenschaft „Zufallsstichprobe" ist eine qualitative Eigenschaft und keine Frage von Quantität.

KATHLEEN EISENHARDT schlägt in Anlehnung an ROBERT YIN die Replikationslogik (replication logic) als Basis der Fallauswahl vor, die sie als Grundlage der Experimentforschung ansieht (*Eisenhardt*, 1989, 542; *Yin*, 2003, 47ff). Die Replikationslogik steuert Entscheidungen über die zu untersuchenden Fälle. Wenn Fälle auftreten, die die aufgestellten Konstrukte und Hypothesen nicht bestätigen, dann soll die Theorie angepasst oder ausgeweitet werden.

Wenn davon ausgegangen wird, dass Zusammenhänge in der sozialen Realität nicht deterministisch, sondern probabilistisch auftreten, dann ist weder eine Verifikation noch eine Falsifikation an einzelnen Fällen möglich. Denn liegt in einem Fall kein Zusammenhang vor, dann ist der Zusammenhang nicht falsifiziert, da nur behauptet wird, dass der Zusammenhang mit einer gewissen Wahrscheinlichkeit vorliegt. Auf der anderen Seite kann eine endgültige Verifikation nicht festgestellt werden, solange nicht alle Fälle untersucht sind.

Zwar lässt sich auf Basis der Tabelle der Zusammenhang induktiv schließen, allerdings sollten die Fälle, in denen der Zusammenhang nicht auftritt, eingehend untersucht werden. Besonders wichtig ist es, den Kontext zu untersuchen, um relevante **Kontextfaktoren** zu erfassen. Da eine wesentliche Eigenschaft der sozialen Realität ihre

Komplexität ist, kann nicht erwartet werden, dass einfache Zusammenhänge (zwischen zwei Begriffen) unter verschiedenen Kontexten auftreten werden.

Die im Beispiel angenommene Korrelation lässt noch Raum für eine **kausale Interpretation**. Wenn eine Korrelation festgestellt wird, ist dies der erste Schritt, um zu prüfen, ob ein kausaler Zusammenhang vorliegt. Schon MILL hat allerdings darauf hingewiesen, dass strenggenommen nur mit Experimenten eine Kausalität nachgewiesen werden kann.

Es besteht allerdings auch die Möglichkeit, dass es sich um eine **Scheinkorrelation** handelt. Eine Scheinkorrelation liegt vor, wenn ein dritter nicht erkannter Faktor auf beide bisher untersuchten Phänomene wirkt.

Philosophiebox 9: Eliminative Methoden der Induktion von Mill

JOHN STUART MILL legte in seinem Werk „System der deduktiven und induktiven Logik" **eliminative Methoden** der induktiven Logik dar, deren Kenntnis auch heute noch für Forschende von Nutzen sein kann. Wichtigster Zweck seiner induktiven Logik ist es, die Kausalgesetze und damit verbunden die Ursachen der beobachteten Wirkungen festzustellen. MILL diskutiert vier Methoden, wobei insbesondere die ersten beiden häufig eingesetzt werden:

1. Methode der Übereinstimmung

Wenn zwei oder mehrere Fälle untersucht werden, bei denen jeweils der untersuchte Effekt vorliegt, dann ist ein Faktor eine notwendige Ursache, wenn er immer gemeinsam mit dem Effekt auftritt.

2. Methode des Unterschieds

Wenn Fälle, bei denen der untersuchte Effekt vorliegt, mit Fällen verglichen werden, bei denen der Effekt nicht vorliegt, und wenn dann ein Faktor bei den ersten Fällen immer vorliegt und bei den letzten Fällen nicht, dann handelt es sich um eine hinreichende Ursache.

Bei der Methode der Übereinstimmung suchen die Forschenden in allen Vorkommnissen des Effekts nach einer übereinstimmenden Ursache. Eine wichtige Voraussetzung ist es, dass die Ursache und der Effekt isoliert auftreten und mithin kein komplexes Kausalmodel vorliegt. Da sie nur die notwendige Ursache ermitteln kann, ist sie um die Methode des Unterschieds zu ergänzen.

3. Methode der Residuen

Wenn bei gemeinsam auftretenden Effekten für einige bereits ihre jeweiligen Ursachen bekannt sind, so sind für die bisher noch nicht erklärten Effekte die verbleibenden Ursachen verantwortlich. Die Methode der Residuen ergänzt die Methode der Differenz und lenkt die Aufmerksamkeit auf noch unbekannte Teile der Ursache-Wirkungs-Beziehung.

4. Methode der veränderten Begleitumstände

Wenn zwei Effekte gemeinsam variieren, dann kann ein kausaler Zusammenhang zwischen ihnen vorliegen, der allerdings durch die ersten beiden Methoden verifiziert werden muss.

MILL war sich sehr wohl bewusst, dass das Finden der Ursache nur unter bestimmten Annahmen möglich ist, und dass zur gezielten Variation ein experimentelles Vorgehen dem der Beobachtung vorzuziehen ist. Er diskutiert auch, dass mehrere Ursachen für einen Effekt in Frage kommen, und er benennt das Problem, dass eine unbekannte Drittvariable die eigentliche Ursache sein kann (Problem der Scheinkorrelation). Ein großes Problem ist allerdings die Annahme von deterministischen Beziehungen, weil in sozialwissenschaftlichen Untersuchungen häufig von probabilistischen Beziehungen ausgegangen wird.

(Quellen: *Ducheyne*, 2008; *Mill*, 1843/1974a; *Scarre*, 1998; *Schumacher*, 1994; *Skorupski*, 1989)

Von Zusammenhangs- zu Kausalhypothesen

Korrelationen und Kausalzusammenhänge zwischen zwei Sachverhalten können, müssen aber nicht einen identischen Mechanismus wiedergeben. Erst, wenn eine Korrelation vorliegt, kann auch darüber nachgedacht werden, ob kausale Zusammenhänge zwischen Sachverhalten bestehen. Allerdings kann der Einsatz von statistischen Verfahren keine Kausalität begründen, weil die meisten Methoden, die auf dem linearen Modell basieren, auf Korrelationen beruhen. Anwender müssen sich bewusst sein, dass mit diesen Modellen keine Kausalität begründet werden kann. Denn aus Korrelationen kann nur geschlossen werden, dass, wenn keine Korrelation vorliegt, auch keine Kausalität vorhanden ist. Hohe Korrelationen sind aber noch kein Beweis für Kausalität: Korrelationen sind nur eine **notwendige,** aber **nicht hinreichende** Bedingung für eine kausale Beziehung (*Bortz*, 2005, 472).

Ein kleines Beispiel soll dies illustrieren: Geprüft wird eine Aussage „Wenn Partner in einer Wertschöpfungskette sich langfristig orientieren, dann wird es ein hohes Maß an Austausch von strategischen Informationen zwischen ihnen geben." Es wird eine positive Korrelation zwischen den Konstrukten Langfristorientierung und Informationsaustausch postuliert, die mit einer empirischen Untersuchung getestet werden soll. Nach Abschluss der Untersuchung z.B. einer Fragebogenerhebung werden die Daten in ein Regressionsmodell aufgenommen, und der Pfadkoeffizient zwischen beiden Größen beträgt ß = 0,29 (Signifikanzniveau 0,01). Zwar liegt eine positive Beziehung vor, es fragt sich allerdings, ob sie auch kausal ist. Handelt es sich um eine Querschnittsuntersuchung, d.h., alle Daten werden zu einem Zeitpunkt erhoben, ist eine wesentliche Voraussetzung der Kausalität nicht erfüllt: Die Ursache soll der Wirkung zeitlich vorangehen.

Abbildung 15: Korrelation und Kausalzusammenhang

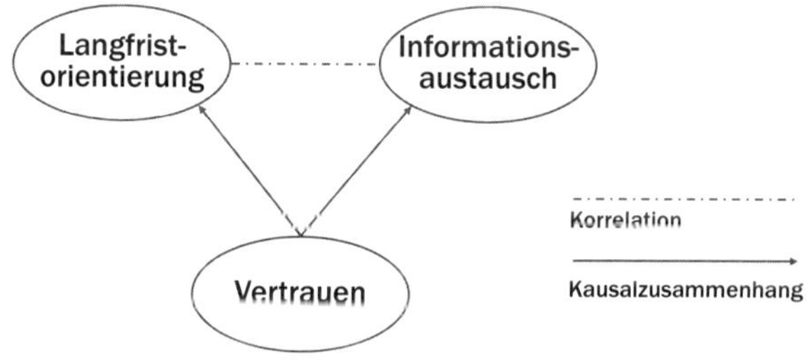

Kausale Beziehungen sind nicht direkt beobachtbar, sie werden auf Basis von Messmodellen aus den Daten einer Untersuchung geschlossen. Es ist daher wichtig, die Güte dieser Schlüsse zu beurteilen. Wie bereits erwähnt, wird hierfür die **interne Validität** eingesetzt, die aufzeigen soll, ob tatsächlich die Wirkungen durch die angenommene Ursache erzeugt wird (*Shadish et al.*, 2002, 53).

Abbildung 15 zeigt eine Scheinkorrelation. Sie besagt, dass Langfristorientierung und Informationsaustausch deswegen gleichzeitig auftreten, weil sie eine gemeinsame Ursache – Vertrauen zwischen den Partnern – haben. Die gestrichelte Linie symbolisiert den symmetrischen Zusammenhang zwischen zwei Sachverhalten, der Pfeil symbolisiert einen Kausalzusammenhang, bei der die Ursache (Vertrauen) eine Wirkung auf die Effekte (Langfristorientierung und Informationsaustausch) hat.

Wenn somit ein dritter Sachverhalt in die Untersuchung aufgenommen werden soll, ändert sich die theoretische Fallauswahl. Es ist zu berücksichtigen, dass herausgefunden werden muss, wie sich das Vertrauen auf die anderen beiden Sacherhalte auswirkt. Ausgangspunkt der Überlegung ist wiederum MILL, dessen kombinierte Methode der Übereinstimmung und Methode der Differenz verwendet wird, um die Korrelation zwischen den Sachverhalten festzustellen. In der folgenden Tabelle sind zunächst die möglichen Fälle aufgeführt, die prinzipiell auftreten können.

Beispiel 10: Theoretische Fallauswahl (III)

Langfristorientierung	Informationsaustausch	Vertrauen	Fallnummer
1	1	1	1
1	1	0	2
0	1	1	3
0	1	0	4
1	0	1	5
1	0	0	6
0	0	1	7
0	0	0	8

0 = nicht vorhanden, 1 = vorhanden

Es wird von dichotomen Sachverhalten ausgegangen. Wiederum ist es sinnvoll, dass gezielt nach Fällen gesucht wird, in denen bestimmte Sachverhalte auftreten und nicht auftreten. Wenn beispielsweise von Abbildung 15 ausgegangen wird, werden Fälle gesucht, in denen die Effekte nur einzeln auftreten oder keiner der Effekte auftritt, um festzustellen, ob trotzdem die Ursache vorhanden ist. Es ist eher unwahrscheinlich, dass in einer empirischen Untersuchung nur die theoretisch vermuteten Fälle 1 und 8 auftreten.

Bisher wird angenommen, dass neben dem Vor- und Hintergrundwissen das empirische Datenmaterial die theoretische Fallauswahl und damit auch die Hypothesengenerierung steuert. Die Hinweise zur Fallauswahl sollten klar machen, dass das Auffinden von Zusammenhängen nur schwer ohne theoretisches Vorwissen möglich ist. Die Abduktion mit dem Schluss auf die beste Erklärung wird ja gerade als eine Vorgehensweise zur Hypothesengenerierung beschrieben, mit dem Wissenschaftler recht schnell einleuchtende Hypothesen aufstellen. Eine der Hauptquellen ist dabei das theoretische Hintergrundwissen von Wissenschaftlern und dies trifft auch auf das Auffinden von kausalen Zusammenhängen zu.

Zusammenfassung

- Beschreibungen zeigen auf, was in der sozialen Realität der Fall ist. Dichte Beschreibungen spüren den Intentionen der Akteure nach und machen Zusammenhänge dadurch verständlich, dass sie den sozialen Kontext, in dem Akteure handeln, aufhellen. Wer beschreiben will, der hat Begriffe zu definieren, Variablen zu ihrer Messung zu operationalisieren und Zusammenhängen zwischen ihnen darzustellen. Bei komplexen Phänomenen kann es notwendig sein, sie in Form von Typen zu beschreiben.
- Begriffsbildung ist ein zentraler Baustein jeglicher wissenschaftlicher Tätigkeit. Es werden Bedeutungsanalysen, die zu Definitionen führen, und Analysen für die Messung dieser Definitionen unterschieden. In der Zwei Ebenen Konzeption trennen wir theoretische Begriffe von empirischen Begriffen. Erstere werden durch Nominaldefinitionen, letztere durch einen bilateralen Reduktionssatz festgelegt.

- Alle Beobachtung ist theoriebeladen. In den Sozialwissenschaften sind insbesondere Messtheorien notwendig, um theoretische durch empirische Begriffe interpretieren zu können. Meist sind theoretische Begriffe Dispositionsbegriffe, die nur beobachtet werden können, wenn bestimmte Bedingungen vorliegen.
- Komplexe Phänomene lassen sich mit dem Drei-Ebenen-Modell darstellen, dass neben der Konstrukt-Ebene die Dimensionsebene und die empirischen Begriffe enthält.
- Latente Variable als nicht-beobachtbar werden durch manifeste Variable, die beobachtbar sind, empirisch interpretiert. Wenn sie als kausale Mess-Modelle konstruiert werden, sind sie reflektiv oder formativ darstellbar. Als reflektiv werden sie bezeichnet, wenn die latente Variable die manifesten Variablen kausal beeinflusst; im formativen Fall ist es umgekehrt.
- Während bei Nominaldefinitionen Wahrheit als analytische Wahrheit betrachtet wird, ist bei operationalen Definitionen eine empirische Überprüfung notwendig. Wesentliche Anforderungen an Definitionen sind die Ähnlichkeit, die Exaktheit der Bedeutungszuweisung, die theoretische Fruchtbarkeit und die Einfachheit.
- Mit der Intension von Begriffen werden die Eigenschaften des Begriffs festgelegt; mit Extension sind die Gegenstände gemeint, auf die der Begriff zutrifft.
- Mit der argumentbasierten Validität lassen sich die Anforderungen an die Messungen explizieren. Es werden für die Konstruktvalidität fünf Argumente aufgeführt (Beobachtung, Generalisierung, theoriebasierte Interpretation, Extrapolation und Implikationen). Sie zeigt, dass zwar die statistische Analyse ein Teil der Validierung von Konstrukten ist, sie im Wesentlichen jedoch argumentbasiert ist.
- Typen sind mehrdimensionale Begriffe. Sie werden festgelegt, indem für die verschiedenen Begriffe Merkmalskombinationen bestimmt werden. Jeder Typ ist dann eine Merkmalskombination. Eine Typologie ist somit ein System von Typen. Typen sollen möglichst untereinander homogen und gegeneinander heterogen sein.

- Idealtypen werden aus Theorien abgeleitet, Realtypen empirisch ermittelt. Aus beiden Vorgehen sollten Typen nicht zufällig auftreten, wobei das Primat der Theorie gilt. Validierung von Typen wird daher durch Theorien gestützt, indem Typen auf ihre Wirkungen auf weiteren Variablen untersucht werden.
- Zusammenhänge sind korrelativ, kausal und zeitlich. Sie lassen sich induktiv durch Fallauswahl entwickeln. Zwei Methoden von MILL (Methode der Übereinstimmung, Methode des Unterschieds) werden in ihre Kombination eingesetzt, um kausale Beziehungen festzustellen. Sie sind jedoch an einige Voraussetzungen gekoppelt (einfache kausale Beziehungen, keine Drittvariablen etc.).
- Korrelation ist eine notwendige, aber keine hinreichende Bedingung für Kausalität. Kausalität wird aus theoretischen Modellen geschlossen und durch empirische Studien bestätigt. Statistische Untersuchungen können nur Indizien für Kausalität liefern, sie jedoch nicht beweisen.

Schlüsselwörter

Adäquatheitsbedingungen (172)
Begriff (155)
Begriff, empirischer (156)
Begriff, theoretischer (156)
Definition, operationale (164)
Disposition (162)
Explikation (172)
Gesetz (186)
Hypothese (156)
Induktion, analytische (192)
Konstruktvalidität (176)
Korrelation (156)
Messung (154)
Nominaldefinition (161)
Typologie (177)
Typus (177)
Variable (167)
Variable, latente (167)
Variable, manifeste (167)
Zusammenhang (185)

Lernkontrolle

1. Was ist eine Beschreibung und wie grenzt sie sich von einer Erklärung ab?
2. Kennzeichnen Sie eine dichte Beschreibung.
3. Nennen Sie die vier Ziele der Beschreibung
4. Welche Bausteine beschreibender Untersuchungen kennen Sie?

5. Was ist der Unterschied zwischen logischen und deskriptiven Begriffen?
6. Was ist eine Aussage?
7. Klassifizieren Sie Hypothesen nach der Art der Beziehung und nach der Art der Generalisierung.
8. Erläutern Sie die Zwei-Ebenen-Konzeption wissenschaftlicher Sprachen und diskutieren Sie ihre Vor- und Nachteile.
9. Was ist eine Nominaldefinition und wodurch zeichnet sie sich aus?
10. Erklären Sie den Zusammenhang zwischen theoretischen Begriffen und Dispositionen.
11. Zeigen Sie anhand des bilateralen Reduktionssatzes, wie operationale Definitionen logisch abgesichert werden.
12. Inwiefern handelt es sich bei einer operationalen Definition um eine bedingte Definition?
13. Beschreiben Sie das Drei-Ebenen-Modell von Begriffen.
14. Erklären Sie den Unterschied zwischen manifesten und latenten Variablen.
15. Welche Messmodelle kennen Sie, um manifeste und latente Variable zu verbinden?
16. „Natürlich gibt es wahre und falsche Definitionen!" Nehmen Sie zu dieser These ausführlich Stellung.
17. Was ist eine Explikation? Leiten Sie aus den Adäquatheitsbedingungen Anforderungen für Definitionen ab.
18. Zeigen Sie ein Argumentationsschema, mit dessen Hilfe Sie die Konstruktvalidität absichern können.
19. Was ist ein Typus und eine Typologie?
20. Was ist der Unterschied zwischen einem mehrdimensionalen Konstrukt und einem Typus?
21. Erläutern Sie anhand der vier Phasen der Typenbildung, wie eine Typologie konstruiert werden kann.
22. Warum sollten Typologien auf Basis von Theorien entwickelt werden?
23. Welche Strategien, Typologien zu validieren, kennen Sie?
24. Erläutern Sie anhand von selbstgewählten Beispielen die verschiedenen Möglichkeiten, Zusammenhänge zwischen Begriffen zu bilden.
25. Was ist eine analytische Induktion?
26. Was ist eine notwendige und was eine hinreichende Bedingung?
27. Erläutern Sie Mills Methode der Übereinstimmung und des Unterschieds.

28. Was ist eine Scheinkorrelation?
29. Erläutern Sie die interne Validität. Inwiefern ist sie bei Querschnittuntersuchungen gegeben, wenn kausale Beziehungen getestet werden sollen?

Kommentierte Literaturempfehlungen

Die klassischen Texte zur Begriffsbildung von CARNAP sind die Aufsätze (1936) und (1937), sein deutscher Beitrag ist CARNAP (1960). Eine historische Aufarbeitung der Zwei-Ebenen-Konzeption wissenschaftlicher Sprachen findet sich in MALZKORN (2001), der spezielle Beitrag von CARNAP wird von DEMOPOULOS (2007) gekennzeichnet. Teile des Kapitels sind meinem Aufsatz (*Brühl*, 2008) entnommen.

Die Konstruktvalidität wird in SHADISH/COOK/CAMPBELL (2002) besprochen. Zwei ausführliche Beispiele, welche die argumentbasierte Konstruktvalidität illustrieren, finden interessierte Leser in KANE/CROOKS/COHEN (1999) und in CHAPELLE/ENRIGHT/JAMIESON (2010).

Auch heute noch lesenswert für Typologien ist die Monographie von HEMPEL/OPPENHEIM (1936); sie wird ergänzt durch den kurzen Kommentar von LAZARSFELD (1937/2007). KLUGE (1999) bietet einen sehr guten allgemeinen Überblick zu Typen und Typologien. Zur Einführung ist auch der Handbuchartikel von COLLIER/LAPORTE/SEAWRIGHT (2008) geeignet.

Wer sich für die statistischen Methoden, wie z.B. die Clusteranalyse, interessiert, sei auf die kurze Monographie von BAILEY (1994) verwiesen; umfangreicher ist EVERITT ET AL. (2011) und die deutsche Monographie von BACHER/PÖGE/WENZIG (2010).

Umfassende Diskussionen des Gesetzesbegriffs finden sich in PSILLOS (2002), KUIPERS (2007) speziell für die Sozialwissenschaften MCINTYRE (1996) und KINCAID (1996).

Eine gelungene Monographie zu Begriffen in den Sozialwissenschaften ist GOERTZ (2006); dort auch sowie in DUL/HAK (2008) Hinweise, wie mit den unterschiedlichen Zusammenhängen in der Fallauswahl umzugehen ist. Für die damit verbundene Theorieentwicklung greife man zu SHOEMAKER/TANKARD/LASORSA (2004) oder DUBIN (1978).

7 Erklärung

7.1 Von der DN-Erklärung zur intentionalen Erklärung

Wenn Sie bei der Lektüre einer überregionalen Tageszeitung folgende Schlagzeile lesen: „Herkunft entscheidet über Studium", werden Sie – vielleicht – interessiert im Artikel nach weiteren Informationen suchen. Sie werden dann erfahren, dass von 100 Kindern 71 Kinder aus akademischen und 29 aus nichtakademischen Familien studieren. Treten solche Unterschiede auf, ist bei Sozialwissenschaftlern meist die Neugier geweckt. Sie werden sich daher die Frage nach den Gründen stellen, mit denen sich diese Tatsache erklären lässt. Mit Erklärungen werden in der Regel Antworten auf Warum-Fragen assoziiert (*Salmon*, 1989, 6f). Alltagserklärungen und wissenschaftliche Erklärungen sind gar nicht so weit auseinander: Beide suchen nach Gründen für das Auftreten sozialer Phänomene. Im Artikel wird der soziale Sachverhalt noch weiter beschrieben, zu den Gründen findet sich jedoch nur ein globaler Hinweis auf grundlegende soziale Ungleichheiten.

Der Begriff „Erklärung" wird in der Alltagssprache in weiteren Sprachsituationen benutzt; so wird z.B. der Gebrauch eines Gerätes erklärt oder eine Grundsatzerklärung über politische Ansichten abgegeben. Im wissenschaftlichen Kontext wird Erklärung im Sinne des Beispiels zur sozialen Herkunft der Studierenden verwendet, die sich auf die Frage nach dem Warum konzentriert. Es sollen Gründe oder Ursachen angegeben werden, von denen vermutet wird, dass sie das Entstehen der sozialen Tatsachen bewirken.

Ein Grundschema der wissenschaftlichen Erklärung wurde von HEMPEL und OPPENHEIM in den vierziger Jahren des zwanzigsten Jahrhunderts vorgestellt und wirkt bis in die Gegenwart (*Hempel/Oppenheim*, 1948). Auch wenn heute unter Wissenschaftsphilosophen kein einheitliches Modell der Erklärung bevorzugt wird, viele das Schema von HEMPEL/OPPENHEIMER für nicht mehr sinnvoll, gar für widerlegt halten, leistet es als Diskussionsgrundlage für dieses Kapitel nützliche Dienste. Das Schema enthält die Ursachen in zwei grundsätzlich zu unterscheidende Kategorien (*Hempel/Oppenheim*, 1948, 139):

1. Es muss ein **Gesetz** vorliegen. Im Beispiel könnte dies ein empirisches Gesetz sein, das z.B. lautet: Wenn in einer Gesellschaft soziale Ungleichheit herrscht, dann studieren mehr Kinder aus Akademikerfamilien als aus Nicht-Akademikerfamilien.
2. Es sind die **Anfangsbedingungen,** Rand- oder Antezedens-Bedingungen in der untersuchten Gesellschaft gegeben: In Deutschland liegt soziale Ungleichheit vor.[1] Anfangsbedingungen sind somit die Sachverhalte, die festgestellt werden und die in der Wenn-Komponente des Gesetzes enthalten sind.

Beide Ursachen sind die Prämissen in einem deduktiven Schema, aus denen die Konklusion – die zu erklärenden Tatsachen – abgeleitet wird. Da eine logische Ableitung deterministische Zusammenhänge erfordert, hat HEMPEL auch ein Schema für induktive Erklärungen vorgelegt. Zunächst sollen jedoch das deduktive Schema vorgestellt und dessen zentrale Elemente diskutiert werden.

Deduktiv-nomologische Erklärung

Im Zentrum der Diskussion zur Erklärung steht zunächst die **DN-Erklärung** (deduktiv-nomologische Erklärung), wie das Schema von HEMPEL/OPPENHEIM auch genannt wird. Voraussetzung der deduktiven Ableitung ist ein sozialwissenschaftliches Gesetz, aus dem mit Hilfe der Anfangsbedingungen (Gesetz und Anfangsbedingungen bilden das Explanans) die Handlung (= Explanandum) logisch abgeleitet werden kann (*Hempel*, 1965/1977, 5ff; *Popper*, 1935/2005, 36ff).

Das Gesetz (G) in einer Handlungserklärung muss die Ziele (Z) der Akteure und ihre Überzeugungen, mit welchen Mitteln sie diese erreichen können (Z → H), enthalten, und es muss behaupten, dass daraus die Handlung (H) zwingend folgt. Es handelt sich um eine deduktionslogische Beziehung zwischen dem Explanans und dem Explanandum. Wenn die Prämissen wahr sind, muss auch die Kon-

[1] In der wissenschaftstheoretischen Literatur werden für die zweite Ursachenkategorien unterschiedliche Begriffe verwendet: neben Antezedens-Bedingungen verwendet z.B. POPPER den Begriff Randbedingung (*Popper*, 1935/2005, 36f).

sequenz wahr sein. Nur wenn davon auszugehen ist, dass sich Akteure mit diesen Intentionen, wie im Gesetz angenommen, verhalten, kommt eine Erklärung zustande (*Hempel*, 1965, 450f): Das Gesetz ist im Idealfall eine Grundannahme einer Verhaltenstheorie und besitzt als Aussage „eine gewisse empirische Bestätigung" (*Gadenne*, 1994, 304).[2]

Abbildung 16: Handlungserklärung mit Hilfe der DN-Erklärung

Explanans		
Gesetz (G)		$(Z \wedge (Z \rightarrow H)) \rightarrow H$
Anfangsbedingungen	**Akteur strebt Z_i an**	Z_i
- Ziele von i	**Akteur ist überzeugt, dass**	$(Z \rightarrow H)_i$
- Überzeugungen	**Mittel H_i zur Realisierung**	
von i	**von Z_i notwendig**	
Explanandum	**Akteur vollzieht H_i**	H_i

(Quelle: *Esser*, 1999, 206)

Wann gilt die Erklärung als gelungen oder – im Wissenschaftsjargon – als adäquat? Es gelten vier **Adäquatheitsbedingungen** (*Hempel*, 1970, 247ff; *Poser*, 2001/2012, 51ff):

1. **Folgerungsbedingung**: Der Schluss vom Explanans auf das Explanandum muss korrekt sein. Im Beispiel wird ein deduktiver Schluss verwendet, dessen wahrheitserhaltender Charakter bekannt ist. Im nächsten Kapitel wird gezeigt, dass auch induktive Schlüsse zur Erklärung verwendet werden. Es muss möglich sein, Folgerungsbegriffe für verschiedene Schlüsse zu verwenden und ihre Korrektheitsbedingungen anzugeben (*Stegmüller*, 1983, 125).

---

[2] Das Gesetz in der Handlungserklärung nach dem DN-Schema, wie es hier von ESSER übernommen wird, formuliert die Rationalität von Handelnden; es ist tautologisch und damit analytisch wahr. Seine empirische Prüfung ist immer dann problematisch, wenn die vorhergesagte Handlung nicht ergriffen wird, da die Rationalität unabhängig von den Intentionen/Überzeugungen des Handelnden geprüft werden muss (*Stegmüller*, 1983, 463ff).

2. **Gesetzesbedingung**: Im Explanans muss ein Gesetz aufgeführt sein. In der Regel wird davon ausgegangen, dass es sich dabei um eine Allaussage handelt, d.h., der postulierte Zusammenhang gilt räumlich und zeitlich unbeschränkt.
3. **Bedingung des empirischen Gehalts**: Die Aussagen im Explanans müssen empirischen Gehalt haben. In Sozialwissenschaften wird von Aussagen erwartet, dass sie an der Erfahrung scheitern können, sie sollen falsifizierbar sein.
4. **Bedingung der Wahrheit**: Die Aussagen im Explanans müssen wahr sein. Da der deduktive Schluss wahrheitserhaltend ist, ist das Explikandum wahr, wenn alle Aussagen – auch die gesetzartigen Aussagen – im Explanans wahr sind.

Im Gegensatz zur Doktrin, dass nur deduktive Schlüsse für die Wissenschaft von Relevanz sind (s. Philosophiebox 10 zum kritischen Rationalismus), müssen Folgerungsbegriffe für die verschiedenen Schlüsse entwickelt werden und Fragen ihrer Korrektheit aufgestellt werden: Es sind abduktive, induktive und deduktive Schlüsse zu analysieren. Eine Besonderheit von Erklärungen aus sozialwissenschaftlicher Perspektive ist der Charakter der Gesetzesaussagen. Da in einer DN-Erklärung nur deterministische Aussagen vorgesehen, in diesen Disziplinen Gesetze jedoch überwiegend als probabilistisch angesehen werden, müssen die Folgerungen sich auf Wahrscheinlichkeiten beziehen lassen. Aus diesem Grund hat HEMPEL eine Erweiterung des DN-Schemas um **induktive Schlüsse** vorgenommen; sie werden als ebenso adäquat wie deduktive Schlüsse für eine Erklärung angesehen.

Damit verbunden ist eine andauernde Diskussion über die Frage, ob es überhaupt **sozialwissenschaftliche Gesetze**, die räumlich-zeitlich unbeschränkt gelten, geben kann. Überwiegend wird inzwischen die Meinung vertreten, dass Gesetze in den Sozialwissenschaften häufig als bewährte Aussagen aufgefasst werden können, die räumlich und zeitlich beschränkt sind. Einige Autoren haben dies durch unterschiedliche Begriffe verdeutlicht: z.B. die **Theorien mittlerer Reichweite** nach ROBERT MERTON (1968) oder die **Quasi-Gesetze** nach HELMER/RESCHER (1959) und ALBERT (1973) oder in jüngster Zeit KELLE, der darauf hinweist, dass kulturabhängige, i. S. lebensweltlicher Faktoren zu berücksichtigen sind, die er als **Strukturen begrenzter Reichweite** bezeichnet (*Kelle*, 2008, 318ff). Für Sozialwissenschaftler bedeutet dies, dass sie sich über die konkreten Einschränkungen der von ihnen untersuchten regelmäßig auftretenden Handlungen von Akteuren klar werden müssen.

Unstrittig ist wohl auf den ersten Blick die Bedingung des **empirischen Gehalts** von Aussagen, denn von wissenschaftlichen Erklärungen wird Wissen über die soziale Realität erwartet. D.h. allerdings nicht, dass in den Aussagen des Explanans nur empirische Begriffe enthalten sein müssen, vielmehr wandeln Wissenschaftler diese Anforderung in eine prinzipielle Möglichkeit der Prüfung an der Realität ab.

Als letzte Bedingung gilt die **Wahrheit** der Explanans. Diese Anforderung ist grundsätzlich nicht zu erfüllen, soweit es sich bei Gesetzen um All-Aussagen handelt. Da eine endgültige Verifikation von All-Aussagen nicht möglich ist, müssen sich Wissenschaftler mit bestätigten Aussagen zufrieden geben. Diese Anforderung wird auf alle Aussagen im Explanans ausgedehnt, so dass davon ausgegangen wird, dass es sich bei den Aussagen im Explanans um vorläufig bestätigte Aussagen handelt.[3] Hinzukommt, dass auch singuläre Aussagen – die Anfangsbedingungen – grundsätzlich fehlbar sind, d.h., auch Anfangsbedingungen müssen als bestätigt gelten. Wir ersetzen daher die Wahrheitsbedingung durch die Bedingung der **Bewährung** (s. hierzu Philosophiebox 10). Aussagen und Theorien gelten als **bewährt**, wenn sie bestimmte – in der Regel harte – Prüfungen überstanden haben (*Popper*, 1973, 30). Wird eine Theorie als bewährt bezeichnet, ist dies eine Aussage über die Vergangenheit, die nicht garantiert, dass sich aus der Theorie auch in Zukunft wahre Erklärungen ableiten lassen.

---

[3] Bereits HEMPEL und OPPENHEIM haben darauf hingewiesen, dass die Anforderung der Wahrheit im Sinne von Bestätigung aufgefasst werden kann, dies jedoch verworfen (*Hempel/Oppenheim*, 1948, 137f).

Philosophiebox 10:
Kritischer Rationalismus und Bewährung

Mit POPPER verbinden die meisten Wissenschaftler den **Falsifikationismus**, also die Lehre, dass Wissen nicht verifiziert werden kann, sondern Wissenschaftler versuchen sollen, es zu widerlegen (falsifizieren). Die zugrunde liegende Position des Fallibilismus geht davon aus, das unser Wissen über die Welt grundsätzlich fehlbar ist. Da POPPER zu der Überzeugung kam, dass es nicht möglich ist, All-Aussagen zu verifizieren, plädiert er dafür, sie zu falsifizieren. Er stellt die Asymmetrie von Verifikation und Falsifikation fest. Sie besagt, dass es nicht möglich ist, durch noch so viele Versuche eine deterministische All-Aussage zu verifizieren, jedoch reicht ein Fehlversuch, sie zu falsifizieren. Daher ist es eine Aufgabe von Wissenschaftlern, kritisch gegenüber ihren Theorien zu sein, und d.h., sie sollten versuchen, ihre Theorien zu falsifizieren. Es verbleibt dann allerdings das Problem, wie Erkenntnis auch positiv ausgezeichnet werden kann. POPPER sieht zwei Konzepte als zentral an: der Gehalt und die Bewährung einer Theorie.

Der Gehalt einer Theorie bezieht sich auf die Aussagen, die Bestandteil der Theorie sind. Es sind insbesondere der informative und der empirische Gehalt zu unterscheiden. Der **Informationsgehalt** einer Theorie ist die Menge aller Aussagen (Basis- oder Protokollsätze), die nicht mit ihr vereinbar sind. Diese negative Umschreibung hängt mit dem Falsifikationismus zusammen. Von zwei Aussagen „Alle Banken sind gewinnorientiert“ und „Alle Unternehmen sind gewinnorientiert“ hat die letztere einen höheren Informationsgehalt, weil sie mehr Fälle umfasst und daher mehr potentielle Falsifikatoren hat. Da es mehr Unternehmen als Banken gibt, ist diese Aussage leichter zu Fall zu bringen.

Eine Theorie gilt als **bewährt**, wenn sie geprüft wird und diese Prüfversuche besteht. Allerdings ist nicht jeder Prüfversuch von gleicher Wichtigkeit; bewährte Theorien zeichnen sich dadurch aus, dass sie besonders strenge Prüfungen schadlos überstehen. **Strenge Prüfungen** beziehen sich auf die Aussagen, die aus einer Theorie abgeleitet werden. Die Aussage, die geprüft werden soll,

(1) soll nicht aus dem allgemeinen Hintergrundwissen ableitbar sein,

(2) soll nicht aus einer konkurrierenden Theorie ableitbar sein,

(3) soll möglichst Aussagen einer konkurrierenden Theorie widersprechen.

Eine Theorie, die dem bereits vorhandenen Wissen widerspricht, ist bei ihrer Prüfung im Rahmen einer empirischen Untersuchung einem hohen Risiko ausgesetzt. Auf gehaltvolle Theorien trifft dies zu, da sie sich dadurch auszeichnen, dass viele mögliche empirisch prüfbare Aussagen nicht mit den Voraussagen der Theorie übereinstimmen. Überstehen Theorien diesen Test, dann können sie als bewährt angesehen werden. Wenn eine Theorie mehrfach solche Tests besteht, könnte man auf die Idee kommen, dass sie sich immer mehr der Wahrheit nähert. Daher hat POPPER den Begriff der **Wahrheitsähnlichkeit** geprägt, der ihm dazu dient, Fortschritt anzuzeigen. Er verbindet ihn mit einer Reihe von Kriterien, und ein besonders starkes Kriterium ist das der Bewährung. Wenn man sich zwischen zwei Theorien entscheiden muss, wird man diejenige wählen, die mehr strenge Prüfungen überstanden hat. POPPER war überzeugt, dass die Konzepte empirischer Gehalt und Bewährung besonders wichtige Werkzeuge für Wissenschaftler sind, um Erkenntnisfortschritte methodologisch abzusichern.

(Quellen: *Albert*, 2000; *Gadenne*, 2004; *Keuth*, 2000; *Niemann*, 2004; *Popper*, 1935/2005; 1963/2009)

Induktiv-statistische Erklärung

Im Falle deterministischer Aussagen im Explanans ist es mit dem DN-Schema möglich, deduktiv auf die Handlung zu schließen. Wenn im Explanans jedoch keine deterministischen, sondern probabilistische Aussagen enthalten sind, dann ist der Schluss nicht mehr wahrheitserhaltend. Abbildung 17 zeigt die induktiv-statistische Erklärung (**IS-Erklärung**), in der das Gesetz in Form einer bedingten Wahrscheinlichkeit formuliert ist: Das probabilistische Gesetz (G) in einer Handlungserklärung muss also die Ziele (Z) der Akteure und ihre Überzeugungen, mit welchen Mitteln sie diese er-

Gesetz (G) in einer Handlungserklärung muss also die Ziele (Z) der Akteure und ihre Überzeugungen, mit welchen Mitteln sie diese erreichen können (Z → H), verknüpfen, und es behauptet, dass daraus die Handlung (H) mit einer gewissen Wahrscheinlichkeit folgt. Die Wahrscheinlichkeit sollte möglichst hoch sein – z.B. 95% –, damit die Wahrscheinlichkeit, dass die Handlung vom Akteur vollzogen wird, ebenfalls hoch ist. Die Linie zwischen Explanans und Explanandum zeigt an, dass es sich um einen induktiven Schluss handelt, für den eine gewisse, möglichst hohe Wahrscheinlichkeit gilt (*Hempel*, 1965/1977, 60ff; *Psillos*, 2002, 242ff).

Abbildung 17: IS-Erklärungen von Handlungen

Explanans Gesetz (G)		$(Z \wedge (Z \rightarrow H)) \rightarrow p(H)$
Anfangsbedingungen - Ziele von i - Überzeugungen von i	Akteur strebt Z_i an Akteur ist überzeugt, dass Mittel H_i zur Realisierung von Z_i notwendig	Z_i $(Z \rightarrow H)_i$
Explanandum	Akteur vollzieht H_i	H_i

Drei Fälle nicht-deterministischer Aussagen sind zu unterscheiden: probabilistische, normische und ceteris-paribus Aussagen. In den Sozialwissenschaften wird in der Regel von unvollständigen Hypothesen ausgegangen. Es ist mit IS-Erklärung nicht mehr zwingend, dass ein Phänomen auftritt, sondern nur mehr wahrscheinlich ist (*Kempf*, 2006, 183).

Alle drei Aussagearten sind potentielle Kandidaten, gegen eine oder mehrere der formulierten Adäquatheitsbedingungen zu verstoßen. Eine einschneidende Konsequenz einer IS-Erklärung ist verbunden mit der Frage, wie mit dem Nicht-Auftreten der Handlung umzugehen ist. Es sind damit die Folgerungsbedingung und die Wahrheitsbedingung angesprochen. Es wird ja mit einer bestimmten Wahrscheinlichkeit gerechnet, dass die Handlung auftritt, wenn Ziele und Überzeugungen, wie im probabilistischen Gesetz verlangt, miteinander verbunden sind. Tritt die Handlung jedoch nicht auf, dann hat dies nicht die Konsequenz, dass die Theorie falsifiziert ist. Sie behauptet ja nicht, dass die Handlung immer auftreten muss, wenn die Anfangsbedingungen gegeben sind. Es ist daher wichtig, sich über die unterschiedlichen Reichweiten von Aussagen zu informieren.

Wir stehen damit vor dem Dilemma, dass wir weder endgültig verifizieren noch endgültig falsifizieren können. Daher hat sich in den Wissenschaften ein System etabliert, mit Hilfe von statistischen Methoden zu überprüfen, ob die zu untersuchenden Phänomene nur zufällig auftreten oder die Prämissen des Explanans das Auftreten der Phänomene plausibel machen. Ein weiterer Erklärungstyp hat in der Diskussion der Sozialwissenschaften breiten Raum eingenommen.

Intentionale Erklärung

Um Handlungen zu erklären, muss man nach VON WRIGHT den Erklärungsbegriff anders auffassen als HEMPEL mit seiner DN-Erklärung, weil Handlungen als intentionales Verhalten interpretiert werden. Intentionales Verhalten von Akteuren ist damit verbunden, dass die Akteure ihrem Handeln einen Sinn geben, indem sie ein Ziel verfolgen. Zu besonderer Prominenz gelangte daher ein Vorschlag von VON WRIGHT, der für Handlungserklärung einen praktischen Schluss als Alternative zur DN-Erklärung vorschlug (*Wright*, 1971, 27). Dieser Schluss geht auf ARISTOTELES zurück und wurde von ANSCOMBE in die Diskussion zur Erklärung von Handlungen eingeführt (*Anscombe*, 1957/1986, 91ff; *Hügli*, 1992).

Abbildung 18 gibt ein einfaches Schema einer **intentionalen Erklärung** wider, zu dem eine Reihe von Erweiterungen denkbar ist, die sich auf das Wissen des Akteurs beziehen. Beispielsweise hat der Akteur i die Überzeugung, dass es kein besseres Mittel als H_i gibt, Z_i zu erreichen (*Detel*, 2007c, 21f; *Rosenberg*, 2008, 35). Die Erweiterungen ändern allerdings an dem entscheidenden Unterschied zur DN-Erklärung nichts: Es fehlt ein Gesetz oder eine gesetzesartige Aussage.

Abbildung 18: Intentionale Handlungserklärung nach dem praktischen Schluss

Prämissen		
- Ziele von i	Akteur strebt Z_i an	Z_i
- Überzeugungen von i	Akteur ist überzeugt, dass Mittel H_i zur Realisierung von Z_i notwendig	$(Z \rightarrow H)_i$
Konklusion	Akteur vollzieht H_i	H_i

(Quelle: *Wright*, 1971, 96)

Dies hat zur Konsequenz, dass keine Subsumtion unter einen gesetzesartigen Zusammenhang erfolgen kann. Daher wird die Folgerung im praktischen Schluss eher unter dem Blickwinkel der Rationalität gesehen (*Rosenberg*, 2008, 37): Wenn der Akteur das Ziel Z_i hat und um die Notwendigkeit des Mittels H_i weiß, dann ist es vernünftig (rational), H_i zu vollziehen. Die Prämissen sind für den Akteur zwar gute Gründe, die Handlung zu vollziehen, es ist jedoch nicht zwingend. Aus dieser Interpretation des praktischen Schlusses hat HEMPEL die Schlussfolgerung gezogen, dass der praktische Schluss eine nicht-vollständige DN-Erklärung ist, in der als weitere Bedingung die Annahme der Rationalität mit Gesetzescharakter fehlt (*Hempel*, 1965/1977, 201). Wird diese Annahme als Prämisse in den praktischen Schluss aufgenommen, dann ist eine Subsumtion wie in der DN-Erklärung (Abbildung 16, S. 213) möglich: Jeder (rationale) Akteur i mit dem Ziel Z_i und der Überzeugung, dass die Handlung H_i zur Erreichung des Ziels Z_i notwendig ist, führt die Handlung H_i aus. Der praktische Schluss entspricht dann der DN-Erklärung (*Hempel*, 1965/1977, 201).

Bisher sind Ziele und Überzeugungen als Ursachen bezeichnet worden; eine Interpretation, die von einigen Philosophen kritisiert wird. Sie sprechen eher von **Gründen** und lehnen den Begriff der Ursache in diesem Zusammenhang ab, weil er zu eng mit dem Konzept des Naturgesetzes und von Regelmäßigkeit verbunden sei (*Winch*, 1974, 98ff; *Taylor*, 1975a, 65ff). So konstatiert z.B. THEODORE MISCHEL, „daß wir verläßliche, empirische Erklärungen intentionaler Handlungen unter Bezugnahme auf die Gründe des Handelnden geben können, ohne irgendwelchen Verallgemeinerungen oder Theorien über menschliches Verhalten in unserer Erklärung zu verwenden" (*Mischel*, 1963/1981, 21). WILHELM VOSSENKUHL hat daher hingewiesen, dass sich Ereignisse wie Blitze und Donner von Handlungen dadurch unterscheiden, dass wir letztere als rational oder irrational auszeichnen. Sie sind aus diesem Grund anders zu charakterisieren als Ursachen, wie sie aus der Naturwissenschaft bekannt sind (*Vossenkuhl*, 2003, 242). Das intentionale Erklärungsmodell hat jedoch den Vorzug, klar aufzuzeigen, dass Voraussetzungen einer Handlung Ziele und Überzeugungen sind, die sich als besondere Handlungsursachen qualifizieren. Sie sind Ausdruck menschlicher Selbstbestimmung und können daher auch als rationale Ursachen bezeichnet werden (*Vossenkuhl*, 2003, 253).[4]

7.2 Kausalität und Erklärung in den Sozialwissenschaften

Boni-Banker: Dieser Terminus steht stellvertretend für die These, dass die Finanzmarktkrise, die sich im Jahre 2007 ausgehend von den USA im gesamten Finanzmarktsystem ausbreitete, maßgeblich durch die Art der Vergütung, die bei Banken üblich ist, verursacht wurde. Im Kern steckt in dieser Aussage somit eine Hypothese über einen kausalen Zusammenhang, der sich vereinfacht so ausdrücken lässt: „Wenn Mitarbeiter in Banken eine Vergütung in Form von X erhalten, dann werden sie zu einem Verhalten veran-

---

[4] Einen Versuch, beide Ansichten zu vereinen, hat DAVIDSON unternommen. Er argumentiert, dass sich die Gründe, die sich auf bestimmte Überzeugungs-Ziel-Paare beziehen, und die Ursachen für Handlungen auf zwei unterschiedliche Formen von Beschreibungen zurückführen lassen. Kurz gesagt: Da Intentionen, und dies sind Überzeugungs-Ziel-Paare, als mentale Ereignisse gelten können, lassen sich zwischen ihnen kausale Beziehungen herstellen (*Davidson*, 1987/2006). Anhänger dieser kausalen Interpretation von Handlungserklärungen müssen sich allerdings zu zwei Aspekten äußern: 1. Es muss die Art des Gesetzes oder der von gesetzesartigen Aussagen geklärt werden. 2. Damit verbunden ist die Klärung der Frage der Kausalität.

lasst, dass zur Gefährdung der Bank führt." Schon in dieser noch sehr unpräzisen Aussage steckt eine Menge an voraussetzungsreichen Annahmen, die zu prüfen wären. Die Wenn-Dann-Aussage soll hier ausschließlich als Beispiel für eine Hypothese über einen kausalen Zusammenhang betrachtet werden.

Kausalität und Kausalitätsauffassungen

Unter **Kausalität** wird die Beziehung zwischen Ursache und Wirkung verstanden, wobei Ursache und Wirkung Ereignisse sind. Unsere – intuitive – alltägliche Redeweise unterscheidet bereits zwischen verschiedenen Interpretationen der Kausalität: Wir sprechen davon, dass überzogene Bonusregeln in Banken die Finanzmarktkrise verursacht haben; d.h., wir vermuten, dass es ohne die überzogenen Bonusregeln keine Finanzmarktkrise gegeben hätte (kontrafaktische Kausalitätsinterpretation). Oder wir vermuten, dass der vermehrte Einsatz von Kreditverbriefungen, insbesondere für die Hypothekenkredite in den USA, die Wahrscheinlichkeit für eine globale Finanzkrise erhöht hat, weil sich durch den weltweiten Handel die Risiken im gesamten System der Finanzmärkte ausbreiten konnten (probabilistische Kausalitätsinterpretation).

Was brauchen wir für eine Aussage über einen kausalen Zusammenhang?

1. Ein Ereignis, das wir als **Ursache** qualifizieren können: Im Boni-Banker-Beispiel ist dies eine spezifische Form von Vergütungssystem, das zu einem bestimmten Zeitpunkt eingeführt wird.
2. Die Ursache geht der **Wirkung** voran. Wirkungen treten daher erst nach ihrer Ursache auf: Das Verhalten von Mitarbeitern in Banken ändert sich aufgrund der Einführung spezifischer Vergütungssysteme.

Wir gehen davon aus, dass die Ursache und Wirkung als Ereignisse beschrieben werden, mithin sind sie als Sachverhalte mit einer bestimmten zeitlichen Dauer aufzufassen. In einer Standardauffassung der Kausalität sind Ursachen notwendige und hinreichende Bedingungen für das Auftreten der Wirkung. Notwendig sind die Vergütungsformen dann, wenn ohne ihr Auftreten keine Verhaltensänderung auftritt. Hinreichend sind sie dann, wenn ihr alleiniges Auftreten die Wirkung erzeugt.

Als Wissenschaftler sind wir meist nicht nur daran interessiert, Ursachen und Wirkungen zu identifizieren, sondern wir wollen wissen, wie die Ursache die Wirkung hervorbringt. Allgemein wird danach gefragt, ob die Ursache für die Wirkung notwendig (und hinreichend) ist, oder ob sie sie nur möglich oder wahrscheinlicher macht.

3. Angaben über die **Beziehung** zwischen Ursache und Wirkung sind seit Anbeginn der Philosophie ein zentrales Thema, das, obwohl es eine Zeitlang als Übergangsphänomen bezeichnet wurde, auch heute noch diskutiert wird. Einer der wichtigsten Protagonisten in der Geschichte diese Konzepts war DAVID HUME, der Kausalität als Gewohnheit unserer Sinne beschrieb und darauf aufmerksam machte, dass wir zwar sehen, wie eine Billardkugel angestoßen wird und die wiederum bei einem geschickten Stoß die andere Kugel anstößt, wir jedoch nicht Kausalität sehen können (*Hume*, 1777/1984, 76ff). Es ist somit insbesondere die Art der Beziehungen, die zu unterschiedlichen Auffassungen über Kausalität geführt haben.

Wer sich mit den verschiedenen Auffassungen zur Kausalität beschäftigt, tut gut daran, sich mindestens zwei zentrale Fragen zu stellen:

1) Wodurch zeichnen sich Ursache und Wirkung aus?
2) Wie lässt sich die Beziehung zwischen ihnen beschreiben?

Es werden im Folgenden vier Auffassungen zur Kausalität beschrieben und diskutiert:

1. Regularitätsansatz
2. Kontrafaktischer Ansatz
3. Interventions-(Manipulierbarkeits-)ansatz
4. Mechanismusansatz

Die vier Ansätze sollen insbesondere danach befragt werden, welche Antworten sie auf die zwei Fragen geben.

Regularitätsansatz der Kausalität

Wer in einer Gesellschaft aufwächst, lernt soziale Verhaltensweisen und ist damit in der Lage, sich in der menschlichen Gesellschaft zu orientieren. Soziales Lernen ist somit häufig Wiedererkennen sozialer Regelmäßigkeiten, denn „es wäre überhaupt kein soziales Leben möglich, wenn wir nicht erwarten könnten, daß die Menschen in ihrem Handeln gewisse Regelmäßigkeiten befolgten“ (*Ryan*, 1973, 132f). Der **Regularitätsansatz** geht maßgeblich auf DAVID HUME zurück und entspricht der bereits erwähnten Alltagsintuition von sozialen Akteuren. Sie liegt vor, wenn Folgendes gegeben ist (*Psillos*, 2002, 19):

1. Ursache und Wirkung hängen räumlich und zeitlich eng zusammen.
2. Die Wirkung (W) folgt zeitlich der Ursache (U).
3. Die eigentliche Annahme der Regularität: Jedem Ereignis (U) folgt regelmäßig das Ereignis (W).

Strittig ist in den Sozialwissenschaften insbesondere, was denn als regelmäßig gelten kann: Wie kann in sozialwissenschaftlichen Erklärungen gewährleistet werden, dass es sich bei dem Schluss von den Prämissen auf die Konklusion tatsächlich um einen kausalen Schluss handelt?

In DN-Erklärungen wird von einem Gesetz oder einer gesetzesartigen Aussage und entsprechenden Anfangsbedingungen auf das zu erklärende Phänomen geschlossen. Die gesetzesartige Aussage wird zwar als All-Aussage formuliert, wird aber in den Sozialwissenschaften nicht als deterministisch aufzufassen sein, sondern in nicht-deterministische Aussagen ausgedrückt.[5] Im Rahmen von empirischen Untersuchungen ist nämlich damit zu rechnen, dass es Störfaktoren gibt, die auf das zu erklärende Verhalten einwirken und dafür sorgen, dass in bestimmten Fällen die Verhaltenstendenz

---

[5] Gesetzesartige Aussagen in den Sozialwissenschaften lassen sich häufig als statistische All-Aussagen bezeichnen (*Gadenne*, 1984, 107), sie postulieren beispielsweise Verhaltenstendenzen, die jedoch nicht mit bestimmten Wahrscheinlichkeiten versehen werden, sondern unbestimmt gelassen werden.

nicht auftritt (*Bortz/Döring*, 2006, 13). Damit ist angedeutet, dass zwischen Ursache und Wirkung nicht nur logische Beziehungen bestehen, sondern empirische Beziehungen untersucht werden.

Eine zweite Überlegung hängt mit der Komplexität von sozialen Systemen zusammen. In unserem Beispiel zur Vergütung von Bankmitarbeitern ist bereits angeklungen, dass sie sicherlich nicht alleine den Konkurs einer Bank verursachen. Anzunehmen ist, dass es weitere Ursachen geben muss, die den Konkurs einer Bank erklären. Wenn diese Überlegungen auf Handlungserklärungen zutreffen, dann müssen kausale Erklärungen berücksichtigen, dass Ursachen – unabhängige Variablen – meist als Teil eines Ursachenkomplexes auftreten. JOHN MACKIE hat hierzu die sogenannte **INUS-Bedingung** geschaffen: "it is an *insufficient* but *non-redundant* part of an *unnecessary* but *sufficient* condition" (1974/1980, 62). Eine beispielhafte Konstellation in formaler Notation lautet (*Kelle*, 2007, 174):

$$(U_1 \wedge U_2) \vee (U_2 \wedge U_3) \Rightarrow W \qquad (4)$$

Eine einzelne Ursache (U) aus einem Ursachenkomplex ist weder notwendig noch hinreichend, um den Effekt (W) zu erzeugen, sie ist allerdings unabdingbarer Bestandteil eines Ursachenkomplexes (*Stegmüller*, 1983, 592). Ein Ursachenkomplex (z.B. $U_1 \wedge U_2$) ist eine nicht notwendige, aber hinreichende Bedingung, d.h., der Ursachenkomplex kann den Effekt erzeugen, es gibt jedoch auch andere Bedingungen (z.B. $U_2 \wedge U_3$), die den Effekt ebenso herbeiführen können (*Baumgartner*, 2011, 1269). Neben dem Vergütungssystem (U_2) muss z.B. noch ein zu hohes Verhältnis zwischen Fremd- und Eigenkapital (U_1) durch die Aufsichtsbehörden erlaubt sein, d.h., es muss der Bank überhaupt erst ermöglicht werden, viele Risiken in ihrem Vermögen anzuhäufen, damit das riskante Verhalten der Mitarbeiter wirken kann.

Die Beziehung in (4) weist noch auf einen weiteren für die Sozialwissenschaften wichtigen Punkt hin: Es kann andere Kombinationen von Ursachen ergeben, die die Wirkung ebenso erklären. So kann die Vergütung der Bankmitarbeiter verbunden mit einer Möglichkeit der Verbriefung von Krediten (U_3) zum Sturz von Banken geführt haben. Generell gilt für sozialwissenschaftliche Erklärungen, dass alternative Erklärungen betrachtet und getestet werden sollten, um sie ausschließen zu können. Angemerkt sei, dass, wer sein Modell mit einem Regressionsansatz testet, verschiedene Modelle auf ihre Plausibilität prüfen und miteinander vergleichen sollte. CHARLES RAGIN hat eine Methode vorgeschlagen, wie mit der in Gleichung (4) angedeuteten Möglichkeit der Äquifinalität umzugehen ist. Sie beruht auf einer Logik der Mengen, lässt verschiedene Zuordnungsgrade zu und wird als eine Kombination von qualitativen und quantitativen Methoden charakterisiert.[6]

Für den Erfolg einer Erklärung ist es hilfreich, wenn es sich nicht um Scheinkorrelation handelt. Sie lässt sich mit Gleichung (4) nicht erkennen, denn es ist eine weitere Variable (Ursache) im Spiel, welche die Ursachen in der Gleichung beeinflusst (*Baumgartner*, 2008, 338ff). So könnte im Beispiel eine zu laxe Bankenaufsicht Ursache für viele Faktoren im Modell sein: z.B. wird ein zu hohes Verhältnis von Fremd- und Eigenkapital maßgeblich durch die Bankenaufsicht verursacht worden sein. Generell ist beim Aufstellen eines Kausalmodells darauf zu achten, dass möglichst alle relevanten Einflussgrößen im Modell enthalten sind, weil sonst nur unvollständige Erklärungen abgegeben werden.[7]

Folgt man der INUS-Bedingung, dann sind in DN-Erklärungen alle im Explanans enthaltenen Bedingungen (Anfangsbedingungen und Gesetzesaussagen) INUS-Bedingungen (*Westermann*, 2000, 166f). Da in den Sozialwissenschaften gesetzesartige Aussagen meist nicht-deterministisch formuliert sind, erhalten wir in der Regel IS-Erklärungen. Mit dieser Auffassung von Kausalität können daher

---

[6] RAGIN hat sie in mehreren Monographien entwickelt (*Ragin*, 2000; 2008), eine deutsche Monographie ist SCHNEIDER/WAGEMANN (2007).

[7] In der Regressionsanalyse kann das Problem fehlender erklärender Variablen unter Umständen dazu führen, dass die Regressionskoeffizienten verzerrt ermittelt werden (*Woodward*, 2007, 165ff), d.h., ihr Einfluss auf das Ergebnis wird systematisch über- oder unterschätzt.

sozialwissenschaftliche Handlungserklärungen untermauert werden.[8]

Lassen sich mit dieser Betrachtungsweise zufällige von kausalen Beziehungen unterscheiden? HEMPEL fordert generell dazu auf, dass in DN-Erklärungen oder IS-Erklärungen Gesetze verwendet werden; kausale Erklärungen stimmen dann mit dem DN-Erklärungsmodell überein (*Hempel*, 1965/1977, 20). Bedenkenswert an dieser Aufforderung ist, dass Kausalitätsaussagen in einer Theorie eingebettet sein sollten. Erst aus theoretischen Überlegungen ergibt sich die Plausibilität von kausalen Zusammenhängen.

Kontrafaktischer Ansatz

Bereits HUME hat eine kontrafaktische Interpretation der Kausalität geliefert, indem er darauf hinwies, dass „wenn der erste Gegenstand nicht bestanden hätte, der zweite nie ins Dasein getreten wäre" (*Hume*, 1777/1984, 93). Bei unseren intuitiven Überlegungen zur Kausalität spielt diese kontrafaktische Auffassung eine wesentliche Rolle. So führen wir bei der Beobachtung eines Autounfalls ein Gedankenexperiment durch, das die aus unserer Sicht wichtigste Ursache weglässt: der Fahrer des Autos war stark alkoholisiert. Sein zu schnelles Fahren war nach unserem Gedankenexperiment nicht die wesentliche Ursache, wir stellen uns das Geschehen vor, ohne dass der Fahrer getrunken hat, und vermuten, dass er, wenn er nicht getrunken hätte, nicht zu schnell gefahren wäre und es daher keinen Autounfall gegeben hätte.

Die häufige Verwendung des Konjunktivs zeigt an, dass es ein wesentliches Charakteristikum des **kontrafaktischen Ansatzes** ist, zu beschreiben, wie eine mögliche Welt aussieht, in der die Ursache (der betrunkene Autofahrer) nicht auftritt und daher die Wirkung (der Unfall) nicht existiert. Mögliche Welten sind somit Kopfgebur-

---

[8] KELLE hat diese Kausalitätsauffassung in ein integratives methodologisches Programm eingebettet, um die Dichotomie von qualitativen und quantitativen Methoden-Programmen zu überwinden (*Kelle*, 2007, 264ff).

ten (*Heckman*, 2005b, 26). Um sie zu konstruieren, bedarf es theoretischer Vorstellungen.

Wir verwenden den kontrafaktischen Ansatz beispielsweise bei der Fallauswahl für wissenschaftliche Untersuchungen, um Fälle zu untersuchen, bei denen die Wirkung nicht vorliegt und wir daher vermuten, dass auch die Ursache nicht vorhanden ist. Kontrafaktische Argumente werden ebenfalls bei der experimentellen Methode eingesetzt, um Kontrollgruppen festzulegen, die nicht der Ursache ausgesetzt werden und daher vermutet wird, dass die Wirkung bei ihnen nicht auftreten wird (*Brady*, 2008, 237). Es wird davon ausgegangen, dass das Auftreten der Ursache den entscheidenden Unterschied macht, der die Wirkung herbeiführt. Wer davon überzeugt ist, dass die Vergütungssysteme in Banken eine wesentliche Ursache der Schieflagen von Banken ist, kann auch kontrafaktisch argumentierten: ohne diese Vergütungssysteme keine Bankenkrise. Ein erstes Indiz für diese Argumentation kann die Beobachtung sein, dass Banken mit anderen Vergütungssystemen nicht in entsprechende Schwierigkeiten kamen.

Interventionsansatz

Im **Interventionsansatz** wird angenommen, dass die Ursache durch eine Intervention (Manipulation) herbeigeführt wird, die dann die Wirkung hervorruft, (*Cook/Campbell*, 1979, 36). Ein wesentlicher Unterschied zu den anderen Kausalitätsauffassungen ist allerdings, dass die Kausalbeziehung um ein Ereignis – die Intervention (I) – erweitert werden muss, welches wiederum gewissen Anforderungen genügen muss (*Woodward*, 2003, 98f):

1. So soll die Intervention (I) die einzige Ursache für die Ursache (U) der zu untersuchenden Kausalitätsbeziehung sein.
2. Ferner sollte die Intervention I nicht direkt die Wirkung (W) erzeugen, sondern nur über die Ursache (U).
3. Des Weiteren sollte die Intervention (I) nicht von einer anderen Ursache beeinflusst werden, deren Wirkung auf W nicht durch U verursacht wird.
4. Letztlich sollte die Intervention unabhängig von anderen Ursachen auf die Wirkung (W) sein.

Für diesen Ansatz sind daher Experimente oder Quasi-Experimente die herausragenden Methoden, da sie sich dadurch auszeichnen, dass neben der Manipulation und damit der Variation der eigentlich interessierenden Ursache (unabhängige Variable) weitere Ursachen (Störvariable) als Kontrollvariablen in das Untersuchungsdesign einbezogen werden (*Campbell*, 2007, 58ff).

Voraussetzung einer systematischen Variation ist es, dass auf Basis des theoretischen Vorwissens diese Variablen bekannt sind, weil nur bekannte Variablen systematisch variiert werden können. Anhänger der These von den Krisenwirkungen der Vergütungssysteme können versuchen, diese experimentell zu bestätigen, indem sie alternative Vergütungssysteme vergleichen. Ziel einer solchen Untersuchung ist es, durch die systematische Variation einzelner Bestandteile von Vergütungssystemen, die aus theoretischer Sicht Ursache für das Entscheidungsverhalten sein könnten, die Ursache-Wirkungs-Beziehung aufzuzeigen.

Der Interventionsansatz hat den Vorteil, dass er Wege aufzeigt, wie mit dem Problem der gemeinsamen Ursache umzugehen ist.[9] Denn durch die Intervention soll durch geschickte Variation der Ursache die daraus resultierenden Wirkungen festgestellt werden. Dies gelingt allerdings nur, wenn weitere mögliche Ursachen – Störfaktoren oder Störvariablen – kontrolliert werden, was als ein wesentliches Merkmal von Experimenten gilt (*Hussy/Jain*, 2002, 27).[10] Wichtige weitere Faktoren, die sich auf das Entscheidungsverhalten von Bankmitarbeitern auswirken können, müssen daher in einem Experiment kontrolliert werden; hierzu zählen beispielsweise die

---

[9] An kritischen Kommentaren zum Interventionsansatz mangelt es nicht, da insbesondere die Intervention die Kausalität mit einer anthropozentrischen Komponente versieht (*Hitchcock*, 2008, 323).

[10] Es gibt eine Reihe von Kontrolltechniken für Störfaktoren, über die die Literatur zur Experimentalmethode Auskunft gibt (*Hussy/Jain*, 2002, 99ff). Als herausragendes Merkmal der Experimentalmethode gilt jedoch die Randomisierung, mit der die zufällige Variation gemeint ist. Alle Teilnehmer des Experiments werden zufällig den unterschiedlichen Graden der Störvariablen ausgesetzt, so dass sich für alle Versuchsgruppen eine Vergleichbarkeit ergibt.

Risikobereitschaft und weitere Persönlichkeitsfaktoren oder die kognitiven Fähigkeiten der Manager komplexe Sachverhalte zu erfassen.

Mechanismusansatz

Während die bisher diskutierten Ansätze der Kausalität sich auf die Ursachen oder die Wirkungen konzentrierten, stellt der Mechanismusansatz ausdrücklich die Kausalität als Beziehung in den Mittelpunkt. So kennzeichnet JOHN ELSTER **kausale Mechanismen** als „*frequently occurring and easily recognizable causal patterns that are triggered under general unknown conditions or with indeterminate consequence*" (*Elster*, 2007, 36). Ein wesentlicher Grund für diesen Ansatz ist der Wunsch, die Prozesse, die zwischen den Ereignissen Ursache und Wirkung stattfinden, zu erklären. Der mit dem Substantiv vordergründig vermittelte Wortsinn „mechanistisch" soll hingegen nicht gemeint sein, d.h., über den Charakter des Prozesses, der als kausal angesehen wird, gibt es keine vordefinierten Bedeutungen.

Es gibt eine Reihe von **Gemeinsamkeiten** der unterschiedlichen Auffassungen zum Mechanismusansatz (*Hedström/Ylikoski*, 2010, 50ff):

- Ein kausaler Mechanismus wird über den Effekt, den er erzeugt, beschrieben. So lassen sich beispielsweise Marktpreise durch einen Prozess beschreiben, der auf Tauschprozessen zwischen Anbietern und Nachfragern basiert.
- Mechanismen zeichnen sich zwar durch Kausalität aus, ohne dass jedoch einer der bisher diskutierten Auffassungen präferiert wird. In der sozialwissenschaftlichen Praxis wird sich meist mehrerer Auffassungen bedient, weil z.B. die Regularitätsauffassung erste Hinweise auf kausale Zusammenhänge gibt und mit einer Intervention versucht wird, den Mechanismus zu überprüfen.
- Durch Mechanismen wird auf den Prozess- und Strukturcharakter der Kausalität hingewiesen, weil erst die Öffnung der Blackbox, die zwischen Ursache und Wirkung liegt, ein Verständnis für die verschiedenen Faktoren fördert, die Kausalität erst erzeugt.

- Viele Mechanismusansätze sehen mehrere Ebenen vor und lassen sich daher als hierarchisch bezeichnen. So werden soziale Mechanismen in Mikro-, Meso- und Makro-Ebenen unterschieden, ohne dass eine vollständige Reduktion einer hierarchisch übergeordneten Ebene durch eine niedrigere Ebene angenommen wird (*Hedström/Swedberg*, 1998, 21ff).

Wie diese grobe Übersicht schon zeigt, verbergen sich unter diesem Ansatz sehr verschiedene Varianten, denen hier auch nicht im Einzelnen nachgegangen werden soll. Vielmehr soll auf einen Punkt aufmerksam gemacht werden, der offensichtlich in den meisten Ansätzen zu finden ist. Anhänger eines Mechanismusansatzes greifen häufig auf andere Kausalitätsauffassungen zurück. So z.B. auf die Regularitätsauffassung die häufig mit Gesetzen oder gesetzesartigen Aussagen verbunden sind. Zwar wird meist damit argumentiert, dass sozialwissenschaftliche Gesetze, wenn es sie denn geben würde, von grundsätzlich anderem Charakter als Naturgesetze wären (*Little*, 1998, 210), allerdings wird den Gesetzen wenn auch nur in schwacher Form ein gewisser Erklärungsgehalt zugestanden (*Elster*, 2007, 35ff). Damit wird allerdings der Stellenwert von gesetzesartigen Aussagen insbesondere in ihrem Verhältnis zu Mechanismen eher im Unklaren gelassen.

Kausalität in der sozialen Realität

In der Diskussion der verschiedenen Auffassungen zur Kausalität hat sich bereits gezeigt, dass sie unterschiedliche Aspekte von Kausalität betonen. Daher stellt sich die Frage, ob sie zu einem Konzept vereint werden können, das den Anforderungen an wissenschaftliche Definitionen genügt. Auch wenn das Ergebnis negativ ausfällt, lohnt sich ein resümierender Blick auf die Ansätze.

Der **Regularitätsansatz** mit seiner Weiterentwicklung durch die INUS-Bedingungen von MACKIE stellt einen wesentlichen Beitrag für sozialwissenschaftliche Forschung dar, denn er macht insbesondere auf zwei zentrale Punkte aufmerksam:

1. In den Sozialwissenschaften haben wir es meist mit Ursachenkomplexen zu tun, d.h., es ist in der Regel davon auszugehen, dass zur Erklärung sozialwissenschaftlicher Phänomene verschiedene Ursachen beitragen können.

2. Kausalität wird erst entdeckt, wenn Ursache und Wirkung regelmäßig zusammen auftreten. Auch wenn über die Eigenschaften dieser Regelmäßigkeit immer wieder gestritten wird, stimmen doch die meisten Diskutanten darin überein, dass es solche Regelmäßigkeiten gibt.

So lassen sich Regelmäßigkeiten in einer gesetzesartigen Aussage formulieren, entweder als deterministische oder nicht-deterministische (probabilistisch, normisch, ceteris-paribus) Aussage; zu erinnern ist auch an die Quasi-Gesetze mit ihren zeitlich und räumlich eingeschränkten Aussagen. Es lassen sich so verschiedene Grade von Allgemeinverbindlichkeit formulieren. Daher ist die oft geäußerte Kritik an sozialwissenschaftlichen Gesetzen oder gesetzesartigen Aussagen nicht stichhaltig, weil sie im Wesentlichen auf einem überhöhten Gradmesser beruht, der sich an einem Determinismus orientiert, wie er vermeintlich in den Naturwissenschaften gilt.

Festzuhalten bleibt, dass die wesentlichen Informationen über kausale Beziehungen auf Theorien beruhen. Sie enthalten (gesetzesartige) Aussagen, aus denen sich kausale Schlüsse ziehen lassen. Wer kausal argumentieren will, tut daher gut daran, von einer fundierten theoretischen Basis auszugehen. Wenn davon gesprochen wird, dass Kausalität entdeckt wird, dann ist auf die unterschiedlichen Schlüsse – Induktion, Abduktion und Deduktion – hinzuweisen. Kausalität emergiert somit nicht aus Daten einer empirischen Untersuchung, sondern auf sie wird durch ein komplexes Zusammenspiel von Abduktion, Induktion und Deduktion geschlossen. Damit einher geht, dass Kausalität nicht empirisch bewiesen wird (*Heckman*, 2005a, 138), weil Kausalität eine hypothetische Beziehung ist. Sie kann zwar ähnlich wie theoretische Begriffe durch empirische Untersuchungen gestützt werden, bleibt allerdings eine Vermutung unter den Bedingungen, die durch die jeweilige Theorie formuliert sind.

Der **Interventionsansatz** ist dadurch relevant, dass er die aktive Rolle von Akteuren insbesondere Wissenschaftler einbezieht, Ursachen kontrolliert zu verändern, um gezielt Effekte zu untersuchen. Dies machen sich Sozialwissenschaftler zunutze, indem sie für das Entdecken und Prüfen von Kausalität Ursachen kontrolliert herbeiführen, um Wirkungen zu entdecken oder vorherzusagen. Sicherlich ist dieser Ansatz aber nur eine Ergänzung, weil es Ursachen gibt, die nicht manipuliert werden können oder die aus ethischen Gründen nicht manipuliert werden sollen (*Russo*, 2011, 97ff).

Mit dem **Mechanismusansatz** wird der Prozesscharakter von Kausalbeziehungen betont. Wenn die Ursache mit der Wirkung in Verbindung gebracht wird, dann eignen sich Prozesse als ein wesentliches Instrument zu beschreiben, wie Ursachen die Wirkung hervorbringen. Dies ist allerdings nicht eine vollständig neue Sichtweise, da die Untersuchung von kausalen Ketten – zwischen Ursache und Wirkung wird eine weitere Ursache platziert – eine gängige Forschungspraxis ist (*Blalock*, 1964, 65ff; 1969, 16ff). Wird ein solches Modell als Kausalmodell aufgestellt, wird in die Erklärung der Wirkung eine weitere Variable als **intervenierende Variable** oder **Mediatorvariable** eingefügt (*MacKinnon/Fairchild/Fritz*, 2007; *Opp*, 2005, 166; *Baron/Kenny*, 1986). Sie vermittelt zwischen der abhängigen und unabhängigen Variablen und im Falle der vollständigen Mediation, geht die Wirkung der unabhängigen Variablen vollständig über die Mediatorvariable; in einem solchen Fall wird in Abbildung 19 der 3. Pfad als Regressionskoeffizient nahe Null sein. Wie bereits mehrfach betont, ist es sinnvoll, auf Basis einer Theorie Mechanismen zu untersuchen. Denn die Suche nach intervenierenden Variablen oder Mediatorvariablen ist dann nicht willkürlich, sondern richtet sich nach den gesetzesartigen Aussagen von Theorien (*Opp*, 2005, 176).

Abbildung 19: Mechanismusansatz und Mediator

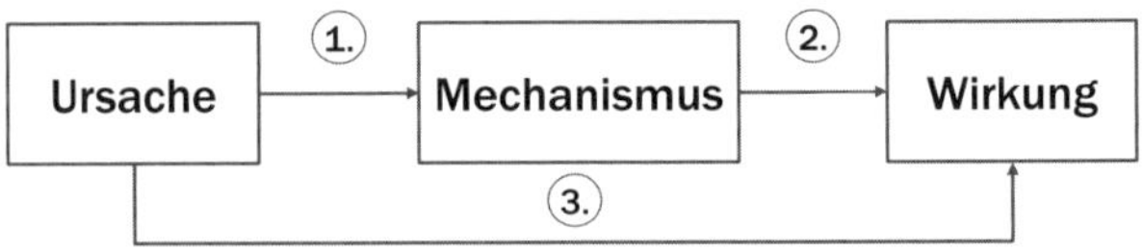

Es stellt sich die Frage: Kann es ein einheitliches Kausalitätskonzept geben? Wie im Kapitel zur Begriffsbildung erläutert (Kap. 6.2, S. 158ff), werden Begriffe definiert, indem die notwendigen Bestandteile des Begriffs festgelegt werden. Zwar gibt es immer wieder Versuche, eine solche – häufig minimalistische – Definition für Kausalität vorzulegen (*Gerring*, 2005, 167; *Russo*, 2006, 106); es ist bisher allerdings nicht gelungen, allgemeingültig notwendige Bedingungen für das Vorliegen von Kausalität zu formulieren, die nicht, wie z.B. der Versuch von FEDERICA RUSSO in dünnen Definitionen der Art „Kausalität ist Betrachtung von Veränderung", münden. Eine mögliche Konsequenz aus dieser Situation ist es, Kausalität als einen undefinierten Begriff zu verwenden, was allerdings unbefriedigend ist; eine alternative Konsequenz ist es, Kausalität als komplexes Phänomen zu betrachten, das mit einer Typologie am besten erfasst wird. Zwischen Kausalitätstypen – das sind die verschiedenen von uns betrachteten Ansätze der Kausalität – sind dann Ähnlichkeiten zu konstatieren, wie sie WITTGENSTEIN im Begriff der Familienähnlichkeit beschrieben hat (*Wittgenstein*, 1953/2003, 57; *Psillos*, 2009, 144ff), d.h. vor allem, die unterschiedlichen Kausalitätsauffassungen müssen nicht über die gleichen Begriffsbestandteile verfügen. Je nach Untersuchungsziel kann sich somit unterschiedlicher Kausalitätsbegriffe bedient werden (*Reiss*, 2009, 34ff). Dass dies einer Variante einer pluralistischen Auffassung von Kausalität entspricht, sei zwar nur am Rande erwähnt, ist aber im Konzept eines in diesem Buch vertretenen pluralistischen methodologischen Konzepts auch folgerichtig (*Psillos*, 2009).

Der theoretische und somit hypothetische Charakter von Kausalität wird verschiedentlich als Argument gegen die Existenz von Kausalität angeführt. In den Sozialwissenschaften sind es insbesondere hermeneutische und sozial-hermeneutische Positionen, die Kausalität als Konzept ablehnen, da Akteure durch ihren freien Willen keinerlei Regelhaftigkeit unterliegen. Für die Frage, ob Kausalität in einer sozialen Realität als ontologische Kategorie existiert, wäre eine entsprechende soziale Ontologie zu entwickeln und zu verteidigen. Ohne diese Aufgabe abzuwerten, ist jedoch festzuhalten, dass für die Praxis der Sozialwissenschaft die Frage der Regelhaftigkeit – im Sinne einer zumindest schwachen Kausalität – eine epistemologische Frage darstellt. Ob sie von einer Theorie korrekt erfasst werden, ist somit nicht eine primär ontologische Frage sondern unter den spezifischen Bedingungen der Sozialwissenschaften eine epistemologische Angelegenheit und damit unter der Voraussetzung, dass sie prinzipiell erkennbar sind, eine empirische Frage.

7.3 Theorien in den Sozialwissenschaften

In einer Erklärung werden Ursachen für empirische Tatsachen angegeben. Im Zentrum von Erklärungen stehen daher Aussagen in Form von Beobachtungsaussagen und gesetzesartige Aussagen, die idealerweise aus Theorien abgeleitet werden. Aussagen sind Bausteine von Theorien, in denen diese Aussagen mit anderen Aussagen verbunden werden. Im Regelfall sprechen wir von Theorien, wenn sie aus verschiedenen Aussagen zusammengesetzt sind. Nach einer weit verbreiteten Konzeption, der sogenannten Aussagen-Konzeption (statement-view), sind **Theorien** Systeme von Aussagen, wobei die Aussagen untereinander in einem inhaltlichen Zusammenhang stehen und weitere Ansprüche an sie gestellt werden wie z.B., dass sie gesetzesartig oder überprüfbar sind (*Rudner*, 1966, 10). Auch wenn die Aussagen-Konzeption von Theorien unter Wissenschaftstheoretikern nicht mehr einhellig als Standard angesehen wird, ist sie unter Sozialwissenschaftlern als gängige Praxis zu beobachten.

Theorien als System von Aussagen

Mit Theorien sollen die Ziele des Forschens – Verstehen, Beschreibung, Erklärung, Prognose und Gestaltung – erreicht werden. Angestrebt wird ein kohärentes System von Aussagen, mit dessen Hilfe sich Vorhersagen für einen Ausschnitt der sozialen Realität ableiten lassen. Theorien sind meist komplexe Gebilde, die sich durch eine Reihe von Eigenschaften beschreiben lassen. Als wesentliche **Komponenten von Theorien** werden Begriffe und Aussagen angesehen, die mit weiteren Differenzierungen versehen sind (*Schurz*, 2011, 184ff; *Westermann*, 2000, 215ff):

1. Begriffe und Interpretationsregeln
1.a Theoretische Begriffe
1.b Empirische Begriffe
1.c Interpretationsregeln
2. Aussagen
2.a Grundsätzliche Aussagen (Axiome)
2.b (Empirische) Folgerungen aus den Axiomen

Eine wichtige Erkenntnis für die Sozialwissenschaften ist es, dass Begriffe und Aussagen dadurch miteinander verknüpft sind, dass theoretische Begriffe nicht explizit definiert werden können, vielmehr Interpretationsregeln eingeführt werden müssen, um den theoretischen Begriffen empirischen Gehalt zuzuordnen. Solche Interpretationsregeln sind keine analytischen Aussagen, vielmehr sind sie im Rahmen der Theorieprüfung empirisch zu validieren.

Weitere Differenzierungen von Aussagen sind möglich. So geht die Aussagenkonzeption von Theorien von einem axiomatischen Aufbau der Theorie aus: Aus grundlegenden Aussagen (Axiomen) werden deduktionslogisch Konsequenzen abgeleitet. Reife Theorien lassen sich hierarchisch interpretieren, da sie eine interne Struktur aufweisen (*Nagel*, 1961, 79ff; *Kuipers*, 2007, 2ff; *Schurz*, 2011, 30ff); was am Beispiel der Attributionstheorie aus der Psychologie illustriert wird:

1. **Wissenschaftliche Theorie**: Theorien haben insbesondere die Funktion, theoretische Begriffe einzuführen und miteinander zu verbinden. In der Attributionstheorie werden Attributionen als kognitive Prozesse festgelegt, auf deren Basis Menschen Schlüsse über die Kausalität von Ereignissen ziehen (*Weiner*, 1986). Es werden vor allem drei Dimensionen postuliert, die sich auf diese Schlüsse beziehen. Beispielsweise wird Kausalität auf Personen bezogen – interne Attribution – oder mit der Situation – externe Attribution – in Verbindung gebracht.
2. **Empirische Gesetze**: Sie werden aus Theorien abgeleitet und als gesetzesartige Aussagen formuliert. Auf der Basis der Attributionstheorie wird abgeleitet, dass Menschen für negative Ereignisse die kausalen Ursachen in der Situation und nicht in ihrer Person sehen, hingegen bei positiven Ereignissen sich selbst dafür verantwortlich machen, die Situation aber vernachlässigen.
3. **Beobachtungsaussagen**: In einer Untersuchung wird beobachtet, dass Vorstände von Banken für die hohen Verluste die Finanzmarktkrise verantwortlich machen und sie nicht auf das mangelnde Risikomanagement-System, für dessen Funktionsfähigkeit sie verantwortlich sind, ihrer Bank zurückführen.

Für die Entwicklung von Theorien findet ein Austausch zwischen den drei Ebenen statt. Idealtypisch ist die Richtung bereits deduktionslogisch beschrieben, jedoch sind aus Beobachtungsaussagen auch Erkenntnisse für die empirische Gesetzesaussagen und Theorien ableitbar. Ein weiterer Vorteil der Einteilung ist es, dass sich so besser erkennen lässt, dass wissenschaftliche Untersuchungen, die der Theorieüberprüfung dienen sollen, nicht die Theorie, sondern die empirischen Gesetze und Beobachtungsaussagen prüfen.

Werden Theorien axiomatisch formuliert? In der sozialwissenschaftlichen Forschungspraxis ist es nur selten zu beobachten, dass Theorien in axiomatische Form gebracht werden. Ein vordergründiges Hindernis könnte sein, dass Aussagen- und Prädikatenlogik als Methoden der Formalwissenschaften angesehen werden. Zwar sind Aussagen- und Prädikatenlogik für formale – und d.h. nichtnatürliche – Sprachen entwickelt worden, sie lassen sich aber auch nutzbringend auf Theorien, die in natürlichen Sprachen formuliert sind, wie sie in den Sozialwissenschaften üblich sind, anwenden.

In diesen Wissenschaften werden meist Aussagen einer Theorie mit nominalen und komparativen Begriffen verwendet, da der Stand der Theorie die Verwendung von quantitativen Begriffen nicht zulässt. Axiome und die ihnen zugrundeliegenden Begriffe können jedoch auch verbal formuliert werden, die Anwendung der Logik ist nicht etwa davon abhängig, dass quantitative Begriffe vorliegen. Es ist angebracht, die Aussagen einer Theorie in einen systematischen Zusammenhang zu bringen, d.h. beispielsweise, sich über die Ableitungen, die notwendig sind, im Klaren zu werden und zu versuchen, die wesentlichen Axiome, die notwendig sind, herauszuarbeiten. Dies ist auch aus einem anderen Grund sinnvoll.

Theorien sind nicht isoliert von anderen Theorien. Da mit ihrer Hilfe häufig nur ein Ausschnitt oder ein bestimmter Aspekt der sozialen Realität untersucht wird, besteht oft eine Verbindung zu anderen Theorien, die sich mit diesen ausgeschlossenen Phänomenen beschäftigen. Es ist daher auch in den Sozialwissenschaften sinnvoll, von größeren Einheiten zu sprechen. So hat LAKATOS hierfür den Begriff **wissenschaftliches Forschungsprogramm** geprägt (s. Philosophiebox 11, S. 231) und die Abfolge von Theorien als Theorienreihen bezeichnet. In einem solchen Forschungsprogramm können Axiome in einer Theorie auf dem Stand von anderen Theorien formuliert sein. Wenn sich deren Forschungsstand ändert, kann eine Revision der Axiome notwendig werden.

Philosophiebox 11: Wissenschaftliche Forschungsprogramme nach LAKATOS

Im bewussten Gegensatz zu den Vorstellungen von KUHN hat IMRE LAKATOS seine Methodologie der Forschungsprogramme entwickelt. Sein Anliegen ist es, die aus seiner Sicht berechtigte Kritik an POPPERS Vorgehensweise aufzugreifen und sie durch einige Modifikationen zu verbessern. Zentraler Begriff ist das **Forschungsprogramm**, das aus Theoriereihen und methodologischen Regeln besteht.[11] Aus seiner Sicht arbeiten Forscher nicht an einzelnen Theorien, sondern es werden aufeinander folgende Theorien (= Theoriereihen) untersucht, die einem Forschungsprogramm die Kontinuität geben. Theorien bestehen aus einem harten Kern und Hilfshypothesen.

Während Hypothesen des harten Kerns ausdrücklich von der Falsifikation ausgenommen werden, sind die Hilfshypothesen der Falsifikation ausgesetzt. Diese Hilfshypothesen bilden quasi eine Art Schutzgürtel um den harten Kern, werden sie falsifiziert, sind sie durch neue Hilfshypothesen zu ersetzen. LAKATOS expliziert methodologische Regeln für ein Forschungsprogramm im Lichte dieser Einteilung. Die negative Heuristik verbietet es, den harten Kern in Frage zu stellen. Die positive Heuristik gibt den Forschern die Aufgabe, Hypothesen zu konstruieren und anzupassen, um den Schutzgürtel und den harten Kern so zu gestalten, dass die Aufgaben des Forschungsprogramms erfüllt werden. Wann liegt nach LAKATOS wissenschaftlicher Fortschritt vor? Die

[11] Während POPPER das Aufstellen von methodologischen Regeln als eine **normative** Aufgabe verstand, setzte KUHN dem die Analyse der tatsächlichen Wissenschaftspraxis entgegen. LAKATOS neigt zwar mehr zur POPPERSCHEN Auffassung – Aufstellen von Normen – seine rationale Rekonstruktion von tatsächlichen Wissenschaftsprozessen stellt jedoch auch ein **deskriptives** Element in seiner Konzeption dar, was zur Stärke seiner Konzeption beiträgt (*Worrall*, 1980; *Musgrave*, 1976).

Hypothesen müssen gehaltsvermehrend sein, also z.B. eine neue Tatsache vorhersagen. Solange diese nicht empirisch getestet ist, liegt erst eine „progressive theoretische Verschiebung“ vor. Allerdings soll „gelegentlich“ auch eine empirische Prüfung dieser Hypothese erfolgen, um im Falle der Bewährung eine progressive empirische Problemverschiebung zu erzeugen. Eine solchermaßen verifizierte Hypothese wird im Forschungsprogramm akzeptiert. Eine Theorie gilt erst dann als falsifiziert, wenn eine neue Theorie entwickelt ist, die einen höheren empirischen Gehalt hat. Aus diesem Grund gibt es keine Falsifikation einer Theorie, solange nicht eine neue Theorie vorhanden ist. Wissenschaftlicher Fortschritt von Forschungsprogrammen ist direkt mit der Falsifikation verbunden. Da sich die Regeln für das Annehmen und Ablehnen von Theorien von der ursprünglichen Vorgehensweise von POPPER (naiver Falsifikationismus) unterscheidet, nennt LAKATOS seinen Vorschlag raffinierter Falsifikationismus.

LAKATOS vermittelt ein Bild der Wissenschaft, indem er darauf hinweist, dass es in der Geschichte selten ein einzelnes Forschungsprogramm (Paradigma) in einer Wissenschaftsdisziplin gibt, das eine Monopolstellung hat. Er verweist vielmehr darauf, dass es konkurrierende Forschungsprogramme gibt und er begrüßt diesen Wettbewerb ausdrücklich. Ein konkurrierendes Forschungsprogramm kann ein anderes Forschungsprogramm jedoch nur ersetzen, wenn es dessen theoretischen und empirischen Gehalt erhält und zusätzlich Potential enthält, theoretisch neuartige Tatsachen zu erklären. Allerdings gibt LAKATOS keine einfach zu befolgende Regel, ab wann ein Forschungsprogramm endgültig aufzugeben ist. Dies liegt sicherlich auch an seiner Überzeugung, dass die Rationalität, die er in der wissenschaftlichen Entwicklung sieht, sich nicht in kurzen Zeiträumen entfaltet. Er gesteht daher Forschern eine gewisse dogmatische Grundhaltung beim Festhalten ihres Forschungsprogramms zu.

LAKATOS' Konzeption ist insofern ein Kristallisationspunkt, als die meisten nachfolgenden Vorschläge ihn als Ausgangspunkt wählen. Dies gilt z.B. für Ansätze wie der von LARRY LAUDAN oder von JOSEPH D. SNEED und WOLFGANG STEGMÜLLER.

(Quellen: *Andersson*, 1988; *Lakatos*, 1974; *Laudan*, 1977; *Stegmüller*, 1980)

Semantische Theorieauffassung

Die in diesem Buch überwiegend vorgestellte Auffassung von Theorien als Aussagenkonzeption folgt den sich ursprünglich aus dem Logischen Empirismus entwickelten Vorstellungen, die stark an den Formalwissenschaften orientiert sind. Sie wird deswegen als syntaktisch bezeichnet, da ihr Augenmerk auf der Formalisierung und Axiomatisierung liegt, hingegen die Interpretation erst nachrangig erfolgt. Wie bereits angedeutet, wird jedoch in den Sozialwissenschaften nur in sehr seltenen Fällen eine Axiomatisierung vorgenommen, aus der dann deduktionslogisch alle empirischen Gesetzeshypothesen und Beobachtungsaussagen folgen sollen. Es bietet sich daher an, Rekonstruktionen von sozialwissenschaftlichen Theorien nicht auf Axiome und deduktionslogische Ableitungen zu stützen. In diesem Kapitel wird eine alternative Theoriekonzeption kurz skizziert, die als semantische, strukturalistische oder modelltheoretische Theoriekonzeption bezeichnet wird. Es ist hier nur intendiert, ihre grundsätzliche Idee sowie einige Merkmale zu skizzieren. Eine ihr gerecht werdende Darstellung würde den Rahmen dieses Buches sprengen.

In der sozialwissenschaftlichen Praxis werden Theorien als Systeme von Aussagen begriffen: Es ist jedoch keine notwendige Eigenschaft von Theorien, dass deren Zusammenhang als deduktionslogische Folgerungsbeziehung angesehen wird. Es ist auch nicht zwingend, dass Theorien ausschließlich in natürlich-sprachlicher Form vorliegen. Sie können auch in anderen Formen ihren Gegenstand repräsentieren. Für diese Repräsentation verwenden Wissenschaftler Modelle in verschiedenen Formen wie z.B. ikonische Modelle oder analoge Modelle aber auch Modelle in Form von Gleichungen. Insbesondere der Modellbegriff löste jedoch lange Zeit bei logischen Empiristen eine Vorstellung aus, dass Modelle quasi unvollständige Theorien sind, die eben noch nicht Theoriestatus haben und daher überwunden werden müssen.

Es gibt jedoch einen massiven Einwand gegen diese Auffassung, die mit einem wesentlichen Charakter von Theorien zusammenhängt: Dies ist ihre Unvollständigkeit und damit ihre notwendige Beschränktheit. Sozialwissenschaftliche Theorien idealisieren, vereinfachen und schließen durch ceteris-paribus-Annahmen bestimmte Phänomene aus. Ein zu strenger Theoriebegriff würde damit vielen – wenn nicht gar den meisten – Theorien in den Sozialwissenschaften den Theoriestatus absprechen. Sinnvoller scheint es da, Modelle als mögliche Repräsentationen der zu untersuchenden Gegenstände zuzulassen und die natürlich-sprachliche Repräsentation weiterhin als eine Form unter anderen zu betrachten.

Repräsentation darf hier allerdings nicht in einem naiven Sinne so aufgefasst werden, dass Sprache die Realität abbildet. Theorien sind komplexe Gebilde, von einer einfachen Repräsentation kann also keine Rede sein. Aus den Theorien leiten wir Aussagen über einzelne Phänomene ab, die wir methodengeleitet überprüfen. Bestätigen sich die Aussagen, haben wir die Hoffnung, dass die durch die Theorie repräsentierten Realitätsausschnitte gut durch die Theorie wiedergegeben werden. In den Sozialwissenschaften ist die Realität allerdings in vielen Fällen nicht direkt beobachtbar: Reale Phänomene werden daher auch in Beobachtungsaussagen repräsentiert. Wir vergleichen verschiedene Typen von Aussagen miteinander.

Aus diesen und weiteren Überlegungen und der damit verbundenen Kritik an der syntaktischen Theorieauffassung hat sich die semantische Theorieauffassung entwickelt, die von einer Reihe von Wissenschaftsphilosophen bevorzugt wird. Zentral für diese Auffassung ist der Modellbegriff, der jedoch in einer anderen Interpretation verwendet wird, als dies Sozialwissenschaftler gewöhnlich tun. Er ist mit dem Begriff der Struktur in der Mathematik verbunden und legt eine formale Definition von Mengen fest; Strukturen bestehen aus Mengen und Relationen.

Theorien können als Strukturen aufgefasst werden, daher auch die bereits angedeutete Bezeichnung als strukturalistische Theorienkonzeption. Es gibt jedoch in der Gruppe der semantischen Theorienauffassung weitere Ansätze, wobei viele die Besonderheit von Modellen herausstellen (*Moulines*, 2008, 129ff). Die Strukturalistische Theorienauffassung stellt eine Richtung innerhalb der semantischen Theorienauffassung dar (*Lloyd*, 2006, 826), bei der die Analyse der Struktur (verstanden im mathematischen Sinne des Begriffs) von Theorien im Vordergrund steht. Wie sieht nach dieser Konzeption eine Theorie aus?

Eine Theorie besteht aus vier Teilen (*Balzer*, 2009, 48ff):[12]

1. **Modelle** enthalten die Aussagen einer Theorie, die auch als Hypothesen bezeichnet werden.
2. **Intendierte Systeme** bezeichnen die untersuchten Phänomene, wie Menschen oder Institutionen.
3. **Datenstrukturen** enthalten die Daten, die in realen Systemen erhoben werden. Da sie als Aussage vorliegen, entsprechen sie den Beobachtungsaussagen der syntaktischen Konzeption.
4. Ein **Approximationsapparat** wird benötigt, um festzustellen, ob Hypothesen und Daten zueinander passen.

Von einer empirischen Theorie wird allerdings erst dann gesprochen, wenn drei Bedingungen erfüllt sind (*Balzer*, 2009, 56ff).

1. Die Daten einer Datenstruktur stammen aus einem intendierten System.
2. Die Modelle und die Daten müssen passen.
3. Es muss Datenstrukturen geben, die nicht zu den Modellen passen.

Der Theoriebegriff der semantischen Konzeption weist zwar einige Ähnlichkeiten mit der Aussagenkonzeption auf, geht aber in einigen Punkten darüber hinaus. So wird z.B. mit dem Approximationsapparat ein Instrument bereitgestellt, um die Realitätsnähe der Modelle an den Daten zu prüfen.

Drei-Ebenen-Modell: Reduktion und Emergenz

Im dritten Kapitel wurde eine Mehrebenen-Analyse für die soziale Realität vorgelegt, dem die in diesem Kapitel vorgestellte Konzeption eines Drei-Ebenen-Modells von Theorien an die Seite gestellt wird. Damit ist nicht etwa ein normatives Modell gemeint, das zwingend aus diesen drei Ebenen bestehen muss. Im dritten Kapi-

[12] Im Folgenden lasse ich bewusst die mengentheoretische Ausdrucksweise weg, da ich trotz der Gefahr einer Verfalschung versuche, die syntaktische und semantische Auffassung sprachlich möglichst nahe zu bringen.

tel wurde bereits darauf hingewiesen, dass beispielsweise Forschende, die das Gehirn von ihren Probanden scannen, weitere Ebenen „unterhalb" der Mikro-Ebene betrachten. Das Modell dient daher nur dazu, einige Probleme, die mit dem Übergang zwischen den Ebenen zu tun haben, anzusprechen.

Um einem weiteren Missverständnis vorzubeugen, ist klarzustellen, dass mit dieser Einteilung keine ontologische Festlegung verbunden sein muss. Es muss also nicht die Existenz von Meso- oder Makro-Entitäten angenommen werden, um diese Einteilung zu verwenden. Sie ist mit den verschiedenen Varianten eines Individualismus und eines Kollektivismus verträglich, d.h., auch Vertreter eines strengen Individualismus können methodologisch mit einem Mehrebenen-Modell arbeiten, ohne sich mit holistischem Gedankengut zu infizieren. Sie werden allerdings je nach Variante des Individualismus die Mikro-Ebene in unterschiedlicher Weise ins Spiel bringen und eine Determinierung durch die Makro- oder Meso-Ebenen ablehnen.

Abbildung 20: Makro-Mikro-Makro-Erklärung

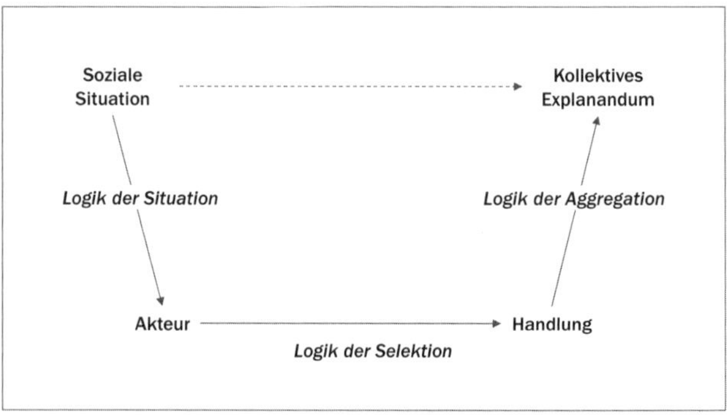

(Quelle: *Esser*, 1993, 98)

Was macht den Individualismus für viele Wissenschaftler und Wissenschaftsphilosophen so attraktiv? Seine Stärke liegt sicherlich in seinem Bezug zum menschlichen Individuum als ein sozialer Akteur, der über Willensfreiheit verfügt und durch seine Kreativität,

Veränderungen in sozialen Institutionen auslösen und maßgeblich prägen kann. Aus diesem Grund wird verlangt, dass die Analyse von Meso- und Makro-Phänomenen mit einer Fundierung individuellen Handelns einhergehen muss (*Little*, 2009, 165f). Abbildung 20 zeigt ein entsprechendes Vorgehen schematisch an der Makro-Mikro-Makro-Erklärung nach ESSER auf. Zur Erklärung von Makro-Phänomenen wird auf der Mikro-Ebene das Entscheidungsverhalten von sozialen Akteuren modelliert und deren Handlungen durch Aggregation zur Erklärung des Makrophänomens herangezogen (Logik der Aggregation). Wenn z.B. festgestellt wird, dass Unternehmen bestimmte institutionelle Regelungen in gleicher Weise implementieren (zu erklärendes kollektives Explanandum), dann wird versucht, die Entscheidungen der Individuen im Unternehmen zu erklären (Logik der Selektion). Hierzu ist es notwendig, dass die Situation, in der sich die Akteure im Unternehmen befinden, analysiert wird (Logik der Situation).

Mithilfe der Abbildung lassen sich bestimmte Annahmen zum Verhältnis zwischen den Ebenen erläutern, die in der Debatte um Individualismus und Kollektivismus eine Rolle spielen und die verallgemeinert auch für andere Mehrebenen-Modelle diskutiert werden:

- Das kollektive Explanandum lässt sich durch die Aggregation der Handlungen individueller Akteure vollständig erklären (Logik der Aggregation). Diese These wird als **Reduktionsthese** bezeichnet, da mit ihr behauptet wird, dass Phänomene einer höheren Ebene vollständig auf Phänomene einer unteren Ebene reduziert werden können. Reduktionsthesen sind generell sehr gehaltvoll, denn sie behaupten eine vollständige Erklärung. Wenn man bedenkt, dass in den Sozialwissenschaften überwiegend mit unvollständigen Erklärungen gearbeitet wird, zeigt sich deutlich die Last einer solchen These.
- Gegen die Reduktionsthese ist die **Emergenzthese** gerichtet. Mit ihr wird behauptet, dass sich aus der Komplexität sozialer Handlungen unvorhergesehene soziale Sachverhalte ergeben, die nicht auf einzelne Handlungen zurückgeführt werden können. D.h., dem sozialen Sachverhalt auf der höheren Ebene kommen Eigenschaften zu, welche die einzelnen Handlungen der niedrigeren Ebene nicht haben. Eng mit der Emergenzthe-

se ist verbunden, Makro-Sachverhalten eine eigene ontologische Bedeutung zu verleihen, sie insbesondere mit kausalen Kräften zu versehen, die unabhängig von Individuen wirken können (*Sawyer*, 2005, 63ff). Gegen diese These spricht jedoch, dass meist nicht klar wird, was genau die Kausalität von sozialen Sachverhalten ist und wie sie kausale Wirkungen erzeugt, ohne einen Bezug zu individuellen Akteuren herzustellen. Plausibler ist es vielmehr anzunehmen, dass kausale Wirkungen sich erst im kognitiven System von Akteuren entfalten können, aber auch hier gilt: „For agents, there are always choices – however restricted they may be" (*Manicas*, 2006, 83). Diese Einsicht führt zur Forderung, dass in sozialwissenschaftlichen Untersuchungen eine Mikrofundierung zu erfolgen hat.

Neben diesen beiden Thesen wird häufig die in der Philosophie des Geistes entwickelte These der **Supervenienz** vorgebracht. Auch die Supervenienzthese tritt in verschiedenen Spielarten auf und wird hier auf zwei soziale Ebenen angewendet: eine kollektive und eine individuelle Ebene. Mit der Supervenienz wird Abbildung 20 in einer strengen Form ausgelegt (*Kim*, 1998, 11; *Zahle*, 2007, 327):

- **Supervenienzthese**: Die kollektive Ebene superveniert auf der individuellen Ebene, als sich beliebige Sachverhalte, die in allen individuellen Eigenschaften gleich sind, hinsichtlich ihrer kollektiven Eigenschaften nicht unterscheiden können. Daraus folgt: Die individuelle Ununterscheidbarkeit muss einer kollektiven Ununterscheidbarkeit entsprechen.

Zwar wird dies durch Abbildung 20 entsprechend illustriert, allerdings sagen die Pfeile nichts über den Charakter der Relation. Bisher ist nämlich nur gesagt, dass es keine Unterschiede in den kollektiven Phänomenen geben kann, wenn es nicht auch Unterschiede in den entsprechenden individuellen Phänomenen gibt. Dies ist jedoch keine Abhängigkeitsbeziehung zwischen beiden Ebenen, vielmehr legt die Supervenienzthese nur ein Kovariation fest: Kollektive Phänomene variieren mit individuellen Phänomenen. Wenn eine kausale Abhängigkeit postuliert werden soll, muss noch ein Schritt weiter als die Supervenienzthese gegangen werden:

Kollektiv-Individualismus-Abhängigkeit: Die kollektiven Eigenschaften werden vollständig durch individuelle Eigenschaften festgelegt.

Diese Abhängigkeit drückt die Einstellung eines starken Individualismus aus, dass zur Erklärung kollektiver Phänomene ausschließlich individuelle Phänomen benötigt werden. Ob dieser starke Individualismus mehr propagiert als praktiziert wird, soll hier nicht geprüft werden, obwohl einiges dafür spricht. Denn so plausibel das Primat des Individuums in der sozialen Realität auf den ersten Blick auch sein mag, das komplexe soziale Systeme keinerlei eigenständige Eigenschaften besitzen, scheint ebenso gegen die Intuition von sozialen Akteuren zu sprechen, die sich oft Institutionen gegenüber sehen, wo individuelle Einflüsse weder erkennbar noch identifizierbar sind. Im Folgenden soll daher eine Konzeption entwickelt werden, die dieser Intuition gerecht wird.

Mikrofundierung und Mehr-Ebenen-Untersuchung

Eine Mikrofundierung, wie sie insbesondere von DANIEL LITTLE (1998; 2007) eingefordert wird, erscheint für die Sozialwissenschaften von hoher Relevanz. Sie stellt gewissermaßen die nicht so strenge Auslegung der Abbildung 20 dar, in dem sie verlangt, dass Phänomene der höheren Ebenen durch theoretische Erkenntnisse der Mikro-Ebene abgesichert werden sollen. Nach LITTLE müssen diese Absicherungen keine Gesetze sein, er verlangt vielmehr, dass die kausalen Mechanismen auf der Mikro-Ebene beschrieben werden. Er bezeichnet seine Konzeption als methodologischen Lokalismus (*Little*, 2007, 363), der sich insbesondere neben der Mikrofundierung dadurch auszeichnet, dass er von zeitlich vorübergehenden sozialen Strukturen und Institutionen ausgeht und dass er lokal verankert sein muss. Des Weiteren lehnt LITTLE den Reduktionismus ab und geht von einem wechselseitigen Einfluss der Ebenen aus (*Little*, 2007, 346).

Ein ähnliches Konzept hat KELLE vorgeschlagen, das er auf **Strukturen begrenzter Reichweite** zurückführt. Er geht von der Kontingenz sozialer Strukturen aus (*Kelle*, 2007, 63):

1. Soziale Strukturen, die situationsübergreifend und über längere Zeit relativ stabil sind. Sie können sich allerdings kurzfristig stark verändern.
2. Soziale Strukturen, die begrenzte Heterogenität aufweisen.

Sie liegen seiner Ansicht nach zwischen den extremen Polen der raumzeitlichen Universalität und einer ausschließlich situationsabhängigen Struktur, in denen Handlungen stattfinden. Da die handelnden Akteure durch kreative, innovative Handlungen neue Handlungsmuster entstehen lassen, entzieht sich seine Konzeption einer strengen Determiniertheit der Akteure von Strukturen (*Kelle*, 2007, 76). Andererseits werden jedoch durch das Handeln der Akteure Strukturen geschaffen, die eine gewisse zeitliche Stabilität aufweisen und somit den Raum für übergreifende sozialwissenschaftliche Erklärungen und Vorhersagen ermöglichen.

Aus beiden Konzepten lässt sich vor allem folgende Konsequenz ziehen: Es ist äußerst schwierig, verbindliche Voraussetzungen zu sozialwissenschaftlichen Gesetzen auf Basis von Dichotomien zu artikulieren. Die Diskussionen um die Gegensatzpaare individuell/kollektiv (Mikro/Makro) und deterministisch (raum-zeitlich-unbeschränkt)/probabilistisch (normisch/kontingent) haben vielmehr gezeigt, dass Extrempositionen die sozialwissenschaftliche Forschung wenig voranbringen.

Wissenschaftler, die sich nicht die Frage stellen, wie individuelle Akteure ins Spiel kommen, müssen sich jedoch die Frage gefallen lassen, ob sie die These einer vollständigen Determiniertheit individueller Akteure durch Makro-Phänomene verteidigen können. Es muss nicht gleich ins Gegenteil eines strengen Individualismus verfallen werden, um eine solche Determiniertheit abzulehnen. Welche praktischen Konsequenzen hat dies für sozialwissenschaftliche Untersuchungen?

Untersuchungen, die sich auf die Meso- und Makro-Ebene fokussieren, sind gehalten sich Vorstellungen über die individuelle Ebene zu bilden. Da Empirie nicht theorielos betrieben werden sollte, ist dies eine Aufforderung an eine theoretische Berücksichtigung. Beispielhaft sei der Neo-Institutionalismus erwähnt, der lange Zeit eine ausschließliche Determiniertheit organisationaler Strukturen, ganz in der Tradition des kontingenztheoretischen Ansatzes, durch organisatorische Felder postulierte. Diese Begrenztheit wird aber seit einer Reihe von Jahren aufgegeben und durch mikro-individuelle Sichtweisen ergänzt (*Walgenbach/Meyer*, 2008, 115ff; *Meyer/Hammerschmidt*, 2006, 160ff). Ein Forschungsproblem stellt sich allerdings dann ein, wenn mehrere Ebenen gleichzeitig in einer Untersuchung aufgenommen werden sollen.

Wenn Forschung von einer Ebene zur nächst höheren Ebene übergeht, dann ist es nicht einfach möglich, die Ergebnisse zu aggregieren. Eine Untersuchung, die z.B. erbringt, dass Teammitglieder besser abschneiden, wenn sie von einer charismatischen Teamführung geleitet werden, kann nicht einfach auf die Team-Ebene übertragen werden (*Klein/Kozlowski*, 2000, 213). Es ist durchaus möglich, dass diese Abhängigkeit innerhalb von Teams festgestellt wird, zwischen Teams aber überhaupt keine Unterschiede bestehen und daher keine Vorhersage auf die Teamleistung zulassen. Bisher ist es noch überwiegende sozialwissenschaftliche Praxis, dass für die zu untersuchenden Sachverhalte auf jeder Ebene eigenständige Theorien entwickelt werden, bei denen die jeweils höhere oder niedrigere Ebene meist als Kontrollvariable auftritt. Wünschenswert ist es für die Zukunft, dass vermehrt Theorien entwickelt werden, die für die jeweiligen Ebenen gehaltvolle Aussagen treffen.

7.4 Bewährung und Hypothesenprüfung

Wissen wird als wahre, gerechtfertigte Überzeugung gekennzeichnet. Trotz unterschiedlicher Auffassungen über das Konzept der Wahrheit, ist es sinnvoll, an einer regulativen Idee der Wahrheit festzuhalten. Es verbleibt das Dilemma, dass wir gesetzesartige Aussagen, die nicht-deterministisch sind, weder verifizieren noch endgültig falsifizieren können. Wie können wir dann unser Wissen rechtfertigen? Eine Theorie der Bewährung sollte hierauf eine Antwort haben.

Einen wesentlichen Beitrag zu einer Theorie der Bewährung hat POPPER vorgeschlagen. Theorien, die vielen Falsifikationsversuchen ausgesetzt waren und sie bestanden haben, sind als empirisch bewährt zu betrachten; ihr Bewährungsgrad hängt von der Strenge der Prüfung ab (s. Philosophiebox 10, S. 209). Popper ist ein erklärter Gegner der Rechtfertigung: „Ich erkannte, daß die *Suche nach*

Rechtfertigung aufgegeben werden muß, nach Rechtfertigung des Wahrheitsanspruchs einer Theorie“ (*Popper*, 1973, 42). Auch wer seinen Gedanken einer Falsifikation akzeptiert, wird nach Möglichkeiten suchen, Wissen in Form unserer Theorien positiv auszuzeichnen.

Theorie und Praxis der Bewährung

Wie wird in den Sozialwissenschaften festgestellt, ob sich Theorien bewährt haben? Meist findet dies in Form von qualitativen Literaturüberblicken statt, die mit der Idee der Bewährung von Popper im Einklang stehen können, denn sie sind ein „*Bericht* über die Art und Weise, in der eine Theorie ihre Prüfungen bestanden hat oder nicht bestanden hat; einschließlich einer Beurteilung der *Strenge* dieser Prüfungen“ (*Popper*, 1984, 144). Wenn es eine ausreichende Anzahl an quantitativen Untersuchungen im jeweiligen Gebiet gegeben hat, sind auch sogenannte Meta-Analysen möglich. Letztere haben den Vorteil, dass sie es gestatten, die Größe ihrer Effekte (Effektgröße) und damit ihre praktische Relevanz zu ermitteln. Veröffentlichte Studien sind jedoch in zweierlei Hinsicht problematisch für die Frage der Bewährung:

1. Es gibt eine Verzerrung im Hinblick auf positive Ergebnisse, weil viele wissenschaftliche Zeitschriften nur signifikante Ergebnisse veröffentlichen. Zwar muss nicht jede Hypothese bestätigt sein, es werden allerdings sicherlich keine Studien veröffentlicht, die überwiegend nicht bestätigte Ergebnisse enthalten.
2. Replikationsstudien erfreuen sich nicht besonderer Beliebtheit bei Herausgebern wissenschaftlicher Zeitschriften, weil ihr Innovationsgehalt als zu gering erachtet wird.

Letzter Punkt mag allerdings für ausgereifte Theorien sinnvoll sein. Für Theorien, die noch in wenigen unterschiedlichen Kontexten geprüft wurden, ist ein solches Vorgehen sicherlich nicht sinnvoll.

Duhem-Quine-These über Holismus und Unterbestimmtheit

Bevor die in den Sozialwissenschaften übliche Vorgehensweise vorgestellt wird, soll kurz klar gestellt werden, warum es nicht so einfach festzustellen ist, was denn falsifiziert wird. Dies lässt sich in folgender Frage formulieren: Welchen Schluss können wir ziehen, wenn eine Vorhersage (Konklusion) eines deduktiven Schlusses sich als falsch herausstellt?

Bevor die Frage beantwortet werden kann, ist darauf hinzuweisen, dass zwar häufig von Theorietesten oder Theorieüberprüfung gesprochen wird, allerdings nur einzelne Hypothesen (Aussagen) überprüft werden. Aus einer reichhaltigen Theorie lassen sich zwar viele Hypothesen mit hohen empirischem Gehalt ableiten, sie werden jedoch nur als Einzelhypothesen getestet.

PIERRE DUHEM hat in einer Schrift von 1914 bereits festgestellt, dass Theorien komplexe Gebilde sind, die nur als Ganzes unter Einschluss weiterer Theorien getestet werden können (**Holismus**): „Das Auftreten oder Nichtauftreten der Erscheinung … ergibt sich nicht aus dem strittigen Lehrsatz allein, sondern aus der Verbindung desselben mit dieser ganzen Gruppe von Theorien." So werden z.B. auch Messtheorien und Theorien über statistische Verteilungen beim Hypothesentesten eingesetzt, die sich als fehlerhaft erweisen können. DUHEM hat auch bereits auf das praktische Problem hingewiesen, dass bei einer falschen Vorhersage entsteht: „Das Experiment lehrt uns bloß, daß unter allen Lehrsätzen, die dazu gedient haben, die Erscheinung vorauszusagen und zu konstatieren, daß sie nicht auftritt, mindestens einer ein Irrtum sei." (*Duhem*, 1906/1998, 245). Dies zeigt folgendes Deduktionsschema.

Aussagen der Theorie	Prämisse	Wahr oder falsch?
Hintergrundtheorien	Prämisse	Wahr oder falsch?
Messtheorien	Prämisse	Wahr oder falsch?
Vorhersage	Konklusion	falsch

Für den Wissenschaftler ergibt sich das praktische Problem, dass alle Prämissen des Schlusses falsch sein können, allerdings mindestens eine falsch sein muss und dass nicht mittels der Erfahrung oder Logik festgestellt werden kann, welche Aussage falsch ist (*Carrier*, 2006, 50). QUINE hat diese Unbestimmtheit verschärft und aus ihr eine generelle **Unterbestimmtheit** abgeleitet (*Quine*, 1975, 313ff): Mit empirischen Daten sind verschiedene unverträgliche Theorien vereinbar. Auch wenn an dieser generellen Unterbestimmmtheitsthese von QUINE Kritik geübt wird (*Norton*, 2008), ist zu bedenken, dass es für sozialwissenschaftliche Phänomene häufig unterschiedliche Erklärungsmöglichkeiten und meist auch eine Reihe von Theorieangeboten gibt.

Von der inhaltlichen zur statistischen Hypothese

Wenn Theorien geprüft werden, sind aus den gesetzesartigen Aussagen und den Anfangsbedingungen empirische Aussagen abzuleiten, die geprüft werden können. Diese empirisch gehaltvollen Aussagen werden als **Hypothesen** bezeichnet. Wenn nach erfolgreicher Deduktion dieser Hypothesen ein Determinismus angenommen wird, führt jede Falsifikation dieser Hypothese zur Falsifikation der Theorie. In den Sozialwissenschaften gehen wir allerdings in der Regel nicht von einem solchen Determinismus aus, sondern nehmen vielmehr an, dass soziale Sachverhalte mit einer gewissen Wahrscheinlichkeit auftreten. Damit ist eine Falsifikation nicht mehr möglich, und es müssen Alternativen zur Hypothesenprüfung entwickelt werden.

Im Folgenden wird davon ausgegangen, dass eine sozialwissenschaftliche Hypothese formuliert wird, in der Unterschiede oder ein Zusammenhang (Kausalität) zwischen sozialen Sachverhalten postuliert wird. Typische Beispiele sind:

1. Chinesische Manager unterscheiden sich hinsichtlich der Machtdistanz zu ihren Mitarbeitern von deutschen Managern.
2. Je höher ein Akteur die Dissonanz zwischen kognitiven Ereignissen einschätzt und je besser er eine Handlung einschätzt, die Dissonanz zu reduzieren, desto wahrscheinlicher ist es, dass er die Handlung ergreift.
3. Wenn Manager in einem Unternehmen einen höheren Legitimitätsdruck durch die Stakeholder wahrnehmen, sind sie eher bereit, freiwillig über Sachverhalte des Unternehmens zu berichten.

Die drei beispielhaften Hypothesen machen Aussagen über die soziale Realität und haben empirischen Gehalt. Der **empirische Gehalt** bestimmt sich nach POPPER durch seine potentiellen Falsifikatoren (*Popper*, 1935/2005, 98), d.h., jede soziale Tatsache, die ihr widerspricht, wird als eine Falsifikationsmöglichkeit bezeichnet. Auszugehen ist von folgender Beziehung: Je größer der empirische

Gehalt, desto größer seine Falsifikationsmöglichkeiten. Wenn Wissenschaftler einen hohen empirischen Gehalt anstreben, dann gibt es mehrere Möglichkeiten, die Hypothesen entsprechend zu formulieren (*Opp*, 1970/2014, 161f):

- Es ist ein möglichst hoher Allgemeinheitsgrad zu wählen, denn je mehr soziale Sachverhalte in die Hypothese aufgenommen werden, umso mehr Tatsachen der Realität können der Hypothese potentiell widersprechen.
- Es sollen präzise Zusammenhänge zwischen den Phänomenen angenommen werden. Gerichtete sind ungerichteten Hypothesen vorzuziehen, da der empirische Informationsgehalt der letzteren geringer ist. Bei ungerichteten Hypothesen muss nur überhaupt ein Zusammenhang gefunden werden, gerichtete Hypothesen fordern hingegen, dass ein positiver oder ein negativer Zusammenhang vorliegen muss.

Die – allgemein formulierten – inhaltlichen Hypothesen können grundsätzlich nicht getestet werden, weil sie in der Regel zu unbestimmt sind. Um sie zu überprüfen, sind eine Reihe von Schritten notwendig, die inhaltlichen Hypothesen schrittweise in statistische Hypothesen zu überführen.

1. Die in der Aussage enthaltenen Begriffe sind zu operationalisieren, d.h., die theoretischen Begriffe sind schrittweise in empirische Begriffe zu überführen und bei einer quantitativen Untersuchung die latenten Variablen (Konstrukte) mit ihren manifesten Variablen zu verbinden.
2. Es sind die Beziehungen so zu präzisieren, dass sie statistisch getestet werden können. D.h., es muss festgelegt werden, mit welcher Größe der Zusammenhang gemessen werden soll.

So könnten die Forscher für die (ungerichtete) Hypothese 1 den theoretischen Begriff „Machtdistanz“ das Konstrukt aus der GLOBE-Studie verwenden (*House et al.*, 2004), um es messbar zu machen. Um den Unterschied zwischen den Managern zu messen, werden die Mittelwerte aus den Beurteilungen der Machtdistanz verwendet:

$$\mu_C \neq \mu_D \qquad (5)$$

Wenn im Fall der (gerichteten) Hypothese 3 von einer Kausalität ausgegangen wird, dann ist z.B. mit Hilfe eines Kausalmodells (Strukturgleichungsmodell) die Annahme, dass der kausale Pfad zwischen dem Legitimitätsdruck (L) und der freiwilligen Veröffentlichung (fV) positiv ist:

$$\beta_{L,fV} \succ 0 \qquad (6)$$

Die statistischen Hypothesen (5) und (6) sind mit Hilfe von statistischen Methoden überprüfbar.

Grundmodell der statischen Prüfung

Relativ unabhängig von den Diskussionen in der Wissenschaftstheorie hat sich in den Sozialwissenschaften eine spezielle Form des Hypothesentestens entwickelt. Das heutige von einigen auch so genannte Ritual des Signifikanztests geht im Wesentlichen auf zwei Statistiker zurück. In den zwanziger Jahren des letzten Jahrhunderts legte RONALD FISHER (1925/1954) die Grundlagen, die dann von NEYMAN/PEARSON (1928a; b) erweitert wurden. Beide Modelle werden heute zu einem sogenannten Hybridmodell vereinigt, das die Praxis der Veröffentlichung von empirischen quantitativen Studien in den Sozialwissenschaften bestimmt. Da dies kein Buch über statistische Methoden ist, soll hier nicht die Methodik der Signifikanztests vorgestellt werden. Vielmehr soll geklärt werden, inwieweit die Inferenzstatistik zur Erklärung von sozialen Sachverhalten beitragen kann. Warum wird aber überhaupt mit statistischen Methoden gearbeitet?

Es gibt viele Gründe für den Einsatz von statistischen Methoden innerhalb von wissenschaftlichen Untersuchungen, ein wesentlicher ist allerdings, dass Hypothesen sich auf eine große Anzahl von sozialen Akteuren beziehen (z.B. alle Unternehmen in Europa oder alle NGOs weltweit): Eine Prüfung, ob sie auf alle in der Hypothesen genannten Akteure zutreffen, ist jedoch viel zu aufwendig und manchmal auch prinzipiell nicht möglich. Daher ist es wichtig zu wissen, wie eine Untersuchung aufzubauen ist, damit von einer kleineren Anzahl von Akteuren (Stichprobe) auf alle in der Hypothese genannten Akteure (Population) geschlossen werden kann; daher stammt auch die Bezeichnung Inferenzstatistik.

Wie lassen sich prinzipiell von einer kleinen Anzahl von Akteuren auf die Gesamtzahl schließen?

Eine Reihe von statistischen Verfahren setzt voraus, dass die Stichprobenkennwerte normalverteilt sind, d.h., es ist auf Basis dieser Annahme möglich, darüber zu entscheiden, ob die statistische Hypothese beibehalten oder verworfen werden kann.[13] Mit Hilfe von Signifikanztests wird angestrebt, eine wesentliche Fehlerquelle bei der Entscheidung über die Annahme oder Ablehnung der Hypothese zu beherrschen: In der Stichprobe ergeben sich zufällig andere Zusammenhänge (statistische Kennwerte) als in der Population. Signifikanztests dienen dazu, für diese Fehlerquelle, die nie ganz ausgeschlossen werden kann, Fehlerwahrscheinlichkeiten zu berechnen und damit Entscheidungen zu fundieren.

Signifikanztests und ihre Verbesserung

Eine Besonderheit von Signifikanztests ist es, dass nicht die inhaltliche Hypothese und auch nicht die aus ihr abgeleitete statistische Hypothese (H_1) getestet wird, sondern eine Hypothese, die der inhaltlichen Hypothese entgegengesetzt ist. Sie wird als Nullhypothese (H_0) bezeichnet. So wird im ersten Hypothesenbeispiel ein Unterschied zwischen chinesischen und deutschen Managern angenommen; dies ist die eigentlich interessierende inhaltliche Hypothese. In der Nullhypothese wird hingegen behauptet, dass kein Unterschied besteht:

$$\mu_C = \mu_D \qquad (7)$$

Wenn die inhaltliche Aussage des Unterschieds überprüft werden soll, dann wird von der Annahme ausgegangen, dass keine Unterschiede bestehen; eine auf den ersten Blick verwirrende Annahme. Sie dient jedoch der Berechnung der wesentlichen Prüfgrößen. Prüfgrößen werden berechnet, um Entscheidungen über die Annahme oder Ablehnung von H_1 zu unterstützen. Im Zentrum steht eine bedingte Wahrscheinlichkeit (*Eid et al.*, 2010, 195):

[13] Mithilfe des zentralen Grenzwertsatzes lässt sich zeigen, dass sich die Kennwertverteilung von Stichprobenmittelwerten mit zunehmender Größe der Normalverteilung annähern (*Eid et al.*, 2010, 210f).

$$p(\text{Ergebnis}|H_0 \text{ gilt}) \quad (8)$$

Sie gibt an, wie hoch die Wahrscheinlichkeit für die Ergebnisse (Daten) der Untersuchung ist, wenn angenommen wird, dass die Hypothese H_0 gilt. Je nach Signifikanztest unterscheidet sich die Berechnung dieser Wahrscheinlichkeit, ihre Interpretation ändert sich dadurch jedoch nicht. Um eine Entscheidung zu treffen, wird eine zweite Größe benötigt, mit der die Wahrscheinlichkeit verglichen wird. Diese Größe wird als Signifikanzniveau α (oder Fehler erster Art) bezeichnet und mittels Konvention festgelegt, üblich sind die Werte 1% und 5%. Wenn die Wahrscheinlichkeit unter diesen Werten liegt, wird von einem signifikanten (5%) oder hoch signifikanten Ergebnis (1%) gesprochen. Ein statistisch signifikantes Ergebnis bedeutet demnach, dass die in der Stichprobe vorgefundenen Ergebnisse unter der Annahme, dass die Hypothese H_0 gilt, eine sehr kleine Wahrscheinlichkeit hat und daher davon ausgegangen wird, dass somit die inhaltliche Hypothese H_1 nicht verworfen werden kann.

Dieses Vorgehen und insbesondere seine Verabsolutierung sind seit vielen Jahren einer manchmal sehr vehementen Kritik ausgesetzt, die zu einer Reihe von Verbesserung geführt hat. Einige typische Kritikpunkte sollen hier aufgelistet werden.

- Statistische Signifikanz ist nicht mit Relevanz der Beziehung zu verwechseln und damit ist auch eine ausschließliche Betrachtung der statistischen Signifikanz nicht ausreichend.
- Die dichotome Aufteilung in signifikant und nicht signifikant wird als ungenügend angesehen, denn es ist sicherlich ein Unterschied, ob ein nicht signifikantes Ergebnis eine Wahrscheinlichkeit von 6% oder 85% hat.
- Das einseitige Setzen auf die statistische Signifikanz – insbesondere durch die Publikationspolitik wissenschaftlicher Zeitschriften – führt tendenziell zu einem Überschätzen der Größe des Einflusses.

Seit einigen Jahren kommt Bewegung in die Diskussion, wie mit welchen statistischen Informationen Entscheidungen über Hypothesen unterstützt werden sollen. Sie sollen kurz skizziert werden, weil sie zu einer Verbesserung der Entscheidungen führen können.

Als erstes ist die **Effektgröße** zu nennen. Sie soll zeigen, ob der untersuchte Zusammenhang bedeutsam ist, daher wird auch oft von praktischer Signifikanz oder Relevanz gesprochen. Ihre Berechnung ist abhängig vom Test, der zur Hypothesenprüfung eingesetzt wird. JACOB COHEN hat sie populär gemacht und auch Konventionen für kleine, mittlere und große Effekte vorgeschlagen (*Cohen*, 1988). Beispielhaft sei die Effektgröße (f) für ein Kausalmodell gezeigt (Partial least squares):

$$f = \frac{\left(R^2_{incl} - R^2_{excl}\right)}{1 - R^2_{incl}} \quad (9)$$

Sie beruht auf der erklärten Varianz (R^2) und wird berechnet, indem die erklärte Varianz der abhängigen Variable einmal mit dem Pfad (R_{incl}) und einmal ohne den Pfad (R_{excl}) bestimmt wird.

In den letzten Jahren werden zunehmend neben der statistischen Signifikanz Effektgrößen veröffentlicht und somit eine bessere Einschätzung der Relevanz der Ergebnisse ermöglicht. Wenn sie vor der Untersuchung in die Hypothesenformulierung mit aufgenommen wird, erfüllt sie auch eine Anforderung für gehaltvolle Theorien. Der **empirische Gehalt** einer Hypothese bestimmt sich nach der Anzahl der möglichen Falsifikatoren (*Popper*, 1935/2005, 98): Er steigt daher, wenn eine Hypothese nicht nur einen Unterschied vorhergesagt, sondern wenn sie eine Aussage über die Größe des Unterschieds enthält.

Eine Möglichkeit, die dichotome Aufteilung in signifikant und nicht signifikant zu verbessern, ist die Einführung von Konfidenzintervallen. Beim Einsatz von **Konfidenzintervallen** werden keine Punktschätzungen der Parameter vorgenommen, sondern es werden Intervalle geschätzt, in denen mit einer gewissen Wahrscheinlichkeit der wahre Wert liegt. Konfidenzintervalle werden ähnlich wie bei Effektgrößen in Abhängigkeit der jeweiligen Tests gebildet. Im Gegensatz zur Effektgröße werden sie jedoch eher selten in der Forschungs- und Publikationspraxis eingesetzt.

Als dritte Verbesserung sind Teststärken anzusehen, die sich aus dem β-Fehler ableiten. Der **β-Fehler** tritt dann auf, wenn die Nullhypothese (H_0) beibehalten wird, obwohl die inhaltliche Hypothese (H_1) in der Population gilt. Es ist allerdings zu beachten, dass bei einer unspezifischen Hypothese der β-Fehler nicht berechnet werden kann. Mit der **Teststärke** (power) wird eine bedingte Wahrscheinlichkeit berechnet, die anzeigt, dass eine Entscheidung zugunsten H_1 gefällt wird und H_1 auch tatsächlich gilt (*Eid et al.*, 2010, 200):

$$p(\text{Entscheidung für } H_1 | H_1 \text{ gilt}) = 1 - \beta \quad (10)$$

Bei der Planung von Untersuchungen ist es dann möglich, auf Basis eines angestrebten α-Niveau, eines angestrebten β-Fehlers und einer durch die theoretischen Annahmen vorgegebenen Effektgrößen die notwendigen Stichprobenumfänge zu berechnen (*Bortz/ Döring*, 2006, 600ff).

Statistische Validität

Mit der vorgestellten Logik von Inferenztests und der auf ihr beruhenden Entscheidung ist die Frage der **statistischen Validität** verbunden. Sie ist eine Bewertung der Schlüsse, die auf der Basis der eingesetzten statistischen Methoden gezogen werden (*Cook/ Campbell*, 1979, 37). Mit der zusätzlichen Berücksichtigung von Effektgröße und Teststärke soll die Validität der Schlüsse erhöht werden, da die ausschließliche Betrachtung von signifikanten Ergebnissen als nicht ausreichend erachtet wird. Hiermit sind Bedrohungen der statistischen Validität angesprochen, die dazu führen können, dass die Nullhypothese verworfen wird, obwohl sie wahr ist (Fehler erster Art oder α-Fehler) oder die Nullhypothese beibehalten wird, obwohl sie tatsächlich falsch ist (Fehler zweiter. Art oder β-Fehler).

Tabelle 5: Entscheidungen beim statistischen Testen

Realität / statistische Entscheidung	H_0 ist wahr H_1 ist falsch	H_0 ist falsch H_1 ist wahr
H_0 wird verworfen H_1 wird beibehalten	Fehler erster Art (α)	richtige Entscheidung (1 - β)
H_0 wird beibehalten H_1 wird verworfen	richtige Entscheidung (1 - α)	Fehler zweiter Art (β)

(Quelle: *Eid et al.*, 2010, 196)

Typische Bedrohungen, die auftreten, wenn statistische Methoden eingesetzt werden, sind (*Cook/Campbell*, 1979, 41ff; *Shadish et al.*, 2002, 45ff):

- Wenn die Teststärke zu niedrig ist, werden die Effekte, die tatsächlich vorhanden sind, nicht entdeckt. Ein häufig auftretendes Problem sind zu kleine Stichproben, weil sie kleine Effektgrößen nicht (signifikant) aufzeigen können.
- Werden die Voraussetzungen von statistischen Tests nicht beachtet, so sind die Ergebnisse von Tests systematisch verzerrt. D.h., es werden beispielsweise Größen systematisch über- oder unterschätzt und eventuell die Signifikanz der Ergebnisse falsch angezeigt.
- Die Güte der Messung der Variablen – ihre Konstruktvalidität – beeinflusst die Validität ebenfalls. Ein hoher Messfehleranteil in der Messung führt häufig dazu, dass die Beziehungen zwischen Variablen nicht korrekt ermittelt werden kann.

Die drei Beispiele sind nur ein kleiner Ausschnitt von möglichen Gefahren, die, wenn sie nicht beachtet werden, zu Fehlentscheidungen über die Annahme oder Ablehnung oder zu Fehleinschätzungen der Effektgrößen führen können. In der einschlägigen Literatur zur Anwendung von statistischen Methoden finden sich daher viele Prinzipien und Regeln, mit deren Hilfe den Gefährdungen der statistischen Validität begegnet werden soll.

Feststellen des Bewährungsgrads

Mit den vorgestellten Erweiterungen wird das Ziel verfolgt, für die Frage der Bewährung von Theorien weitere Kriterien zur Verfügung zu stellen, um die ausschließliche dichotome Betrachtung von signifikanten und nicht-signifikanten Ergebnissen zu durchbrechen. Zum Abschluss dieses Kapitels soll die Praxis des Hypothesentests diskutiert werden, zur Sprache soll auch kommen, ob es eine Praxis der Falsifikation gibt. Dies soll die Frage beantworten, welche Kriterien angewendet werden, um eine Theorie (Hypothese) als nichtbewährt auszuzeichnen.

Da unser Wissen als fallibel gilt, trifft dies auch auf unsere wissenschaftlichen Untersuchungen zu: „Die Abgrenzung zwischen den weichen, unbewiesenen ‚Theorien' und der harten bewiesenen ‚empirischen Basis' existiert nicht: *alle* Sätze der Wissenschaft sind theoretisch unheilbar fallibel" (*Lakatos*, 1974, 98). Wenn auch die Daten, die wir empirisch ermitteln, um unsere Hypothesen zu prüfen, fehlerhaft sein können, dann müssen wir in unseren Entscheidungen auf diese Unsicherheit Rücksicht nehmen. Die in den vorigen Kapiteln beschriebene Vorgehensweise stellt ein Verfahren dar, um regelgeleitete Entscheidungen über die Bewährung von Theorien treffen zu können. Es stellen sich bei dieser Vorgehensweise zwei Fragen:

1. Wenn eine Untersuchung ein signifikantes Ergebnis erbringt, kann die Hypothese dann als bewährt ausgezeichnet werden?
2. Wenn eine Untersuchung ein nicht-signifikantes Ergebnis erbringt, kann die Hypothese dann als nicht-bewährt ausgezeichnet werden?

Wie zu Beginn ausgeführt, sind Bewährungen Berichte über erfolgreich überstandene Prüfungen einer Theorie, die möglichst streng sein sollen. Welche inhaltlichen Ansprüche an die Strenge von Prüfungen gestellt werden, ist in Philosophiebox 10 (S. 209) beschrieben. Darüber hinaus können Anforderungen an die Inferenzstatistik formuliert werden.

Die Entscheidungen von statistischen Tests hängen nach der vorgestellten Logik des Testens von den Größen α (Signifikanzniveau), β oder der Teststärke $1-\beta$, der Effektgröße und der Stichprobengröße. Mittels dieser Größen lässt sich die Strenge der Prüfung von Untersuchung beurteilen.

So ist beispielsweise die Annahme, dass es in einer Population bezüglich eines Merkmals überhaupt keine Unterschiede gibt, was die Gültigkeit der Null-Hypothese zeigen würde, in vielen Fällen sicherlich keine sehr strenge Annahme (*Bakan*, 1966, 425f). Je spezifischer die Hypothese formuliert wird, desto strenger wird jedoch der Test. Ansatzpunkte, um Tests strenger zu machen, sind die vier Größen:

1. Es wird das Signifikanzniveau z.B. von 5% auf 1% erhöht (*Westermann*, 2000, 295).

2. Es wird der β-Fehler nicht als Residualgröße behandelt, sondern es wird ein ähnliches strenges Maß wie für das Signifikanzniveau – z.B. 5% – festgelegt.
3. Um den β-Fehler festlegen zu können, ist es notwendig, dass vor der Untersuchung die Effektgröße abgeschätzt wird. Die Theorie, aus der die Hypothese abgeleitet wird, muss die untersuchten Variablen quantitativ in Beziehung setzen. Wie bereits angemerkt, erhöht dies den empirischen Gehalt der Hypothese und führt daher zu ihrer strengeren Prüfung.
4. Im Falle, dass die ersten drei Schritte vor der Untersuchung vollzogen werden, ergibt sich der Stichprobenumfang aus diesen Festlegungen.

Bei der Beurteilung, ob eine Untersuchung streng oder nicht streng vorgeht, helfen die inhaltlichen und statistischen Anforderungen. Lautet das Urteil „bewährt", dann ist jedoch zu bedenken, dass dies nur die geprüften Hypothesen in einer einzelnen Untersuchung auszeichnet. Wenn bedacht wird, dass auch die empirische Basis fallibel ist, wird klar, dass eine Theorie in ihrem Bewährungsgrad steigt, wenn sie unter vielen verschiedenen Bedingungen getestet wird. Der Bewährungsgrad wird hier als ordinales Konzept verstanden, d.h., es ist möglich, einen höheren Bewährungsgrad zu konstatieren, ohne diesen Unterschied quantifizieren zu können. Um dies feststellen zu können, müssen Untersuchungen repliziert werden.

Wie bereits erwähnt, sind Replikationsstudien in den Sozialwissenschaften nicht sehr beliebt, da sie insbesondere von Herausgebern wissenschaftlicher Zeitungen nicht favorisiert werden (*Rosnow/Rosenthal*, 1989, 1280; *Colquitt/Zapata-Phelan*, 2007, 1292). Replikationen sind entgegen einem weitverbreiteten Missverständnis keine vollständigen Wiederholungen der Ursprungsstudie, vielmehr liegt die Strenge der Prüfung ja gerade in der Variation einzelner Parameter einer Replikation. Ohnehin ist es in den Sozialwissenschaften praktisch kaum möglich, eine Untersuchung exakt zu wiederholen. Selten werden dieselben Versuchspersonen zur Verfügung stehen und wenn dann können sie eventuell ihre Erfahrungen in den erneuten Versuch einbringen, so dass Lerneffekte eine exakte Replikation verhindern. So werden Veränderungen gegenüber dem ursprünglichen Untersuchungsdesign z.B. durch unterschiedliche Stichproben andere Kontexte wie verschiedene Kulturen gezielt eingesetzt.[14] Abbildung 21 informiert in grober Form, wie sich die Ergebnisse von Replikationsstudien auf die Beurteilung von Theorien auswirken.

Abbildung 21: Auswirkungen der Ergebnisse von Replikationen

		Ergebnis der Replikation	
		Erfolgreich	*Nicht-Erfolgreich*
Variation der Replikation	*Variation gering*	Bewährungsgrad steigt	Bewährungsgrad sinkt
	Variation hoch	Bewährungsgrad steigt, Generalisierung nimmt zu	Bewährungsgrad sinkt, Generalisierung nimmt ab

(Quelle: stark verändert übernommen von *Rosenthal*, 1990, 5)

Sind die Replikationen erfolgreich, dann steigt der Bewährungsgrad im Falle geringer Variation und im Falle, dass Veränderungen vorgenommen werden, nimmt der Bewährungsgrad und der Grad der Generalisierung zu. Wenn die Attributionstheorie bisher nur in Ländern der westlichen Hemisphäre erfolgreich getestet wurde und in einem späteren Versucht auch erfolgreich in verschiedenen asiatischen Ländern, dann steigt ihr Bewährungsgrad, und ihr Generalisierungsgrad nimmt zu.

Wenn eine Replikation nicht erfolgreich ist, nimmt der Bewährungsgrad ab, und wenn die Veränderungen gegenüber der Originalstudie größer sind, sinkt auch ihr Generalisierungsgrad. Tritt der Fall ein, dass eine Theorie als falsifiziert oder gar als endgültig falsifiziert gilt?

---

[14] Über eine ausführlichere Typologie von Replikationsstudien informiert SCHMIDT (2009).

Gerne wird POPPER als naiver oder dogmatischer Falsifikationist tituliert (*Lakatos*, 1974, 174).[15] Gegen diesen Eindruck hat er immer wieder angeschrieben und konstatiert, dass es keine endgültige empirische Falsifikation einer Theorie geben kann (*Popper*, 1935/ 2005, 27, 506ff).[16] Was lässt sich aus einer einzelnen Untersuchung für eine nicht erfolgreiche Replikation ableiten?

1. Wenn ein nicht-signifikantes Ergebnis vorliegt, bedeutet dies nach der Logik von Signifikanztests, dass die Hypothese H_0 nicht abgelehnt und somit die eigentlich interessante Hypothese H_1 nicht bestätigt werden kann. Es bedeutet hingegen nicht, dass z.B. im Falle eines Tests auf Mittelwertunterschiede bewiesen ist, dass es keine Mittelwertunterschiede gibt: „Absence of evidence is not evidence of absence" (*Altman/Bland*, 1995, 485). Mit einem solchen Ergebnis sinkt der Bewährungsgrad, weil unter den Bedingungen der Untersuchung die vermutete Beziehung nicht besteht. Sicherlich wird jedoch eine Theorie nicht bei einem einmaligen Fehlversuch ausgeschieden. Erst wenn es überwiegend Schwierigkeiten gibt, die Ergebnisse zu replizieren, wird dies eine Theorie schwächen. Um eine Theorie zu retten, wird nach LAKATOS von der degenerativen Problemverschiebung Gebrauch gemacht, in dem der Anwendungsbereich der Theorie eingeschränkt wird; allerdings hat dies zur Folge, dass nicht nur der Bewährungsgrad, sondern auch der Generalisierungsgrad der Theorie sinkt.
2. Liegt ein signifikantes Ergebnis vor, allerdings in einer anderen Richtung als prognostiziert, ist die Theorie in noch viel unangenehmeren Schwierigkeiten. Wenn ein Vergleich zwischen den erwarteten und realisierten Effektgrößen zeigt, dass sich die

---

[15] So tituliert ihn auch sein Antipode KUHN: „Sir Karl ist kein naiver Falsifikationist, aber ich meine doch, daß man ihn mit Recht als solchen behandeln kann" (*Kuhn*, 1978b, 372f).

[16] Dem steht die folgende Formulierung entgegen: „Wir betrachten also im allgemeinen eine (methodisch entsprechend gesicherte) intersubjektiv nachprüfbare Falsifikation als endgültig; darin eben drückt sich die Asymmetrie zwischen Verifikation und Falsifikation der Theorien aus" (*Popper*, 1935/2005, 255; 1979, 256).

vermutete Richtung tatsächlich komplett gedreht hat, sind weitere Replikationen angezeigt, die das Ergebnis bestätigen oder eben auch nicht.

Nicht erfolgreiche Replikationen führen jedoch nicht automatisch zu einem Verzicht auf die Theorie. Ein klar und eindeutig definiertes Kriterium, ab wann eine Theorie als endgültig falsifiziert gilt, gibt es allerdings nicht. Das größte Hindernis für das endgültige Ausscheiden einer Theorie stellt eine mangelnde Alternative dar, d.h., wenn es keine weitere Theorie gibt, welche über einen vergleichbaren empirischen Gehalt verfügt, ist ein Verzicht auf die Theorie nicht sinnvoll (*Lakatos*, 1974, 117). Daher ist es folgerichtig, unter der Annahme des Fallibilismus einen Theorienpluralismus zu betreiben, „denn wenn es niemals sicher ist, daß eine bestimmte Problemlösung wahr ist, dann lohnt es sich, nach Alternativen zu suchen" (*Albert*, 2000, 15). Letztlich muss die Gemeinschaft der Wissenschaftler darüber entscheiden, wann eine Theorie nicht weiter verfolgt und dafür eine alternative Theorie bevorzugt wird. Jede Theorie, deren Status durch sinkende Bewährung sinkt, muss sich in einem Wettbewerb an Ideen behaupten, um auf Dauer Wissenschaftler an sich zu binden.

7.5 Bewährung und Validität

Da Bewährungen Berichte über erfolgreich überstandene Prüfungen einer Theorie sind, die möglichst streng sein sollen, ist eine Beurteilung der Validität dieser Prüfungen notwendig. Sie ist die Voraussetzung, um ein Urteil über die Bewährung abzugeben. Neben der bereits angesprochenen statistischen Validität werden weitere Validitätsarten unterschieden, die in Beziehung zum Untersuchungsdesign diskutiert werden; d.h., bei der Auswahl eines Untersuchungsdesigns – Felduntersuchung oder Laboruntersuchung – ist in Abhängigkeit der Untersuchungsart – experimentelle Untersuchung, Untersuchung mit randomisierten Stichproben, quasiexperimentelle Untersuchung, Untersuchung mit natürlichen oder bereits bestehenden Stichproben – die Validität der Ergebnisse der Untersuchung zu beurteilen. In der Diskussion ragen vor allem zwei Konzepte heraus: die interne und die externe Validität (*Campbell/Stanley*, 1966, 5).

Interne Validität einer Untersuchung liegt dann vor, wenn sich die empirischen Ergebnisse mit der untersuchten Hypothese erklären lassen und keine alternativen Hypothesen vorliegen, die zu der gleichen oder gar besseren Erklärung herangezogen werden können (*Shadish et al.*, 2002, 53). Wenn sie sehr hoch ist, dann zeigt sie an, dass die Veränderung der abhängigen Variablen ausschließlich durch die Variation der unabhängigen Variablen aufgetreten ist. Wenn jedoch vermehrt Störvariable auf die abhängige Variable wirken, erklärt die unabhängige Variable immer weniger die Veränderungen der abhängigen Variablen. Es gibt dann eine Reihe von Alternativhypothesen, die die Veränderungen der abhängigen Variable ebenfalls erklären. Tendenziell wird eine hohe interne Validität vermutet, wenn eine umfassende Kontrolle der Störvariablen möglich ist. Daher wird unter Laborbedingungen eine hohe interne Validität vermutet, in der Feldforschung ist hingegen mit einer niedrigeren internen Validität zu rechnen.

Der Einfluss der Untersuchungsart (experimentell vs. quasiexperimentell) auf die interne Validität besteht im Vorhandensein oder Nichtvorhandenseins des Prinzips des statistischen Fehlerausgleichs. Durch die **Randomisierung** wird die Äquivalenz zweier Gruppen statistisch hergestellt. Das bedeutet, dass die Zuordnung von Personen zu verschiedenen Gruppen dem Zufall überlassen wird und sich so relevante Variablen, die ein Ergebnis beeinflussen können (wie z.B. Intelligenz, Alter etc.), in beiden Gruppen annähernd gleich verteilen (*Hussy/Jain*, 2002, 106). Dadurch können Ergebnisse relativ eindeutig auf die unabhängige Variable (und nicht auf vorab bestehende Gruppenunterschiede) zurückgeführt und interpretiert werden (*Bortz/Döring*, 2006, 54).

Ist eine Randomisierung aufgrund bereits bestehender oder natürlicher Gruppen nicht möglich, kann eine statistische Äquivalenz nicht hergestellt werden. Das Zustandekommen der Ergebnisse kann demnach nicht eindeutig auf die unabhängige Variable zurückgeführt werden, da die Gefahr besteht, dass sich die Gruppen in Bezug auf die relevanten Merkmale systematisch unterscheiden. Daher wird vermutet, dass die interne Validität quasiexperimenteller Untersuchungen niedriger als die experimenteller Untersuchungen ist.

Die **externe Validität** gibt Auskunft, inwieweit die Ergebnisse der Untersuchung auf Personen, Situationen etc. außerhalb der untersuchten Stichprobe übertragen werden können (*Shadish et al.*, 2002, 83). Eine hohe externe Validität wird Felduntersuchungen unterstellt, weil diese Untersuchungen „unverfälschte Realität" (*Bortz/Döring*, 2006, 57) repräsentieren. Das heißt, die Ergebnisse lassen sich z.B. auch auf andere Personen in dieser Situation oder auf andere Situationen dieser Person übertragen. Die externe Validität wird bei Laboruntersuchungen als geringer eingestuft, weil in Laboruntersuchungen Störeinflüsse weitestgehend kontrolliert werden, was die Untersuchungsbedingungen als unnatürlich erscheinen lässt. Es ist allerdings fraglich, ob das Konzept der externen Validität sinnvoll für eine einzelne Untersuchung angewendet werden sollte. Als sinnvoll wird hingegen dieses Konzept für die Beurteilung von Forschungsprogrammen angesehen (*Bröder*, 2004, 51).

Wie GADENNE (1976) gezeigt hat, lassen sich die Konzepte der internen und externen Validität, wie sie insbesondere von CAMPBELL und STANLEY entwickelt wurden, als induktiv charakterisieren. Da die externe Validität Auskunft über die Generalisierbarkeit der Ergebnisse gibt (*Gadenne*, 1976, 37ff), ist dies unmittelbar einleuchtend (*Campbell/Stanley*, 1966, 17). Auch in der Kausalinterpretation – Schluss auf die interne Validität – verbirgt sich ein induktiver Schluss, weil es nicht gelingen kann, sämtliche Störvariablen zu kennen und zu kontrollieren (*Gadenne*, 1976, 29ff). Induktive Schlüsse sind gehaltserweiternd und daher im Gegensatz zu deduktiven Schlüssen nicht wahrheitserhaltend. Relevant wird diese Charakterisierung des induktiven Schließens wegen der Probleme, die mit ihnen verbunden sind. Es ist nämlich nicht möglich, mit Sicherheit von den beobachteten Fällen auf alle Fälle zu schließen (*Rescher*, 1987, 23f). Dass sich COOK/CAMPBELL (1979) auch in einer späteren Veröffentlichung auf den kritischen Rationalismus von POPPER berufen, mag ihre Verwendung in einer deduktiven Methodologie widersprüchlich erscheinen. Auch in einer deduktiven Methodologie ist allerdings das Konzept der externen Validität sinnvoll (*Bröder*, 2004, 49).

Um beispielhaft den Zusammenhang zwischen der Reliabilität und verschiedenen Validitätsarten aufzuzeigen, stellt Abbildung 22 einfache Zusammenhänge heraus.

Abbildung 22: Zusammenhang zwischen Reliabilität und Validität

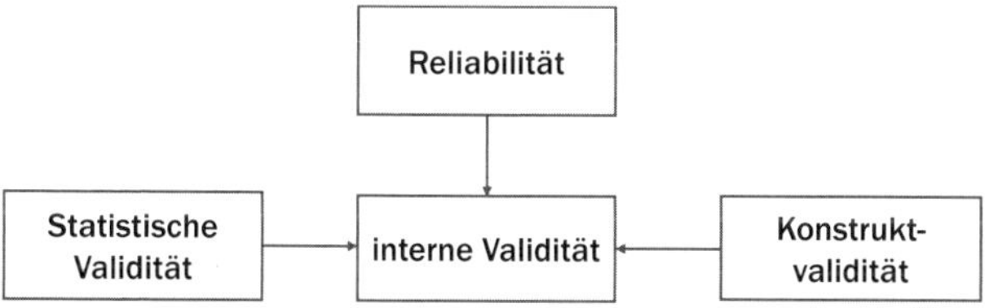

Wenn Konstrukte wie Vertrauen in einer Untersuchung gemessen werden, wirkt sich ihre Konstruktvalidität auf die interne Validität aus. Abbildung 22 zeigt daher, dass ein Zusammenhang zwischen der Konstruktvalidität eines Messinstruments – Items in einem Fragebogen – und der internen Validität besteht. Die interne Validität drückt aus, wie gut die unabhängige Variable die Veränderung der abhängigen Variablen erklärt. Das heißt, jeder nicht kontrollierte Störeinfluss führt zur Verminderung der internen Validität. Reliabilität bezieht sich ebenfalls auf diese Beherrschung der Störeinflüsse; je besser Störeinflüsse kontrolliert werden, desto höher ist die Reliabilität, weil der Fehleranteil sinkt. Ein reliables Messinstrument ist allerdings nur eine Voraussetzung für eine hohe interne Validität, es sind weitere Effekte zu berücksichtigen, die die interne Validität beeinflussen. So enthält Abbildung 22 noch die statistische Validität, welche die Schlüsse beurteilt, die auf Basis der statistischen Methoden getroffen werden.

7.6 Erklären versus Verstehen

Seit dem Verdikt von DILTHEY – „Die Natur erklären wir, das Seelenleben verstehen wir" (*Dilthey*, 1894/1964, 144) – gelten für Vertreter eines **Methodendualismus** „Verstehen" und „Erklären" als sich gegenseitig ausschließende Alternativen (*Winch*, 1974, 93ff). In Opposition zu dieser Auffassung argumentieren die Vertreter eines

Methodenmonismus für eine einheitliche Methode, wobei das Erklären dem Verstehen überlegen gilt und das Verstehen als eine verkürzte und unvollkommene Form des Erklärens angesehen wird (*Opp*, 1970/2014, 83f.). Im Gegensatz zu diesen Ansichten wird zunehmend eine dritte Ansicht formuliert, welche die Eigenständigkeit und damit die Gleichberechtigung von „Erklären" und „Verstehen" betont (*Patzig*, 1973/1996; *Detel*, 2007c).

In den Sozialwissenschaften spiegelt sich die Kontroverse zwischen Erklären und Verstehen insbesondere in den Diskussion um den Einsatz von qualitativen und quantitativen Methoden wider. Im Wesentlichen gibt es zu dieser Diskussion drei Positionen:

- Sozialwissenschaftler, die eine interpretative Sozialwissenschaft annehmen und die beispielsweise Erklärungen nach dem DN-Schema ablehnen.
- Sozialwissenschaftler, die eher auf der Grundlage der analytischen Philosophie (inkl. des Kritischen Rationalismus) stehen und die das Konzept des Verstehens ablehnen; sie halten Erklärungen für ausreichend.
- Sozialwissenschaftler, die Verstehen und Erklären als sich gegenseitig bedingende Konzepte anerkennen und die entsprechende Methoden in verschiedenen Phasen der Forschung einsetzen (*Haussmann*, 1991, 233).

Auch wenn man dem zweiten Standpunkt zustimmt, sollte klar sein, dass Verstehen nicht nur im Entdeckungszusammenhang notwendig ist. Verstehen ist grundsätzlich auch im Begründungszusammenhang erforderlich, da Erklären immer um Verstehen zu ergänzen ist: Beide wissenschaftlichen Tätigkeiten verhalten sich komplementär zueinander (*Haussmann*, 1991, 233f; *Patzig*, 1973/1996; *Künne*, 1981, 7). Es wird davon ausgegangen, dass Erklären und Verstehen als wissenschaftliche Tätigkeiten einer fallibilistischen Erkenntnistheorie anzusehen sind, die in den Zusammenhängen der Wissenschaftsproduktion unterschiedliche Aufgaben zugewiesen bekommen.

Konsequenzen für die Sozialwissenschaften

Da Handlungen als zentrales Objekt von Sozialwissenschaften gelten, bietet es sich an, „Erklären" und „Verstehen" zu kombinieren.

Verstehen und Erklären sind Erkenntnisprozesse, die den intentionalen Charakter von Handlungen berücksichtigen. Mithilfe des Verstehens werden z.B. Ziele und Überzeugungen als Gründe für Handlungen identifiziert, die dann in Form von Hypothesen in Erklärungen eingehen können.

Mit einem individualistischen Blick untersucht sozialwissenschaftliche Forschung menschliche Handlungen in ihrer Individualität und unter spezifischen situativen Bedingungen. Aus den Eigenschaften der Individualität und der spezifischen Bedingungen sollte allerdings nicht der Schluss gezogen werden, dass die Sozialwissenschaften ausschließlich idiographisch vorgehen und in denen Regularitäten oder gesetzesartige Aussagen keine Rolle spielen. Solche nomothetischen Aussagen über die Handlungen Einzelner sowie von Gruppen oder Organisationen, d.h. von Aggregaten der Individuen, erweitern Handlungserklärungen und entsprechen einem wesentlichen Wissenschaftsziel: Wissen zu schaffen, das verallgemeinerbar ist. Beide Betrachtungsweisen – idiographische Fallanalyse und nomothetische Vorgehensweise – können sich gegenseitig befruchten.[17] Diese Position lässt sich durch eine Charakterisierung der Sozialwissenschaftslehre als Handlungswissenschaft verdeutlichen:

- Sozialwissenschaftliche Forschung versucht das Handeln von sozialwissenschaftlichen Akteuren deutend zu verstehen.
- Sie überträgt Erklärungen des Handelns einzelner Individuen auf viele Individuen, um zu prüfen, ob die Erklärungen sich verallgemeinern lassen. Um generelle Aussagen ableiten zu können, sucht sie daher nach Regularitäten in sozialwissenschaftlichen Handlungen (*Braybrooke*, 1987, 110ff). Kern der generellen Aussagen sind Ursache-Wirkungsbeziehungen, die es ermöglichen sollen, Prognosen und Gestaltungshinweise abzuleiten.

---

[17] Das Begriffspaar idiographisch und nomothetisch wurde von WINDELBAND in die methodologische Debatte eingeführt, der damit die Naturwissenschaft von den Geisteswissenschaften unterscheiden wollte (*Windelband*, 1924, 142ff).

Ein solcher erkenntnistheoretischer Pluralismus akzeptiert „Erklären" und „Verstehen" als jeweils eigenständig (*Little*, 1991, 237). Pluralistische Positionen kommen jedoch schnell unter Verdacht, zu einem Relativismus zu führen, der jedes Vorgehen als gleich möglich oder sogar als gleich akzeptabel charakterisiert: so in überspitzter Konsequenz PAUL FEYERABEND mit seinem Grundsatz des „anything goes" (*Feyerabend*, 1970/1995, 32).[18] Daher ist klarzustellen, dass „Erklären" und „Verstehen" Kriterien der Wissenschaftlichkeit erfüllen (müssen):

- Verstehen und Erklären richten sich nach wissenschaftlichen Standards, d.h., sie sind intersubjektiv überprüfbar und damit für andere Wissenschaftler kritisier- und kontrollierbar.
- Ihre Aussagen lassen sich entweder logisch überprüfen oder anhand von empirischen Überprüfungen bestätigen oder widerlegen.

Ein solcher Erkenntnispluralismus fokussiert auf einen **Methodenpluralismus**, der sich neben dem Methodenmonismus mit dem Ideal der Naturwissenschaft und einem Methodendualismus mit seiner strikten Ablehnung jeglichen Anspruchs auf Erklären für die Sozialwissenschaft als dritte Variante anbietet (*Kirsch et al.*, 2007).

Ein Methodenpluralismus fördert auch die Kombination von Methoden („Mixed Methods") in den Sozialwissenschaften. Aufbauend auf der Einteilung in deduktiv-analytische und empirische Methoden lassen sich einige Hinweise zu Methodenkombinationen geben.[19]

---

[18] FEYERABEND spricht von einer „*pluralistische(n) Methodologie*" (*Feyerabend*, 1970/1995, 34), d.h. einer ausdrücklich mehrere Erkenntnisweisen zulassende Sichtweise (*Hoyningen-Huene/Oberheim*, 2006, 22; *Oberheim*, 2006, 270ff).

[19] Solche Kombinationen werden seit einigen Jahren unter dem Begriff Methodenkombination (Mixed-Methods) diskutiert; Interessierte an dieser Diskussion finden das Konzept dargestellt in TEDDLIE/Tashakkori (2009) und viele weitere Einzelaspekt im Handbuch von den gleichen Autoren (*Tashakkori/Teddlie*, 2010).

Zwischen **quantitativen und qualitativen empirischen Methoden** bestehen in Bezug auf die vorgestellten Ziele Gemeinsamkeiten. Allerdings werden qualitative Methoden vorwiegend eingesetzt, wenn Hypothesen generiert werden sollen. Quantitative Methoden werden zur Prüfung von Hypothesen herangezogen. Dies ist jedoch als jeweilige Schwerpunktsetzung zu beurteilen. Das folgende soll zeigen, dass beide Methoden(familien) auch vielseitiger einsetzbar sind und mit Gründen verbunden werden, warum Methoden kombiniert werden.

- Da formal-analytische Modelle eine Vereinfachung der Realität bewirken, lassen sich mögliche Erklärungen einfacher finden. Deren Ergebnisse können dann in empirischen Methoden verwendet werden.
- Die vereinfachende Erklärung kann auch für Prognosen verwendet werden. Treten sie ein, so kann aus einer wahren Konklusion nicht auf wahre Prämissen geschlossen werden. Die Konklusion kann auch dann wahr sein, wenn einzelne Prämissen falsch sind (*Salmon*, 1983, 60f). Es ist daher auch nicht richtig, wenn aufgrund der Tatsache, dass Verhaltensannahmen aus einem mathematischen Modell als falsifiziert gelten, damit automatisch das ganze Modell als falsifiziert gelten kann.
- Formal-analytische Modelle können eine Reihe von Einsichten liefern, mit welchen Folgen bei bestimmten Verhaltensweisen zu rechnen ist. So liefern die Modelle der Prinzipal-Agenten-Theorie viele Beispiele für Konsequenzen aus opportunistischem Verhalten.

Werden die Gründe analysiert, warum qualitative und quantitative Methoden kombiniert werden, so lassen sie sich nach Art der Handlungserklärung einteilen: vertiefte und erweiterte Handlungserklärungen.

- Eine **Vertiefung von Handlungserklärungen** bezieht sich insbesondere auf die Möglichkeit, auf unklare oder überraschende Befunde in einer Untersuchung zu reagieren oder auch neue Befunde durch eine qualitative Untersuchung zu ermitteln. Bestehen noch nicht ausreichende Kenntnisse über ein zu untersuchendes Phänomen, dann sind häufig sowohl die Konstrukte als auch die damit zusammenhängenden Hypothesen unklar. In diesem Fall bieten sich qualitative Methoden an, erste Klarheit durch eine Untersuchung im Feld zu schaffen. So gibt STILES (2001) als wesentlichen Grund seiner qualitativen Studie an, dass es wenig direkte Befragungen von Mitgliedern von Geschäftsleitungen bezüglich seiner Fragestellung gibt. Er will jedoch wissen, wie die Akteure ihre Handlungen selbst wahrnehmen.

Wie am Beispiel der Untersuchung von SUTTON/RAFAELI (1988) gezeigt, dient eine Kombination auch dazu, überraschende Befunde aus einer quantitativen Untersuchung, z.B. eine genau entgegengesetzte Richtung des Einflusses zwischen abhängiger und unabhängiger Variable, anhand der untersuchten Einheiten zu ergründen, um damit die tatsächliche Abhängigkeit besser zu erkennen (*Kelle*, 2007, 233ff).

- Eine **Erweiterung von Handlungserklärungen** dient vornehmlich der Überprüfung, inwieweit die in einer qualitativen Untersuchung gefundenen Handlungserklärungen auch für andere Untersuchungseinheiten Gültigkeit haben. Da qualitative Untersuchungen häufig auf einer eingeschränkten Fallauswahl beruhen, wird mit einer anschließenden quantitativen Untersuchung versucht, eine höhere Generalisierbarkeit der Befunde zu erreichen. Es sind jedoch zwei Aspekte besonders zu beachten: 1. Es muss sichergestellt werden, dass die entwickelten Konstrukte sich auf die gleichen Phänomene beziehen. 2. Werden die Zusammenhänge aus der qualitativen Untersuchung in der quantitativen Untersuchung nicht bestätigt, muss dies nicht an einer fehlerhaften qualitativen Untersuchung liegen, sondern es kann schlicht daran liegen, dass innerhalb der Geltungsweite der qualitativen Untersuchung der Zusammenhang zwar gilt, außerhalb aber nicht (*Kelle*, 2007, 244ff).

Qualität von Studien mit Methodenkombinationen

Wenn in einer Studie quantitative und qualitative Methoden kombiniert werden, nach welchen Maßstäben wird dann die Güte gemessen? Prinzipiell haben sich dazu drei Antworten entwickelt:

1. Es sollten die Gütekriterien der quantitativen Methodologie Vorrang haben (*Miller*, 2003, 441).

2. Da Gütekriterien der quantitativen Methodologie nicht adäquat für qualitative Methoden sind, sollten beide Methodengruppen mit unterschiedlichen Gütekriterien gemessen werden; wesentlich zur Stützung wird die Abhängigkeit der Kriterien von unterschiedlichen Paradigmen behauptet (*Sale/Brazil*, 2004, 352f).
3. Methodenkombinationen stellen die Qualitätsbeurteilung vor neue Herausforderungen, daher müssen neue (weitere) Kriterien entwickelt werden (*Onwuegbuzie/Johnson*, 2006).

Es besteht nicht nur keine Notwendigkeit, für Methodenkombinationen neue Kriterien zu entwickeln, hier wird vielmehr befürwortet, dass mit den vorhandenen Konzepten, wie der Validität und der Reliabilität, die Qualität von qualitativen Studien und von Methodenkombinationen beurteilt werden kann. Die Diskussionen um die Gütekriterien der qualitativen Methoden haben gezeigt, dass es nicht von Vorteil ist, wenn neue Kriterien entwickelt werden, ohne sie an die bereits bestehenden Standards anzubinden. Es ist z.B. nicht ersichtlich, welchen Vorteil es haben soll, wenn in quantitativen Studien die externe Validität zur Beurteilung herangezogen wird, in qualitativen Studien von Übertragbarkeit („transferability" *Lincoln/Guba*, 1985, 297f) gesprochen wird und nun die Methodenkombinationen ein weiteres Kriterium – „inference transferability" (*Teddlie/Tashakkori*, 2009, 287) einführen. Denn in all diesen Konzepten geht es um die gleiche Frage: Lassen sich die gefundenen Ergebnisse der Studie auf soziale Sachverhalte (Akteure, Kulturräume etc.) außerhalb der Stichprobe übertragen?[20]

Wenn Validität als Güte der Schlüsse, die auf Basis von Untersuchungen gezogen werden, aufgefasst wird, dann lässt sich dieses Konzept auch auf Methodenkombinationen übertragen. Dies haben TASHAKKORI/TEDDLIE (2009, 286ff) zwar vorgeschlagen, allerdings knüpfen sie weder an das Argumentschema von TOULMIN noch an die von MESSICK und KANE entwickelten Konzepte an. Insbesondere das Argumentschema von TOULMIN hat den Vorteil für komplexe Argumente, wie es die Beurteilung der Validität von

[20] Diese Auflistung lässt sich fortführen, beispielsweise mit den drei Termini: Validität, Glaubwürdigkeit und Legitimation (*Onwuegbuzie/Johnson*, 2006, 55).

Studien mit Methodenkombination zweifelsohne ist, in einzelne Bestandteile zu zerlegen und damit die einzelnen Schritte offenzulegen.

Somit erscheint es von Vorteil, wenn die Standards der Forschung auf einem gemeinsamen Bezugsrahmen beruhen. Wird die hier skizzenhaft vorgetragene Argumentation zur Validität verallgemeinert, hat dies für einen **Methodenpluralismus** folgende angestrebte Konsequenzen:

- Gemeinsame Gütekriterien auf Basis verschiedener wissenschaftlicher Forschungsprogramme fördern die Kooperation zwischen ihnen und erleichtern die Kommunikation zwischen Wissenschaftlern.
- Gemeinsame Gütekriterien erleichtern Diskussionen über die Methodenkombinationen. Daher ist der Vorschlag von ONWUEGBUZIE/JOHNSON (2006), neben der Terminologie für die quantitativen und qualitativen Methoden eine neue Terminologie für die Methodenkombination hinzuzufügen, zur Kommunikation zwischen Forschern eher ungeeignet.

Die Entwicklung gemeinsamer Standards für Methoden und Untersuchungsdesigns ist eine Möglichkeit, die Kommunikation als Vorbedingung der Kooperation zwischen verschiedenen wissenschaftlichen Forschungsprogrammen zu fördern. Wird in diesem Feld Einverständnis durch kommunikatives Handeln erzielt (*Habermas*, 1981, 385ff), ist eine Voraussetzung vernünftiger Kommunikation gegeben.

Zusammenfassung

- Wissenschaftliche Erklärungen sind Warum-Fragen, d.h., sie geben Gründe oder Ursachen an, warum bestimmte soziale Sachverhalte zu beobachten sind.
- Eine deduktiv-nomologische Erklärung (DN-Erklärung) besteht aus mindestens einem Gesetz und mindestens einer Anfangsbedingung, aus denen sich Konsequenzen folgern lassen. Für die Erklärung von Handlungen sind die Anfangsbedingungen die Ziele und Überzeugungen von sozialen Akteuren, die in allgemeiner Form auch dem Gesetz zugrunde lie-

gen. Wenn das Gesetz nur probabilistisch formuliert ist, dann wird von einer induktiv-statistischen Erklärung gesprochen. Es ist dann nicht mehr zwingend, dass der Sachverhalt, der als Konsequenz formuliert ist, auftritt; es ist nur wahrscheinlich. Eine intentionale Erklärung erklärt die Handlung ausschließlich auf Basis einer Ziel-Überzeugungs-Kombination; ein Gesetz wird nicht für dieses Schluss-Schema benötigt.

- Mit Kausalität wird die Beziehung zwischen Ursache und Wirkung bezeichnet. Dieses Konzept entzieht sich einer einfachen Definition. Es haben sich vier verschiedene Ansichten über Kausalität entwickelt.
- Mit dem Regularitätsansatz verbindet sich die Idee, dass der Ursache regelmäßig die Wirkung folgt. In den Sozialwissenschaften ist davon auszugehen, dass es keinen deterministischen Zusammenhang gibt, sondern häufig probabilistische Beziehungen. Die Komplexität führt zum Aufstellen von INUS-Bedingungen für kausale Erklärungen. Sie weisen darauf hin, dass es in den Sozialwissenschaften häufig alternative Bündel von Erklärungen gibt.
- Beim kontrafaktischen Ansatz wird gedanklich ein alternatives Szenario geschaffen, in dem die Ursache fehlt, in ihr sollte dann auch nicht die Wirkung auftreten. Im Interventionsansatz wird eine Manipulation (Intervention) eingesetzt, um die Ursache so zu manipulieren, dass sie die Wirkung hervorbringt.
- Mechanismusansätze wollen die Prozesse erklären, mit deren Hilfe die Wirkung erzielt wird. Sie setzen die Verbindung zwischen Ursache und Wirkung in den Mittelpunkt der Analyse
- Die verschiedenen Ansätze schließen sich nicht gegenseitig aus, vielmehr ergänzen sie sich in einigen Punkten. Daher bietet sich eine pluralistische Fassung der Kausalität an, die nicht nach den begriffsnotwendigen Bestandteilen sucht.
- Theorien sind komplexe Systeme von Aussagen (sogenannter statement-view). Sie bestehen aus einem komplexen Geflecht von theoretischen, empirischen Begriffen und dementsprechenden Interpretationsregeln, die Bestandteile von grundsätzlichen Aussagen (Axiomen) und daraus abgeleiteten Folgerungen sind. Meist werden Theorien nicht isoliert disku-

tiert, sondern zu wissenschaftlichen Forschungsprogrammen verbunden.

- In den Sozialwissenschaften ist das Drei-Ebenen-Modell häufig anzutreffen. Eine typische Einteilung der drei Ebenen ist die in (1) Mikro-Ebene für Individuen, (2) Meso-Ebene für Gruppen oder Organisationen und (3) Makro-Ebene für Märkte oder Netzwerke. Wenn Phänomene einer hierarchisch unteren Ebene Phänomene einer höheren Ebene vollständig erklären, wird von Reduktion gesprochen. Dem entgegen steht die Emergenzthese, mit der behauptet wird, dass es Phänomene der oberen Ebene gibt, die nicht durch Phänomene der unteren Ebene erklärt werden können. Weit verbreitet ist das Konzept der Mikrofundierung. Es besagt, dass Phänomene der übergeordneten Ebene durch theoretische Erkenntnisse der individuellen Ebene abgesichert werden.
- Gerechtfertigte Überzeugungen sollen durch die Bewährung von Theorien hergestellt werden. In den Sozialwissenschaften hat sich eine Logik des Prüfens von Hypothesen etabliert, das auf der Inferenzstatistik beruht und insbesondere Signifikanztests vorsieht. Neben der Signifikanz wird heute durch Effektgrößen, der Vorgabe von β-Fehlern und Konfidenzintervallen eine Verbesserung der Aussagekraft erhofft.
- Bewährung als ein Bericht über die überstandenen Tests, die möglichst streng sein sollen, kann sich auch auf die Vorgaben der Signifikanztests beziehen, indem z.B. Signifikanzniveaus verschärft oder der β-Fehler vorgegeben wird.
- Erklärung versus Verstehen wird von einem Methodenpluralismus in eine konstruktive Richtung gewendet und als komplementäres Vorgehen gedeutet. In Studien mit Methodenkombinationen wird dies in der empirischen Forschung praktiziert und somit Pluralismus für die Theorie-Entwicklung fruchtbar gemacht.
- Für Methodenkombinationen sollte auf Standards der Gütebeurteilung wie der Validität zurückgegriffen werden. Dies fördert die Kommunikation von Wissenschaftlern, die verschiedene Forschungsprogramme betreiben.

Schlüsselwörter

Anfangsbedingung (205)
Bewährung (208)
Ceteris-paribus-Aussage (191)
DN-Erklärung (205)
Erklärung, intentionale (212)
Holismus (243)
Gehalt, empirischer (244)
Interventionsansatz (221
IS-Erklärung (210)
Kausalität (215))
Kausalität, kontrafaktische (220)
Mechanismen, kausale (223)
Methodendualismus (259)
Methodenmonismus (260)
Regularitätstheorie (217)
Supervenienz (238)
Theorie (228)
Unterbestimmtheit (243)

Lernkontrolle

1. Was ist eine DN-Erklärung?
2. Geben Sie Beispiele für Gesetze in den Sozialwissenschaften.
3. Erläutern Sie die vier Adäquatheitsbedingungen für Erklärungen. Zeigen Sie auf, wie sie zu interpretieren sind.
4. Was ist eine strenge Prüfung?
5. Wodurch unterscheiden sich IS-Erklärungen von DN-Erklärungen?
6. Was ist eine intentionale Erklärung?
7. Kennzeichnen Sie Kausalität.
8. Welche vier Auffassungen der Kausalität kennen Sie?
9. Beschreiben Sie die INUS-Bedingung und erläutern Sie eine Konsequenz für die sozialwissenschaftliche Forschungspraxis.
10. Erläutern Sie an Beispielen kontrafaktisches kausales Denken.
11. Zeigen Sie die Relevanz des Interventionsansatzes für die sozialwissenschaftliche Forschungspraxis.
12. Erläutern Sie, wie sich die vier Auffassungen zur Kausalität in der sozialwissenschaftlichen Forschungspraxis niederschlagen.
13. Was ist eine Theorie?
14. Beschreiben Sie eine mögliche Struktur von Theorien.
15. Erläutern Sie kurz die semantische Auffassung von Theorien.
16. Beschreiben Sie ein Drei-Ebenen-Modell von Theorien. Gehen Sie in diesem Zusammenhang auch auf die Begriffe Reduktion und Emergenz ein.
17. Was ist Supervenienz?
18. Welche Annahmen sind mit der Mikrofundierung verbunden?
19. Kennzeichnen Sie die Duhem-Quine-These über den Holismus von Theorien.
20. Was unterscheiden Methodenmonismus, Methodendualismus und Methodenpluralismus?

21. Erläutern Sie an Beispielen, wie sich unterschiedliche Methoden in einer Studie kombinieren lassen. Geben Sie auch Gründe an, warum dieses Vorgehen vorteilhaft sein kann.
22. Begründen Sie, warum es sinnvoll ist, zur Beurteilung der Qualität von Studien mit Methodenkombinationen auf die etablierten Standards wie Validität und Reliabilität zurückzugreifen.

Kommentierte Literaturempfehlungen

Umfassende Analysen zur Erklärungs finden sich in SALMON (1989), STEGMÜLLER (1983) und PSILLOS (2007). STEGMÜLLER äußert die Ansicht, dass die Erklärungsbegriffe dem Familienbegriff von WITTGENSTEIN entsprechen, d.h., sie sind miteinander verwandt, aber sie haben nicht alle die gleichen Grundbestandteile (*Stegmüller*, 1983, 113). Die Aufsätze von HEMPEL finden sich in seinem Band „Aspects of scientific explanation" (*Hempel*, 1965). HEMPELS ursprünglicher Aufsatz beschäftigte sich insbesondere mit der Erklärung geschichtlicher Ereignisse, worauf DRAY aus Sicht eines Historikers das Modell einer rationalen Erklärung vorschlug (*Dray*, 1957, 124ff).

Die umfangreichste Monographie über das Konzept der Erklärung ist von STEGMÜLLER (1983), eine sehr konzise Einführung in das Gebiet ist von BARTELBORTH (2007), der auch auf die verschiedenen Kausalitätsauffassungen eingeht. PSILLOS (2002) und die verschiedenen Autoren im „Oxford Handbook of Causation" (*Beebee/Hitchcock/Menzies*, 2009) diskutieren diese Ansätze ebenfalls ausführlich. Ein umfangreicher Band über Kausalität in den verschiedenen Wissenschaften ist von ILLARI/RUSSO/WILLLIAMSON (2009) herausgegeben worden.

Der Interventionsansatz wird umfassend von WOODWARD (2003) dargestellt; eine kritische Diskussion findet sich bei HOOVER (2009, 339ff). HEDSTRÖM/YLIKOSKI (2010) führen in den Mechanismusansatz ein, der von OPP (2005) kritisch analysiert wird. Kanonisch für intentionale Erklärungen ist VON WRIGHT (1971). Eine Überblick zu verschiedenen Positionen, ob in intentionalen Erklärungen Gründe oder Ursachen die angemessenere Redeweise ist, bieten VOSSENKUHL (2003) und ausführlich BECKERMANN (1977). DAVIDSON hat seine Argumentation in einer Reihe von Aufsätzen entwickelt, z.B. (*Davidson*, 1967/1985; 1987/2006), eine ausführliche Analyse seiner Argumentation findet sich bei GLÜER (2011). Umfassend zu dieser sehr tiefgehenden Diskussion KEIL (*Keil*, 2000).

Die vorgestellte Theorienkonzeption beruht vorwiegend auf folgenden Werken: ESSER (1993), KELLE (2007), LITTLE (1998) und ZAHLE (2007), um nur die wichtigsten zu nennen. Zum methodischen Vorgehen in der Mehr-Ebenen-Forschung finden sich viele Hinweise in KOZLOWSKI/KLEIN (2004).

Ein kurze Einführung zum Konzept der Bewährung gibt GADENNE (1998). In Lehrbüchern zur schließenden Statistik (Inferenzstatistik) finden sich Beschreibungen der grundsätzlichen Vorgehensweise, wie Bewährung festgestellt werden kann; wie z.B. in EID/GOLLWITZER/SCHMITT (2010). Eine ausführliche Analyse der Konzeption von COOK/CAMPBELL findet sich in GADENNE (1984). Lesenswert zur Replikation sind die Artikel von ROSENTHAL (1990) und SCHMIDT (2009).

Die Kontroverse zwischen Erklärung und Verstehen hat verschiedene Stadien durchlaufen, die von APEL (1979) beschrieben und kommentiert werden. Häufig wird Verstehen als eine noch nicht vollendete, verkürzte Form der Erklärung (*Abel*, 1964; *Leat*, 1972/1978; *Bleicher*, 1980) diskutiert.

Im Gegensatz zu diesen Dichotomien, die als sich gegenseitig ausschließende Alternativen angesehen werden, haben sich Wissenschaftler pragmatisch für Methodenkombinationen entschieden. Sie werden umfassend im Handbuch von TASHAKKORI/TEDDLIE (2010) und ihrer Monographie (*Teddlie/Tashakkori*, 2009) beschrieben und diskutiert; als Einstieg zur Beurteilung der Güte von Studien mit Methodenkombinationen dient O'Cathain (2010). Einen umfassenden Überblick über die wesentlichen methodologischen Fragen liefert KELLE (2007). Einige Teile dieses Kapitels stammen aus (*Brühl*, 2010).

8 Gestaltung und Prognose

8.1 Merkmale von Gestaltung und Prognose

Wesentliche Ziele der Sozialwissenschaften sind neben den theoretischen Zielen der Beschreibung, des Verstehens und der Erklärung die praktischen Ziele der Prognose und der Gestaltung. Diese Trennung findet sich auch in der Philosophie, welch die theoretische und praktische Philosophie unterscheidet. Sie geht auf ARISTOTELES zurück, der eine Trennung der exakten Wissenschaften von der Theorie der Praxis vornimmt, da er menschliche Handlungen als kontingent ansah (*Aristoteles*, 2011, 75f). Neben der Kontingenz hat auch seine Diskussion von Zwecken der Praxis nichts an Aktualität eingebüßt, denn auch heute wird über die Fragen von Endzwecken wie der Glückseligkeit oder über die Fragen, welche Mittel zweckgerecht sind, ausgiebig diskutiert.

Für Prognosen und Gestaltung ist ihre Zukunftsorientierung kennzeichnend. Dies ist bei der Prognose – im Folgenden synonym zu Vorhersage und Voraussage – unmittelbar evident, wenn einschlägige Definitionen betrachtet werden:

- Beispielhaft für eine kurze Definition sei OSKAR MORGENSTERN für die Wirtschaftsprognose genannt: „Prognose ist ein Urteil über künftige Wirtschaftslagen" (*Morgenstern*, 1928, 1).
- OPP definiert Prognose (Vorhersage): „es ist gefragt, ob ein bestimmtes Ereignis in der Zukunft auftreten wird" (*Opp*, 1970/2014, 51).
- SCHURZ betont die Neuheit von Ereignissen: „während bei einer *Voraussage* der vorausgesagte Sachverhalt neu und noch unbekannt ist" (*Schurz*, 2011, 30).

Mit **Prognosen** wird in den Sozialwissenschaften ein wichtiger praktischer Zweck erfüllt: Es soll aufgezeigt werden, wie sich die untersuchten Phänomene in der Zukunft entwickeln. Dies reicht von Prognosen auf der Makro-Ebene wie die Entwicklung der Bevölkerung, um z.B. das Rentensystem in einer Gesellschaft auf Veränderung einstellen zu können, bis zu Prognosen auf der Mikro-Ebene wie das Entscheidungsverhalten individueller Akteure, um Verbesserungsvorschläge für rationalere Entscheidungen zu erarbeiten. Da sich Prognosen auf die Zukunft beziehen, wird davon ausgegangen, dass es prinzipiell möglich ist, eventuell auftretende Fehlentwicklungen zu verändern.

Aufmerksame Leserinnen und Leser werden – bei der Lektüre des vorigen Kapitels zur Erklärung – bemerken, dass dort häufig von Prognosen die Rede war. So wird bei der Prüfung von Theorien hiervon Gebrauch gemacht, denn es werden, beispielsweise für ein Experiment, die Vorhersagen der Theorie geprüft. Eine Unterscheidung zwischen Erklärung und Prognose ist, dass sich Erklärungen auf vergangene und Prognosen auf zukünftige Ereignisse beziehen. Dies führt dann dazu, dass eine strukturelle Gleichheit von Erklärung und Prognose behauptet wird. Daher baut dieses Kapitel auf dem vorigen Kapitel zu Erklärungen auf, allerdings werden weitere Fragen behandelt, die sich unter anderem gegen die Strukturgleichheitsthese wenden. Sie lassen sich pointiert zuspitzen:

- Es ist für eine Prognose nicht wesentlich, ob sie auf Erklärungen von bewährten Theorien beruhen: Solange sie erfolgreich in ihrer Vorhersage sind, ist dies ein ausreichendes Kriterium. Dieses Argument wird häufig mit dem **Instrumentalismus** in Verbindung gebracht, der Theorien als Instrumente ansieht und sich entschieden gegen realistische Positionen wendet.
- Gegenstand der Sozialwissenschaften sind soziale Akteure, die über freien Willen und Kreativität verfügen. Voraussagen mittels deterministischer Kausalbeziehungen über das zukünftige Verhalten sind aus diesem Grund nicht möglich.
- Prognosen können sich in sozialen Systemen selbst zerstören oder selbst erfüllen, weil Akteure auf kommunizierte Sachverhalte reagieren oder sich untereinander beeinflussen und somit die vorausgesagten Sachverhalte eintreffen lassen oder ihr Eintreten verhindern.

Während bei der Prognose zwar ein praktisches Ziel verfolgt wird, ohne aktiv in soziale Prozesse einzugreifen, setzt das **Gestalten** explizit an der aktiven Veränderung von sozialen Prozessen an. Da Veränderungen nur in der Zukunft realisiert werden können, ist das Gestalten wie die Prognose in die Zukunft orientiert. In den Sozialwissenschaften geht es jedoch vornehmlich um die Theorie des Gestaltens und nicht um das tatsächliche Gestalten. Mit dem kognitiven Ziel der Gestaltung sollen Möglichkeiten für veränderte soziale Prozesse erzeugt werden; einige typische Definitionen und Zwecksetzungen des Gestaltens sind z.B.:

- Es werden die Mittel gesucht und aufgezeigt, um bestimmte Zwecke zu erreichen (*König*, 2006, 84).
- Nach HANS ULRICH sollen „*Gestaltungsmodelle* für die Veränderung der sozialen Wirklichkeit" entworfen werden (*Ulrich*, 1981, 11).
- MARIO BUNGE definiert **Technologie** als technologisches Wissen (Gestaltungswissen): „it can be employed to control, transform or create things or processes, natural or social, to some practical end deemed to be valuable" (*Bunge*, 1976, 154). Der Begriff umfasst somit auch Theorien, die für die Gestaltung eingesetzt werden.[1]

Es sind in der anwendungsorientierten Forschung weitere Abstufungen möglich, die vom empfehlenden Charakter schrittweise zur konkreten Handlung führen. Die mit letzterer verbundene Aktionsforschung stellt die Intervention während des Forschungsprozesses in den Mittelpunkt und wird zum Abschluss dieses Kapitels behandelt.

8.2 Methodologische Aspekte von Prognosen

Welche Eigenschaften sollte eine Prognose haben, damit sie sich als wissenschaftlich klassifiziert? Denn nicht jede Aussage über die Zukunft ist als wissenschaftliche Prognose zu bezeichnen: „Die Welt wird im Jahre 2015 untergehen, weil ich ein Erleuchteter bin!" gehört wohl in die Kategorie der unwissenschaftlichen Prognose. POPPER und HEMPEL haben mit dem Hinweis, dass Prognose und Erklärung **strukturgleich** sind, eine These aufgestellt, welche die Eingangsfrage so beantwortet, dass eine Prognose aus einem Gesetz und den Anfangsbedingungen deduktiv abgeleitet wird:

- „Thus, the logical structure of a scientific prediction is the same as that of a scientific explanation" (*Hempel*, 1942, 38).

---

[1] Es gibt weitere Auffassungen, wie Technologie zu definieren ist (*Sachsse*, 1989; *Irrgang*, 2011).

> „Wir sehen also, daß, vom logischen Standpunkt betrachtet, die Prognosendeduktion und die technische Anwendung lediglich eine Art Umkehrung des fundamentalen Erklärungsschemas darstellen" (*Popper*, 1949/1972, 52).

Wie ist diese These der Strukturgleichheit zu erkären? Im Grund haben wir die beiden möglichen Lesarten dieser These im vorherigen Kapitel bereits implizit erwähnt (*Keuth*, 2000, 70). Sie soll hier auf die DN-Erklärung bezogen werden, da sie in diesem Zusammenhang diskutiert wird (*Hempel*, 1965/1977, 44):

1. Jede DN-Erklärung ist eine potentielle DN-Prognose.
2. Jede DN-Prognose ist eine potentielle DN-Erklärung.

Einige Autoren geben diesen Teilthesen eine zeitliche Komponente, d.h. beispielsweise für die erste Teilthese, dass, wenn sie vor dem Ereignis abgegeben wird, aus der Erklärung eine Prognose wird. Neben dieser zeitlichen Betrachtung (*Hempel*, 1965/1977, 43; *Stegmüller*, 1983, 192) kann jedoch auch eine **pragmatische** Betrachtung der Strukturgleichheit erfolgen (*Küttner*, 1979, 85), die sich auch am DN-Schema erläutern lässt (s. Abbildung 23). Wenn das DN-Schema auf die Prognose angewendet wird, zeigt sich, dass beide Schemata übereinstimmen, das Explanandum ist aber keine Erklärung, sondern eine Prognose. Ein **prognostisches Argument** besteht aus einem Gesetz und den Anfangsbedingungen als Prämissen und der prognostischen Aussage als Konklusion. Der Unterschied zwischen Erklärung und Prognose ist dann eher pragmatischer Natur: Während bei Erklärungen das Explanandum – also die Konklusion – bekannt ist und die Voraussetzungen – das Explanans (Gesetz und Anfangsbedingungen) – gesucht werden, wird bei der Prognose das Prädikandum – die Prognose – gesucht und das Prädikans (Gesetz und Anfangsbedingungen) ist gegeben (*Küttner*, 1989, 276; 1981, 59).

Abbildung 23: Prognose mit Hilfe des DN-Schemas

Prädikans Gesetz (G)		$(Z \wedge (Z \rightarrow H)) \rightarrow H$
Anfangsbedingungen - Ziele von i - Überzeugungen von i	Akteur strebt Ziel Z_i an Akteur ist überzeugt, dass Mittel H_i zur Realisierung von Z_i notwendig	Z_i $(Z \rightarrow H)_i$
Prädikandum (Prognose)	Akteur wird H_i vollziehen	H_i

Eine Prognose – im Sinne einer DN-Prognose – ist somit eine begründete Aussage über zukünftige Ereignisse (*Knapp*, 1978). Im Prognoseargument nach dem DN-Schema liefern das Gesetz und die Anfangsbedingungen die Gründe für die Prognose. Wenn der Behauptung zugestimmt wird, dass wissenschaftliche Prognosen strukturgleich zu Erklärungen auszuzeichnen sind, dann ergeben sich daraus entsprechende Anforderung an Prognosen. Beispielsweise werden ähnliche Adäquatheitsforderungen an Prognosen gestellt, wie sie bei Erklärungen diskutiert werden. Es gibt allerdings einige Zweifel an der Strukturgleichheit und damit auch daran, dass die Adäquatheitsbedingungen für Erklärungen herangezogen werden können.

- Erklärungen erfordern Ursachen: Häufig wird von Erklärungen verlangt, dass sie Ursachen benennen, mithin sollen Kausalerklärungen gegeben werden. Für Prognosen wird diese Anforderung als zu restriktiv angesehen, d.h., es werden auch Indikatoren, die nicht als Ursachen angesehen werden, für eine Prognose akzeptiert. Es werden mithin nicht so strenge Anforderungen an Prognosen gestellt und somit weitere „Erkenntnis- oder Vernunftgründe“ zugelassen (*Stegmüller*, 1983, 236).
- Nach den Diskussionen um den Erklärungsbegriff, die zu einer sehr weiten Auffassung von Erklärungen geführt hat, ist es nicht adäquat, in der Diskussion der Prognose wieder zum Ausgangspunkt der Diskussion zurückzukehren. Wie im vorigen Kapitel diskutiert, verzichten intentionale Erklärungen nach dem praktischen Schluss auf die Deduktion aus einem Gesetz. Daher sollte auch bei Prognosen diese weite Begriffsauffassung

vorgenommen werden. Aus diesem Grund wird im vorliegenden Buch von gesetzesartigen Aussagen gesprochen, die in den Sozialwissenschaften auf Regelmäßigkeiten beruhen, die probabilistisch oder normisch sein können.

- Es gibt **bedingte Prognosen**, die sich dadurch auszeichnen, dass in ihnen alternative Anfangsbedingungen mit unterschiedlicher Wahrscheinlichkeit auftreten, die unterschiedliche Prognosen erzeugen. Die Prognose hängt dann davon ab, welche Ereignisse in Zukunft tatsächlich eintreten (*Toulmin*, 1961/1981, 37f).

Als eine erste Konsequenz aus diesen Überlegungen werden hier in Anlehnung an KÜTTNER'S pragmatischer Interpretation Prognosen so umrissen, dass bei ihnen das Prädikandum gesucht ist und ein Gesetz – entsprechend der sozialwissenschaftlichen Interpretation – sowie die Anfangsbedingungen – auch in der Form von alternativen Ereignissen – gegeben sind (*Küttner*, 1989, 279). Eine erfolgreiche Prognose soll das Ereignis korrekt voraussagen und auf Basis der bekannten, wenn auch unterschiedlich wahrscheinlichen Anfangsbedingungen, eine Begründung in Form von Regelmäßigkeiten liefern. Mithin gelten nur prima facie ähnliche Adäquatheitsforderungen wie bei Erklärungen: Wir müssen zulassen, dass in prognostischen Argumenten die Anfangsbedingungen mit weiteren Prämissen verbunden werden können und dass ein weiter Begriff von Regelmäßigkeiten zur Anwendung kommen kann.

Eine solche Interpretation deckt sich mit verschiedenen Varianten der wissenschaftlichen Prognose, wie sie exemplarisch in den Wirtschaftswissenschaften mit Konjunkturprognosen oder in der Demographie bei der Vorhersage von Bevölkerungsentwicklungen betrieben wird. In diesen Wissenschaften beruhen Prognosen häufig aus einem Mix an Theorien, Modellen und Daten, wobei auf Basis von Theorien Modelle entworfen und mit deren Hilfe Prognosen abgeleitet werden. In Abhängigkeit von den bereits vorhandenen Kenntnissen wird der Mix zwischen den entgegengesetzten Polen Theorie und Daten mehr theoriegetrieben oder mehr datengetrieben ausfallen. Letztere Variante liegt dann vor, wenn auf Basis von statistischen Trendextrapolationen vorhergesagt wird. Insbesondere in der Ökonomie wird häufig argumentiert, dass Vorhersage wichtiger als Erklärung ist, und sich dafür auf einen prominenten Vertreter berufen: MILTON FRIEDMAN (1953) hat mit seiner Methodologie der positiven Ökonomie die Prognosefähigkeit der ökonomischen Theorie als ausschließlichen Zweck proklamiert und damit einer prominenten Position – dem Instrumentalismus – viel Aufmerksamkeit beschert.

Prognosefähigkeit von Theorien (Instrumentalismus)

Wenn über die These, dass Prognosen auch ohne Theorien als wissenschaftlich ausgezeichnet werden können, hinaus gefolgert wird, dass für die Wissenschaftlichkeit ohnehin nur der Erfolg von Prognosen notwendig ist, liegt eine Interpretation instrumentalistischer Auffassungen vor, wie sie manchmal FRIEDMAN unterstellt wird (*Mäki*, 2003). Wichtiger Zweck dieses Unterkapitels ist es, FRIEDMAN's Position in den weiteren Kontext der Instrumentalismus-Realismus-Debatte zu stellen, um damit wichtige Argumente für die Begründung von Prognosen aufzuführen.

> „The ultimate goal of a positive science is the development of a "theory" or "hypothesis" that yields valid and meaningful (i.e., not truistic) predictions about phenomena not yet observed." (*Friedman*, 1953, 7)

FRIEDMAN vertritt in diesem Zitat und in dem Artikel nicht etwa die Ansicht, dass Erklärung kein kognitives Ziel für die Wirtschaftswissenschaften ist, will jedoch die Güte von Theorien vorwiegend am Erfolg ihrer Prognosen messen. Dies begründet allerdings noch keinen Instrumentalismus, er muss vielmehr bei der Charakterisierung des Stellenwerts der Theorie eine fundamentale Aussage machen:

> "Truly important and significant hypotheses will be found to have "assumptions" that are wildly inaccurate descriptive representations of reality, and, in general, the more significant the theory, the more unrealistic the assumptions (in this sense)." (*Friedman*, 1953, 14)

Er weist nicht nur darauf hin, dass Annahmen unrealistisch sein können, vielmehr fordert er dies sogar für die Theoriebildung. Damit wendet er sich gegen die Ansicht vieler Philosophen und Wissenschaftler, welche fordern, dass Theorien mit der Realität übereinstimmen sollten. Stellvertretend für verschiedene realistische Positionen soll POPPER zu Wort kommen:

> „Dieses regulative Ideal, Theorien zu finden, die den Tatsachen entsprechen, macht die wissenschaftliche Tradition zu einer realistischen: sie unterscheidet zwischen der Welt unserer Theorien und der Welt der Tatsachen, zu denen diese Tatsachen gehören." (*Popper*, 1973, 317f)

Ist damit allerdings auch verbunden, dass jede Prämisse in einer Erklärung (Prognose), z.B. in einem DN-Schema, realistisch und damit wahr sein muss? Insbesondere letztere Bedingung wird zwar unter dem Fallibilismus von POPPER umgedeutet, indem es durch das Prädikat „bewährt" ersetzt wird; auf sie lässt sich aber in einer realistischen Auffassung nicht verzichten. Es ist daher von zentraler Bedeutung im Rahmen einer instrumentalistischen Auffassung von Theorien, dass weder ihre einzelnen Aussagen noch ihre daraus abgeleiteten Aussagen alle wahr im Sinne einer Korrespondenztheorie sein müssen. Wie fassen dann Instrumentalisten Theorien auf?

In einer instrumentalistischen Auffassung sind Theorien symbolische Konstruktionen von Menschen, die sie für ihre verschiedenen Zwecke (instrumentell) einsetzen. Im Gegensatz zu den Tatsachen stehen sie nicht für sich, sie haben eine Funktion, die über sie als Symbol hinausweist (*Kaplan*, 1964, 296). Im Zentrum dieser Debatte steht die Frage, ob die Sachverhalte, welche die Theorie beschreibt und erklärt, tatsächlich existieren und damit ob diese Tatsachen mit den Aussagen der Theorie korrespondieren (Realismus) oder nicht (**Instrumentalismus**). Eine instrumentalistische Sicht bestreitet nicht, dass wir Theorien über die Realität in gewisser Weise aufstellen können, sie bestreitet hingegen, dass alle Begriffe unserer Theorien zu Tatsachen in der Realität korrespondieren. Insbesondere den theoretischen Begriffen entsprechen aus instrumentalistischer Sicht keine realen Sachverhalte.

Aus der ontologischen Annahme, dass die Sachverhalte, auf die sich unsere Theorien beziehen, nicht realistisch aufzufassen sind, folgern viele Vertreter dieser Position, dass ein korrespondenztheoretischer Wahrheitsbegriff nicht begründet werdet kann. Je nach Strömung werden dann verschiedene Alternativen wie Kohärenz- oder Konsensbegriffe der Wahrheit angeboten. Mit dem Instrumentalismus sind im Grunde verschiedene Wahrheitsbegriffe vereinbar, in Tabelle 6 sind allerdings nur die sogenannten epistemischen Wahrheitskonzeptionen aufgelistet. Sie zeichnen sich dadurch aus, dass sie die Wahrheit von unserem Erkenntnisvermögen und daher unserem Fürwahr halten abhängig machen.

Es ist jedoch darauf hinzuweisen, dass zwischen ontologischen und epistemologischen Positionen wie Realismus und Anti-Realismus nicht zwangsläufig konfliktäre Beziehungen auf der methodologischen Ebene bestehen müssen. Wer einem ontologischen Realismus anhängt, wird auch einen epistemologischen Realismus befürworten. Realistische Positionen werden aber nicht zu wesentlich anderen Ergebnissen kommen als ein methodologischer Instrumentalismus (*Lauth/Sareiter*, 2005, 190f). BAS VAN FRAASSEN (1980) nennt dies in seiner Konzeption des konstruktiven Empirismus die empirische Adäquatheit von Theorien. Denn wie soll die Korrespondenzkonzeption anders als durch den Vergleich mit der Empirie festgestellt werden? Welchen Wert haben denn dann die Wahrheitskonzeptionen für den Wissenschaftler? Im Gegensatz zu KAPLAN, der eine sehr negative Antwort gibt:[2] „Truth itself is plainly useless as a criterion for the acceptability of a theory" (*Kaplan*, 1964, 312), schlage ich vor, die regulative Idee der Wahrheit beizubehalten. Theorien sollen sich bewähren und diese Beurteilung wird durch verschiedene Konzepte der Validität gestützt; so lässt sich empirische Adäquatheit erreichen. Daher können auch Vertreter, welche den metaphysischen Standpunkt des Anti-Realismus einnehmen, d.h., die bestreiten, dass die Sachverhalte, auf die sich unsere sozialwissenschaftlichen Theorien beziehen, unabhängig von unseren subjektiven, mentalen Zuständen existieren, sie im Gegenteil für abhängig von unseren mentalen Zuständen und unserer

---

[2] Allerdings diskutiert er im Anschluss an diese Aussage die korrespondenztheoretische, die kohärenztheoretische und die pragmatische Auffassung von Wahrheit und verbindet alle drei zu einem Konzept der Validierung von Theorien. Seine Diskussion wird abgeschlossen mit einem Bekenntnis zur Wahrheit, die er als eine Frage der Abstufung betrachtet und die er als Leitidee nicht aufgeben will; was der Auffassung von POPPER durchaus entspricht. Fast vierzig Jahre nach diesen Ausführungen kommen SHADISH/COOK/ CAMPBELL (2002) zu einer identischen Auffassung für ihre Validitätskonzeption.

Sprache halten, empirische Adäquatheit und entsprechende Konzepte der Validität akzeptieren.

Unabhängig von dieser methodologischen Festlegung trägt die Instrumentalismus-Realismus-Debatte zur Klärung von weiteren wichtigen Fragen wissenschaftlicher Praxis und ihrer Motivation bei. Sie sind in Tabelle 6 aufgeführt und beziehen sich auf Argumente, die mit der Bewertung von Theorien und der Theoriedynamik zu tun haben. Hinzuweisen ist insbesondere auf das Wunderargument, das besagt, dass der Erfolg der Wissenschaften nicht erklärbar wäre, wenn die Sachverhalte, auf die sich die Theorien beziehen, nicht real wären. Instrumentalisten führen dagegen an, dass sich im Laufe der Wissenschaftsgeschichte Theorien immer wieder als falsch herausgestellt haben und daher sich nicht auf die Realität bezogen haben können. Eine realistische Position, wie die von POPPERs kritischem Rationalismus, argumentiert auf Basis einer fallibilistischen Philosophie, in der die Wahrheit ausschließlich in Form einer regulativen Idee postuliert wird. Es ist ein mutmaßender Realismus, der meint, aufzeigen zu können, dass sich als falsch erweisende Hypothesen für eine Referenz sprechen (*Chalmers*, 2007, 191): denn wie könnte man sonst von Falschheit sprechen?

Aus dieser Sicht sind Wissenschaftler motiviert, nach Wahrheit zu suchen, und ihre Theorien sind zwar Instrumente dieses übergeordneten Zwecks, lassen sich allerdings nicht auf diesen instrumentellen Aspekt reduzieren. HENDRY (2001) hat darauf aufmerksam gemacht, dass die Überzeugungen von Wissenschaftlern einen Unterschied zwischen beiden Positionen machen und sei es auch nur ein motivationaler Unterschied. Oder in den Worten von POPPER: „Alle diese Dinge sind keineswegs bloß Instrumente: Sie sind Zeugen der geistigen Eroberung unserer Welt durch unseren Verstand" (*Popper*, 1963/2009, 157).

Tabelle 6: Instrumentalismus versus Realismus in der Wissenschaftstheorie

	Instrumentalismus	**Realismus**
Eigenschaft von Theorien	Theorien sind Konstruktionen des menschlichen Geistes; sie sind Instrumente von Wissenschaftlern.	Theorien ermöglichen den Zugang zur Realität, indem sie Aussagen über reale Phänomene beinhalten.
Wahrheit	1) Kohärenz 2) Konsens 3) Theorien sind nützlich	Korrespondenz – Übereinstimmung der Aussagen mit den Fakten.
Ontologische Annahme	Ontologische Annahmen von Theorien unterliegen historischem Wandel und zwar durch die jeweiligen Theorien.	Die Sachverhalte, auf die sich unsere Theorien beziehen – auch theoretische Terme – existieren wirklich.
Erfolg von Theorien	s.u. Fortschritt der Wissenschaft	„Wunder-Argument" – der Erfolg der Wissenschaften ist ohne die Annahme des Realismus nicht zu erklären.
Unterbestimmtheit	Die gleichen Tatsachen lassen sich durch unverträgliche und unterschiedliche Theorien erklären.	Menschliches Wissen ist fehlbar, daher auch Theorien (Fallibilismus).
Fortschritt in der Wissenschaft	Alle Theorien der Vergangenheit haben sich ab einem bestimmten Zeitpunkt als falsch erwiesen, sie können sich daher unmöglich auf eine reale Welt beziehen.	Wahrheit bleibt eine regulative Idee – auch wenn nur eine Wahrheitsannäherung möglich ist, ist sie nicht aufzugeben. Es ist von einer kumulativen Entwicklung der Wissenschaft auszugehen.

8.3 Prognosen in den Sozialwissenschaften

ROBERT MERTON (1948; 1936) hat in zwei Aufsätzen auf Besonderheiten sozialwissenschaftlicher Prognosen aufmerksam gemacht, die darauf beruhen, dass Akteure soziale Phänomene interpretieren und die damit erzeugte subjektive Wirklichkeit als real empfinden.[3] Er bezog sich auf das Thomas-Theorem von WILLIAM I. THOMAS, der 1928 konstatierte: „Wenn die Menschen Situationen als real definieren, so sind auch ihre Folgen real" (*Thomas*, 1965, 114). MERTON hat diesen Gedanken auf die Prognose übertragen und argumentiert, dass soziale Akteure, die sich gemäß der Prognose verhalten, diese wahrmachen, obwohl die Ausgangssituation auf deren Basis die Prognose gemacht wurde, falsch interpretiert wurde.[4] Er hat dies am Beispiel eines Ansturms auf eine Bank illustriert (*Merton*, 1948, 194f).

> Ausgangspunkt ist die Überzeugung von Kunden der Bank, dass die Bank, bei der sie ein Konto haben, in finanziellen Schwierigkeiten ist. Tatsächlich ist die Lage der Bank zu diesem Zeitpunkt normal. Wenn viele der Kunden der Bank zur Überzeugung kommen, dass ihre Bank in eine Schieflage geraten ist, und zur Bank gehen, um ihre Guthaben von ihren Konten in Bargeld wandeln wollen, kommt die Bank tatsächlich in Schwierigkeiten, da sie in der Regel nur einen kleinen Teil der Guthaben in Form von Bargeld vorhalten. Schlangen vor den Türen einer Bank, die in der Presse oder im Fernsehen zu sehen sind, führen dazu, dass alle Kunden um ihr Geld fürchten und sich zur Bank auf-

---

[3] POPPER hat bei der Erstveröffentlichung seiner Schrift „Elend des Historizismus" in der Zeitschrift Economica 1944 ebenfalls auf diesen Umstand hingewiesen (*Popper*, 1944, 89) und dies später nach der griechischen Sage als „Ödipus-Effekt" bezeichnet (*Popper*, 1944/2003, 11). Wie HONOLKA jedoch zurecht anmerkt, fehlt zwischen dem Aussetzen des prophezeiten Vatermörders und dem Mord jeder Zusammenhang, der der Systematik der sich selbst erfüllenden Prophezeiung entspricht (*Honolka*, 1976, 9).

[4] MERTON spricht von Prophezeiungen (prophecies), die jedoch im Deutschen die Konnotation von unwissenschaftlichen Voraussagen haben. Daher wird in diesem Buch von Prognosen gesprochen.

machen, um ihre Konten aufzulösen. Dies kann zum endgültigen Aus der Bank führen. So konstatiert BAGEHOT bereits 1873: „Every banker knows that if he has to *prove* that he is worthy of credit, however good may be his arguments, in fact his credit is gone“ (*Bagehot*, 1873, 69).

Wichtig ist an diesem Beispiel der Unterschied zwischen privaten und öffentlichen Überzeugungen, die jeweils zu individuellen und kollektiven Definitionen der Situation der Bank führen. Wenn erst einmal die kollektive Definition der Situation so ist, dass die Bank als konkursreif angesehen wird, dann ist es unerheblich, ob diese Situationsbeschreibung korrekt oder nicht ist und ob es einige individuelle Situationsbeschreibungen gibt, die davon positiv abweichen. Wenn sich die Mehrheit nach der Situationsbeschreibung richtet, werden die negativen Folgen eintreten. Eine sich **selbsterfüllende Prognose** lässt sich daher auf Basis dieses Beispiels kurz charakterisieren (*Biggs*, 2009, 294f):

1. Akteure haben eine Überzeugung, dass ein sozialer Sachverhalt eine bestimme Eigenschaft hat. Aufgrund dieser Überzeugung ergreifen sie eine Handlung, deren Ergebnis ist, dass der soziale Sachverhalt die Eigenschaft bekommt.
2. Sie unterliegen allerdings in der kausalen Kette, wie sie unter 1. gekennzeichnet ist einem Irrtum, da sie die Eigenschaft nicht korrekt wahrnehmen und daher eine Handlung wählen, die maßgeblich dazu beiträgt, die Eigenschaft hervorzubringen.

Neben der selbsterfüllenden Prognose gibt es auch den entgegengesetzten Typ in Form der **selbstzerstörenden Prognose**. In diesem Typ ist die Einschätzung der Eigenschaften durch Akteure korrekt, allerdings treten aufgrund ihrer Handlungen die vorhergesagten Eigenschaften überhaupt nicht, zu einem anderen Zeitpunkt oder in anderer Intensität ein (*Grunberg*, 1986, 476).

Wird bei einer parlamentarischen Wahl einer Partei ein überwältigender Erfolg vorausgesagt, so fassen dies die potentiellen Wähler dieser Partei so auf, dass ihre Stimme nicht mehr nötig ist und sie deshalb der Wahl fernbleiben können. Teilen diese Überzeugung sehr viele Wähler dieser Partei, dann kann der Fall eintreten, dass diese Partei die Wahlen verliert und sich damit die Prognose selbst zerstört (*Berg-Schlosser*, 2006, 61).

MORGENSTERN hat in seiner Monographie zur Wirtschaftsprognose eine sich selbstzerstörende Prognose für den Fall von erwarteten Preissteigerungen beschrieben (*Morgenstern*, 1928, 94f). Sie führen bei einer Reihe von Akteuren zu Handlungen, mit denen sie versuchen, diesen Entwicklungen auszuweichen; z.B. ziehen viele Akteure ihre Käufe vor und treiben so die Preise nach oben. Im Ergebnis kann dies allerdings dazu führen, dass die Preissteigerungen früher eintreten und höher ausfallen als ursprünglich angenommen. Dieses zweites Beispiel zeigt daher nicht, dass das prognostizierte Ereignis gar nicht eintritt, sondern nur, dass es zu einem anderen Zeitpunkt und in anderer Ausprägung auftritt.

Zentral für diese Phänomene der Eigendynamik sind die Erwartungen der Akteure, auf deren Basis sie ihre Handlungen wählen. Sie bilden diese Erwartungen auf Basis von in der Vergangenheit gemachten Erfahrungen und legen diese ihrer Voraussage zugrunde. Für das Phänomen der sich **selbstverändernden Prognose**[5] sind somit zunächst die individuellen Erwartungen wesentlich. Sie lassen sich für eine Reihe von Phänomenen und in sehr unterschiedlichen Gebieten nachweisen.

- Aus der Medizin ist der Placebo-Effekt bekannt, der einen Mechanismus bezeichnet, bei dem die Patienten einer scheinbaren medizinischen Intervention ausgesetzt sind, und trotzdem eine Wirkung auftritt (*Jones*, 1977, 204ff).
- Sozialpsychologische Forschungen zeigen, dass Stereotypen, also Erwartungen, die wir an soziale Interaktionspartner herantragen, diese wiederum mit entsprechendem Verhalten bestätigen (*Snyder/Tanke/Berscheid*, 1977).
- Lehrer richten ihre Handlungen an den Erwartungen aus, die sie sich über ihre Schüler gebildet haben. Durch ihre Handlungen, z.B. Fördern der vermeintlich leistungsfähigeren Kinder, erzeugen sie tatsächlich leistungsfähigere Schüler (*Jussim*, 1986,

[5] Dieser Begriff ist eine Übersetzung des Begriffs „self-altering prophecies" von HENSHEL/KENNEDY, die ihn als Oberbegriff zu den selbsterfüllenden und selbstzerstörenden Prognosen verwenden (*Henshel/Kennedy*, 1973, 119).

430ff). Ähnlich Ergebnisse finden sich in der Forschung zur Interaktion zwischen Vorgesetzten und Mitarbeitern (*Eden*, 2003).

Allen diesen Beispielen ist gemeinsam, dass Akteure Erwartungen bilden und auf deren Basis handeln. Es zeigt sich an dieser Stelle besonders anschaulich, dass Akteure und daher auch Sozialwissenschaftler Teil der sozialen Realität sind, die sie durch ihre Handlungen verändern (*Jones*, 1986, 42). Das besondere an der selbst erfüllenden Prognose ist, dass der Lehrer eine falsche Überzeugung hat – die von ihm als ausgezeichnet angesehenen Schüler sind nicht besser als die anderen Schüler –, die jedoch durch seine Handlungen wahr werden – er schafft meist unbewusst die Bedingungen, so dass die von ihm als ausgezeichnet angesehenen Schüler tatsächlich besser werden.

Da diese Phänomene in sehr vielen unterschiedlichen Disziplinen behandelt werden, sind die Theorien, die eingesetzt werden, entsprechend heterogen. Daher interessiert hier auch eher der gemeinsame methodologische Aspekt dieser sozialwissenschaftlichen Prognosen. Ein weiterer Unterschied ist allerdings die Anzahl der Akteure, die in vielen Fällen von selbst verändernder Prognose nur zwei betragen kann, in Fällen der Prognose für eine Volkswirtschaft oder für den Ausgang einer Bundestagswahl hingegen meist auf eine sehr große Anzahl von Akteuren zu beziehen ist. In letzteren Fällen ist als ein wesentlicher Aspekt die öffentliche Prognose zu nennen, die allen individuellen Akteuren bekannt gemacht wird. Im Beispiel des prognostizierten Wahlerfolgs führt die öffentliche Bekanntmachung des zu erwartenden Wahlerfolgs zu einer Änderung der geplanten Handlungen vieler Wähler.

Welche wissenschaftstheoretischen Schlussfolgerungen lassen sich aus diesen Befunden ziehen? MORGENSTERN kam aufgrund seiner Überlegungen zu dem Schluss, dass Prognosen auf Basis von Theorien und Statistik unmöglich sind (*Morgenstern*, 1928, 108).[6] Sein wesentliches Argument ist das eines unendlichen Regresses, der auf den Erwartungen der anderen Akteure beruht, die ihre Erwartungen immer wieder wechselseitig berücksichtigen. Zwar hat die

---

[6] Die Argumentation wird ausführlich diskutiert in BETZ (2004).

Ökonomik mit der Theorie der rationalen Erwartungen einen Vorschlag unterbreitet, wie dieser Prozess abgebrochen werden kann, doch lässt sich prinzipieller argumentieren:

> Sozialwissenschaftliche Prognosen bedürfen einer theoretischen Fundierung hinsichtlich der möglichen Handlungen von Akteuren, die sich auf die Prognosen auswirken können, z.B. dadurch, dass das Wissen, welches die Akteure über die zu prognostizierenden Sachverhalte haben, explizit in die Theorie aufgenommen wird (*Nagel*, 1961, 471). In das Prädikans sind entsprechende Regelmäßigkeiten aufzunehmen und die Anfangsbedingungen anzupassen (*Opp*, 1970/2014, 92f).

Die Eigendynamik, die sozialen Prozessen inhärent sein kann, aber nicht muss,[7] kann somit zwar zu verminderter Prognosequalität führen, macht aber das Voraussagen nur schwieriger, jedoch nicht unmöglich. Was macht aber denn die Prognosequalität oder die Güte von Prognosen aus?

8.4 Güte von Prognosen

Die wirtschaftswissenschaftlichen Forschungsinstitute sind häufig in der Diskussion, wenn es schwere Wirtschaftskrisen gibt, welche wie in den Jahren 2008/2009 von ihnen nicht vorhergesagt wurden. Regelmäßig betonen ihre Vertreter dann, dass es an nicht vorhersehbaren Faktoren – z.B. Strukturbrüche – gelegen habe, so dass ihre Prognosen nicht erfolgreich waren. Dieses Phänomen ist aber nicht auf Wirtschaftsprognosen beschränkt. In den Jahren 2010/2011 fanden in vielen arabischen Ländern Massenproteste statt, die in einigen Staaten wie z.B. Tunesien, Ägypten oder Libyen zum Sturz der Regime führten. Ein solcher flächendeckender revolutionärer Ausbruch ist von keinem Wissenschaftler vorausgesagt worden: Sicherlich sind diese auftretenden Phänomene wiederum auf Basis von Strukturbrüchen zu erklären. Bei der Diskussion über Misserfolge wissenschaftlicher Prognosen sollten allerdings aus wis-

[7] HENSHEL diskutiert auf Basis einer Typologie verschiedene Grenzen, bei denen selbst verändernde Prognosen keine Rolle spielen (*Henshel*, 1982, 516ff).

senschaftstheoretischer Sicht zwei Fragen voneinander getrennt werden:

1. Wie gut ist die Prognose begründet?
2. Wie nah lag die Prognose an der Realität?

Bei der Beurteilung von Prognosen überwiegt in der öffentlichen Diskussion die zweite Frage. Es ist jedoch ebenso relevant zu beurteilen, wie gut begründet eine Prognose ist. Zur Beantwortung beider Fragen soll der Bogen etwas weiter gespannt werden, um die grundsätzlichen Beschränkungen, denen wissenschaftliche Prognosen unterliegen, zu analysieren.

Eingangs wird die Prognose oder genauer das Prognoseargument als eine Aussage festgelegt, in der erwartete Ereignisse beschrieben werden und in der diese Erwartung begründet wird. Ähnlich wie bei der Analyse der Erklärung führt die Diskussion zu einem weiten Prognosebegriff, der nicht nur auf das DN-Schema beschränkt werden soll. Zentral für die Frage der Güte der Begründung ist daher, welche Aussagen oder Argumente für die Prognose angeführt werden und vor allem, mit welchen Methoden diese Prognosen ermittelt werden. Gibt es für ein zu prognostizierendes Ereignis keine bewährte Theorie, dann wird versucht, auf Basis von regelmäßigen Mustern der Vergangenheit auf die Zukunft zu schließen. So werden z.B. viele Prognosen auf Basis von Trendextrapolationen vorgenommen, die keine Ursache-Wirkungs-Mechanismen enthalten, sondern auf Vergangenheitswerten beruhen. Führen diese Verfahren zu wissenschaftlichen Prognosen oder nähern sie sich dem Kaffeesatzlesen?

Mit dem Reliabilismus ist eine Begründungsstrategie gegeben, der auf erfolgreiche Prozesse abstellt und damit der Beantwortung der Frage 1 ausweicht und auf Frage 2 verweist, indem argumentiert wird, dass erfolgreiche Erkenntnismethoden eine gute Begründung geben. Weiterhin wird in der Diskussion der Frage 1 eine Reihe von Fragen angesprochen, in der auch das Ziel der Prognose im Fokus steht.

Unter dem Ziel der Prognose kann eine Anpassung an vorhandene Daten oder eine Vorhersage von neuen, unbekannten Daten verstanden werden. Nochmal zur Erinnerung: Wir haben einleitend die Unterscheidung zwischen Erklärung und Prognose pragmatisch getroffen, bei der die zeitliche Komponente nicht von Relevanz ist. In der Diskussion zwischen Anpassung und Vorhersage wird diese Diskussion grundsätzlich ähnlich geführt; in der Literatur wird das mit den Schlagworten „prediction versus accomodation" beschrieben. Unter **Akkommodation** wird verstanden, dass Hypothesen einer Theorie bereits vorhandene und damit bekannte Daten erklären können (*Hitchcock/Sober*, 2004, 2). **Vorhersage** (prediction) richtet sich auf neue unbekannte Daten. Was sind genau neue Daten oder neue Phänomene?

ALAN MUSGRAVE hat auf Basis verschiedener Beiträge hierzu eine Unterscheidung vorgeschlagen, die sich um die Frage dreht, mit welchen Daten eine Hypothese unabhängig bestätigt werden kann. Nach der temporalen Sicht zeichnen sich neue Phänomene (Daten) dadurch aus, dass sie zum Zeitpunkt des Aufstellens der Theorie und ihrer Hypothesen unbekannt sind (*Musgrave*, 1974, 8). Wird diese Definition abgemildert, entsteht eine heuristische Sicht, bei der von neuen Daten in Bezug auf die Theorie gesprochen wird, d.h., die neuen Phänomene sind neu für die Theorie zum Zeitpunkt ihrer Entwicklung. Es handelt sich also nicht um gänzlich unbekannte Phänomene, sondern die Hypothesen sollen nur nicht zur Ad-hoc-Erklärung der Phänomene verwendet werden. LAKATOS hat eine dritte Sicht hinzugefügt, die sich auf den Vergleich mit anderen Theorien bezieht. Neu heißt ein Phänomen aus dieser Sicht, wenn es nicht schon von anderen Theorien vorhergesagt wird (*Lakatos*, 1968/1978, 170).

Ein Streit dieser Positionen geht vor allem um die Güte von Theorien. Aus der einen Sicht sind Theorien vorzuziehen, wenn sie neue unbekannte Phänomene vorhersagen, aus einer anderen Sicht sind Theorien nicht schlechter, weil sie ausschließlich bekannte Phänomene erklären. Aus Sicht sozialwissenschaftlicher Praxis lässt sich eine Reihe von Lehren aus dieser Diskussion ziehen, die für die Hypothesenentwicklung und -prüfung von Relevanz sind:

- Anpassung von Hypothesen
- Probabilistische Hypothesen
- Präzisionsgrad
- Selbstverändernde Prognosen
- Prognosefehler

Gegen eine **Anpassung von Hypothesen** an Daten gibt es zwar methodologische Einwände, die sich jedoch insbesondere auf die Phase der Rechtfertigung beziehen. Hingegen ist bei der Entwicklung von Hypothesen eine Anpassung der Hypothesen an die Daten durchaus notwendig.

Es ist jedoch das Problem einer zu großen Anpassung zu beachten (overfitting), bei dem insbesondere bei quantitativen Modellen die Modellstruktur den Daten so exakt wie möglich angepasst wird. Wegen der Mess- und Datenfehler ist jedoch eine zu genaue Abbildung der Daten im Modell nicht sinnvoll (*Hitchcock/Sober*, 2004, 11ff). Denn nach der Anpassung von Hypothesen an die Daten muss zwingend eine Prüfung der Hypothesen folgen, wenn eine durch die Empirie bestätigte Theorie aufgestellt werden soll.

Eine wesentliche Anforderung an sozialwissenschaftliche Untersuchungen, die als hypothesenprüfend ausgezeichnet werden sollen, ist daher, dass Hypothesen vor der Untersuchung aufgestellt werden. Ein theorieloses Herumsuchen in Daten (data mining) ist bestenfalls in der Phase der Hypothesenbildung zulässig.

In den Sozialwissenschaften stellt sich allerdings das Problem, dass häufig keine deterministischen Gesetze zur Verfügung stehen. Daraus folgt jedoch nicht, dass Vorhersagen grundsätzlich nicht möglich sind. Wie bereits erwähnt, lässt die logische Unmöglichkeit der Verifikation von Allsätzen und die Annahme von **probabilistischen Hypothesen**, die weder verifiziert noch falsifiziert werden können, immer noch genügend Raum für methodisch fundierte Begründungen. Allerdings muss sich von einem Ideal der absoluten Vorhersagbarkeit verabschiedet werden. Hierzu trägt beispielsweise – das im letzten Kapitel bereits besprochene – Konzept der Konfidenzintervalle bei, mit dem Intervallschätzungen von Modellparametern möglich sind.

Prognosen sind Aussagen über die Zukunft, z.B. wird das Wirtschaftswachstum eines Landes innerhalb eines Zeitraums vorausgesagt. Wichtig sind daher neben der Höhe des Wachstums – z.B. gemessen durch eine relative Veränderung des Bruttosozialprodukts gegenüber dem Vorjahreszeitraum – die Angabe des Zeitraums. Hypothesen gelten als präziser, wenn sie gerichtet, funktional und spezifiziert formuliert werden. Sie haben dadurch einen hohen **Präzisionsgrad** und laufen damit Gefahr leichter falsifiziert zu werden. Das andere Extrem ist eine Hypothese, die besser als Krisengerede (oder in Anlehnung an DIETER SCHNEIDER als Krisengefasel[8]) bezeichnet wird, weil sie eine Krise der Wirtschaft vorhersagt, ohne jedoch zu präzisieren, wann sie eintritt und welche wirtschaftlichen Indikatoren sich wie entwickeln werden. Ebenso liefern in der Regel jene post-hoc Erklärungen keinen Beitrag, die im Nachhinein ohne theoretischen Rahmen geliefert werden und daher selten zum Erkenntnisfortschritt beitragen.

Unbestreitbar hat die jüngste Wirtschaftskrise die Glaubwürdigkeit der Konjunkturprognosen der Forschungsinstitute schwer erschüttert. Sie sagten für das Jahr 2009 ein durchschnittliches Wachstum von 1,6 Prozent voraus, tatsächlich schrumpfte die Wirtschaft um 4,7 Prozent. Dies hat dann auch den ehemaligen Direktor des Wirtschaftsforschungsinstituts DIW dazu veranlasst, auf Konjunkturprognosen vorübergehend zu verzichten. Eine Begründung hierfür ist das Problem der **selbstverändernden Prognose**: Akteure orientieren sich an veröffentlichten Prognosen und passen ihre Entscheidungen entsprechend an. Und so konstatiert er: „Wahrscheinlich hat der Prognoseabwärtswettlauf die Schwere und Länge der Wirtschaftskrise verschärft.“ (*Zimmermann*, 2009, 90).

Die Berechnung von **Prognosefehlern** ist mit größter Vorsicht zu begegnen (*Tietzel*, 1989, 557). Wenn sich die Prognosen auf soziale Systeme beziehen, die sich durch Komplexität und vor allem Dynamik auszeichnen, dann setzt insbesondere die Dynamik und die mit ihr verbundene Möglichkeit, dass die Akteure innovativ im sozialen System agieren, deutliche Grenzen der Prognosegenauigkeit. Ein Fehlermaß, das die Güte von Prognosen beurteilen soll, ist dann unangemessen, wenn sich wesentliche Variablen der Theorie verändert haben. D.h., jedoch nicht, dass solche Maße nicht verwendet werden sollten, nur sollte ihr Gebrauch mit Augenmaß er-

[8] Schneider (1995) teilt die Theorien in Gütestufen ein und nennt als erste Stufe „Theoriegefasel“ bei der „die Einzelheiten der Abgrenzung der von Begriffen und ihrer logischen Beziehungen … aber im Dunkeln gelassen werden“ (*Schneider*, 1995, 212).

folgen, welches darin besteht, die eingangs gestellten zwei Fragen gemeinsam zu betrachten.

Sind denn exakte Prognosen in den Sozialwissenschaften überhaupt möglich? Die Analyse zeigte, dass sozialwissenschaftlichen Prognosen aufgrund der Besonderheiten sozialer Systeme Grenzen gesetzt sind, die sie nicht überschreiten können. Insofern sollte von ihrer Exaktheit nicht allzu viel erwartet werden, wenn sich wesentliche Parameter in der Realität ändern, die üblicherweise als konstant angesehen werden. POPPER hat dies am Beispiel des Wachstums des Wissens erläutert, indem er darauf hinwies, dass sich Akteure dadurch auszeichnen, dass ihr Wissen wächst und es ihnen grundsätzlich unmöglich ist, schon heute zu erkennen, wie dieses Wissen in der Zukunft beschaffen sein wird. Er zieht daraus die folgenden Konsequenz: „Wenn gezeigt werden kann, dass vollständige Selbstvoraussage unmöglich ist, ... , dann muß auch für jede »Gesellschaft« von sich gegenseitig beeinflussenden Voraussagen gelten; folglich kann keine »Gesellschaft« von sich beeinflussenden Voraussagen ihre eignen zukünftigen Wissensstände voraussagen" (*Popper*, 1982/2001, 68f).[9] Aus der bisherigen Analyse lässt sich jedoch nicht entnehmen, dass Prognosen unmöglich sind, sondern nur, dass ihre Grenzen beachtet werden müssen.

8.5 Methodologische Aspekte der Gestaltung

Mit dem Gestaltungsziel betreten wir endgültig das Reich der menschlichen Praxis, in der Menschen versuchen, mit Hilfe von Mitteln unter gegebenen Restriktionen Ziele zu erreichen. Wissenschaftliche Gestaltung heißt, dass theoretisches Wissen angewendet wird, so dass Akteure ihre Ziele erreichen können. Theoretisches Wissen setzt sich zusammen aus gesetzesartigen Aussagen und somit wird die These vertreten, dass Erklärung und Gestaltung struk-

---

[9] Seine Argumentation schwächt daher auch die Argumentation von GRUNBERG und MODIGLIANI (1954), die eben genau diese korrekte private Vorhersagbarkeit annehmen, um zum Ergebnis zu kommen, dass eine korrekte öffentliche Prognose möglich ist; weitere Argumente gegen GRUNBERG und MODIGLIANI's Argumentation findet sich in HENSHEL (1995).

turell miteinander verwandt sind. Es wird lediglich konzediert, dass Ziele als Prämissen für ein Gestaltungsargument notwendig sind. Es sind insbesondere Vertreter bestimmter Wissenschaften, die als angewandt bezeichnet werden, wie z.B. der Betriebswirtschaftslehre oder der Ingenieurwissenschaften, die Bedenken gegen diese Argumentation vorgebracht haben.

So will beispielsweise ein Energie-Unternehmen Strom aus erneuerbaren Energien zur Verfügung stellen, da es das Ziel einer nachhaltigen Energieversorgung verfolgt. Die Gestaltung von entsprechenden Kraftwerken ist jedoch nicht ausschließlich mit naturwissenschaftlichen Kenntnissen möglich. Und das Präsidium der Europäischen Zentralbank will die Inflation in der Eurozone nicht über 1,5% steigen lassen und benötigt daher nicht nur wirtschaftswissenschaftliches Wissen auf Basis von Theorien. In beiden Fällen wird angedeutet, dass es noch eine weitere Wissenskategorie gibt, die für die Gestaltung von Relevanz ist: das Gestaltungswissen. Unter dem Gestaltungswissen (**Technologie**) aus dem Blickwinkel der Betriebswirtschaftslehre versteht z.B. ZELEWSKI einen:[10]

> „Aussagenzusammenhang, der inhaltlich ausreicht, um daraus glaubwürdige Empfehlungen für Entscheidungen über betriebliche Gestaltungsalternativen abzuleiten" (*Zelewski*, 1995, 93).

Damit ist einerseits angedeutet, dass Gestaltungswissen über Theorien hinausgehen kann, andererseits, dass Gestaltungswissen wie Theorien als Aussagensysteme aufgefasst werden (*Bunge*, 1985, 220; *Kirsch et al.*, 2007, 175). In den Sozialwissenschaften wird von **Sozialtechnologie** gesprochen, um anzuzeigen, dass es um Gestaltungswissen für soziale Institutionen geht (*Popper*, 1944/2003, 39; *Bunge*, 1998, 297). Es werden unterschiedliche Auffassung zum Verhältnis von Theorien und Gestaltungswissen vorgetragen. Als ein Pol lassen sich Vertreter nennen, die eine strikte Verbindung

---

[10] Anstatt von Technologie verwende ich den Begriff Gestaltungswissen. In der betriebswirtschaftlichen Literatur wird Technologie häufig in ähnlichem Sinne interpretiert, so z.B. CHMIELEWICZ, der in Anlehnung an den kritischen Rationalismus als Lehre vom „zielerreichenden Gestalten" bezeichnet (*Chmielewicz*, 1979, 169) und SCHANZ spricht von einem Aussagensystem (*Schanz*, 1988b, 76).

von Theorien und Gestaltungswissen postulieren, hierunter sind auch diejenigen zu zählen, die von einer tautologischen Umformung von Erklärungsargumenten ausgehen; der andere Pol wird von Vertretern besetzt, die von einer völligen Loslösung des Gestaltungswissens von den Theorien ausgehen. Zunächst soll gezeigt werden, inwieweit es möglich ist, aus einer Erklärung durch tautologisches Umformen ein Gestaltungsargument zu erhalten.

Abbildung 24 zeigt ein **Gestaltungsargument** mittels des DN-Schemas. Es ist ein deduktiver Schluss, der im Explanans das Gesetz in Form einer Handlungsregel enthält und der in den Anfangsbedingungen die Ziele des sozialen Akteurs enthält:

- **Handlungsregel**: Soziale Akteure, die das Ziel Z anstreben und die sich den weiteren Anfangsbedingungen R, wie z.B. einer bestimmten Ressourcenausstattung, gegenüber sehen, sollen die Handlung H ergreifen.
- **Anfangsbedingungen**: Sie enthalten das Ziel Z und die in der Handlungsregel genauer spezifizierten weiteren Anfangsbedingungen.

Abbildung 24: Gestaltungsmöglichkeiten mit Hilfe des DN-Schemas

Explanans		
Gesetz (G)		$(Z \wedge R) \rightarrow H$
Anfangsbedingungen		
- Ziele von i	Akteur strebt Ziel Z_i an	Z_i
- weitere Anfangsbedingungen von i	Akteur sieht sich weiterer Anfangsbedingungen R_i gegenüber	R_i
Explanandum (Gestaltungsempfehlung)	Unter den Prämissen ist es zu empfehlen, H_i zu vollziehen	H_i

Das Explanandum drückt aus, dass auf Basis der Prämissen empfohlen wird, die Handlung zu vollziehen, um das Ziel zu erreichen. Wie kommt man von einem erklärenden DN-Schema zu einem Gestaltungsargument nach dem DN-Schema?

Nach Ansicht von POPPER (1949/1972, 52) und ALBERT (1971, 192f) handelt es sich um eine tautologische Umformung. Insbesondere letzterer betont, dass der Informationsgehalt durch die

Umformung nicht größer wird. Ein Vergleich der DN-Schemata für die Gestaltung und die Erklärung zeigt jedoch, dass keine Umformung der logischen Variablen vorliegt, sondern eine sprachpragmatische Neuinterpretation einzelner Bestandteile. Ausgangspunkt ist eine gesetzesartige Aussage (*Zelewski*, 1995, 99ff):

$$(H \wedge R) \rightarrow K \tag{11}$$

Wenn eine Handlung H und Anfangsbedingungen R auftreten, führt dies zur Konsequenz K. Die folgende Handlungsregel deutet die Bestandteile H und K um.

$$(M_H \wedge R) \rightarrow Z \tag{12}$$

Die Handlung H wird zum Mittel M_H und die Konsequenz K wird zum Ziel Z. Dies führt zu einer weit verbreiteten Interpretation des Verhältnisses von Erklärung und Gestaltung. Die Ursache wird als Mittel und die Wirkung wird als Zweck interpretiert. Wenn der Akteur in der Lage ist, die Ursache herbeizuführen, mithin das Mittel M_H auszuführen, dann stellt sich die Wirkung nämlich das Ziel ein. Diese Interpretation deutet zwar die Ursache-Wirkungsbeziehung in eine Mittel-Zweckbeziehung um, entspricht allerdings noch nicht der Handlungsregel in Abbildung 24. Sie zeigt nur auf, das die Handlung H als ein Mittel verwendet werden kann, allerdings kann es auch andere Handlungen geben, die das Ziel erreichen: H ist eine hinreichende, aber keine notwendige Bedingung (*Zelewski*, 1995, 101).[11] Wir wollen aber eine Handlungsregel erhalten, die eine Handlungsempfehlung ist. Um von Formel (12) zur nächsten Formel zu kommen, ist ein Vertauschen des Ziels Z und der Handlung H (M_H) notwendig.

$$(Z \wedge R) \rightarrow H \tag{13}$$

Wir müssen damit den Vorsatz mit dem Nachsatz eines Konditionals vertauschen, was nicht wahrheitserhaltend möglich ist; d.h., im

[11] Die Aussage gilt allgemein für die Aussagen im Vorsatz (Antezedens) eines Konditionals, d.h., Aussagen im Vorsatz sind hinreichende Bedingung für die Wahrheit des Nachsatzes (Konsequens) eines Konditionals (*Rosenkranz*, 2006, 68).

Rahmen der deduktiven Logik lässt sich diese Umformung nicht vornehmen. Wird von dem Problem abgesehen, dass die Handlung als Mittel in Formel (12) mit den Anfangsbedingungen konjunktiv verknüpft ist, lässt sich mit einem Gegenbeispiel der Fehlschluss aufzeigen.

Beispiel 11: Fehlschluss von der Konsequenz

Wenn die Preise erhöht (H) werden,
dann wird das Ziel (Z) der Umsatzsteigerung erreicht. (Prämisse A)
Das Ziel (Z) der Umsatzsteigerung wird erreicht. (Prämisse B)

Die Preise sollen erhöht (H) werden. (Konklusion)

Das Beispiel macht klar, dass aus einer hinreichenden Bedingung eine notwendige Bedingung gemacht wird.[12] Während Formel (12) noch Platz für weitere Handlungsmöglichkeiten lässt, führt Formel (13) dazu, dass die Handlung als notwendig angesehen wird. Außer der Preiserhöhung gibt es sicherlich noch andere Maßnahmen, den Umsatz zu steigern. Eine Handlungsempfehlung auszusprechen, impliziert daher in der Regel einen abduktiven Schluss (*Zelewski*, 1995, 102), der gehaltserweiternd ist, d.h., über den in den Prämissen enthaltenen Gehalt hinausgeht.

Es zeigt sich, dass von einer vollständigen tautologischen Umformung, bei der der Gehalt nicht erweitert wird, keine Rede sein kann. Vielmehr schleicht sich eine Reihe von zusätzlichen Möglichkeiten ein. Insbesondere ist bei Gestaltungsempfehlungen davon auszugehen, dass kreativ oder im logischen Sinne abduktiv geschlossen werden muss. Dass dies allerdings nicht dazu führt, dass Gestaltung ohne Theorie zu betreiben ist, soll im Folgenden diskutiert werden.

---

[12] Die Aussage gilt allgemein für die Aussagen im Nachsatz eines Konditionals, d.h., Aussagen im Nachsatz sind notwendige Bedingung für die Wahrheit des Vorsatzes eines Konditionals (*Rosenkranz*, 2006, 68).

Das Primat der Gestaltung

Während bisher das Primat der Theorie für das Gestaltungswissen behandelt wird, soll nun das Primat des Gestaltungswissens diskutiert werden. Es beruht zum Teil auf den Schwierigkeiten, die mit der tautologischen Umformung von Erklärungsargumenten in Gestaltungsargumenten verbunden sind. Allerdings wird auch historisch argumentiert und an Beispielen gezeigt, dass Gestaltung erfolgte, ohne dass eine Theorie zugrunde lag. Das Primat der Gestaltung kann somit als Primat der Praxis ausgedrückt werden. Es gibt wohl keine philosophische Strömung, die dieses Primat so klar vorgezeichnet hat wie der Pragmatismus (s. die Philosophiebox 12: Pragmatismus). Welche Gründe sprechen aus Sicht der Pragmatisten für den Primat der Praxis? So konstatiert DEWEY: „Praktische Tätigkeit hat es mit individuellen und einzigartigen Situationen zu tun, die niemals exakt wiederholbar sind und hinsichtlich deren dementsprechend keine vollständige Sicherheit möglich ist. Obendrein führt alle Tätigkeit Veränderung mit sich“ (*Dewey*, 1929/1998, 10). Aus diesem Zitat ergeben sich insbesondere drei Merkmale von **Praxis**:

- Ein erster Aspekt hat es mit **Einzigartigkeit** von Situationen zu tun, denen das Moment der Wiederholbarkeit fehlt.
- Zweitens ist die **Unsicherheit** zu nennen und
- zum Dritten ist die **Dynamik** angesprochen, die von menschlicher Praxis ausgeht.

Es verwundert nicht, dass diese Aspekte häufig dann angeführt werden, wenn argumentiert wird, dass das Finden von Gesetzen in den Sozialwissenschaften sehr schwierig, wenn nicht gar unmöglich ist. Meist wird noch ein weiterer Aspekt betont:

- Als vierter Aspekt ist die **Komplexität** der betrachteten Phänomene zu nennen (*Bunge*, 1966, 335).

Es ist besonders der Aspekt der Komplexität, den Vertreter eines originären Gestaltungsverständnisses betonen, wenn sie Unterschiede zu einer Auffassung der Gestaltung aufzeigen, die den Primat in der Theorie sieht. ULRICH als ein wichtiger Vertreter dieser Auffassung in der Betriebswirtschaftslehre hat sich der Systemtheorie und ihrer Kategorien bedient, um seine Auffassung zu verdeutlichen, dass sich eine angewandte Wissenschaft grundsätzlich von einer theoretischen Wissenschaft unterscheidet: „Äußerst komplexe Systeme haben nun die Eigenschaft, daß sie nicht vollständig beschreibbar sind, daß sie sich der vollständigen geistigen Beherrschbarkeit entziehen und daß Voraussagen über einen konkreten zukünftigen Systemzustand nicht möglich sind" (*Ulrich*, 1981, 8). Dies kann als Absage an die Wissenschaftsziele Erklärung und Prognose gedeutet werden, um sich anderen Zielen zu verschreiben; zwei sollen hervorgehoben werden (*Ulrich*, 1981, 11):

1. Entwurf von Modellen zur Gestaltung und damit Veränderung sozialer Realität und
2. Gestaltungsregeln, die es der Praxis ermöglichen, diese Modelle zu entwickeln.

Im zweiten Ziel sehen Anhänger des originären Gestaltungsverständnisses eine Kernaufgabe der angewandten Wissenschaften: Es soll Gestaltungswissen geschaffen werden, das der Handlungsanleitung der Praxis dient (*Gaycken*, 2010, 241). Die Kernfragen an dieses **Gestaltungswissen** und daraus abgeleiteter Gestaltungs-(Handlungs-)regeln sind dann: Ist Gestaltungswissen völlig disjunkt zum wissenschaftlichen Wissen und leiten sich Gestaltungsregeln überhaupt nicht aus Gesetzen oder gesetzesartigen Aussagen ab? Diejenigen, die diese Fragen verneinen, stellen daher die Hypothese auf: Gestaltungswissen ist nicht ohne Theoriewissen möglich.

Abbildung 25 zeigt die Logik eines Gestaltungsschlusses nach dem praktischen Schluss, in dem im Gegensatz zum DN-Schema ein Gesetz fehlt (*Hughes*, 2009, 386ff). Da der praktische Schluss im Rahmen der Diskussion der intentionalen Erklärung (VON WRIGHT) bereits erläutert wird, muss auf seine Vorzüge und Nachteile nicht noch einmal eingegangen werden. Es zeigt sich, dass ein Teil der Überzeugungen durch das Gestaltungswissen abgedeckt wird. So dass auf Basis der Ziele des Akteurs und seiner Überzeugungen – in denen die Gestaltungsregel enthalten sein muss –, die Handlung vollzogen werden sollte (*Poser*, 2008, 22f).

Wenn hingegen die Hypothese, dass Gestaltungswissen nicht ohne Theoriewissen möglich ist, bejaht wird, dann spricht viel dafür, dass ein sehr weit gefasster Theoriebegriff verwendet wird. Ansatzpunkt sind wiederum die Ergebnisse des Kapitels zur Erklärung, in dem zum einen darauf hingewiesen wird, dass wir häufig auf Regularitäten zurückgreifen, die nicht nur in Form deterministischer Gesetze vorliegen. Ähnlich wird mit modelltheoretischen Überlegungen argumentiert, wenn darauf hingewiesen wird, dass auf Basis von Modellen Gestaltungshinweise formuliert werden (*Küttner*, 1987, 267ff; *Zelewski*, 1995, 105ff). Wie Abbildung 25 zeigt, ist dabei ein wesentliches Element die Zielsetzung der sozialen Akteure, die zu berücksichtigen ist.

Abbildung 25: Praktischer Schluss zur Gestaltung

Prämissen		
- Ziele von i	Akteur strebt Ziel Z_i an	Z_i
- Gestaltungswissen von i	Akteur ist überzeugt, dass Mittel H_i zur Realisierung von Z_i notwendig	$(Z \rightarrow H)_i$
Konklusion	Akteur sollte H_i vollziehen	H_i

Dies heißt aber auch, dass letztendlich auch diejenigen, die nur Gestaltungsregeln aufstellen wollen, sich nach dem DN-Schema richten. Da dort die Gestaltungsregel in der Funktion einer allgemeinen Regel zu begreifen ist, lässt sie sich ähnlich interpretieren. In der Gestaltungsregel werden auf Basis von Zielen Mittel als Handlungsmöglichkeiten aufgeführt, wobei Rand- oder Anfangsbedingungen einzeln aufgeführt werden: „A rule is an instruction to perform a finite number of acts in a given order and with a given aim." (*Bunge*, 1966, 338). Wenn ein Akteur über das Wissen der Regel verfügt, muss er erkennen, ob die Anfangsbedingungen vorliegen und wenn er dann die Gestaltungsregel anwendet, sollte das gewünschte Ziel erreicht werden. Das heißt, die Ableitung der zu vollziehenden Handlung (Gestaltung) erfolgt nach dem gleichen Prinzip wie bei Vorliegen eines Gesetzes (*Zelewski*, 1995, 97f).

Ähnlich wie bei der Prognose ist auch bei der Gestaltung auseinanderzuhalten, ob sie erfolgreich ist und wie sie begründet wird. Bei der Begründung lassen sich mehrere Stufen unterscheiden:

- Gesetzesartige Aussagen,
- Aussagen auf Basis von Modellen,
- Gestaltungsregeln.

Mit jedem Schritt wird die Aussage konkreter und ist daher eher in der Lage, Gestaltungen zu unterstützen.

Weder das originäre Gestaltungsverständnis noch die Auffassung vom Primat der Theorie werden der Vielfalt an Gestaltungsschlüssen gerecht. Das originäre Gestaltungsverständnis bringt sich schon deswegen in Schwierigkeiten, weil sie häufig behauptet, dass eine Begründung durch Gesetze nicht möglich ist. Da es sich in diesem Fall aber nicht um eine logische Unmöglichkeit handelt, sondern eine empirische Behauptung aufgestellt wird, fällt es schwer, ihre Berechtigung zu erkennen. Die Besonderheiten, denen sich ein Gestalter gegenüber sieht, sind eben nur besondere Gründe, für Schwierigkeiten Gestaltungsschlüsse zu ziehen. Aus ihnen lässt sich allerdings nicht zwingend nachweisen, dass Schlüsse immer ohne gesetzesartige Aussagen auskommen müssen, d.h., der menschliche Erfindungsgeist und seine Kreativität geben eher Anlass zur Zuversicht, dass neben Gestaltungsregeln und Aussagen auf Basis von Modellen auch gesetzesartige Aussagen eingesetzt werden können.

Philosophiebox 12: Pragmatismus

Der Pragmatismus gilt als eine der originären Philosophien der Vereinigten Staaten von Amerika. Er wurde im Wesentlichen von drei amerikanischen Denkern entwickelt: 1) CHARLES SANDERS PEIRCE (1839-1914), 2) WILLIAM JAMES (1842-1910), 3) JOHN DEWEY (1859-1952). Sein größter Einfluss auf das amerikanische Denken war zu Beginn des zwanzigsten Jahrhunderts, er hat jedoch außerhalb der USA nie diesen großen Stellenwert erreicht.

JAMES überragte PEIRCE hauptsächlich durch seine Popularität, sein Werk „Der Pragmatismus“, erstmals 1907 erschienen, gilt vielen als der kanonische Text zum Pragmatismus. Berühmt geworden ist auch sein Disput mit BERTRAND RUSSELL, der in mehreren Schriften die von JAMES vertretene Wahrheitskonzeption angriff. In gewisser Weise zeigt sich an dieser Diskussion, die aus Sicht vieler Beobachter nicht zugunsten von JAMES ausging, die bevorstehende Wachablösung des Pragmatismus durch die sich formierende analytische Philosophie. Sie verdrängte in den dreißiger Jahren, auch durch die Emigration vieler Wissenschaftler aus Europa, zunehmend den Pragmatismus und etablierte sich als die führende Strömung insbesondere der akademischen Philosophie, wie sie an den Hochschulen betrieben wird.

Mit den wachsenden Schwierigkeiten der analytischen Philosophie, auf philosophische Fragen befriedigende Antworten auf Basis sprachphilosophischer Erkenntnisse zu geben, wurde der Raum wieder frei für alternative Sichtweisen. Als zentral kann ein Aufsatz von QUINE (1951/1979b) gelten, der sich gegen die zwei Dogmen des Empirismus richtete. Neben ihm gelten insbesondere HILARY PUTNAM und DONALD DAVIDSON als Denker, die zentrale Aspekte der analytischen Tradition in Frage stellen und zu einer erneuerten Philosophie beitragen wollen. Alle drei Philosophen werden einer neuen pragmatischen Philosophie zugerechnet, die als rationale Alternative zur analytischen Philosophie bezeichnet werden kann. Neben dem erwähnten Aufsatz von QUINE ist es insbesondere ein Buch von RICHARD RORTY, das in den folgenden Jahren für Diskussionen sorgte: Der Spiegel der Natur (1981). Ähnlich wie bereits PEIRCE will RORTY zeigen, dass das Fundament, auf dem wir seit DESCARTES stehen, deswegen nicht trägt, weil eine zentrale Annahme, dass es so etwas wie die Repräsentation von Tatsachen in unserer Sprache gibt, sich nicht halten lässt. Pragmatismus wird von RORTY als Anti-Repräsentationalismus ausgerufen, der sich jenseits einer Einteilung in Realismus oder Anti-Realismus befindet.[13]

Was zeichnet den Pragmatismus aus? Es ist nicht ganz leicht, diese Frage zu beantworten, da der klassische Pragmatismus nie eine einheitliche Philosophie war und auch der heutige Neo-Pragmatismus kein einheitliches Charakteristikum hat. Für dieses Kapitel ist jedoch eine Charakterisierung von großer Bedeutung: Pragmatisten sehen den Primat in der Praxis des wissenschaftlichen und alltäglichen Handelns und nicht in der philosophischen Tradition. Im Vordergrund stehen daher Überlegungen, wie die

---

[13] RORTYs manchmal etwas eigenwillige Interpretation der Klassiker des Pragmatismus ist nicht unwidersprochen geblieben. So reflektiert er hauptsächlich über DEWEY, während er PEIRCE konsequent ignoriert, vgl. z. B in RORTY (1994), vgl. die dezidierte Kritik hierzu in HAACK (2004).

Vorgehensweise der aus Sicht der Pragmatisten erfolgreichen Wissenschaften (insbesondere der Naturwissenschaft) auf die Philosophie übertragen werden kann, und dies möglichst zum Nutzen des menschlichen Handelns. Konsequenterweise bezieht sich der Wahrheitsbegriff auf die Praxis und in einer sehr einfachen Fassung wird von einer wahren Aussage gesprochen, wenn sie nützlich ist; wahr ist „what works".

(Quellen: *Almeder*, 2008; *James*, 1907/2001; *Maxcy*, 2003; *Murphy*, 1990; *Peirce*, 1905/1970; *Rescher*, 1977; *Thayer*, 1981)

Theorie und Praxis: ein normatives Spannungsverhältnis

Im vorigen Kapitel wird bewusst das Problem ausgeklammert, inwieweit normative Komponenten in Gestaltungsschlüssen eine Rolle spielen. Es geht dabei um die Frage, ob Gestaltungsschlüsse normativ sind und damit werturteilsbeladen oder ob sie frei von Werturteilen sind. Aus einer Reihe von Gründen ist es sinnvoll, sich diese Frage zu stellen:

- Oft steht im Vordergrund der Debatte, dass Sozialwissenschaften der Norm der Werturteilsfreiheit unterliegen sollten, wobei es nicht um ein generelles Verbot von Werturteilen geht, sondern je nach wissenschaftstheoretischer Position verschiedene Ebenen des Forschungsprozesses ausgenommen werden sollen.
- Es ist von Bedeutung, wie das Explanandum aufzufassen ist. Ist es eine Gestaltungsmöglichkeit, eine Gestaltungsempfehlung oder eine Gestaltungsanweisung?
- Wenn Gestaltung sich als Prozess beschreiben lässt, dann sind während dessen Ablauf viele Entscheidungen zu treffen, die nicht ohne normative Beurteilungen auskommen können.

Um sich klar zu machen, wo überhaupt Werturteile eine Rolle spielen, ist zunächst zu klären, welche Aussageebenen in den Sozialwissenschaften unterschieden werden. ALBERT hat zu diesem Zweck eine Dreiteilung vorgeschlagen (*Albert*, 2000, 47ff):

1. **Wertungen im Basisbereich** der Sozialwissenschaft sind aus seiner Sicht unproblematisch, da Entscheidungen über die Auswahl der Forschungsobjekte oder die auszuwählenden Methoden getroffen werden müssen.

2. **Wertungen im Objektbereich** der Sozialwissenschaft betreffen Wertungen, die Akteure treffen, und sind ebenfalls unproblematisch, weil sie Gegenstand der Sozialwissenschaft sind.
3. **Wertungen im Aussagebereich** der Sozialwissenschaften sind nach ALBERT das eigentliche Werturteilsproblem und stellen eine überflüssige Form wissenschaftlicher Aussagen dar, die nicht mit technologischen Aussagen verwechselt werden dürfen: „Technologische Systeme haben also keinen normativen Charakter … und enthalten keine Vorschriften, sondern nur Informationen über menschliche Handlungs- und Wirkungsmöglichkeiten“ (*Albert*, 2000, 52).

Wenn die Werturteilsdiskussion auf den Aussagenbereich konzentriert und Fehlleitungen normativer Ausdrücke angeprangert werden, dann wirkt der Metaphysikvorwurf von CARNAP in der analytischen Philosophie nach, der wertende Ausdrücke ins Reich der Metaphysik verbannen wollte (*Carnap*, 1932/2004, 105). Ähnlich wirkt WEBERs Wertfreiheitspostulat als Begründung für die Verbannung wertender Aussagen aus dem Aussagebereich von Sozialwissenschaften: „denn wir sind der Meinung, daß es niemals Aufgabe einer Erfahrungswissenschaft sein kann, bindenden Normen und Ideale zu ermitteln, um daraus für die Praxis Rezepte ableiten zu können“ (*Weber*, 1904/1951, 149). Was sind Werturteile?

Werturteile sind Wertaussagen und enthalten normative Begriffe. Nach KUTSCHERA lassen sich normative Begriffe in deontische und Wertbegriffe unterteilen. Deontische Begriffe sind Gebote, Verbote und Erlaubnisse und beziehen sich auf Handlungen (*Kutschera*, 1982, 1). Wertbegriffe werden in klassifikatorische, komparative und quantitative Begriffe unterteilt (*Kutschera*, 1982, 10).

Werte als normative Phänomene gehören zu den sozialen Tatsachen, die genauso erkennbar sind wie andere soziale Tatsachen, die nicht normativen Charakter haben (*Weber*, 1913/1964, 113). Die Eigenschaft der Normativität zeigt sich an ihrem Sollens-Charakter, wie z.B. dem Gebot „Es ist geboten, dass Unternehmen keine Gewinnmaximierung betreiben“, das der Aussage entspricht: Unternehmen sollen kein Gewinnmaximierung betreiben. Dass eine Tatsache normativen Charakter hat, ändert nichts an ihrer kognitiven Erkennbarkeit. Dies wird auch allgemein akzeptiert, d.h., Werte als

Objekte in Sozialwissenschaften sind unproblematisch. So lassen sich beispielsweise die Wertvorstellungen von Sozialpolitikern in konservativen Parteien untersuchen, ohne Werturteile zu benötigen.

Eine wichtige Frage ist, ob Werte objektiv oder subjektiv sind. Befürworter der Werturteilsfreiheit begründen ihre Forderung mit der Subjektivität von Werten und zeigen auf, dass sie zwar deskriptive Bestandteile enthalten können, ihr normatives Element jedoch als präskriptiv bezeichnet werden muss. Dieser Ansicht nach ist die Welt – zumindest analytisch – in die Welt der Tatsachen und die der Werte zu trennen. Für die Wissenschaft hat dies die wichtige Konsequenz, dass Aussagen über Tatsachen wahrheitsfähig sind, Aussagen über Werte hingegen nicht (*Albert*, 2000, 46). Während in dieser Interpretation die Aussage „Unternehmen betreiben keine Gewinnmaximierung“ als wahrheitsfähig gilt, trifft dies für die Aussage „Unternehmen sollen kein Gewinnmaximierung betreiben“ nicht zu. Sozialwissenschaftler, die letztere Aussage verkünden, können dies nicht mit den üblichen Verfahren empirischer Sozialwissenschaften begründen und sollten dies daher unterlassen oder den Vorschlag von OPP beherzigen, beide Aussagearten kenntlich zu machen (*Opp*, 1970/2014, 242).[14]

Es gibt jedoch gewichtige Einwände gegen die Tatsachen-Werte-Dichotomie und damit auch gegen die Konsequenzen, die daraus gezogen werden.[15] So vertritt THOMAS NAGEL einen Wertereali-

---

[14] Es gilt das HUMESCHE Gesetz, dass besagt, dass es nicht möglich ist, aus dem Sein, beispielsweise beobachteten Verhalten, auf das Sollen zu schließen (*Hume*, 1739/1978, 211f). Beachte: Dies ist nicht mit dem naturalistischen Fehlschluss zu verwechseln, der sich auf das Gleichsetzen von normativen und deskriptiven Eigenschaften bezieht (*Fenner*, 2008, 88f., 95).

[15] Eine weitergehende Analyse führt in die meta-ethische Diskussionen mit ihren verschiedenen Ansätzen, die in diesem Buch nicht dargestellt werden können. Eine leicht fassliche Einführung zu wichtigen Positionen findet sich in Fenner (2008), Überblicke über die Diskussion bieten auch die Artikel in Düwel/Hübenthal/Werner (2006).

mus und reklamiert hierfür einen Wahrheitsbegriff, der sich darauf bezieht, „was wir und andere tun und wollen *sollen*" (*Nagel*, 1992, 240). Es wird damit ein objektiver Anspruch vertreten, denn Wahrheit oder Objektivität wird üblicherweise so verstanden, dass sie über subjektive Erfahrungen hinausgehen. Ein Objektivitätsanspruch für Wertaussagen lässt sich daher auch damit begründen, dass er nicht auf das Erleben von einzelnen sozialen Akteuren angewiesen ist, vielmehr zeigt bereits der Sprachgebrauch die gemeinsame Verwendung von Wertprädikaten und deren Bedeutung (*Kutschera*, 1982, 241). Unabhängig davon, ob diesen Ansichten gefolgt wird, zeigen sie, dass Werte mit unterschiedlichen Verfahren begründungsfähig sind. Ob sich NAGEL angeschlossen wird, der sie sogar als wahrheitsfähig betrachtet, ist davon ebenfalls unabhängig. Diese Begründungen sind nicht von subjektiven Meinungen oder gar Empfindungen abhängig und sie können daher sicherlich nicht als unwissenschaftlich qualifiziert werden.

Wer Anhänger der Werturteilsfreiheit ist, wird auch bei Fragen der Gestaltung daran festhalten wollen. Wenn von einem Wissenschaftler Beratung in Gestaltungsfragen verlangt wird, so soll er keine Werturteile in diese Beratung einfließen lassen. Daher soll er Gestaltungsmöglichkeiten aufzeigen und keine Gestaltungsempfehlungen aussprechen oder gar Gestaltungsanweisungen geben (*Schanz*, 1988a, 43). OPP hat dafür argumentiert, dass Entscheidungen nicht identisch mit Werturteilen sind (*Opp*, 1970/2014, 239f), wobei er unter Werturteile Aussagen versteht, dass etwas der Fall sein oder nicht sein soll. Dies ist jedoch das Ergebnis von Entscheidungen: Denn es wird auf Basis von Präferenzen eine Handlungsalternative ausgewählt, die dann ergriffen werden soll. Die Logik von normativen und subjektiven Präferenzen ist mithin dieselbe, der Unterschied besteht allerdings darin, dass subjektive Präferenzen sich auf individuelle Akteure beziehen und dass sie keine moralische Bewertungen enthalten (*Kutschera*, 1982, 24).

Es wird zwischen der Zweckrationalität und einer – an ethischen Normen orientierten – Wertrationalität getrennt. Gestaltungsmöglichkeiten und -empfehlungen beziehen sich auf die Zweckrationalität, auf ihrer Basis wählt ein Akteur die Handlung (Mittel), mit der der Zweck erfüllt wird. Es wird davon ausgegangen, dass er sich unter mehreren möglichen für die beste Handlung entscheidet (*Schulte*, 2010, 18; *Gosepath*, 1992, 219f). Wenn Wissenschaftler zweckrationales Handeln unterstützen sollen, lassen sich zwei Fälle unterscheiden:

1. Gestaltungsempfehlungen sollen für konkrete Probleme eines einzelnen sozialen Akteurs abgegeben werden.
2. Es sind Modelle für Gestaltungsempfehlungen vorzuschlagen, die für idealtypische soziale Akteure, die sich in der der Gestaltungsempfehlung zugrundeliegenden Situation befinden, entwickelt werden.

Zwar spielt in beiden Fällen normatives Vokabular eine große Rolle (*Braun*, 1982, 8ff), allerdings sind weder bei Einzelempfehlungen noch bei Gesamtbetrachtungen von Gestaltungen Wertungen durch Wissenschaftler notwendig. So ist im ersten Fall eine Wertung immer dann notwendig, wenn Mittel ausgewählt werden müssen. Bei der konkreten Beratung wird dem sozialen Akteur z.B. mit Hilfe einer Entscheidungstechnik gezeigt, wie er seine optimale Handlung auswählen kann. Alle mit den Entscheidungen notwendigen Präferenzen müssen allerdings vom sozialen Akteur festgelegt werden. Welche konkreten Ziele und Zielgewichte verwendet werden, sind die subjektiven Präferenzen einzelner Akteure. Wertungen durch einen Wissenschaftler sind daher in beiden Fällen nicht notwendig.

In diesem Kapitel wird die Frage diskutiert, ob für das wissenschaftliche Ziel der Gestaltung Wertungen von Wissenschaftlern im Aussagenbereich notwendig sind. Dies wird zwar abschließend verneint, allerdings ist dies von der Frage zu trennen, ob Gestaltungsempfehlungen immer wertfrei sein müssen. Vertreter, die vom Gegenteil überzeugt sind, halten den ausschließlichen Blick auf die Mittel auf Basis der Zweckrationalität für „einen positivistisch halbierten Rationalismus“[16] und stellen sie in Frage. Im nächsten Unterkapitel soll gezeigt werden, dass eine angewandte Wissenschaft

---

[16] So der Titel eines Aufsatzes von HABERMAS (1964), der im Verlaufe der Diskussion, die als Positivismusstreit in der Soziologie bezeichnet wird, erschien.

wie die Betriebswirtschaftslehre in ihrer Geschichte immer wieder die Werturteilsfreiheit durchbrochen hat.

8.6 Gestaltungsziel und Sozialtechnologie

R. EDWARD FREEMAN, einer der maßgeblichen Entwickler der Stakeholder-Theorie, berichtet in einem Buchartikel über das Missfallen von Forschern an einer typischen US-amerikanischen Business School, zu Aspekten einer normativen Stakeholder-Theorie Stellung zu nehmen und konstatiert einen Widerwillen „of any of these management thinkers to talk about issues of values, ethics, or justice“ (*Freeman*, 2005, 419). Diese Einstellung ist nicht auf betriebswirtschaftliche Forscher begrenzt, sondern sie wird von vielen Sozialwissenschaftlern geteilt. Das Postulat der Wertfreiheit für die Sozialwissenschaften, im deutschsprachigen Raum vor allem durch WEBER initiiert, ist auch im angelsächsischen Sprachraum lebendig (*Nagel*, 1961, 485ff). Es wird aber von verschiedenen Positionen attackiert, die Wertfreiheit nicht als wissenschaftliches Ziel anerkennen. So argumentierte CHARLES TAYLOR, dass Tatsachen nicht wertneutral sein können, sondern immer wertgeladen sind (*Taylor*, 1975b, 40f; *Kirsch et al.*, 2007, 54ff). Er kritisiert ähnlich wie HABERMAS dies in Deutschland getan hat, dass die fundamentalen Werte und Ziele aus dem Blickwinkel der Sozialwissenschaft verschwinden (*Taylor*, 1975b, 17). Er plädiert allerdings nicht ganz unähnlich zu OPP für den Versuch einer Trennung beider Aussagearten (empirisch und normativ).

Wer die Entwicklung in der Betriebswirtschaftslehre der letzten Jahrzehnte betrachtet, sieht sich einer zunehmenden Wertediskussion gegenüber. Neben dem bereits genannten normativen Zweig der Stakeholder-Theorie sind insbesondere Diskussionen um die Nachhaltigkeit unternehmerischer Tätigkeit sowie die Entwicklung einer Unternehmensethik zu nennen. Somit weitet die Zweckrationalität ihren Blick auch auf die Auswahl der Zwecke und wird somit zu einer umfassenden Rationalität.[17] Hat in der Betriebswirt-

[17] Der Begriff der instrumentellen Rationalität, der in der Literatur häufig gebraucht wird, geht letztlich auf WEBERs Begriff der Zweckrationalität zurück. Bereits WEBER hat zwar der Zweckrationalität eine

schaftslehre ein grundsätzliches Umdenken eingesetzt, so dass normative Aussagen nicht mehr als unwissenschaftlich angesehen werden und daher möglichst vermieden werden sollten?

Wird der Ansicht von KUHN gefolgt, dass in Lehrbüchern eines Faches wesentliche Elemente eines Paradigmas zu finden sind (*Kuhn*, 1962/1976, 25), dann zeigt ein Blick in einschlägige Lehrbücher der Betriebswirtschaftslehre, dass die Werturteilsfreiheit nach wie vor als grundlegender Bestandteil des Paradigmas angesehen wird. So konstatieren WÖHE/DÖRING in einem weit verbreiteten Lehrbuch der Betriebswirtschaftslehre (BWL): „Die wirtschaftstheoretisch fundierte BWL verzichtet auf eine (ethische) Bewertung unternehmerischer Ziele. Als praktisch-normative BWL beschränkt sie sich auf die Prüfung und Bewertung einzelner Instrumente, die zum Zweck der Zielerreichung eingesetzt werden" (*Wöhe/Döring*, 2010, 11). Dieses beispielhafte Zitat wird auch nach Meinung von ZELEWSKI von der Mehrzahl betriebswirtschaftlich Forschender geteilt (*Zelewski*, 2008, 5). Hingegen wird in einem neueren Lehrbuch zur Wissenschaftstheorie der Betriebswirtschaftslehre von KIRSCH/ SEIDL/VAN AAKEN die gegenteilige Meinung vertreten, dass wissenschaftliche Aussagen wertbeladen sind und daher Wertungen im Aussagenbereich nicht zu vermeiden sind (*Kirsch et al.*, 2007, 54f).

Aufklärung und Emanzipation als Gestaltungsziele

Diese kurz skizzierten Auffassungen aus der Betriebswirtschaftslehre finden sich auch in anderen Sozialwissenschaften und sollen zur Vereinfachung auf drei Grundpositionen reduziert werden:

1. Werturteile sind als spezielle Aussageform unwissenschaftlich, da nicht objektiv begründbar, und daher grundsätzlich unzulässig.

Wertrationalität gegenübergestellt, sie jedoch nicht auf eine Analyse der Zweck-Mittel-Beziehung beschränkt, sondern auch die Analyse der Zwecke mit eingeschlossen: „Zweckrational handelt, wer … die verschiedenen möglichen Zwecke gegeneinander rational abwägt" (*Weber*, 1922/1947, 13). Ähnlich weit wird die instrumentelle Rationalität auch bei SCHULTE gefasst (*Schulte*, 2010, 18).

2. Werturteile sind als spezielle Aussageform strikt von deskriptiven Aussagen zu trennen.
3. Werturteile gehören zu einer „kritischen" Wissenschaft; Wissenschaften dienen nicht nur der Aufklärung, sondern auch der Emanzipation.

In den Sozialwissenschaften findet sich der letztgenannte Standpunkt insbesondere in der „Kritischen Theorie" (s. Philosophiebox 13, S. 310). Einer ihrer Protagonisten, JÜRGEN HABERMAS, postuliert ein emanzipatorisches Interesse, das er folgend charakterisiert: „In der Selbstreflexion gelangt eine Erkenntnis um der Erkenntnis willen mit dem Interesse an Mündigkeit zur Deckung; denn der Vollzug der Reflexion weiß sich als Bewegung der Emanzipation. Vernunft steht zugleich als Bewegung der Emanzipation" (*Habermas*, 1968, 244). Mit dem Begriff der **Emanzipation** verbindet sich eine zentrale Kategorie sozialwissenschaftlicher Gestaltung. Sie zielt auf eine Gesellschaft, in der sich Akteure frei von Zwängen und Autorität einbringen können. Und er beruft sich auf den aufklärerischen Impetus eines KANT, der mit seiner Sentenz – „Aufklärung ist der Ausgang des Menschen aus seiner selbst verschuldeten Unmündigkeit" (*Kant*, 1784/1983, 53) – der Vernunft eine bedeutende Rolle bei der Aufklärung zuwies. Während jedoch die Aufklärung in unserer bisherigen Diktion als Erkennen der Tatsachen in der sozialen Welt charakterisiert werden kann, zielt Emanzipation auf Veränderung gesellschaftlicher Verhältnisse. Allerdings sind beide Ziele nicht etwa ein Privileg der Kritischen Theorie, vielmehr hat auch ALBERT als Vertreter des kritischen Rationalismus auf die Aufklärung hingewiesen, die soziale Mechanismen und bestehende Herrschaftsstrukturen in der gegenwärtigen Gesellschaft erkennbar machen soll und damit auf Befreiung (Emanzipation) zielt (*Albert*, 1976, 21ff).

Während jedoch ALBERT nach wie vor auch bei der Frage der Gestaltung ohne Werturteile auskommen will – erinnert sei an seine tautologische Umformung von nomologischen Aussagen – scheuen sich Vertreter der Kritischen Theorie und Sozialwissenschaftler, die ihr folgen, nicht, Werturteile auszusprechen. Im nächsten Unterkapitel sollen die Probleme einer solchen Vorgehensweise insbesondere am Beispiel der Aktionsforschung diskutiert werden.

**Philosophiebox 13:
Kritische Theorie in den Sozialwissenschaften**

Ausgangspunkte der Kritischen Theorie sind das Werk von KARL MARX, der eine kritische Analyse der kapitalistischen Gesellschaft seiner Zeit vorgelegt hat, die Psychoanalyse von SIGMUND FREUD sowie die Philosophie der Aufklärung und des Idealismus (insbesondere HEGEL). Auf diesen Grundlagen sollte eine umfassende Analyse der ökonomischen und politischen Verhältnisse sowie der sozialen Strukturen moderner Industriegesellschaften erarbeitet werden, die sich insbesondere gegen den Positivismus richtete. Wobei der Begriff Positivismus häufig eher als Kampfbegriff gedeutet werden kann, denn POPPER hat sich z.B. ebenfalls eindeutig vom Positivismus abgegrenzt.

Zur Gründergeneration gehörten MAX HORKHEIMER, THOMAS W. ADORNO und HERBERT MARCUSE, die im Institut für Sozialforschung in Frankfurt zusammen kamen; daher der Name der Gruppe: Frankfurter Schule. Eine zentrale Forderung dieser Gruppe ist das Aufheben der Werturteilsfreiheit, dies hat insbesondere im sogenannten Positivismusstreit zu einer scharfen Kontroverse zwischen ihren Vertretern und den Protagonisten des kritischen Rationalismus POPPER und ALBERT geführt.

In Nachfolge der Gründergeneration ist JÜRGEN HABERMAS die zentrale Figur der kritischen Theorie und gilt sicherlich als einer der herausragenden Philosophen unserer Zeit, der auch zu aktuellen politischen Fragen Stellung bezieht. Dies lässt sich dadurch verstehen, dass für ihn Theorie und Praxis, Sein und Sollen eben nicht als getrennte Sphären behandelt werden können. Denn ähnlich wie die Gründerväter der kritischen Theorie lehnt er die strikte Trennung von Tatsachen und Werten ab.

Insbesondere mit seiner Theorie der kommunikativen Handlungen hat Habermas den Sozialwissenschaften Impulse gegeben. Zentrales Element seiner Theorie ist der Begriff des herrschaftsfreien Diskurses, der auf vier Bedingungen idealer Sprechsituationen basiert. Mit ihnen wird betont, dass Teilnehmer solcher Diskurse gleiche Chancen haben müssen, sich angemessen an dem Diskurs zu beteiligen. Regiert werden Diskurse durch die Vernünftigkeit, d.h., letztlich müssen die Teilnehmer eines Diskurses bestimmte Rationalitätsanforderungen erfüllen. Sie ist damit auch die Basis für seine Konsenstheorie der Wahrheit, welch die Beschreibung eines Verfahrens braucht, wie der Konsens hergestellt wird, aus dem sich der Anspruch einer interpersonalen Wahrheit erst ergeben kann. Dass es sich dabei um eine idealtypische Beschreibung des Prozesses handelt, ist zwar Anlass für Kritik, gleichzeitig aber auch ein Vorteil, weil sich so die Voraussetzungen einer epistemischen Wahrheitstheorie erkennen lassen.

Kritisch wird oft angemerkt, dass nicht immer ganz klar wird, wie denn ein eigenständiges Programm inklusive der empirischen Validierung einer kritischen Sozialwissenschaft aussehen könnte. Als Besonderheiten einer solchen Wissenschaft gelten insbesondere: (1) Ideologiekritik und (2) Emanzipation, welche beide durch eine kritische Analyse der Verhältnisse in der Gesellschaft erreicht werden sollen. Nun führt auch der kritische Rationalismus das Adjektiv „kritisch" in seinem Namen, was Anlass gibt, über grundlegende Unterschiede nachzudenken. Sicherlich ist ein wesentlicher Unterschied, dass HABERMAS zwar auch die Empirie des Tatsächlichen berücksichtigt, allerdings auch Zukunftsvorstellungen einer herrschaftsfreien Gesellschaft als Ziel wissenschaftlicher Untersuchungen aufnimmt.

(Quellen: *Alvesson/Deetz*, 2000; *Alvesson/Sköldberg*, 2000; *Benton/Craib*, 2001; *Bishop*, 2007; *Bohman*, 2003; *Habermas*, 1981; *Horster*, 2010)

Intervention in soziale Systeme: von der Aktionsforschung zum Sozialexperiment

Einer der einflussreichsten Vordenker des Pragmatismus war JOHN DEWEY, der in seiner Philosophie das experimentelle Vorgehen pries, weil er davon ausging, dass sich Erkenntnis nur im Handeln und damit in der Praxis bewährt.[18] Der amerikanische Pragmatis-

[18] DEWEY hat dies in vielen seinen Schriften betont (*Tiles*, 2010): "It is not true that to insist that scientific propositions fall within the domain of practice is to depreciate them. On its face, the insistence means simply that all knowledge involves experimentation, with whatever appliances are suited to the problem in hand, of an active

mus und DEWEY durch seine Lehr- und Forschungstätigkeit haben sicherlich das Terrain für die **Aktionsforschung** bereitet, als ihr eigentlicher Begründer gilt allerdings KURT LEWIN, der den Begriff eingeführt hat. Seine Kennzeichnung beschreibt sie als eine Forschung, die im Dienste der Sozialtechnologie vergleichend „Bedingungen und Wirkungen verschiedener Formen des sozialen Handelns" untersucht. Sie ist „eine zu sozialem Handeln führende Forschung" (*Lewin*, 1946/1968, 280). Es ist aber nicht nur die Verbindung von Theorie und Praxis, die als Besonderheit der Aktionsforschung gilt, als weitere wesentliche Merkmale werden vor allem die aktive Teilnahme der Forscher und die Partizipation der Teilnehmer angesehen.

Unter dem Einfluss der kritischen Theorie wird die Aktionsforschung zu einem Instrument der Emanzipation entwickelt, bei der die Teilnehmer der Studie, die in empirischer Forschung üblicherweise als Objekt betrachtet werden, zu aktiven, teilnehmenden Subjekten erklärt werden. Da nach der kritischen Theorie ein Schleier über den gesellschaftlichen Verhältnissen liegt, ist es ein Ziel der Aktionsforschung, diese Verhältnisse transparent zu machen, um Macht- und Herrschaftsverhältnisse offenzulegen. Emanzipation der Teilnehmer der Studie zielt damit durch ihre kritische Analyse auf die Befreiung von Macht- und Herrschaftsverhältnissen.

Die Aktionsforschung hat sich allerdings auch unabhängig von einer kritischen Theorie weiterentwickelt und gilt heute neben anderen einschlägigen Forschungsdesigns als eine weitere Forschungsmöglichkeit, um Gestaltungsziele zu verwirklichen. Kritische Rationalisten argumentieren dafür, dass im Gestaltungszusammenhang Gestaltungsmöglichkeiten aufgezeigt werden, allerdings sollte nach ihrer Ansicht von einer aktiven Einmischung abgesehen werden. In den letzten Jahrzehnten wird jedoch zunehmend über diese aktivere Rolle gestritten und zunehmend für Interventionen, wie sie in der Aktionsforschung vorgesehen sind, plädiert.

---

and physical type. Instead of this doctrine leading to a low estimate of knowledge, the contrary is the case. This art of experimental thinking turns out to give the key to the control and development of other modes of practice" (*Dewey*, 1916, 439).

In jüngster Zeit argumentiert IAN HACKING (1983/1996) für einen **Experimentalismus**, welcher den Vorrang der Theorie vor dem Experiment bestreitet: „Die Experimentiertätigkeit führt ein Eigenleben“ (*Hacking*, 1983/1996, 250). HACKING vertritt zwar nicht die Ansicht, dass Experimente völlig unabhängig von Theorien sind, er bezweifelt jedoch, dass Experimente ausschließlich den Zweck haben, Theorien zu testen. Aus der Geschichte lassen sich vielmehr Beispiele heranziehen, die zeigen, dass Experimente hypothesen- und theoriebildend eingesetzt werden. In die gleiche Richtung zielen Sozialexperimente, die in den letzten Jahrzehnten zunehmend eingesetzt werden, um soziale Programme wissenschaftlich zu begleiten (*Greenberg/Shroder*, 2004).

Sozialexperimente zeichnen sich nach GREENBERG/SHRODER durch folgende Merkmale aus (*Greenberg/Shroder*, 2004, 4):

- Zufallsstichprobe: Es werden zwei Gruppen von Akteuren ausgewählt, die nach dem Zufallsprinzip ausgewählt werden.
- Intervention: Die Gruppen werden in ihrem täglichen Umfeld (Lebenswelt) unterschiedlichen Maßnahmen ausgesetzt.
- Nachträgliche Datenaufnahme: Es werden die Konsequenzen für jedes Mitglied einer Gruppe gemessen.
- Evaluation: Durch geeignete Messverfahren werden Unterschiede der Konsequenzen auf die Mitglieder erfasst und beurteilt, inwieweit die Maßnahmen sie verursacht haben.

Diese Merkmale sind stark an der Konzeption angelehnt, wie sie von DONALD CAMPBELL (1969) vorgeschlagen wird. Von ihm wird insbesondere die von Laborexperimenten propagierte Objektivität übernommen, die sich auf die Rollen, welche Forscher und Teilnehmer der Studie zugewiesen bekommen, auswirkt. Um Validitätsbedrohungen abzuwenden, wird Forschern eine passive Rolle nahegelegt, damit sich ihr Einfluss nicht verzerrend auf die Ergebnisse auswirkt. Ebenso werden Teilnehmer an Sozialexperimenten passive Rollen zugewiesen, die sie weiterhin zu Objekten macht. CAMPBELL handelt sich damit den Vorwurf ein, wie ein Sozialingenieur zu operieren, der sein Herrschaftswissen nutzt, um im Sinne der gesellschaftlichen Machtverhältnisse zu agieren.

Neuere Konzeptionen der Sozialexperimente sehen die stärkere Partizipation der Akteure vor, wie sie sich traditionell bereits in der

Aktionsforschung durchgesetzt hat (*Groß/Krohn*, 2005, 78). Da gesellschaftliche Veränderungen nicht an den sozialen Akteuren vorbei durchgeführt werden können, ist deren Partizipation vorgesehen. Projekte, in denen dies nicht verankert wird, haben es schwer, da ihre Akzeptanz bei sozialen Akteuren gering ausfällt. Dies ist aber gleichbedeutend damit, dass eine wesentliche Komponente dieser Projekte die aktive Beeinflussung der Ziele durch die Teilnehmer ist. Eine quasi-neutrale Intervention, die ohne das Wissen der Teilnehmer erfolgt, ist somit nicht mehr möglich. Damit stellen sich jedoch Fragen der Qualität solcher Projekte, die abschließend diskutiert werden.

8.7 Qualitätsaspekte in der Gestaltung

Während bei der Beurteilung der theoretischen Wissenschaftsziele kognitive Produkte – Begriffe, Aussagen und Theorien – dominieren, sind die praktischen Wissenschaftsziele der Prognose und Gestaltung auf Verwendung von Wissen gerichtet. Es ist daher sinnvoll, praktische Wissenschaftsziele mit eben dieser praktischen Dimension zu beurteilen. Auf den ersten Blick scheint daher die Effektivität der Ergebnisse ausreichend für die Qualitätsmessung zu sein (*Kornwachs*, 2012, 52). Eine solche Qualitätsmessung greift allerdings aus mehreren Gründen zu kurz:

- Auch im Gestaltungszusammenhang ist es sinnvoll, die Begründung, welche für die praktische Lösung gegeben wird, in der Beurteilung zu berücksichtigen. Es sollen damit zufällig effektive Lösungen daraufhin untersucht werden, ob sie zu verbesserten Begründungen führen könnten.
- Eine ausschließliche Ausrichtung an sozialtechnischer Effektivität ist nicht im Sinne der Partizipation der Beteiligten. Es ist auch wesentlich, wie die Lösung zustande gekommen ist und wie die Teilnehmer der Studie beteiligt werden.
- Die Grundidee des experimentellen Lernens ist damit verbunden, dass am Ende des Projekts nicht nur Ergebnisse zu verzeichnen sind, sondern auch Fähigkeiten entwickelt werden, mit denen die Teilnehmer in Zukunft ihre Belange selbst regeln können.

- Neben der Effektivität wird häufig noch die Effizienz genannt, weil sie darüber entscheidet, wie ein Projekt durchgeführt werden kann. **Effektivität** betrifft die Möglichkeit der Durchführung, **Effizienz** bezieht sich auf die Wirtschaftlichkeit der Durchführung.

Es sind wie bei der Prognose zwei Ebenen der Beurteilung zu unterscheiden:

1. Wie gut ist die Gestaltung begründet?
2. Wie nah liegt die Gestaltung an den Zielen der sozialen Akteure?

Eine Beurteilung von Gestaltungsurteilen kann mit Hilfe der Validität erfolgen. Validität wird im Sinne von MESSICK charakterisiert als eine Eigenschaft der Schlüsse, die auf Basis von empirischen Evidenzen gefällt werden (*Messick*, 1995, 741). Sie kann sich auf verschiedene Aspekte von wissenschaftlichen Untersuchungen beziehen und hat daher verschiedene Dimensionen. Als zentral gelten die Konstruktvalidität, die interne und externe Validität und die statistische Validität. Inwieweit sind sie auch für Gestaltungsprojekte von Relevanz?

- Da sich die **Konstruktvalidität** auf die Bedeutung der wichtigen Begriffe und Variablen bezieht, ist sie für Gestaltungsprojekte ebenfalls von Relevanz. Es muss auch in Gestaltungsprojekten Übereinstimmung in der Bedeutung der wesentlichen Begriffe hergestellt werden.
- **Interne Validität** bezieht sich darauf, ob die Begriffe und Variablen in dem vermuteten Zusammenhang stehen und daher die ergriffenen Maßnahmen (Interventionen) den von den sozialen Akteuren gewünschten Erfolg haben. Sie ist mit der Konstruktvalidität für die Akteure die wichtigste Validität, weil sie aufzeigt, ob auch in Zukunft unter den gleichen Bedingungen mit zumindest ähnlichen Ergebnissen zu rechnen ist.
- **Externe Validität** ist aus Sicht der Beteiligten, die ihre Lebenswelt als ausschlaggebend betrachten, nicht wichtig. Für diejenigen, die das Projekt aus übergeordneter Perspektive betrachten und deswegen vielleicht auch initialisiert haben, ist dies jedoch durchaus von Bedeutung. Für sie ist von Relevanz, ob sich die Ergebnisse aus der Untersuchung auch auf andere Bereiche der Gesellschaft übertragen lassen.

- **Statistische Validität** ist immer dann von Belang, wenn das Projekt auch statistisch ausgewertet wird. Mit ihrer Hilfe soll die Güte der Ergebnisse hinsichtlich der Anwendung der statistischen Methoden und der wesentlichen Kennwerte (statistischer Fehler, Teststärke und Effektgröße) beurteilt werden.

Weitere Qualitätskriterien müssen sich allerdings auf das Gestaltungsergebnis beziehen. Und es fragt sich, ob neben der Effektivität und Effizienz von Gestaltungsergebnissen auch weitere Fragen an die Validität gerichtet werden. Eine positive Antwort hierauf geben HERR/ANDERSON, die insgesamt fünf Validitätskriterien vorschlagen (*Herr/Anderson*, 2005, 55ff). Hier sollen zwei dieser fünf Aspekte betrachtet werden:

- Mit der **katalytischen Validität** sollen Aspekte der Wissensmehrung von Wissenschaftlern und Teilnehmern der Studie erfasst werden. Wissensmehrung meint hier das bessere Verständnis der dem Projekt zugrundeliegenden Fragen, ihrer Annahmen über die soziale Realität (Lebenswelt) und der durch die Intervention verfolgten Zwecke und Wirkungen sowie die situativen Faktoren, die eine Rolle spielen.
- Ein wichtiges Beurteilungskriterium ist die **demokratische Validität**. Sie soll Informationen darüber liefern, ob und wie die Partizipation während der Untersuchung stattgefunden hat. Insbesondere ist zu prüfen, ob der Prozess genügend institutionelle Voraussetzungen für eine Teilnahme vorsieht und ob das Gestaltungsergebnis von den Betroffenen als effektiv angesehen wird.

Mit diesen Anmerkungen zur Validität der Gestaltung zeigt sich, dass Validität ein Konzept ist, das flexibel genug und damit erweiterbar ist. Validität wird in diesem Buch als ein genereller Beurteilungsmaßstab entwickelt, der Hinweise gibt, ob die Schlüsse, die auf Basis von wissenschaftlichen Untersuchungen sowie deren Methoden gezogen werden, auf Basis des jeweiligen Konzepts als angemessen gelten können.

Zusammenfassung

- Prognose und Gestaltung sind kognitive Ziele der Wissenschaft, die sich der Zukunft widmen. Mit Prognosen wollen Wissenschaftler Handlungen von Akteuren vorhersagen. Bei der Gestaltung steht hingegen das aktive Eingreifen in und die Veränderung von sozialen Systeme im Vordergrund.
- Für Prognosen wird eine Strukturgleichheit mit der Erklärung behauptet. Eine pragmatische Betrachtung zeigt, dass bei der Prognose das Prädikandum gesucht wird und das Prädikans (Gesetz- und Anfangsbedingung) gegeben ist.
- Wenn die Prognosefähigkeiten von Theorien als wichtigstes Ziel gedeutet werden und hingenommen wird, dass Annahmen unrealistisch sind, liegt eine Variante einer instrumentalistischen Deutung von Theorien vor. Wichtiges Argument gegen eine realistische Deutung von Theorien ist die Annahme, dass theoretische Begriffe keine realen Sachverhalte darstellen. Mit dem Kriterium der empirischen Adäquatheit lässt sich aber ein für die Sozialwissenschaften wichtiger Kompromiss für die Diskussion anbieten.
- Prognosen in den Sozialwissenschaften können sich verändern, wenn Akteure in den prognostizierten Sachverhalt eingreifen. So wird bei einer selbsterfüllenden Prognose das Ergebnis durch die Handlungen der Akteure erst herbeigeführt; wie dies im Beispiel des Ansturms auf eine Bank erläutert wird. Daher ist in Prognosen die Möglichkeit zu berücksichtigen, dass Akteure auf die prognostizierten Sachverhalte einwirken können.
- Bei der Beurteilung von Prognosen geht es nicht nur darum, wie nah die Prognose am tatsächlichen Sachverhalt lag, vielmehr muss auch die Begründung der Prognose betrachtet werden.
- Eine Analyse eines Gestaltungsarguments, dass die Strukturgleichheit von Erklärung und Gestaltung nicht gegeben ist, vielmehr wird abduktiv auf Gestaltungsmöglichkeiten geschlossen.
- Befürworter eines originären Gestaltungsverständnisses begründen dies mit der Einzigartigkeit, Unsicherheit, Dynamik

und Komplexität der sozialen Phänomene. Sie argumentieren für einen Primat der Gestaltung vor der Erklärung. Es zeigt sich aber, dass auch gesetzesartige Aussagen für Gestaltungsentscheidungen sinnvoll eingesetzt werden können.

- Werturteile in Gestaltungsentscheidungen sind nicht notwendig, da sie in Form von Gestaltungsmöglichkeiten gegeben werden können. Da Wissenschaft als ein System angesehen wird, dass Aussagen als wahr oder falsch auszeichnet, und Werturteile als nicht (empirisch) wahrheitsfähig gelten, wird ein Werturteilsverbot vertreten.
- Ob Sozialwissenschaftler Werturteile formulieren sollten, ist umstritten. Normative Fragen sollten allerdings getrennt von Tatsachenbehauptungen diskutiert werden, da ihre Schlüssigkeit und ihre Wahrheit sich nicht empirisch rechtfertigen lässt.
- Emanzipation und kritische Aufklärung scheinen als kognitive Ziele von Sozialwissenschaft nah beieinander zu liegen. Jede Sozialwissenschaft sollte über wichtige Phänomene der Gesellschaft informieren, mithin aufklären.
- Wissenschaftler, die es nicht bei der Theorie belassen wollen, können in Form der Aktionsforschung an der Gestaltung in der Gesellschaft teilnehmen. Eine stärkere Einbindung der Akteure in die Forschung findet bei Sozialexperimenten statt.
- Neben der Effektivität und Effizienz der Gestaltung sind die verschiedenen Validitätsdimensionen zur Beurteilung der Güte von Gestaltungen heranzuziehen.

Schlüsselwörter

Argument, prognostisches (275)
Emanzipation (309)
Experimentalismus (313)
Gestaltungsargument (294)
Instrumentalismus (279)
Prognose, bedingte (277)
Prognose, selbsterfüllende (284)
Prognose, selbstzerstörende (284)
Sozialexperiment (313)
Sozialtechnologie (293)
Technologie (274)

Lernkontrolle

1. Beschreiben Sie den Unterschied zwischen Prognose und Gestaltung.

2. Welche Gründe sprechen gegen die Strukturgleichheit von Erklärung und Prognose?
3. Wie lässt sich Gestaltung kennzeichnen?
4. Erläutern Sie die These von der Strukturgleichheit der Prognose und der Erklärung und zeigen Sie deren Konsequenzen auf.
5. Welche Thesen vertritt MILTON FRIEDMAN mit seinem Instrumentalismus?
6. Zeigen Sie an verschiedenen Kriterien, die wesentlichen Unterschiede zwischen einer instrumentalistischen und einer realistischen Auffassung von Wissenschaft.
7. Beschreiben Sie an einem Beispiel, wie sich eine Prognose selbst erfüllen kann.
8. Kennen Sie auch die Möglichkeit, dass eine Prognose sich selbst zerstören kann?
9. Welche Schlussfolgerungen sind daraus zu ziehen, dass selbsterfüllende oder selbstzerstörende Prognosen auftreten können?
10. Welche zwei Fragen sollten bei der Beurteilung der Güte von Prognosen auseinandergehalten werden?
11. Was ist eine Akkommodation?
12. Wann besteht die Gefahr des Overfitting?
13. Was ist eine Technologie?
14. Beschreiben Sie ein Gestaltungsargument nach dem DN-Schema und erläutern Sie die These von der Strukturgleichheit von Gestaltung und Erklärung.
15. Wie begründen Vertreter eines originären Gestaltungsverständnisses das Primat der Gestaltung?
16. Erläutern Sie, welche Wertungen ALBERT unterscheidet und lokalisieren Sie den Bereich, der insbesondere die Werturteilsdebatte betrifft.
17. Unterscheiden Sie die Zweckrationalität von der Wertrationalität.
18. Was ist Emanzipation und warum ist dieses Ziel umstritten?
19. Diskutieren Sie die Position des Experimentalismus.
20. Welche Validitätskriterien für die Gestaltung kennen Sie?

Kommentierte Literaturempfehlungen

Eine kurze und prägnante Einführung zur Prognose ist BETZ (2011). Selbstverändernde Prognosen sind dargestellt in BIGGS (2009) und HENSHEL (1982).

Ein Diskussion von FRIEDMAN's Position findet sich in BOLAND (1979), MÄKI (2003) und SCHRÖDER (2004). Wichtige Argumente für den wissenschaftlichen Realismus findet man in POPPER (1963/2009) und NIINILUOTO (2004), ein guter Überblick über beide Positionen in LEPLIN (2000); eine Diskussion des Realismus und Instrumentalismus in den Wirtschaftswissenschaften findet sich beispielsweise in HAUSMAN (1998) und MÄKI (2000).

Eine umfassende Monographie zur Diskussion der Besonderheiten von technologischen Wissen ist KORNWACHS (2012). Eine Diskussion der verschiedenen Auffassungen zum Verhältnis von Theorie und Praxis findet sich in ZELEWSKI (1995).

Zur Diskussion um die Werturteile gibt es eine umfangreich Literatur, empfehlenswert sind neben den Schriften von WEBER (1922/1951) die Herausgeberbände von NAU (1996), der die Diskussionsbeiträge aus dem Jahre 1913 enthält, ALBERT/TOPITSCH (1979) und SCHURZ/CARRIER (2013), die eine Reihe von Stellungnahmen enthalten.

Glossar

Abduktion
Abduktion ist ein Schlussverfahren, das verwendet wird, um zu neuen → Hypothesen zu gelangen. Sie ist wie die → Induktion gehaltserweiternd. Schlüsse auf ihrer Basis sind riskant und nicht wahrheitserhaltend. (87)

Adäquatheitsbedingungen
A. werden formuliert, um sicherzustellen, dass es sich beim Ergebnis auch wirklich um das Ergebnis handelt, das angestrebt wird. Dies kann z.B. ein exakter Begriff sein (→ Explikation). (172)

Akteur, sozialer
Soziale A. können Individuen und Institutionen sein, wobei nur Individuen → Intentionen zugeschrieben werden. (54)

Anfangsbedingung
A. sind die besonderen Sachverhalte, die untersucht werden und die in der Wenn-Komponente des → Gesetzes enthalten sind. Sie sind in der → DN-Erklärung ein Bestandteil des Explanans. (205)

Argument
Ein A. besteht aus einer oder mehrerer miteinander verbundener → Aussagen, wobei eine Aussage als Konklusion, die Schlussfolgerung enthält, und eine oder mehrere Aussagen als Prämissen, die Gründe enthalten, die zur Schlussfolgerung führen. (82)

Argument, prognostisches
Ein p. Argument besteht aus einem → Gesetz und den → Anfangsbedingungen als Prämissen und der prognostischen Aussage als Konklusion. Der Unterschied zwischen Erklärung und Prognose ist pragmatischer Natur: Während bei Erklärungen das Explanandum – also die Konklusion – bekannt ist und die Voraussetzungen – das Explanans (Gesetz und Anfangsbedingungen) – gesucht werden, wird bei der Prognose das Prädikandum – die Prognose – gesucht und das Prädikans (Gesetz und Anfangsbedingungen) ist gegeben. (275)

Aussage
Eine A. wird zwar in Sätzen ausgedrückt, allerdings spielt die Sprache für die A. keine Rolle; d.h., zwei unterschiedliche Sätze wie „Die Sonne scheint“ oder „The sun is shining“ bedeuten die gleiche A. (80)

Aussage, analytische
Dies sind Aussagen, die darauf beruhen, dass ihre → Wahrheit nicht empirisch überprüft werden muss. So ist eine Aussage wie „Alle Junggesellen sind verheiratet“ aufgrund der Konventionen der Sprache als wahr zu bezeichnen. (82)

Aussage, synthetische
Hiermit werden Aussagen bezeichnet, die empirisch geprüft werden müssen, da ihr Inhalt nicht durch die Logik oder Bedeutungskonventionen der Sprache festgestellt werden. Eine Aussage wie z.B. „Frauen sind klüger als Männer" muss empirisch überprüft werden. (82)

Autorenintention
Die A. wird verwendet, um einen Maßstab der Richtigkeit von Interpretationen festzulegen: Es werden die Absichten des Autors bei der Abfassung des Textes für die Interpretation zugrunde gelegt. (136)

Begriff
B.e drücken soziale Sachverhalte sprachlich aus, indem sie Eigenschaften benennen, welche auf diese Sachverhalte zutreffen sollen. Da es in → Theorien um → Zusammenhänge von B.en geht, werden durch → Aussagen diese Phänomene in Relation zueinander gebracht. B.e stellen daher einen wichtigen Baustein für → Theorien dar. (155)

Begriff, empirischer
E. Begriffe sind deskriptive → Begriffe, die unserer Welterkenntnis dienen. Sie bezeichnen → Sachverhalte (Dinge, Eigenschaften von Dingen u.v.m.). Wenn der Sachverhalt beobachtbar ist, handelt es sich um e. Begriffe. (156)

Begriff, theoretischer
T. Begriffe sind deskriptive → Begriffe, die unserer Welterkenntnis dienen. Sie bezeichnen → Sachverhalte (Dinge, Eigenschaften von Dingen u.v.m.). Wenn der Sachverhalt nicht beobachtbar ist, handelt es sich um t. Begriffe. (156)

Begründungszusammenhang
Im B. werden → Hypothesen einer Prüfung unterzogen, indem durch geeignete Methoden gezeigt wird, ob der in der Hypothese behauptete Zusammenhang tatsächlich existiert. (79)

Beschreibung
Die B. ist ein kognitives Wissenschaftsziel, das dazu dient, dass soziale Sachverhalte erfasst und dargestellt werden. Es umfasst verschiedene Unterziele:
- es werden mit Hilfe von → Definitionen → Begriffe gebildet,
- mit Hilfe messtheoretischer Modelle werden → Variable konstruiert,
- komplexe Phänomene werden auf Basis von → Typologien dargestellt und
- es werden → Zusammenhänge zwischen Begriffen dargestellt. (23)

Bewährung
→ Hypothesen und → Theorien gelten als bewährt, wenn sie bestimmte strenge Prüfungen –

Falsifikationsversuche – überstanden haben. (208)

Ceteris-paribus-Aussage
In ihnen ist eine Annahme enthalten – die ceteris-paribus-Annahme –, die besagt, dass bekannte oder unbekannte Faktoren sich nicht auf den behaupteten → Zusammenhang auswirken. In den Sozialwissenschaften wird auf diese Annahme meist nicht explizit hingewiesen. (191)

Deduktion
Mittels einer D. werden von einer allgemeinen Aussage (1. Prämisse: Alle Menschen sind sterblich) und einer beobachteten Tatsache (2. Prämisse: Sokrates ist ein Mensch) auf das Vorliegen der in der allgemeinen Aussage behaupteten Eigenschaft geschlossen (Konklusion: Sokrates ist sterblich). Deduktive Schlüsse haben die Eigenschaft wahrheitserhaltend zu sein, d.h., wenn die Prämissen wahr sind, dann muss die Konklusion wahr sein. (80)

Definition, operationale
Mithilfe von o. Definitionen werden empirische Begriffe mit ihren theoretischen Begriffen verbunden. Diese Verbindung wird durch Zuordnungsregeln geschaffen, die auch als bilaterale Reduktionssätze bezeichnet werden. Beispielsweise wird die Eigenschaft „Vertrauen zu einer Bank haben“ auf die Frage in einem Fragebogen und die Antwort eines Kunden reduziert und die → Disposition mit einer Reaktion gleichsetzt. (164)

Disposition
D.en sind Eigenschaften von zu untersuchenden sozialen Akteuren, die zwar vorhanden sind, allerdings nur unter bestimmten Bedingungen beobachtbar sind. Dispositionsbegriffe (→ Definition, operationale) zeichnen sich daher dadurch aus, dass sie immer dann beobachtet werden können, wenn diese bestimmten Bedingungen vorliegen und herbeigeführt werden. (162)

DN-Erklärung
Eine deduktiv-nomologische (DN) Erklärung besteht aus mindestens einem Gesetz und mindestens einer Anfangsbedingung, aus denen sich Konsequenzen folgern lassen. Für die Erklärung von Handlungen sind die Anfangsbedingungen die Ziele und Überzeugungen von sozialen Akteuren, die in allgemeiner Form auch dem Gesetz zugrunde liegen. (205)

Dualismus
Dualistische Positionen in der Ontologie nehmen an, dass es neben den natürlichen, materiellen Phänomenen ideelle, mentale Phänomene gibt. Wenn letztere als eigenständige Entitäten aufgefasst werden, ist es fraglich, wie mentale Phänomene, als

nicht materielle Phänomene, in die materielle Welt eingreifen können. (→ Methodendualismus) (73)

Emanzipation

Mit E. verbindet sich eine zentrale Kategorie sozialwissenschaftlicher Gestaltung. Sie zielt auf eine Gesellschaft, in der sich Akteure frei von Zwängen und Autorität einbringen können. (309)

Emergenz

Als E. wird das Phänomen bezeichnet, das Eigenschaften, die auf einer höheren Ebene wie z.B. in Organisationen auftreten, sich nicht aus Eigenschaften einer niederen Ebene wie z.B. individuellen Akteuren erklären lassen. (67)

Entdeckungszusammenhang

Im E. geht es um die Fragen, wie Hypothesen gefunden und entwickelt werden, die Aussagen über die soziale Realität machen. (79)

Erfahrungsobjekt

Als herausragende E.e der Sozialwissenschaften gelten Institutionen, da soziale und wirtschaftliche Handlungen überwiegend in Institutionen stattfinden. Institutionen sind insbesondere Organisationen, Unternehmen und Märkte u.v.m. (30)

Erkenntnisobjekt

Als E. werden die sozialen Sachverhalte ausgewählt, welche die Wissenschaft untersuchen will. (30)

Erklärung

Das Wissenschaftsziel E. dient dem Aufdecken von Ursache-Wirkungs-Zusammenhängen (Kausalbeziehungen). (24)

Erklärung, intentionale

Mittels i.r E.en sind Überzeugungen und Ziele von Akteuren Ausgangspunkt zur Erklärung von Handlungen. (212)

Experimentalismus

Der E. ist eine Auffassung, welche den Vorrang der Theorie vor dem Experiment bestreitet. Mit Experimenten wird daher nicht nur der Zweck verfolgt, Theorien zu testen. Vielmehr zeigen viele Beispiele aus der Geschichte, dass Experimente hypothesen- und theoriebildend eingesetzt werden. (313)

Explikation

Die E. dient dazu wissenschaftliche → Begriffe zu bilden, d.h., sie soll aus einem umgangssprachlichen Begriff (Explikandum) einen exakteren Begriff (Explikat) erzeugen. Um die Qualität des Ergebnisses zu beurteilen, werden vier → Adäquatheitsbedingungen herangezogen. (172)

Fallibilismus

Nach dem F. hat menschliches → Wissen immer nur vorläufigen Bestand; es steht mithin unter dem Vorbehalt, falsch zu sein. Wissenschaftliche → Aussagen und → Theorien sowie wissenschaftliche → Methoden können genauso fehlbar sein wie Alltagswissen. (14)

Falsifikation
F. ist eine empirische Widerlegung einer allgemeinen Aussage. (14)

Forschungsprogramm
Ein F. betrachtet alle Dimensionen des Forschungsprozesses, diese beinhalten neben den Theorien und Ergebnissen, wissenschaftliche Regeln und Grundannahmen. (26)

Gehalt, empirischer
Der e. G. wird durch seine potentiellen Falsifikatoren beschrieben, d.h., jede soziale Tatsache, die einer Hypothese widerspricht, ist ihre Falsifikationsmöglichkeit. Der empirische Gehalt einer Hypothese steigt demnach mit ihren Falsifikationsmöglichkeiten. (244)

Gehalt, propositionaler
Der p. G. entspricht der Bedeutung von Sätzen und Gedanken, die sprachlich ausgedrückt werden. Der Zugang der Forschenden zu den Repräsentationen sozialer Akteure wird insbesondere dadurch möglich, dass sie von den Akteuren sprachlich ausgedrückt werden. (109)

Gesetz
G. wird in der → Wissenschaftstheorie der Naturwissenschaften eine → Aussage bezeichnet, die räumlich und zeitlich unbeschränkt gültig ist und sich empirisch bewährt hat, d.h. bisherige Falsifikationsversuche erfolgreich bestanden hat. Für die Sozialwissenschaften sind hingegen Gesetze als graduelle Aussagen aufzufassen, weil eine zu enge Festlegung als räumlich und zeitlich unbeschränkte All-Aussage der sozialen Realität nicht gerecht wird. „Gesetz" und „gesetzesartige Aussage" werden in diesem Buch synonym verwendet und ihre graduelle Bestimmung wird zugelassen. (186)

Gestaltung
G. enthält Empfehlungen, welche Handlungen zu ergreifen sind, um bestimmte Ziele zu erreichen. (24)

Gestaltungsargument
Ein G. ist ein deduktiver Schluss, der im Explanans das → Gesetz in Form einer Handlungsregel enthält und der in den → Anfangsbedingungen die Ziele des sozialen Akteurs enthält:

- Handlungsregel: Soziale Akteure, die das Ziel Z anstreben und die sich den weiteren Anfangsbedingungen R wie z.B. einer bestimmten Ressourcenausstattung gegenüber sehen, sollen die Handlung H ergreifen.

  Anfangsbedingungen: Sie enthalten das Ziel Z und die in

der Handlungsregel genauer spezifizierten weiteren Anfangsbedingungen.

Das Explanandum drückt aus, dass auf Basis der Prämissen empfohlen wird, die Handlung zu vollziehen, um das Ziel zu erreichen. (294)

Gestaltungswissen
G. wird als ein Aussagenzusammenhang aufgefasst, in dem Regelwissen über Zweck-Mittel-Beziehungen enthalten sind. Es umfasst auch Gestaltungswissen für Sozialsysteme (→ Sozialtechnologie). (274)

Gestaltungszusammenhang
Auf Basis von Hypothesen (Theorien) werden sozialwissenschaftliche Sachverhalte zielgerichtet gestaltet. (79)

Handlung
H.en von Menschen werden als absichtsvolles (= intentionales) Verhalten aufgefasst. (55)

Handlung, soziale
Sie umfasst individuelles, das ein auf einen anderen sozialen Akteur orientiertes → Handeln ist, und kollektives Handeln, unter dem ein notwendig gemeinsames Handeln verstanden wird. (63)

Hermeneutik
H. ist die Lehre vom Auslegen und Interpretieren. Ihre Wurzeln reichen bis in die Antike zurück und im Verlaufe des zwanzigsten Jahrhunderts nahm sie zunehmend Einfluss auf verschiedene Sozialwissenschaften. In diesem Buch werden verschiedene Facetten der Hermeneutik unterschieden:

1. → Hermeneutik als Methode
2. → Hermeneutik als Philosophie
3. Naturalistische Hermeneutik (→ Hermeneutik, naturalistische)
4. Sozialwissenschaftliche Hermeneutik (→ Hermeneutik, sozialwissenschaftliche). (103)

Hermeneutik, Methode der
Sie ist ein jahrtausendaltes Verfahren zum Interpretieren und wird heute als spezielles Verfahren für das → Verstehen angesehen. (104)

Hermeneutik, naturalistische
Eine n. H. wird von ihren Vertretern als eine Methode der Hermeneutik verstanden. Naturalistisch bezieht sich auf die Forderung nach der Einheitsmethode, wobei die mittels der n. H. die hypothetisch-deduktiven Methode angewendet werden soll. (114)

Hermeneutik, Philosophie der
Insbesondere durch die beiden Philosophen HEIDEGGER und GADAMER wurde die H. nicht mehr als Methode angesehen, sondern mit einer ontologischen Komponente versehen, ist das Verstehen eine Seinsweise der Menschen. (104)

Hermeneutik, sozialwissenschaftliche
S. H. ist eine Bereichshermeneutik, die als spezifischen Gegenstand Handlungen, als vollzogene Handlungen von Akteuren hat. Sie betont den sozialen Charakter dieser Handlungen als ein auf andere Akteure bezogenes Handeln, so dass Interaktionen als die kleinste zu betrachtende Untersuchungseinheit betrachtet werden kann. Sie ist weitgehend eine Text- und Sprachwissenschaft, weil sie sich auf die Sprache in Gesellschaften stützt. (119)

Hintergrundwissen
H. wird als → Wissen bezeichnet, das erstens mehrere Komponenten, wie das theoretische Wissen und das Alltagswissen enthält und zweitens häufig als unproblematisch angesehen wird; in der qualitativen Sozialforschung wird es auch häufig als Vorwissen bezeichnet. (85)

Holismus
H. ist eine Auffassung, dass → Theorien komplexe Gebilde sind, die nur als Ganzes unter Einschluss weiterer Theorien getestet werden können. (243)

Hypothese
H. sind → Aussagen, die über empirische Sachverhalte informieren. Sie stellen Vermutungswissen dar und können nicht als sicher wahr angenommen werden. Sie sollen überprüfbar sein. Meist wird daher ihr vorläufiger, weil ungeprüfter Charakter betont, da erst nach erfolgreich bestandenen empirischen Tests ihre Aussage als bewährt gilt. (156)

Idealismus
Der I. setzt entgegen dem Realismus den Primat beim menschlichen Subjekt und bestreitet die Unabhängigkeit der Realität vom Subjekt. (29)

Individualismus, methodologischer
Eine wesentliche Annahme des m. I. ist es, dass jedes soziale und damit auch wirtschaftliche Phänomen nur mithilfe individueller → Handlungen erklärt werden kann. (65)

Induktion
Bei einer I. wird von einer Beobachtung einzelner Fälle auf alle Fälle geschlossen. Somit ist der induktive Schluss gehaltserweiternd, weil in den Prämissen nicht alle Fälle enthalten sind. Da nicht alle Fälle untersucht werden, bleibt bei einem induktiven Schluss die Unsicherheit auf einen Fall zu stoßen, der die allgemeine Aussage nicht bestätigt. Wenn dies auftritt, dann ist im Unterschied zum deduktiven Schluss auch dann wenn alle Prämissen wahr sind – wir haben tatsächlich nur weiße Schwäne beobachtet –, die Konklusion falsch. (84)

Induktion, analytische
Die a. I. ist weniger ein induktiver Schluss als eine Forschungsmethode, die als Ziel hat, zwischen auftretenden Effekten und vermuteten Ursachen kausale Zusammenhänge zu finden. (192)

Induktion, statistische
Sie entspricht der enumerativen → Induktion. Beide unterscheiden sich dadurch, dass die s. I. darauf schließt, dass bestimmte Eigenschaften mit einer gewissen Wahrscheinlichkeit in der Grundgesamtheit zu finden sind. (92)

Inkommensurabilität
Mit der I. ist die Behauptung verbunden, dass Begriffe, Methoden oder Erklärungen zwischen verschiedenen Theorien nicht vergleichbar sind. (33)

Institution
Der Begriff der I. wird in den (neueren) I.enauffassungen der Sozialwissenschaften weit gefasst, d.h., er umfasst nicht nur Organisationen, als zweckorientierte und dauerhaft angelegte Zusammenschlüsse von Individuen, sondern z.B. in der neuen I.ökonomie jede Form von Regel, die Anreizwirkungen entfaltet. Noch weiter ist die Auffassung im Neoinstitutionalismus, in der sie als verfestigte soziale Erwartungsstrukturen verstanden werden. (62)

Instrumentalismus
Der I. ist eine Ansicht, die → Theorien als Instrumente ansieht und sich dezidiert gegen realistische Positionen wendet. Vertreter dieser Ansicht bestreiten, dass alle → Begriffe unserer → Theorien zu → Tatsachen in der Realität korrespondieren. Insbesondere den → theoretischen Begriffen entsprechen aus instrumentalistischer Sicht keine realen Objekte. (279)

Intention
Intentionales Verhalten ist absichtsvolles Verhalten und eine wesentliche Eigenschaft von → Handlungen. (56)

Intentionalität
Als I. wird die Eigenschaft des Geistes bezeichnet, sich auf verschiedene geistige Zustände zu richten, wie z.B. → Überzeugung oder → Ziele. (57)

Intentionalität, kollektive
Soziale Entitäten wie z.B. Teams oder Organisationen zeichnen sich durch k. I. aus, hierzu sind Wir-Ziele und Wir-Überzeugungen notwendig. Wir-Überzeugungen unterscheiden sich von individuellen Überzeugungen dadurch, dass ein Individuum die Wir-Überzeugung allen anderen Mitgliedern zuschreibt. Soziale Handlungen sind dann dadurch geprägt, dass die individuellen Akteure sich Intentionalität zuschreiben und sich damit

gegenseitig als interpretierbare und rationale Akteure anerkennen. (64)

Interpretationshypothese
I.n beziehen sich auf die Bedeutung von sprachlichen Äußerungen (Text) und den → Sinn oder den Sinnzusammenhang von Handlungen. (112)

Interventionsansatz
Mit dem Interventionsansatz wird behauptet, dass die Ursache die Wirkung hervorruft, die Ursache durch eine Intervention (Manipulation) herbeigeführt wird. (221)

IS-Erklärung
In einer induktiv-statistischen Erklärung (IS-Erklärung), wird das Gesetz in Form einer bedingten Wahrscheinlichkeit formuliert: Das probabilistische Gesetz (G) in einer Handlungserklärung muss also die Ziele (Z) der Akteure und ihre Überzeugungen, mit welchen Mitteln sie diese erreichen können, verknüpfen und behaupten, dass daraus die Handlung mit einer gewissen Wahrscheinlichkeit folgt. (210)

Kausalität
Um K. zu beschreiben, werden drei Elemente verwendet:

1. Ein Ereignis, dass wir als Ursache qualifizieren können.
2. Ein weiteres Ereignis wird als Wirkung bezeichnet. Wirkungen treten nach ihrer Ursache auf.
3. Es kommen noch Angaben über die Beziehung zwischen Ursache und Wirkung hinzu.

Es ist insbesondere die Art der Beziehungen, die zu unterschiedlichen Auffassungen über Kausalität geführt haben. (215)

Kausalität, kontrafaktische
Mit dem k. Ansatz wird beschrieben, wie eine mögliche Welt aussieht, in der die Ursache (der betrunkene Autofahrer) nicht auftritt und daher die Wirkung (der Unfall) nicht existiert. (220)

Kodierparadigma
K. ist ein handlungstheoretisches Modell, das aus verschiedenen Elementen besteht:

1. das zu untersuchende Phänomen,
2. Bedingungen, die zum Entstehen von Phänomenen führen; sie werden unterteilt in
   a. kausale Bedingungen,
   b. intervenierende Bedingungen,
   c. kontextuelle Bedingungen,
3. Aktionen/Interaktionen sowie
4. Konsequenzen. (131)

Kohärenztheorie
Wahrheit nach der Kohärenztheorie bezieht sich auf die Aussagen in einer Theorie. Fügt sich eine Aussage ohne Widerspruch in ein bestehendes Aussagensystem ein, dann gilt sie als kohärent und damit wahr. (37)

Konsenstheorie
Nach der K. ist eine Aussage genau dann wahr, wenn eine idealtypische Forschergemeinschaft immer weiter (unendlich) forscht und alle Forscher die Aussage akzeptieren (PEIRCE). HABERMAS hat diese Theorie um das Konstrukt der idealen Sprechsituation erweitert, durch das die Teilnehmer ihre Aussagen in einem gleichberechtigten Diskurs zur Geltung bringen. (38)

Konstruktionen, erster/zweiter Ordnung
K. erster Ordnung sind die mentalen Konstruktionen, die sich die Akteure von ihrer Welt machen. Wissenschaftler finden somit eine bereits interpretierte Welt vor, d.h., Wissenschaftler schaffen keine neue Welt, sondern versuchen die Konstruktionen erster Ordnung zu verstehen und schaffen mit einer Re-Konstruktion die Konstruktion zweiter Ordnung. (120)

Konstruktivismus, sozialer
Der s. K. vertritt eine antirealistische Erkenntnistheorie des Sozialen und geht davon aus, dass sich die soziale Realität nach den Ideen und Konstruktionen der Akteure richten. (74)

Konstruktvalidität
K. ist das Ergebnis eines Arguments und zeigt an, ob die Messungen in einer Untersuchung das Konstrukt (theoretischer Begriff) zufriedenstellend wiedergeben. Wenn bewährte Hypothesen vorliegen, lassen sich anhand der Ergebnisse der Messung Rückschlüsse auf die Konstruktvalidität ziehen. (176)

Korrelation
Wenn zwischen zwei oder mehreren empirischen Phänomenen ein systematischer Zusammenhang festgestellt wird, dann liegt eine K. vor. (156)

Korrespondenztheorie
Wahrheit aus Sicht der K. ist durch ein Verhältnis der sozialen Realität mit Aussagen einer Theorie bestimmt. Es wird eine Korrespondenz der Aussagen mit den Tatsachen, die in den Aussagen behauptet werden, angenommen. (36)

Mechanismen, kausale
Der Mechanismusansatz stellt ausdrücklich die Kausalität als Beziehung in den Mittelpunkt. K. M. werden als Prozesse aufgefasst, die zwischen den Ereignissen Ursache und Wirkung stattfinden, und die bewirken, dass die Ursache die Wirkung hervorbringt. (223)

Messung
M. zielt auf eine Zuordnungsrelation, bei der Zahlen anderen Objekten insbesondere empirischen Phänomenen zugeordnet werden. Diese Relation soll möglichst der Struktur der empi-

rischen Phänomene entsprechen. (154)

Meta-Repräsentation
M. ist Repräsentation einer Repräsentation und ist eine wesentliche Fähigkeit von Fremdverstehen. Hierzu ist eine spezifische, kognitive Fähigkeit notwendig, die als Theorie des Geistes bezeichnet wird. (107)

Methode
Als M. wird ein – mehr oder weniger – systematisches Verfahren bezeichnet, das aus einer Folge von Handlungsanweisungen zur Erreichung eines Ziels besteht. (25)

Methode, analytisch-deduktive
Analytisch-deduktive Methoden werden für rationale Handlungstheorien eingesetzt. In der analytisch-deduktiven Methodengruppe werden formal-analytische Methoden, wie sie paradigmatisch in der präskriptiven Entscheidungs- und Spieltheorie praktiziert werden, und verbal-analytische Methoden unterschieden. (96)

Methode, empirische
Es werden quantitative und qualitative Methoden unterschieden. Methoden, die mittels ihrer Auswertungsverfahren überwiegend interpretierend vorgehen, werden als qualitativ bezeichnet. Im Falle von Methoden, die überwiegend Messwerte statistisch analysieren, wird von quantitativen Methoden gesprochen. (96)

Methodendualismus
Ein M. wird von Vertretern hermeneutischer und konstruktivistischer Strömungen vertreten, die spezielle Methoden des → Verstehens proklamieren, die sich grundsätzlich von → Methoden der Naturwissenschaften unterscheiden. (259)

Methodenmonismus
Ein Methoden-Monismus wird von Vertretern analytischer insb. Kritisch rationaler Strömungen vertreten, die nur Methoden des → Erklärens als wissenschaftlich anerkennen und die somit grundsätzlich Methoden der Naturwissenschaften als Ideal auch für die Sozialwissenschaften ansehen. (260)

Methodenpluralismus
Da → Methoden jeweils spezifische perspektivische Sichtweisen auf die soziale Realität erzeugen, plädiert der → Pluralismus für den Einsatz verschiedener Methoden. (5)

Methodologie
M. ist die Lehre von den → Methoden. Sie wird häufig als präskriptiv eingesetzt und dient dann der Beurteilung von Methoden hinsichtlich Leistungsfähigkeit oder Zuverlässigkeit. (29)

Modell
Ein M. ist ein vereinfachtes Abbild der Realität, das dazu die-

net, einen sozialen Sachverhalt in angemessener Weise wiederzugeben, so dass es möglich ist, die kognitiven Wissenschaftsziele Beschreibung, Verstehen, Erklärung, Prognose und Gestaltung zu erreichen. (98)

Naturalismus

Der N. lässt sich grob in zwei Thesen unterscheiden: eine ontologische und epistemologische (methodologische) These. Wenn sozialwissenschaftliche Tatsachen in irgendeiner Form durch naturwissenschaftliche Tatsachen ersetzt werden, ist eine ontologische These ausgesprochen. Die epistemologische These oder ein methodologischer Naturalismus besagt, dass die Methoden der Naturwissenschaften maßgeblich für die Sozialwissenschaften sein sollten. (113)

Nominaldefinition

N. weisen einem → Begriff (Definiendum) eine meist größere Anzahl anderer Begriffe (Definiens) zu und postulieren Bedeutungsgleichheit. Sie sind sprachliche Festlegungen, die nichts über die Realität behaupten. (161)

Paradigma

P. ist ein zentraler Begriff der KUHNSCHEN Wissenschaftsphilosophie, der in seiner engen Verwendung die verschiedenen Problemlösungen innerhalb einer Wissenschaftlergemeinschaft meint, die ihnen als Vorbilder für die eigene Forschung dienen. (32)

Perspektivismus

Wissenschaftliche Wissenserlangung ist von menschlichen Perspektiven abhängig, welche begrenzt, kontextspezifisch, forscher- und damit zweckabhängig sind. (6)

Pluralismus

P. ist eine theoretische Konzeption, die ursprünglich aus der politischen Philosophie stammt und mit der auch in der Wissenschaftstheorie für Vielfalt von Theorien (→ Pluralismus, Theorien) und Methoden (→ Pluralismus, Methoden) plädiert wird. (4)

Prinzip der wohlwollenden Interpretation

Das Prinzip der wohlwollenden Interpretation lässt sich mit zwei Prinzipien konkretisieren: Ein eher formales Prinzip (→ Kohärenzprinzip), das den zu Interpretierenden mit einem Grundgerüst an logischen Fähigkeiten ausstattet, und zum zweiten ein Prinzip, das den zu Interpretierenden einen gewissen Grad an wahren → Überzeugungen über die Welt zuschreibt (→ Wahrheitsprinzip). (140)

Prognose

Während → Erklärungen dazu dienen, Regelmäßigkeiten (Ursache-Wirkungs-Zusammenhänge) der Vergangenheit aufzudecken, gilt die P. zukünftigen Ereignissen. (24)

Prognose, bedingte
Eine bedingte P. zeichnet sich dadurch aus, dass in ihr alternative Anfangsbedingungen mit unterschiedlicher Wahrscheinlichkeit auftreten, die unterschiedliche Prognosen erzeugen. Die Prognose hängt in diesen Fällen davon ab, welche Ereignisse in Zukunft tatsächlich eintreten. (277)

Prognose, selbsterfüllende
Eine selbsterfüllende P. tritt auf, wenn sich Akteure gemäß einer Prognose verhalten und somit wahrmachen, obwohl die Ausgangssituation auf deren Basis die Prognose gemacht wurde, von ihnen falsch interpretiert wurde. (284)

Prognose, selbstzerstörende
Bei einer selbstzerstörenden P. schätzen die Akteure die Eigenschaften der Situation korrekt ein, allerdings treten aufgrund ihrer Handlungen die vorhergesagten Eigenschaften überhaupt nicht, zu einem anderen Zeitpunkt oder in anderer Intensität ein. (284)

Protokollsatz
Ein P. hält die → Beobachtungen wie in einem Protokoll fest. Er wird auch als Basissatz bezeichnet. Da es nach dem → Fallibilismus keine (absolut) gesicherte Basis des → Wissens geben kann, sind daher auch → Falsifikationen, wenn sie als Protokollsätze vorliegen als fallibel anzusehen. Wir können uns also nie sicher sein, dass unsere Falsifikation erfolgreich ist. (116)

Rationalität
Als rational gelten Handlungen von Akteuren, wenn mit ihrer Hilfe die Ziele von Akteuren erreicht werden und dies so geschieht, dass die Mittel entsprechend der Präferenzen bestmöglich eingesetzt werden. (58)

Realismus
Der R. geht von folgenden Annahmen aus:

1. Es existieren Entitäten in der Realität.
2. Entitäten der Realität existieren objektiv und unabhängig von unserem Geist.

Meist ist mit dem R. ein erkenntnistheoretischer R. verbunden, der besagt, dass diese unabhängige Realität von sozialen Akteuren erkannt werden kann. (68)

Rechtfertigung
Rechtfertigung ist ein wesentlicher Bestandteil von → Wissen. Eine epistemisch gerechtfertigte → Aussage zeichnet sich durch folgende Aspekte aus:

1. Es müssen überhaupt Gründe vorliegen,
2. diese Gründe sollten die Aussage stützen und

3. die Gründe sollten adäquat sein.

(40)

Reduktion

Unter R. wird die Möglichkeit verstanden, dass sich die Eigenschaften von höheren Ebenen (z.B. Organisationen) auf Eigenschaften von unteren Ebenen (z.B. Individuen) zurückführen lassen. Dem methodologischen → Individualismus liegt die These der R. zugrunde. (67)

Regel

Eine R. ist eine Handlungsanweisung, mit deren Hilfe bestimmte Zwecke erreicht werden sollen. Wer Handlungsanweisungen gibt, hat mithin die Erwartung, dass bestimmte Zwecke auch tatsächlich erreicht werden. (27)

Regel, methodologische

Eine methodologische R. ist eine Anweisung; sie hat den Charakter einer „rationalen Heuristik" und dient der Koordination der Handlungen von Wissenschaftlern. (27)

Regularitätsansatz

Der Regularitätsansatz liegt vor, wenn Folgendes gegeben ist:

1. Ursache und Wirkung hängen räumlich und zeitlich eng zusammen.
2. Die Wirkung (W) folgt zeitlich der Ursache (U).
3. Die eigentliche Annahme der Regularität: Jedem Ereignis (U) folgt regelmäßig das Ereignis (W). (217)

Reliabilität

Sie bezeichnet die Zuverlässigkeit von Aussagen, die z.B. auf Basis einer → Methode abgeleitet werden. Sie ist eine notwendige Bedingung der → Validität. (42)

Sinn

Soziale → Akteure verbinden mit ihren → Handlungen einen S. Um den S. zu ermitteln, interpretieren Akteure die mit Handlungen verbundenen → Ziele, Absichten und weitere relevante → Werte und → Normen. S. ist somit ein wesentlicher Gegenstand der sozialwissenschaftlichen Analyse. (56)

Sinnzusammenhang, latenter

Neben dem subjektiven → Sinn, den einzelne Akteure Handlungen zuschreiben, gibt es einen objektiven oder l. S., der sich in der Handlung manifestiert, und den sozialen Akteuren nicht bewusst sein muss. Ein l. S. lässt sich z.B. durch theoretische Begriffe und ihre Relationen in Theorien beschreiben (138)

Sozialexperiment

S.e zeichnen sich durch folgende Merkmale aus:

- Zufallsstichprobe: Es werden zwei Gruppen von Akteuren ausgewählt, die nach dem Zufallsprinzip ausgewählt werden.

- Intervention: Die Gruppen werden in ihrem täglichen Umfeld (Lebenswelt) unterschiedlichen Maßnahmen ausgesetzt.
- Nachträgliche Datenaufnahme: Es werden die Konsequenzen für jedes Mitglied einer Gruppe gemessen.
- Evaluation: Durch geeignete Messverfahren werden Unterschiede der Konsequenzen auf die Mitglieder erfasst und beurteilt, inwieweit die Maßnahmen sie verursacht haben.

Neuere Konzeptionen der S.e sehen die stärkere Partizipation der Akteure vor, wie sie sich traditionell bereits in der Aktionsforschung durchgesetzt hat. (313)

Sozialontologie
Mit der S. wird mit möglichst wenigen Kategorien die soziale Welt beschrieben; sie wird in diesem Buch als Sachverhaltsontologie aufgefasst. (50)

Sozialtechnologie
Unter S. wird Gestaltungswissen (technologisches Wissen) für soziale Institutionen verstanden. (293)

Sozialwissenschaft, Erkenntnisobjekt der
E.e der S. sind alle Handlungen, die zweck- oder normenorientiert sind, d.h., die mit einer bestimmten Absicht (Intention) oder mit einer Normbeachtung verbunden sind, einschließlich der mit diesen Handlungen verbundenen Ergebnisse, als intendierte oder nicht-intendierte Ergebnisse, wie sie sich in Form von Institutionen den sozialen Akteuren zeigen. (51)

Spirale, hermeneutische
Mit der Metapher von der h. S. wird Verstehen als ein Prozess aufgefasst, in dem sich Verstehen wie eine Spirale entwickelt, indem schrittweise ein verbessertes Textverständnis erzeugt wird. (126)

Supervenienz
Ein Konzept hat S. über ein anderes Konzept, wenn es einen Gehaltsüberschuss über dieses Konzept hat. (238)

Tatsache
T. sind bestehende Sachverhalte, die somit Wahrmacher von Sachverhalten sind. (51)

Theorie
Eine T. ist ein System von → Aussagen, wobei die Aussagen untereinander in einem inhaltlichen Zusammenhang stehen und weitere Ansprüche an sie gestellt werden, wie z.B. dass sie gesetzesartig (→ Gesetz) oder überprüfbar sind. Diese sogenannte Aussagen-Konzeption von Theorien ist unter Sozialwissenschaftlern als gängige Praxis anzusehen. Als wesentliche Komponenten von Theorien gelten:

1. Begriffe und Interpretationsregeln
1.a Theoretische Begriffe
1.b Empirische Begriffe
1.c Interpretationsregeln
2. Aussagen
2.a Grundsätzliche Aussagen (Axiome)
2.b (Empirische) Folgerungen aus den Axiomen

Mit Theorien sollen die → Ziele des Forschens – Verstehen, Beschreibung, Erklärung, Prognose und Gestaltung – erreicht werden. (228)

Theorienpluralismus

Ein Wettbewerb von Theorien ist eine pluralistische Strategie, weil die Komplexität der sozialen Realität und unsere menschliche perspektivische Sicht auf diese Realität verhindern, dass wir diese Realität durch eine vereinheitlichende Theorie vollständig beschreiben, verstehen oder erklären können. (5)

Toleranz

Eine Voraussetzung für → Pluralismus ist eine tolerante Einstellung gegenüber anderen Überzeugungen. Im wissenschaftlichen Diskurs zeigt Toleranz an, dass eine andere Überzeugung mit guten Gründen abgelehnt wird und gute Gründe für eine Tolerierung sprechen. Wichtigste Quellen für gute Gründe sind die regulative Idee der → Wahrheit und das Prinzip der Reziprozität im wissenschaftlichen Diskurs. (8)

Typologie

Eine T. soll soziale Sachverhalte beschreiben, indem den einzelnen Typen verschiedene Eigenschaftskombinationen zugeordnet werden. Sie ist somit ein organisiertes System von Typen (→ Typus). (177)

Typus

Ein T. stellt eine mehrdimensionale Eigenschaftskombination dar, die innerhalb der möglichen Eigenschaftsausprägungen von den Konstrukteuren festgelegt wird. Mehrdimensionalität bedeutet, dass mehrere Eigenschaften zur Typenbildung herangezogen werden. (177)

Unterbestimmtheit

U. ist eine These, die annimmt, dass mit empirischen Daten verschiedene unverträgliche Theorien vereinbar sind. (243)

Überzeugung

Ü.en sind geistige Zustände von sozialen Akteuren, in denen sich ihr Wissen von der Welt widerspiegelt. (57)

Validität

V. ist ein Konzept mit dem versucht wird, ein qualitatives Urteil für die Wahrheitsnähe von Aussagen bereitzustellen. Obwohl damit versucht wird, Auskunft über die Güte von Aussagen zu geben, wird der Begriff häufig verkürzend für unterschiedliche

Phänomene des Wissenschaftsprozesses verwendet. So wird von Konstruktvalidität oder von validen Instrumenten gesprochen. (42)

Validität, interpretative
Mithilfe der i. V. wird auf Basis der Methoden und entsprechender Kriterien auf die Gültigkeit der Interpretation geschlossen. Sie ist mit verschiedenen Validierungsstrategien verbunden. Bei interpretativen Verfahren steht an erster Stelle die Gültigkeit der Inhalte und damit der Interpretationshypothesen auf dem Prüfstand. (145)

Variable
V. sind Symbole, die stellvertretend für die Merkmalsausprägungen der jeweiligen untersuchten Eigenschaft stehen. (167)

Variable, latente
L.V. entsprechen den theoretischen Begriffen auf der messtheoretischen Ebene. Sie sind nicht beobachtbar und werden daher meist mit manifesten Variablen verbunden, um sie interpretieren zu können.

Variable, manifeste
Wenn soziale Sachverhalte beobachtbar gemacht werden sollen, sind empirische Begriffe in Form von m. V. messbar zu machen. (167)

Verstehen
V. bezieht sich primär auf Sprache und Symbole. Sie wird im Buch verwendet, um → Interpretation und Auslegung von Texten und insbesondere von → Handlungen zu analysieren. V. setzt Kenntnisse der Sprache, Symbole und Handlungskontext voraus. Der Sinn, der in diesen → Handlungen liegt, muss vom Verstehenden erfasst werden, was neben Sprachkompetenz Kenntnisse der Lebenswelt, aus dem die zu interpretierenden Sachverhalte stammen, voraussetzt. Das Verstehen von Handlungen sozialer → Akteure richtet sich primär auf den Sinn, den die Akteure mit ihrem Handeln verbinden. (23)

Wahrheit
W. ist ein grundlegendes Konzept der Philosophie und entzieht sich einer expliziten Definition. Im Buch wird im Wesentlichen auf drei Wahrheitstheorien zurückgegriffen, die auf unterschiedlichen Ebenen liegen:

1. Korrespondenz (Soziale Realität – Sprache)
2. Kohärenz (Sprache)
3. Konsens (soziale Akteure)

(34)

Werturteil
Ein W. ist eine normative Aussage. Sie ist von Tatsachenaussagen zu trennen, da sie nicht durch die Beobachtung von Tatsachen gerechtfertigt werden können (25)

Wissen
W. liegt vor, wenn eine Aussage wahr (→ Wahrheit) und gerechtfertigt (→ Rechtfertigung) ist. Beide Bestandteile stehen allerdings unter dem Vorbehalt des Scheiterns. Daher ist es nicht notwendig von Wissen nur dann auszugehen, wenn absolut sichere Wahrheits- und Rechtfertigungsansprüche vorliegen. Wissenschaftler legen besonderen Wert auf ihre → Methoden, weil sie darauf setzen, dass so → valide Ergebnisse erzeugt werden können. (34)

Wissenschaftstheorie
Nach heutigem Verständnis ist die W. eine Teildisziplin der Philosophie, welche sich mit allen grundlegenden Fragen der Wissenschaften beschäftigt. Dies sind

1. logische, methodologische oder – allgemeiner – erkenntnistheoretische Fragen,
2. handlungstheoretische und ethische Fragen,
3. ontologische Fragen.

Hierzu werden die Erkenntnisse anderer Teildisziplinen der Philosophie wie z.B. Erkenntnistheorie, Handlungstheorie und Ontologie eingesetzt. (22)

Wissenschaftsziele, kognitive
Als wesentliche kognitive Ziele von Wissenschaft werden → Beschreibung, → Verstehen, → Erklärung, → Prognose und → Gestaltung angesehen. (3)

Ziel
Z. von sozialen Akteuren ist ein zukünftig angestrebter Zustand. Z.e zu haben, kann als geistiger Zustand von sozialen Akteuren beschrieben werden. Da sie auf etwas gerichtet sind, werden sie auch als intentional (→ Intentionalität) bezeichnet. (57)

Zusammenhang
Unter einem Z. zwischen sozialen Sachverhalten wird eine Relation zwischen den Sachverhalten verstanden, die als regelmäßig und als nicht zufällig angenommen wird. Für Sozialwissenschaftler sind insbesondere folgende Zusammenhänge interessant:
a) → Korrelation
b) → Kausalität (185)

Literaturverzeichnis

Abel, T. (1964): The Operation Called Verstehen. *Theorie und Realität*, hg. v. H. Albert, Tübingen, 177-188.

Acham, K. (1983): Philosophie der Sozialwissenschaften, Freiburg.

Agassi, J. (1975): Institutional individualism. *The British Journal of Sociology*, 26 (2), 144-155.

Albers, S./Götz, O. (2006): Messmodelle mit Konstrukten zweiter Ordnung in der betriebswirtschaftlichen Forschung. *Die Betriebswirtschaft*, 66 (6), 669-677.

Albert, G. (2005): Moderater methodologischer Holismus. *Kölner Zeitschrift für Soziologie und Sozialpsychologie*, 57 (3), 387-413.

Albert, G. (2008): Sachverhalte in der Badewanne. *Das Mikro-Makro-Modell der soziologischen Erklärung*, hg. v. J. Greve, A. Schnabel, R. Schützeichel, Wiesbaden, 21-48.

Albert, H. (1971): Wertfreiheit als methodisches Prinzip. *Logik der Sozialwissenschaften*, hg. v. E. Topitsch, 7. Aufl., Köln, 181-210.

Albert, H. (1973): Der Gesetzesbegriff im ökonomischen Denken. *Macht und ökonomisches Gesetz*, hg. v. C. Watrin, H. K. Schneider, Berlin, 129-161.

Albert, H. (1976): Aufklärung und Steuerung. *Aufklärung und Steuerung*, Hamburg, 11-34.

Albert, H. (1978): Traktat über rationale Praxis, Tübingen.

Albert, H. (1982): Die Wissenschaft und die Fehlbarkeit der Vernunft, Tübingen.

Albert, H. (1991): Traktat über kritische Vernunft, 5. Aufl., Tübingen.

Albert, H. (1994): Kritik der reinen Hermeneutik, Tübingen.

Albert, H. (2000): Kritischer Rationalismus, Tübingen.

Albert, H./Topitsch, E. (Hg.) (1979): Werturteilsstreit, 2. Aufl., Darmstadt.

Albert, M. (2004): Methodologie und die Verfassung der Wissenschaft: eine institutionalistische Perspektive. *Ökonomik des Wissens. Jahrbuch Normative und institutionelle Grundfragen der Ökonomik*, Bd. 3, hg. v. M. Held, G. Kubon-Gilke, R. Sturn, Marburg, 127-150.

Aldenderfer, M. S./Blashfield, R. K. (1984): Cluster analysis, Beverly Hills.

Aliseda, A. (2006): Abductive reasoning, Dordrecht.

Almeder, R. (2008): Pragmatism and science. *The Routledge companion to philosophy of science*, hg. v. S. Psillos, M. Curd, London, 91-99.

Altman, D. G./Bland, M. J. (1995): Absence of evidence is not evidence of absence. *British Medical Journal*, 311 (7003), 485.
Alvesson, M./Deetz, S. (2000): Doing critical management research, London.
Alvesson, M./Sköldberg, K. (2000): Reflexive methodology, London.
Ameln, F. v. (2004): Konstruktivismus, Tübingen.
Amonn, A. (1911/1927): Objekt und Grundbegriffe der theoretischen Nationalökonomie, Wien.
Anderson, D. R. (1987): Creativity and the philosophy of C.S. Peirce, Dordrecht.
Andersson, G. (1988): Kritik und Wissenschaftsgeschichte, Tübingen.
Andersson, G. (1998): Basisprobleme. *Karl Popper - Logik der Forschung*, hg. v. H. Keuth, Berlin, 145-164.
Anscombe, G. E. M. (1957/1986): Absicht, Freiburg.
Apel, K.-O. (1955): Das »Verstehen« (eine Problemgeschichte als Begriffsgeschichte). *Archiv für Begriffsgeschichte*, 1, 142-199.
Apel, K.-O. (1979): Die Erklären:Verstehen-Kontroverse in transzendental-pragmatischer Sicht, Frankfurt am Main.
Apel, K.-O. (2001): Verstehen. *Historisches Wörterbuch der Philosophie*, Bd. 11, hg. v. J. Ritter, K. Gründer, G. Gabriel, Darmstadt, 918-938.
Apperly, I. A. (2012): What is "theory of mind"? Concepts, cognitive processes and individual differences. *The Quarterly Journal of Experimental Psychology*, 65 (5), 825-839.
Arbeitskreis „Immaterielle Werte im Rechnungswesen", Schmalenbach Gesellschaft für Betriebswirtschaft (2001): Kategorisierung und bilanzielle Erfassung immaterieller Werte. *Der Betrieb*, 54 (19), 989-995.
Aristoteles (2011): Nikomachische Ethik, hg. v. U. Wolf, 3. Aufl., Reinbek bei Hamburg.
Armstrong, D. M. (2005): Sachverhalte, Sachverhalte, Berlin.
Audi, R. (2001): The architecture of reason, Oxford.
Austin, J. L. (1962/2002): Zur Theorie der Sprechakte, Stuttgart.
Bacher, J./Pöge, A./Wenzig, K. (2010): Clusteranalyse, 3. Aufl., München.
Baert, P. (2005): Philosophy of the social sciences, Cambridge.
Bagehot, W. (1873): Lombard street. A description of the money market, 3. Aufl., London.
Bailer-Jones, D. M. (2009): Scientific models in philosophy of science, Pittsburgh.
Bailey, K. D. (1994): Typologies and taxonomies, Thousand Oaks.

Bakan, D. (1966): The test of significance in psychological research. *Psychological Bulletin*, 66 (6), 423-437.

Balzer, W. (2009): Die Wissenschaft und ihre Methoden, 2. Aufl., Freiburg.

Barney, J. (1991): Firm resources and sustained competitive advantage. *Journal of Management*, 17 (1), 99-120.

Baron, R. M./Kenny, D. A. (1986): The moderator-mediator variable distinction in social psychological research. *Journal of Personality and Social Psychology*, 51 (6), 1173-1182.

Bartelborth, T. (2007): Erklären, Berlin.

Basel, J. S./Brühl, R. (2013): Rationality and dual process models of reasoning in managerial cognition and decision making. *European Management Journal*, 31 (6), 745-754.

Baumann, P. (2006): Erkenntnistheorie, 2. Aufl., Stuttgart.

Baumgartner, M. (2008): Regularity theories reassessed. *Philosophia*, 36 (3), 327-354.

Baumgartner, M. (2011): Kausalität. *Neues Handbuch philosophischer Grundbegriffe*, Bd. 2, hg. v. P. Kolmer, A. G. Wildfeuer, 2. Aufl., Freiburg, 1263-1275.

Bayer, K. (2007): Argument und Argumentation, 2. Aufl., Göttingen.

Bayertz, K. (1991): Wissenschaft, Technik und Verantwortung. *Praktische Philosophie*, hg. v. K. Bayertz, Reinbek bei Hamburg, 173-209.

Beckermann, A. (1977): Gründe und Ursachen, Kronberg i. Ts.

Beckermann, A. (2008): Analytische Einführung in die Philosophie des Geistes, 3. Aufl., Berlin.

Beebee, H./Hitchcock, C./Menzies, P. (Hg.) (2009): The Oxford handbook of causation. Oxford.

Benton, T./Craib, I. (2001): Philosophy of social science, Houndsmills.

Berg-Schlosser, D. (2006): Gegenstand und Anwendungsgebiete der Politikwissenschaft. *Politikwissenschaft*, hg. v. H. Münkler, 2. Aufl., Reinbek bei Hamburg, 55-76.

Berger, P. L./Luckmann, T. (1969): Die gesellschaftliche Konstruktion der Wirklichkeit, Frankfurt am Main.

Betti, E. (1962): Die Hermeneutik als allgemeine Methodik der Geisteswissenschaften, Tübingen.

Betti, E. (1967): Allgemeine Auslegungslehre als Methodik der Geisteswissenschaften, Tübingen.

Betz, G. (2004): Apriorische und empirische Grenzen von Wirtschaftprognose: Oskar Morgenstern nach 70 Jahren Prognoseerfahrung.

Wissenschaftstheorie in Ökonomie und Wirtschaftsinformatik, hg. v. U. Frank, Wiesbaden, 171-190.
Betz, G. (2011): Prediction. *The Sage handbook of the philosophy of social sciences*, hg. v. I. C. Jarvie, J. Zamora-Bonilla, London, 647-664.
Bhaskar, R. (1979): The possibility of naturalism, Brighton.
Biggs, M. (2009): Self-fulfilling prophecies. *The Oxford handbook of analytical sociology*, hg. v. P. Bearman, P. Hedström, Oxford, 294-314.
Bishop, R. C. (2007): The philosophy of the social sciences, London.
Blalock, H. M. (1964): Causal inferences in nonexperimental research, Chapel Hill.
Blalock, H. M. (1969): Theory construction, Englewood Cliffs.
Blalock, H. M. (1982): Conceptualization and measurement in the social sciences, Thousand Oaks.
Blaug, M. (1992): The methodology of economics or how economists explain, 2. Aufl., Cambridge.
Bleicher, J. (1980): Contemporary hermeneutics, London.
Blumer, H. (1954/1969): What is wrong with social theory? *Symbolic interactionism*, Englewood Cliffs, 140-152.
Böhm, J. M. (2002): Kritischer Rationalismus und Hermeneutik. *Karl Poppers kritischer Rationalismus heute*, hg. v. J. M. Böhm, H. Holweg, C. Hoock, Tübingen, 203-227.
Böhm, J. M. (2006): Kritische Rationalität und Verstehen, Amsterdam.
Böhm, J. M./Bühler, A. (2012): Hermeneutik Theorie des Verstehens oder Methodenlehre des Interpretierens? *Zeitschrift für philosophische Forschung*, 66 (4), 588-593.
Bohman, J. (2003): Critical theory as practical knowlegde: Participants, observers, and critics. *The Blackwell guide to the philosophy of social sciences*, hg. v. S. P. Turner, P. A. Roth, Oxford, 91-109.
Boland, L. A. (1979): A critique of Friedman's critics. *Journal of Economic Literature*, 17 (2), 503-522.
Boland, L. A. (2003): The foundation of economic method, 2. Aufl., London, New York.
Borsboom, D./Mellenbergh, G. J./Heerden, J. v. (2004): The concept of validity. *Psychological Review*, 111 (4), 1061-1071.
Bortz, J. (2005): Statistik für Human- und Sozialwissenschaftler, 6. Aufl., Berlin.
Bortz, J./Döring, N. (2006): Forschungsmethoden und Evaluation für Human- und Sozialwissenschaftler, 4. Aufl., Berlin.
Boumans, M. (2005): How economists model the world into numbers, Oxon.

Boumans, M./Davis, J. B. (2010): Economic methodology, London.

Brady, H. E. (2008): Causation and explanation in social science. *The Oxford handbook of political methodology*, hg. v. J. M. Box-Steffensmeier, H. E. Brady, D. Collier, Oxford, 217-270.

Braun, G. E. (1982): The logical structure of applied social science. *Theory and Decision*, 14 (1), 1-18.

Braybrooke, D. (1987): Philosophy of social science, Englewood Cliffs.

Brendel, E. (2013): Wissen, Berlin.

Brentano, F. (1874/1955): Psychologie vom empirischen Standpunkt. Erster Band, hg. v. O. Kraus, Hamburg.

Bröder, A. (2004): Interne und externe Validität aus deduktivistischer Sicht: Versuch einer Systematisierung und Bestandsaufnahme. *Allgemeine Psychologie und deduktivistische Methodologie*, hg. v. E. Erdfelder, J. Funke, Göttingen, 37-55.

Brühl, R. (2006a): Abduktion und Induktion in wissenschaftlichen Untersuchungen *Wirtschaftswissenschaftliches Studium*, 35 (4), 182-186.

Brühl, R. (2006b): Fortschrittskonzeptionen in der Wissenschaftstheorie. *Wirtschaftswissenschaftliches Studium*, 35 (11), 594-599.

Brühl, R. (2008): Begriffe und Variable in der betriebswirtschaftlichen Theorieentwicklung. *Wirtschaftswissenschaftliches Studium*, 37 (7), 363-368.

Brühl, R. (2010): Handlungserklärungen in einer erkenntnispluralistischen Methodologie. *Mixed Methods - Konzeptionelle Überlegungen*, hg. v. T. Wrona, G. Fandel, Zeitschrift für Betriebswirtschaft, 80. Jg., Sonderheft 4, 44-76.

Brühl, R./Buch, S. (2008): Team Mental Model. *Die Betriebswirtschaft*, 68 (3), 373-375.

Brühl, R./Horch, N./Orth, M. (2008): Grounded Theory und ihre bisherige Anwendung in der empirischen Controlling- und Rechnungswesenforschung. *Zeitschrift für Planung*, 19 (3), 299-323.

Bühler, A. (1999): Die Vielfalt des Interpretierens. *Analyse & Kritik*, 21 (1), 117-137.

Bühler, A. (2003): Grundprobleme der Hermeneutik. *Hermeneutik*, hg. v. A. Bühler, Heidelberg, 3-19.

Bühler, A. (2008): Die Richtigkeit von Interpetationen. *Zeitschrift für philosophische Forschung*, 62 (3), 343-357.

Bunge, M. (1966): Technology as applied science. *Technology and Culture*, 7 (3), 329-347.

Bunge, M. (1976): The philosophical richness of technology. *PSA: Proceedings of the Biennial Meeting of the Philosophy of Science Association*, 2, Symposia and invited papers, 153-172.

Bunge, M. (1985): Life science, social science and technology. *Epistemology & Methodology III: Philosophy of science and technology. Treatise on basic philosophy*. Bd. 7, Dordrecht.

Bunge, M. (1998): Social science under debate, Toronto.

Burrell, G./Morgan, G. (1979): Sociological paradigms and organisational analysis, London.

Caldwell, B. J. (1994): Beyond positivism, 2. Aufl., London.

Campbell, D. T. (1969): Reforms as experiments. *American Psychologist*, 24 (4), 409-429.

Campbell, D. T./Stanley, J. C. (1966): Experimental and quasi-experimental designs for research, Chicago.

Campbell, J. (2007): An interventionist approach to causation in psychology. *Causal learning*, hg. v. A. Gopnik, L. E. Schulz, Oxford, 58-66.

Carnap, R. (1932/2004): Überwindung der Metaphysik durch logische Analyse der Sprache. *Scheinprobleme in der Philosophie und andere metaphysikkritische Schriften*, hg. v. T. Mormann, Hamburg, 81-109.

Carnap, R. (1936): Testability and meaning (I). *Philosophy of Science*, 3 (4), 419-471.

Carnap, R. (1937): Testability and meaning (II). *Philosophy of Science*, 4 (1), 1-40.

Carnap, R. (1950/1962): The logical foundations of probability, 2. Aufl., Chicago.

Carnap, R. (1960): Theoretische Begriffe der Wissenschaft. *Zeitschrift für philosophische Forschung*, 14, 209-233, 571-598.

Carnap, R. (1966/1986): Einführung in die Philosophie der Naturwissenschaften, Frankfurt am Main.

Carrier, M. (2006): Wissenschaftstheorie zur Einführung, Hamburg.

Chalmers, A. F. (2007): Wege der Wissenschaft, 6. Aufl., Berlin.

Chapelle, C. A./Enright, M. K./Jamieson, J. (2010): Does an argument-based approach to validity make a difference? *Educational Measurement: Issues and Practice*, 29 (1), 3-13.

Charmaz, K./Bryant, A. (Hg.) (2007): The Sage handbook of grounded theory. London.

Chmielewicz, K. (1979): Forschungskonzeptionen der Wirtschaftswissenschaft, 2. Aufl., Stuttgart.

Cohen, J. (1988): Statistical power analysis for the behavioral sciences, 2. Aufl., Hillsdale.

Coleman, J. S. (1990): Foundations of social theory, Cambridge, Massachusettes.

Collier, D./LaPorte, J./Seawright, J. (2008): Typologies: forming concepts and creating categorical variables. *The Oxford handbook of political methodology*, hg. v. J. M. Box-Steffensmeier, H. E. Brady, D. Collier, Oxford, 152-173.

Collin, F. (2008): Konstruktivismus für Einsteiger, Paderborn.

Colquitt, J. A./Zapata-Phelan, C. P. (2007): Trends in theory building and theory testing. *Academy of Management Journal*, 50 (6), 1281-1303.

Conant, J./Haugeland, J. (Hg.) (2000): Thomas S. Kuhn: The road since structure. Chicago.

Cook, T. D./Campbell, D. T. (1979): Quasi-experimentation: design & analysis issues for field settings, Chicago.

Copi, I. M. (1998): Einführung in die Logik, München.

Corbin, J./Strauss, A. L. (1990): Grounded theory research: Procedures, canons, and evaluative criteria. *Qualitative Sociology*, 13 (1), 3-21.

Craig, E. (1998): The Routledge encyclopedia of philosophy, London.

Craig, E. (2005): The shorter Routledge encyclopedia of philosophy, London.

Cronbach, L. J./Meehl, P. E. (1955): Construct validity in psychological tests. *Psychological Bulletin*, 52 (4), 281-302.

Danneberg, L. (1989): Methodologien, Berlin.

Danneberg, L./Müller, H.-H. (1983a): Der intentionale Fehlschluß - ein Dogma? (Teil I). *Zeitschrift für allgemeine Wissenschaftstheorie*, 14 (1), 103-137.

Danneberg, L./Müller, H.-H. (1983b): Der intentionale Fehlschluß - ein Dogma? (Teil II). *Zeitschrift für allgemeine Wissenschaftstheorie*, 14 (2), 376-411.

Danner, H. (1979): Methoden geisteswissenschaftlicher Pädagogik, München.

Davidson, D. (1967/1985): Die logische Form der Handlungssätze. *Handlung und Ereignis*, Frankfurt am Main, 155-177.

Davidson, D. (1973/1986): Radikale Interpretation. *Wahrheit und Interpretation*, Frankfurt am Main, 183-203.

Davidson, D. (1983/2003): Eine Kohärenztheorie der Wahrheit und Erkenntnis *Subjektiv, intersubjektiv, objektiv*, Frankfurt am Main, 233-269.

Davidson, D. (1984/2006): Der Ausdruck von Wertungen. *Probleme der Rationalität*, Frankfurt am Main, 49-80.

Davidson, D. (1987/2006): Probleme der Handlungserklärung. *Probleme der Rationalität*, Frankfurt am Main, 178-203.

Davidson, D. (1990/2005): Struktur und Gehalt des Wahrheitsbegriffs. *Wozu Wahrheit? Eine Debatte*, hg. v. M. Sandbothe, Frankfurt am Main, 140-209.

Davidson, D. (1991/2003): Drei Spielarten des Wissens. *Subjektiv, intersubjektiv, objektiv*, Frankfurt am Main, 339-363.

Davidson, D. (1993/2008): Die Sprache der Literatur. *Wahrheit, Sprache und Geschichte*, Frankfurt am Main, 262-284.

Davidson, D. (1995/2008): Gesetze und Ursache. *Wahrheit, Sprache und Geschichte*, Frankfurt am Main, 312-340.

Davidson, D. (1999): Reply to Andrew Cutrofello. *The philosophy of Donald Davidson*, hg. v. L. E. Hahn, Chicago, 342-344.

Davidson, D. (2008): Rehabilitierung der Wahrheit. *Wahrheit, Sprache und Geschichte*, Frankfurt am Main, 25-47.

Dellantonio, S. (2010): Wissenschaftsphilosophie. *Enzyklopädie Philosophie*, Bd. 3, hg. v. H. J. Sandkühler, Hamburg, 3038-3056.

Demmerling, C. (2004): Realismus und Antirealismus. *Was ist wirklich?*, hg. v. C. Halbig, C. Suhm, Frankfurt am Main, 29-48.

Demopoulos, W. (2007): Carnap on the rational reconstruction of scientific theories. *The Cambridge Companion to Carnap*, hg. v. M. Friedman, R. Creath, Cambridge, 248-272.

Detel, W. (2003): Wissenschaft. *Philosophie*, Bd. 1, hg. v. E. Martens, H. Schnädelbach, 7. Aufl., Reinbek bei Hamburg, 172-216.

Detel, W. (2007a): Grundkurs Philosophie. Band 2: Metaphysik und Naturphilosophie, Stuttgart.

Detel, W. (2007b): Grundkurs Philosophie. Band 3: Philosophie des Geistes und der Sprache, Stuttgart.

Detel, W. (2007c): Grundkurs Philosophie. Band 5: Philosophie des Sozialen, Stuttgart.

Detel, W. (2011): Geist und Verstehen, Frankfurt am Main.

Devitt, M. (1991): Realism and truth, 2. Aufl., Oxford.

Devitt, M. (2008): Realism/anti-realism. *The Routledge companion to the philosophy of science*, hg. v. S. Psillos, M. Curd, London, 224-235.

Dewey, J. (1916): The logic of judgments of practice. *Essays in experimental logic*, Chicago, 335-442.

Dewey, J. (1929/1998): Die Suche nach Gewißheit, Frankfurt am Main.

Dey, I. (1999): Grounding grounded theory, San Diego.

Diamantopoulos, A./Winklhofer, H. M. (2001): Index construction with formative indicators: an alternative to scale development. *Journal of Marketing Research*, 38, 269-277.

Dickie, G./Wilson, W. K. (1995): The intentional fallacy: defending Beardsley. *The Journal of Aesthetics and Art Criticism*, 53 (3), 233-250.

Diefenbach, H. (2009): Die Theorie der Rationalen Wahl oder „Rational Choice"-Theorie (RCT). *Soziologische Paradigmen nach Talcott Parsons*, hg. v. D. Brock, M. Junge, H. Diefenbach, R. Keller, D. Villányi, Wiesbaden, 239-290.

Diller, H. (2006): Probleme bei der Handhabung von Strukturgleichungsmodellen in der betriebswirtschaftlichen Forschung. *Die Betriebswirtschaft*, 66 (6), 611-617.

Dilthey, W. (1894/1964): Ideen über eine beschreibende und zergliedernde Psychologie. *Die Geistige Welt. Gesammelte Schriften*. Bd. 5, hg. v. G. Misch, 4. Aufl., Stuttgart, S. 139-240.

Dilthey, W. (1900/1959): Die Entstehung der Hermeneutik. *Die Geistige Welt. Gesammelte Schriften*. Bd. 5, hg. v. G. Misch, 2. Aufl., Stuttgart, S. 317-338.

Dilthey, W. (1927/1958): Entwürfe zur Kritik der historischen Vernunft. *Der Aufbau der geschichtlichen Welt in den Geisteswissenschaften. Gesammelte Schriften*. Bd. 7, hg. v. B. Groethuysen, 2. Aufl., Stuttgart, S. 191-291.

Dilthey, W. (1983): Texte zur Kritik der historischen Vernunft, hg. v. H.-U. Lessing, Göttingen.

Doty, D. H./Glick, W. H. (1994): Typologies as a unique form of theory building. *Academy of Management Review*, 19 (2), 230-251.

Dray, W. (1957): Laws and explanation in history, Oxford.

Dubin, R. (1978): Theory building, 2. Aufl., New York.

Ducheyne, S. (2008): J.S. Mill's canon of induction: from true causes to provisional ones. *History and Philosophy of Logic*, 29 (4), 361-376.

Duhem, P. (1906/1998): Ziel und Struktur der physikalischen Theorien, Hamburg.

Dul, J./Hak, T. (2008): Case study methodology in business research, Oxford.

Düwell, M./Hubenthal, C./Werner, M. H. (Hg.) (2006): Handbuch Ethik. 2. Aufl., Stuttgart.

Earman, J./Glymour, C./Mitchell, S. (Hg.) (2002): Ceteris paribus laws. *Erkenntnis*, 57 (3).

Eden, D. (2003): Self fulfilling prophecies in organizations. *Organizational behavior*, hg. v. J. Greenberg, 2. Aufl., Mahwah, 91-122.

Edwards, J. R. (2001): Multidimensional constructs in organizational behavior research: an integrative analytical framework. *Organizational Research Methods*, 4 (2), 144-192.

Edwards, J. R. (2011): The fallacy of formative measurement. *Organizational Research Methods*, 14 (2), 370-388.

Eid, M./Gollwitzer, M./Schmitt, M. (2010): Statistik und Forschungsmethoden, Weinheim.

Eisenführ, F./Weber, M. (1999): Rationales Entscheiden, 3. Aufl., Berlin.

Eisenhardt, K. M. (1989): Building theories from case study research. *Academy of Management Review*, 14 (4), 532-550.

Elster, J. (2007): Explaining social behavior, Cambridge.

Erlei, M./Leschke, M./Sauerland, D. (2007): Neue Institutionenökonomik, 2. Aufl., Stuttgart.

Ernst, G. (2007): Einführung in die Erkenntnistheorie, Darmstadt.

Ernst, G. (2010): Einführung in die Erkenntnistheorie, 2. Aufl., Darmstadt.

Esser, H. (1993): Soziologie. Allgemeine Grundlagen, Frankfurt am Main.

Esser, H. (1999): Soziologie. Spezielle Grundlagen. Band 1: Situationslogik und Handeln, Frankfurt am Main.

Esser, H./Klenovits, K./Zehnpfennig, H. (1977): Wissenschaftstheorie 1. Grundlagen und Analytische Wissenschaftstheorie, Stuttgart.

Essler, W. K. (1982): Wissenschaftstheorie I. Definition und Reduktion, 2. Aufl., Freiburg, München.

Essler, W. K./Trapp, R. (1977): Some ways of operationally introducing dispositional predicates with regard to scientific and ordinary practice. *Synthese*, 34 (4), 371-396.

Etzrodt, C. (2003): Sozialwissenschaftliche Handlungstheorien, Konstanz.

Evans, J. S. B. T. (2008): Dual-Processing accounts of reasoning, judgment, and social cognition. *Annual Review of Psychology*, 59, 255-278.

Evans, J. S. B. T. (2010): Thinking twice, Oxford.

Evans, N./Levinson, S. C. (2009): The myth of language universals: language diversity and its importance for cognitive science. *Behavioral and Brain Science*, 32 (5), 429-492.

Everitt, B. S./Landau, S./Leese, M./Stahl, D. (2011): Cluster analysis, 5. Aufl., Chichester.

Fann, K. T. (1970): Peirce's theory of abduction, The Hague.

Fenner, D. (2008): Ethik. Wie soll ich handeln?, Tübingen.

Feyerabend, P. (1965/2002): Probleme des Empirismus, Teil I, Stuttgart.

Feyerabend, P. (1970/1995): Wider den Methodenzwang, 5. Aufl., Frankfurt am Main.

Feyerabend, P. (1985): Problems of empiricism, Bd. 2, Cambridge.

Fishburn, P. C. (1981): Subjective expected utility. *Theory and Decision*, 13 (2), 139-199.

Fisher, R. A. (1925/1954): Statistical methods for research workers, 12. Aufl., New York.

Fleck, L. (1935/1980): Entstehung und Entwicklung einer wissenschaftlichen Tatsache, Frankfurt am Main.

Flick, U. (2007): Qualitative Sozialforschung, Reinbek bei Hamburg.

Flyvbjerg, B. (2001): Making social science matter, Cambridge.

Føllesdal, D. (1979/2004): Hermeneutik und die hypothetisch-deduktive Methode. *Hermeneutik*, hg. v. A. Bühler, Heidelberg, 157-176.

Forst, R. (2000): Toleranz, Gerechtigkeit und Vernunft. *Toleranz*, hg. v. R. Forst, Frankfurt am Main, 119-143.

Forst, R. (2001): Vier Konzeptionen der Toleranz. *Integration oder Toleranz? Minderheiten als philosophisches Problem*, hg. v. M. Kaufmann, Freiburg, 106-117.

Forst, R. (2003): Toleranz im Konflikt. Geschichte, Gehalt und Gegenwart eines umstrittenen Begriffs, Frankfurt am Main.

Freeman, R. E. (2005): The development of stakeholder theory. *Great minds in management*, hg. v. K. G. Smith, M. A. Hitt, Oxford, 417-435.

Freudenberger, S. (2000): Relativismus und Pluralismus. *Herausforderung Pluralismus*, hg. v. M. Plümacher, V. Schürmann, S. Freudenberger, Frankfurt am Main, 25-36.

Friedman, M. (1953): The methodology of positive economics. *Essays in positive economics*, Chicago, 3-43.

Frigg, R./Reiss, J. (2009): The philosophy of simulation: hot new issues or same old stew? *Synthese*, 169 (3), 593-613.

Gadamer, H.-G. (1965): Wahrheit und Methode, 2. Aufl., Tübingen.

Gadenne, V. (1976): Die Gültigkeit psychologischer Untersuchungen, Stuttgart.

Gadenne, V. (1984): Theorie und Erfahrung in der psychologischen Forschung, Tübingen.

Gadenne, V. (1994): Theorien. *Methodische Grundlagen der Psychologie. Enzyklopädie der Psychologie.* Bd. BI1, hg. v. T. Hermann, W. H. Tack, Göttingen, S. 295-342.

Gadenne, V. (1998): Bewährung. *Karl Popper - Logik der Forschung*, hg. v. H. Keuth, Berlin, 125-144.

Gadenne, V. (2004): Was ist ein guter Widerlegungsversuch? *Karl Popper - Plädoyer für kritisch-rationale Wissenschaft*, hg. v. R. Neck, K. Salamun, Frankfurt am Main, 63-75.

Gadenne, V. (2006): Methodological rules, rationality, and truth. *Rationality and reality*, hg. v. C. Cheyne, J. Worrall, Amsterdam, 97-107.

Gäfgen, G. (1968): Theorie der wirtschaftlichen Entscheidung, 2. Aufl., Tübingen.

Gaycken, S. L. S. (2010): Technisches Wissen als Handlungsanleitung - ein Paradigma für eine Wissenschaftstheorie technischen Wissens? *Technologisches Wissen*, hg. v. K. Kornwachs, Berlin, 241-259.

Geertz, C. (1983): Dichte Beschreibungen. *Dichte Beschreibungen*, Frankfurt am Main, 7-43.

Geldsetzer, L. (1989): Hermeneutik. *Handlexikon zur Wissenschaftstheorie*, hg. v. H. Seiffert, G. Radnitzky, München, 127-139.

Gellner, E. (1959): Holism versus individualism in history and sociology. *Theories of history*, hg. v. P. L. Gardiner, Glencoe, 488-503.

Gerring, J. (2005): Causation: a unified framework for the social sciences. *Journal of Theoretical Politics*, 17 (2), 163-198.

Gettier, E. L. (1963): Is justified true belief knowledge? *Analysis*, 23 (6), 121-123.

Giddens, A. (1976): New rules of sociological method, London.

Giddens, A. (1997): Die Konstitution der Gesellschaft, 3. Aufl., Frankfurt am Main.

Giere, R. (2006a): Perspectival pluralism. *Scientific pluralism*, hg. v. S. H. Kellert, H. E. Longino, C. K. Waters, Minneapolis, 26-41.

Giere, R. N. (2006b): Scientific perspectivsm, Chicago.

Gigerenzer, G./Brighton, H. (2009): Homo heuristicus: Why biased minds make better inferences. *Topics in Cognitive Science* 1(1), 107-143.

Gigerenzer, G./Hertwig, R./Pachur, T. (Hg.) (2011): Heuristics. Oxford.

Gilbert, M. (1992): On social facts, Princeton, New Jersey.

Glaser, B. G. (1992): Basics of grounded theory analysis, Mill Valley, California.

Glaser, B. G./Strauss, A. L. (1967): The discovery of grounded theory, New York.

Gloy, K. (2004): Wahrheitstheorien, Tübingen, Basel.

Glüer, K. (2011): Donald Davidson, Oxford.

Godfrey-Smith, P. (2003): Theory and reality, Chicago.

Goertz, G. (2006): Social Science Concepts, Princeton.

Goertz, G. (2012): Descriptive-causal generalizations: "empirical laws" in the social sciences? *The Oxford handbook of social science*, hg. v. H. Kincaid, Oxford, 85-108.

Goethe, J. W. (1797/1979): Vierjahreszeiten. *Sämtliche Gedichte, Erster Teil. Sämtliche Werke*. Bd. 1, hg. v. E. Beutler, Zürich, S. 253-266.

Goldman, A. (2011): Reliabilism. *The Stanford Encyclopedia of Philosophy*, hg. v. E. N. Zalta, http://plato.stanford.edu/archives/spr2011/ entries/reliabilism/.

Gomm, R./Hammersley, M./Foster, P. (2000): Case study and generalization. *Case study method*, hg. v. R. Gomm, M. Hammersley, P. Foster, London, 98-115.

Gosepath, S. (1992): Aufgeklärtes Eigeninteresse, Frankfurt am Main.

Grathoff, R. (1989): Milieu und Lebenswelt, Frankfurt am Main.

Greenberg, D./Shroder, M. (2004): The digest of social experiments, 3. Aufl., Washington.

Greshoff, R. (2010): Die Theorienvergleichsdebatte in der deutschsprachigen Soziologie. *Soziologische Kontroversen*, hg. v. G. Kneer, S. Moebius, Frankfurt am Main, 182-216.

Grondin, J. (2001): Einführung in die philosphische Hermeneutik, 2. Aufl., Darmstadt.

Groß, M./Krohn, W. (2005): Society as experiment: Sociological foundations for a self-experimentals society. *History of the Human Sciences*, 18 (2), 63-86.

Grossmann, R. (2003): Die Existenz der Welt, Frankfurt am Main.

Grunberg, E. (1986): Predictability and reflexivity *American Journal of Economics and Sociology*, 15 (1), 175 188.

Grunberg, E./Modigliani, F. (1954): The predictability of social events. *Journal of Political Economy*, 62 (6), 465-478.

Grundmann, T. (2003): Der Wahrheit auf der Spur, Paderborn.

Grundmann, T. (2008): Analytische Einführung in die Erkenntnistheorie, Berlin.

Grüne-Yanoff, T. (2011): Artificial worlds and agent-based simulation. *The Sage handbook of the philosophy of social sciences*, hg. v. I. C. Jarvie, J. Zamora-Bonilla, London, 613-631.

Grüne-Yanoff, T./Weirich, P. (2010): The philosophy and epistemology of simulation: a review. *Simulation & Gaming*, 41 (1), 20-50.

Guba, E. G./Lincoln, Y. S. (1994): Competing paradigms in qualitative research. *Handbook of qualitative research*, hg. v. N. K. Denzin, Y. S. Lincoln, Thousand Oaks, 105-117.

Haack, S. (2004): Pragmatism, old an new. *Contemporary Pragmatism*, 1 (1), 3-41.
Habermas, J. (1964): Gegen eine positivistisch halbierten Rationalismus. Erwiderung eines Pamphlets. *Kölner Zeitschrift für Soziologie und Sozialpsychologie*, 16 (4), 635-659.
Habermas, J. (1968): Erkenntnis und Interesse, Frankfurt am Main.
Habermas, J. (1973): Wahrheitstheorien. *Wirklichkeit und Reflexion*, hg. v. H. Fahrenbach, Pfullingen, 211-265.
Habermas, J. (1981): Theorie des kommunikativen Handelns. Band 1: Handlungsrationalität und gesellschaftliche Rationalisierung, Frankfurt am Main.
Habermas, J. (1999a): Hermeneutische und analytische Philosophie. *Wahrheit und Rechtfertigung*, Frankfurt am Main, 65-101.
Habermas, J. (1999b): Wahrheit und Rechtfertigung. *Wahrheit und Rechtfertigung*, Frankfurt am Main, 230-270.
Hacking, I. (1983/1996): Einführung in die Philosophie der Naturwissenschaften, Stuttgart.
Hall, P. A./Soskice, D. (2001): Introduction to varieties of capitalism. *Varieties of capitalism*, hg. v. P. A. Hall, D. Soskice, Oxford, 1-68.
Hammersley, M. (2008): Questioning qualitative research. Critical essays, London.
Hanson, N. R. (1958a): The logic of discovery. *The Journal of Philosophy*, 55 (25), 1073-1089.
Hanson, N. R. (1958b): Patterns of discovery, Cambridge.
Harman, G. H. (1965): The inference to the best explanation. *Philosophical Review*, 74, 88-95.
Hartmann, S. (2010): Modell. *Enzyklopädie Philosophie*, Bd. 2, hg. v. H. J. Sandkühler, 2. Aufl., Hamburg, 1627-1632.
Hastedt, H. (2012): Toleranz, Stuttgart.
Hastie, R./Dawes, R. M. (2010): Rational choice in an uncertain world, 2. Aufl., Los Angeles.
Hausman, D. M. (1998): Problems with realism in economics. *Economics and Philosophy*, 14 (2), 185-213.
Hausman, D. M. (2000): Realist philosophy and methodology of economics: what is it? *Journal of Economic Methodology*, 7 (1), 127-133.
Haussmann, T. (1991): Erklären und Verstehen, Frankfurt am Main.
Hayek, F. A. v. (1952): Die »Tatsachen« der Sozialwissenschaften. *Individualismus und wirtschaftliche Ordnung*, Erlenbach, 78-102.
Hayek, F. A. v. (1964/1972): Die Theorie komplexer Phänomene, Tübingen.

Hecht, H./Desnizza, W. (2012): Psychologie als empirische Wissenschaft. Essentielle wissenschaftstheoretische und historische Grundlagen, Berlin.

Heckman, J. J. (2005a): Rejoinder: response to Sobel. *Sociological Methodology*, 33 (1), 135-150.

Heckman, J. J. (2005b): The scientific model of causality. *Sociological Methodology*, 33 (1), 1-97.

Heckmann, F. (1992): Interpretationsregeln zur Auswertung qualitativer Interviews und sozialwissenschaftlich relevanter "Texte". *Analyse verbaler Daten*, hg. v. J. H. P. Hoffmeyer-Zlotnik, Opladen, 142-167.

Hedström, P./Swedberg, R. (1998): Social mechanisms: an introductory essay. *Social mechanisms*, hg. v. P. Hedström, R. Swedberg, Cambridge, 1-31.

Hedström, P./Swedberg, R./Udehn, L. (1998): Popper's situational analysis and contemporary sociology. *Philosophy of the Social Sciences*, 28 (3), 339-364.

Hedström, P./Ylikoski, P. (2010): Causal mechanisms in the social sciences. *Annual Review of Sociology*, 36, 49-67.

Heidegger, M. (1927/1967): Sein und Zeit, 11. Aufl., Tübingen.

Heintz, B. (2004): Emergenz und Reduktion. *Kölner Zeitschrift für Soziologie und Sozialpsychologie*, 56 (1), 1-31.

Helmer, O./Rescher, N. (1959): On the epistemology of the inexact sciences. *Management Science*, 6 (1), 25-52.

Hempel, C. G. (1942): The function of general laws in history. *The Journal of Philosophy*, 39 (2), 35-48.

Hempel, C. G. (1958/1965): The Theoretician's dilemma. *Aspects of scientific explanation*, New York, London, 173-226.

Hempel, C. G. (1965): Aspects of scientific explanation. *Aspects of scientific explanation*, New York, 331-504.

Hempel, C. G. (1965/1977): Aspekte wissenschaftlicher Erklärung, Berlin.

Hempel, C. G. (1970): Studies in the logic of explanation. *Aspects of scientific explanation*, London, 245-294.

Hempel, C. G./Oppenheim, P. (1936): Der Typusbegriff im Lichte der neuen Logik, Leiden.

Hempel, C. G./Oppenheim, P. (1948): Studies in the logic of explanation. *Philosophy of Science*, 15 (2), 135-175.

Hendry, R. F. (2001): Are realism and instrumentalism methodologi cally indifferent? *Philosophy of Science*, 68 (3), 325-337.

Henshel, R. L. (1982): The boundary of the self-fulfilling prophecy and the dilemma of social prediction. *British Journal of Sociology*, 33 (4), 511-528.

Henshel, R. L. (1995): The Grünberg/Modigliani and Simon possibility theorem: a social psychological critique. *The Journal of Socio-Economics*, 24 (3), 501-520.

Henshel, R. L./Kennedy, L. W. (1973): Self-altering prophecies: consequences for the feasibility of social prediction. *General Systems*, 18, 119-126.

Herr, K./Anderson, G. L. (2005): The action research dissertation, Thousand Oaks.

Herzog, W. (2012): Wissenschaftstheoretische Grundlagen der Psychologie, Berlin.

Hetherington, S. (2005): Fallibilism. *The internet encyclopedia of philosophy*, hg. v. J. Fieser, B. Dowden, http://www.iep.utm.edu/fallibil/.

Hintikka, J. (1998): What is abduction? The fundamental problem of contemporary epistemology. *Transactions of the Charles S. Peirce Society*, 34 (3), 503-533.

Hintikka, J./Sandu, G. (2007): What is logic? *Philosophy of Logic*, hg. v. J. Dale, Amsterdam, 13-39.

Hirsch, E. D. (1972): Prinzipien der Interpretation, München.

Hitchcock, C. (2008): Causation. *The Routledge companion to philosophy of science*, hg. v. S. Psillos, M. Curd, London, 317-326.

Hitchcock, C./Sober, E. (2004): Prediction versus accomodation and the risk of overfitting. *British Journal for the Philosophy of Science*, 55 (1), 1-34.

Hitt, M. A./Beamish, P. W./Jackson, S. E./Mathieu, J. E. (2007): Building theoretical and empirical bridges across levels: multilevel research in management. *Academy of Management Journal*, 50 (6), 1385-1399.

Hitzler, R. (1993): Verstehen: Alltagspraxis und wissenschaftliches Programm. *"Wirklichkeit" im Deutungsprozeß*, hg. v. T. Jung, S. Müller-Doohm, Frankfurt am Main, 223-240.

Hodgkinson, G. P./Sparrow, P. R. (2002): The competent organization, Buckingham.

Holst, E./Schimeta, J. (2013): Frauenanteil in Topgremien großer Unternehmen in Deutschland nimmt geringfügig zu – DAX-30-Unternehmen mit größerer Dynamik *DIW-Wochenbericht*, 80 (3), 3-14.

Honolka, H. (1976): Die Eigendynamik sozialwissenschaftlicher Aussagen, Frankfurt am Main.

Hood, S. B. (2009): Validity in psychological testing and scientific realism. *Theory & Psychology*, 19 (4), 451-473.

Hoover, K. D. (2009): Counterfactuals and causal structures. *Causality in the sciences*, hg. v. P. M. Illari, F. Russo, J. Williamson, Oxford, 338-360.

Hornsby, J. (2004): Agency and actions. *Agency and action*, hg. v. J. Hyman, H. Steward, Cambridge, 1-23.

Horster, D. (2010): Jürgen Habermas, Darmstadt.

House, R. J./Hanges, P. J./Javidan, M./Dorfman, P. W./Gupta, V. (2004): Culture, leadership, and organizations. The GLOBE study of 62 societies, Thousand Oaks, CA.

Hoyningen-Huene, P. (1989): Die Wissenschaftsphilosophie Thomas S. Kuhns, Braunschweig.

Hoyningen-Huene, P. (1994): Zu Emergenz, Mikro- und Makrodetermination. *Kausalität und Zurechnung*, hg. v. W. Lübbe, Berlin, 165-195.

Hoyningen-Huene, P. (2006a): Context of discovery versus context of justification and Thomas Kuhn. *Revisiting discovery and justification*, hg. v. J. Schickore, F. Steinle, Dordrecht, 119-131.

Hoyningen-Huene, P. (2006b): Reduktion und Emergenz. *Wissenschaftstheorie*, hg. v. A. Bartels, M. Stöckler, Paderborn, 177-197.

Hoyningen-Huene, P./Oberheim, E. (2006): Neues zu Feyerabend. *Paul Feyerabend*, hg. v. F. Stadler, K. R. Fischer, Wien, 13-33.

Hübner, K. (1978): Kritik der wissenschaftlichen Vernunft, Freiburg, München.

Hughes, J. (2009): Practical reasoning and engineering. *Philosophy of technology and engineering*, hg. v. A. Meijers, Amsterdam, 375-402.

Hughes, J. A. (1976): Sociological analysis, London.

Hügli, A. (1992): Schluß, praktischer. *Historisches Wörterbuch der Philosophie*, Bd. 8, hg. v. J. Ritter, K. Gründer, Darmstadt, 1306-1312.

Hume, D. (1739/1978): Ein Traktat über die menschliche Natur. Buch II und III: Über die Affekte, Über Moral, Hamburg.

Hume, D. (1777/1984): Eine Untersuchung über den menschlichen Verstand, hg. v. J. Kulenkampff, Hamburg.

Hussy, W./Jain, A. (2002): Experimentelle Hypothesenprüfung in der Psychologie, Göttingen.

Hussy, W./Schreier, M./Echterhoff, G. (2010): Forschungsmethoden in Psychologie und Sozialwissenschaften, Berlin.

Illari, P. M./Russo, F./Williamson, J. (Hg.) (2009): Causality in the sciences. Oxford.

Ineichen, H. (1991): Philosophische Hermeneutik, Freiburg, München.

Iorio, M. (2010): Was sind Regeln? *Regel, Norm, Gesetz*, hg. v. M. Iorio, R. Reisenzein, Frankfurt am Main, 47-68.

Irrgang, B. (2011): Technik. *Neues Handbuch philosophischer Grundbegriffe*, Bd. 3, hg. v. P. Kolmer, A. G. Wildfeuer, 2. Aufl., Freiburg, 2167-2179.

Jacquette, D. (2004): Brentano's concept of intentionality. *The Cambridge companion to Franz Brentano*, hg. v. D. Jacquette, Cambridge, 98-130.

James, W. (1907/2001): Pragmatismus. Ein neuer Name für einige alte Denkweisen, hg. v. K. Schubert, A. Spree, Darmstadt.

Jarvie, I. C. (2001): The republic of science, Amsterdam.

Jarvis, C. B./Mackenzie, S. B./Podsakoff, P. M. (2003): A critical review of construct indicators and measurement model misspecification in marketing and consumer research. *Journal of Consumer Research*, 30 (2), 199-218.

Johansson, I. (1975): A critique of Karl Popper's methodology, Lund.

Johansson, I. (1989): Ontological investigations, London.

Joisten, K. (2009): Philosophische Hermeneutik, Berlin.

Jones, E. E. (1986): Interpreting interpersonal behavior: the effects of expectancies. *Science*, 234 (4772), 41-46.

Jones, R. A. (1977): Self-fulfilling prophecies, Hillsdale.

Jussim, L. (1986): Self-fulfilling prophecies: a theoretical and integrative review. *Psychological Review*, 93 (4), 429-445.

Kahneman, D. (2012): Schnelles Denken, langsames Denken, München.

Kamitz, R. (1980): Methode/Methodologie. *Handbuch wissenschaftstheoretischer Grundbegriffe*, Bd. 2, hg. v. J. Speck, Göttingen, 429-433.

Kane, M. T. (1992): An argument-based approach to validity. *Psychological Bulletin*, 112 (3), 527-535.

Kane, M. T. (2006): Validation. *Educational measurement*, hg. v. R. L. Brennan, 4. Aufl., Westport, 17-64.

Kane, M. T./Crooks, T./Cohen, A. (1999): Validating measures of performance. *Educational Measurement: Issues and Practice*, 18 (2), 5-17.

Kant, I. (1784/1983): Beantwortung der Frage: Was ist Aufklärung? *Schriften zur Anthropologie, Geschichtsphilosophie, Politik und Pädagogik. Werke.* Bd. 6, hg. v. W. Weischedel, 4. Aufl., Darmstadt, S. 51-61.

Kant, I. (1787/1983): Kritik der reinen Vernunft. *Werke.* Bd. 2, hg. v. W. Weischedel, 5. Aufl., Darmstadt.

Kaplan, A. (1964): The conduct of inquiry, San Francisco.

Katz, J. (2001): Analytic induction. *International Encyclopedia of the Social and Behavioral Sciences*, hg. v. N. J. Smelser, P. B. Baltes, Amsterdam, 480-484.
Keil, G. (2000): Handeln und Verursachen, Frankfurt am Main.
Keil, G. (2008): Naturalism. *The Routledge Companion to Twentieth-Century Philosophy*, hg. v. D. Moran, London, 254-307.
Keil, G. (2011): Quine, Stuttgart.
Keil, G. (2013): Willensfreiheit, 2. Aufl., Berlin.
Keil, G./Schnädelbach, H. (2000): Naturalismus. *Naturalismus*, hg. v. G. Keil, H. Schnädelbach, Frankfurt am Main, 7-45.
Kelle, U. (1994): Empirisch begründete Theoriebildung, Weinheim.
Kelle, U. (1996): Die Bedeutung theoretischen Vorwissens in der Methodologie der Grounded Theory. *Wahre Geschichten? Zur Theorie und Praxis qualitativer Interviews*, hg. v. R. Strobl, A. Böttger, Baden Baden, 23-47.
Kelle, U. (2007): Die Integration qualitativer und quantitativer Methoden in der empirischen Sozialforschung, Wiesbaden.
Kelle, U. (2008): Strukturen begrenzter Reichweite und empirisch begründete Theoriebildung. *Theoretische Empirie. Zur Relevanz qualitativer Forschung*, hg. v. H. Kalthoff, S. Hirschauer, G. Lindemann, Frankfurt am Main, 312-337.
Kelle, U./Kluge, S. (1999): Vom Einzelfall zum Typus, Opladen.
Kellert, S. H. (2006): Disciplinary pluralism for science studies. *Scientific pluralism*, hg. v. S. H. Kellert, H. E. Longino, C. K. Waters, Minneapolis, 215-230.
Kellert, S. H./Longino, H. E./Waters, C. K. (2006a): Introduction: The pluralist stance. *Scientific pluralism*, hg. v. S. H. Kellert, H. E. Longino, C. K. Waters, Minneapolis, VII-XXIX.
Kellert, S. H./Longino, H. E./Waters, C. K. (Hg.) (2006b): Scientific pluralism. Minneapolis.
Kempf, W. (2006): Forschungsmethoden der Psychologie, 2. Aufl., Berlin.
Kerlinger, F. N. (1986): Foundations of Behavioral Research, 3. Aufl., New York.
Keuth, H. (2000): Die Philosophie Karl Poppers, Tübingen.
Kim, J. (1998): Philosophie des Geistes, Wien.
Kincaid, H. (1986): Reduction, explanation, and individualism. *Philosophy of Science*, 53 (4), 492-513.
Kincaid, H. (1996): Philosophical foundations of the social sciences, Cambridge.

King, G./Keohane, R. O./Verba, S. (1994): Designing social inquiry, Princeton.

Kirchgässner, G. (2008): Homo oeconomicus, 3. Aufl., Tübingen.

Kirkham, R. L. (1995): Theories of truth, Cambridge, Massachusetts.

Kirsch, W./Seidl, D./Aaken, D. v. (2007): Betriebswirtschaftliche Forschung, Stuttgart.

Kivinen, O./Piiroinen, T. (2004): The relevance of ontological commitments in social sciences: realist and pragmatist viewpoints. *Journal for the Theory of Social Behaviour*, 34 (3), 231-248.

Klatte, M./Schick, A. (2006): Auditive Wahrnehmung. *Handbuch Psychologie*, hg. v. K. Pawlik, Heidelberg, 109-122.

Klein, K. J./Kozlowski, S. W. J. (2000): From Micro to Meso: critical steps in conceptualizing and conducting multilevel research. *Organizational Research Methods*, 3 (3), 211-236.

Klima, R. (1971): Theorienpluralismus in der Soziologie. *Der Methoden- und Theorienpluralismus in den Wissenschaften*, hg. v. A. Diemer, Meisenheim am Glan, 198-219.

Klimoski, R./Mohammed, S. (1994): Team mental model: construct or metaphor? *Journal of Management*, 20 (2), 403-437.

Kluge, S. (1999): Empirisch begründete Typenbildung, Opladen.

Knapp, H. G. (1978): Logik der Prognose, Freiburg.

Knorr-Cetina, K. (1989): Spielarten des Konstruktivismus. *Soziale Welt*, 40 (1/2), 86-96.

Knudsen, C. (1982): Intentions and impositions. *The Cambridge history of later medieval philosophy*, hg. v. A. Kenny, Cambridge, 479-495.

Konegen, N./Sondergeld, K. (1985): Wissenschaftstheorie für Sozialwissenschaftler, Opladen.

König, W. (2006): Ziele der Technikwissenschaften. *Erkennen und Gestalten*, hg. v. G. Banse, A. Grunwald, W. König, G. Ropohl, Berlin, 84-98.

Koppelberg, D. (2010): Naturalismus/Naturalisierung. *Enzyklopädie Philosophie*, Bd. 2, hg. v. H. J. Sandkühler, 2. Aufl., Hamburg, 1712-1722.

Kornmeier, M. (2007): Wissenschaftstheorie und wissenschaftliches Arbeiten, Heidelberg.

Kornwachs, K. (2012): Strukturen technologischen Wissens, Berlin.

Kozlowski, S. W. J./Klein, K. J. (Hg.) (2004): Multilevel theory, research, and methods in organizations. San Francisco.

Krohn, W. (2010): Wissenschaftsgeschichte. *Enzyklopädie Philosophie*, Bd. 3, hg. v. H. J. Sandkühler, Hamburg, 3030-3035.

Kroneberg, C. (2009): Methodologie statt Ontologie. *Das Mikro-Makro-Modell der soziologischen Erklärung*, hg. v. J. Greve, A. Schnabel, R. Schützeichel, Wiesbaden, 222-247.

Kuhn, T. S. (1962/1976): Die Struktur wissenschaftlicher Revolutionen, 2. Aufl., Frankfurt am Main.

Kuhn, T. S. (1978a): Die Entstehung des Neuen, hg. v. L. Krüger, Frankfurt am Main.

Kuhn, T. S. (1978b): Logik oder Psychologie der Forschung? *Die Entstehung des Neuen*, hg. v. L. Krüger, Frankfurt am Main, 357-388.

Kuhn, T. S. (1983/2000): Commensurability, comparability, communicability. *Thomas S. Kuhn: The road since structure*, hg. v. J. Conant, J. Haugeland, Chicago, 33-57.

Kuipers, T. A. F. (2007): Laws, theories, and research programs. *General philosophy of science - focal issues*, hg. v. T. A. F. Kuipers, Amsterdam, 1 95.

Kukla, A. (2000): Social constructivism and the philosophy of science, London, New York.

Künne, W. (1981): Verstehen und Sinn: eine sprachanalytische Betrachtung. *Allgemeine Zeitschrift für Philosophie*, 6 (1), 1-16.

Künne, W. (1990): Prinzipien der wohlwollenden Interpretation. *Intentionalität und Verstehen*, hg. v. Forum für Philosophie, Frankfurt am Main, 212-236.

Künne, W. (2003a): Conceptions of truth, Oxford.

Künne, W. (2003b): Wahrheit. *Philosophie*, Bd. 1, hg. v. E. Martens, H. Schnädelbach, 7. Aufl., Reinbek bei Hamburg, 116-171.

Kurt, R. (2004): Hermeneutik, Konstanz.

Kutschera, F. v. (1982): Grundlagen der Ethik, Berlin.

Kutschera, F. v. (2003): Jenseits des Materialismus, Paderborn.

Kutschera, F. v. (2006): Die Wege des Idealismus, Paderborn.

Küttner, M. (1979): Gesetzesüberprüfung und Strukturgleichheitsthese. *Theorie und Erfahrung*, hg. v. H. Albert, K. H. Stapf, Stuttgart, 83-94.

Küttner, M. (1981): Zur Methodologie der deduktiven Ökonomik. Habilitationsschrift, Mannheim.

Küttner, M. (1987): Deskriptive Modelle und Handlungsempfehlungen in der Betriebswirtschaftslehre. *Modelle in der Betriebswirtschaftslehre*, hg. v. R. H. Schmidt, G. Schor, Wiesbaden, 255-272.

Küttner, M. (1989). Prognose, Voraussage. *Handlexikon zur Wissenschaftstheorie*, hg. v. H. Seiffert, G. Radnitzky, München, 275-280.

Ladyman, J. (2002). Understanding philosophy of science, London.

Lakatos, I. (1968/1978): Changes in the problem of inductive logic. *Mathematics, science and epistemology. Philosophical papers of Imre Lakatos.* Bd. 2, hg. v. J. Worrall, G. Currie, Cambridge, S. 128-200.
Lakatos, I. (1974): Falsifikation und die Methodologie wissenschaftlicher Forschungsprogramme. *Kritik und Erkenntnisfortschritt*, hg. v. I. Lakatos, A. Musgrave, Braunschweig, 89-189.
Lakatos, I. (1982): Die Methodologie der wissenschaftlichen Forschungsprogramme, hg. v. J. Worrall, G. Currie, Braunschweig.
Lamnek, S. (2010): Qualitative Sozialforschung, 4. Aufl., Weinheim.
Laudan, L. (1977): Progress and its problems, Berkeley.
Laudan, L. (1984): Science and values, Berkeley.
Lauth, B./Sareiter, J. (2005): Wissenschaftliche Erkenntnis, Paderborn.
Lazarsfeld, P. F. (1936/1972): Notes on the history of concept formation. *Qualitative analysis*, Boston, 5-52.
Lazarsfeld, P. F. (1937/2007): Zur Verwendung von Typen in der empirischen Sozialforschung. *Empirische Analyse des Handelns*, hg. v. C. Fleck, N. Stehr, Frankfurt am Main, 344-368.
Leat, D. (1972/1978): Das mißverstandene "Verstehen". *Methodologische Probleme der Sozialwissenschaften*, hg. v. K. Acham, Darmstadt, 102-114.
Lehner, F. (2011): Sozialwissenschaft, Wiesbaden.
Leinfellner, W. (1967): Einführung in die Erkenntnis- und Wissenschaftstheorie, 2. Aufl., Mannheim.
Lembeck, K.-H. (2011): Theorie. *Neues Handbuch philosophischer Grundbegriffe*, Bd. 3, hg. v. P. Kolmer, A. G. Wildfeuer, 2. Aufl., Freiburg, 2180-2194.
Leplin, J. (2000): Realism and instrumentalism. *A companion to the philosophy of science*, hg. v. W. H. Newton-Smith, Oxford, 393-401.
Lewin, K. (1946/1968): Tat-Forschung und Minderheitenprobleme. *Die Lösung sozialer Konflikte*, hg. v. G. W. Lewin, 3. Aufl., Nauheim, 278-298.
Lienert, G. A./Raatz, U. (1998): Testaufbau und Testanalyse, Bd. 6, 6. Aufl., Weinheim.
Lincoln, Y. S./Guba, E. G. (1985): Naturalistic inquiry, Beverly Hills, California.
Lipton, P. (2004): Inference to the best explanation, 2. Aufl., London.
Liske, M.-T. (2004): Wie soll man Metaphysik betreiben? *Philosophisches Jahrbuch*, 111 (1), 17-24.
Little, D. (1991): Varieties of social explanation, Boulder.
Little, D. (1998): Microfoundations, method, and causation, New Brunswick.

Little, D. (2007): Levels of the social. *Philosophy of Anthropology and Sociology*, hg. v. S. P. Turner, M. W. Risjord, Amsterdam, 343-371.

Little, D. (2009): The heterogeneous social: new thinking about the foundations of the social sciences. *Philosophy of the social sciences*, hg. v. C. Mantzavinos, Cambridge, 154-178.

Lloyd, E. A. (2006): Theories. *The philosophy of science: an encyclopedia*, Bd. 2, hg. v. S. Sarkar, J. Pfeifer, New York, 822-828.

Lohmar, A. (2010): Was ist eigentlich Toleranz? *Zeitschrift für philosophische Forschung*, 64 (1), 8-32.

Lorenz, K. (1995): Methode. *Enzyklopädie Philosophie und Wissenschaftstheorie*, Bd. 2, hg. v. J. Mittelstraß, Stuttgart, 876-879.

Luckmann, T. (1999): Wirklichkeiten: individuelle Konstitution und gesellschaftliche Konstruktion. *Hermeneutische Wissenssoziologie*, hg. v. R. Hitzler, J. Reichertz, N. Schröer, Konstanz, 17-28.

Ludwig, K. (2003): The mind-body problem: an overview. *The Blackwell guide to philosophy of mind*, hg. v. S. P. Stich, T. A. Warfield, Malden, 1-46.

Mackie, J. L. (1974/1980): The cement of the universe, Oxford.

MacKinnon, D. P./Fairchild, A. J./Fritz, M. S. (2007): Mediation analysis. *Annual Review of Psychology*, 58, 593-614.

Mäki, U. (2000): Reclaiming relevant realism. *Journal of Economic Methodology*, 7 (1), 109-125.

Mäki, U. (2003): 'The methodology of positive economics" (1953) does not give us *the* methodology of positive economics. *Journal of Economic Literature*, 10 (4), 495-505.

Mäki, U. (2012): Realism and antirealism about economics. *Philosophy of Economics*, hg. v. U. Mäki, Amsterdam, 5-24.

Malzkorn, W. (2001): Defining disposition concepts: a brief history of the problem. *Studies in the History of the Philosophy of Science*, 32 (2), 335-353.

Manicas, P. T. (2006): A realist philosophy of social science, Cambridge.

Mantzavinos, C. (2006): Naturalistische Hermeneutik, Tübingen.

Mantzavinos, C. (2008): Was für ein Problem ist der hermeneutische Zirkel? *Analyse & Kritik*, 30 (2), 601-612.

Markman, A. B./Gentner, D. (2001): Thinking. *Annual Review of Psychology*, 52, 223-247.

Matthiessen, H. O./Willaschek, M. (2010). Wissen. *Enzyklopädie Philosophie*, Bd. 3, hg. v. H. J. Sandkühler, Hamburg, 3012-3018.

Maxcy, S. J. (2003): Pragmatic threads in mixed methods research in the social sciences. *Handbook of mixed methods in social & behavioral research*, hg. v. A. Tashakkori, C. Teddlie, Thousand Oaks, 51-89.

Maxwell, J. A. (1992): Understanding and validity in qualitative research. *Harvard Educational Review*, 62 (3), 279-300.

Mayring, P. (2003): Qualitative Inhaltsanalyse, 8. Aufl., Weinheim, Basel.

McIntyre, L. C. (1996): Laws and explanation in the social sciences, Boulder.

Mead, G. H. (1934/1973): Geist, Identität und Gesellschaft aus der Sicht des Sozialbehaviorismus, Frankfurt am Main.

Meidl, C. N. (2009): Wissenschaftstheorie für SozialforscherInnen, Wien.

Meier, G. F. (1757/1996): Versuch einer allgemeinen Auslegungskunst, Hamburg.

Meinefeld, W. (1995): Realität und Konstruktion, Opladen.

Meinefeld, W. (2005): Hypothesen und Vorwissen in der qualitativen Sozialforschung. *Qualitative Forschung*, hg. v. U. Flick, E. von Kardorff, I. Steinke, 4. Aufl., Reinbek bei Hamburg, 265-275.

Meixner, U. (2004): Einführung in die Ontologie, Darmstadt.

Menger, C. (1883): Untersuchungen über die Methode der Socialwissenschaften und der Politischen Oekonomie insbesondere, Leipzig.

Merton, R. K. (1936): The unanticipated consequences of purposive social action. *American Sociological Review*, 1 (6), 894-904.

Merton, R. K. (1948): The self-fulfilling prophecy. *The Antioch Review*, 8 (2), 193-210.

Merton, R. K. (1968): Social theory and social structure, New York.

Messick, S. (1989): Validity. *Educational Measurement*, hg. v. R. L. Linn, 3. Aufl., New York, 13-103.

Messick, S. (1995): Validity of psychological assessment. *American Psychologist*, 50 (9), 741-749.

Mey, G./Mruck, K. (Hg.) (2007): Grounded Theory Methodologie - Bemerkungen zu einem prominenten Forschungsstil. Köln.

Meyer, R./Hammerschmidt, G. (2006): Die Mikro-Perspektive des Neo-Institutionalismus. *Einführung in den Neo-Institutionalismus*, hg. v. K. Senge, K.-U. Hellmann, Wiesbaden, 160-171.

Miebach, B. (2006): Soziologische Handlungstheorie, 2. Aufl., Wiesbaden.

Mill, J. S. (1843/1974a): A system of logic ratiocinative and inductive. *Books I-III. Collected Works of John Stuart Mill.* Bd. VII, hg. v. J. M. Robson, Toronto.

Mill, J. S. (1843/1974b): A system of logic ratiocinative and inductive. *Books IV-VI. Collected Works of John Stuart Mill.* Bd. VIII, hg. v. J. M. Robson, Toronto.

Miller, S. (2003): Impact of mixed methods and design on inference quality. *Handbook of mixed methods in social & behavioral research*, hg. v. A. Tashakkori, C. Teddlie, Thousand Oaks, 423-488.

Mischel, T. (1963/1981): Psychologie und Erklärungen menschlichen Verhaltens. *Psychologische Erklärungen. Gesammelte Aufsätze*, Frankfurt am Main, 7-32.

Mises, L. v. (1940): Nationalökonomie, Genf.

Mises, L. v. (1966): Human action, 3. Aufl., Chicago.

Mittelstraß, J. (Hg.) (2004): Enzyklopädie Philosophie und Wissenschaftstheorie. 4 Bände, Stuttgart, Weimar.

Morgan, M. S./Knuuttila, T. (2012): Models and modelling in economics. *Philosophy of Economics*, hg. v. U. Mäki, Amsterdam, 49-87.

Morgenstern, O. (1928): Wirtschaftsprognose, Wien.

Moulines, C. U. (2008): Die Entwicklung der modernen Wissenschaftstheorie (1890-2000), Hamburg.

Münch, R. (2007): Soziologische Theorie. Band 2: Handlungstheorie, Frankfurt am Main.

Murphy, J. P. (1990): Pragmatism, Boulder.

Musgrave, A. (1974): Logical versus historical theories of confirmation. *British Journal for the Philosophy of Science*, 25 (1), 1-23.

Musgrave, A. (1976): Method or madness? *Essays in memory of Imre Lakatos*, hg. v. R. S. Cohen, P. K. Feyerabend, M. W. Wartofsky, Dordrecht, 457-491.

Nagel, E. (1961): The structure of science, New York.

Nagel, T. (1992): Der Blick von nirgendwo, Frankfurt am Main.

Nagel, T. (1999): Das letzte Wort, Stuttgart.

Nau, H. H. (Hg.) (1996): Der Werturteilsstreit. Marburg.

Newbert, S. L. (2007): Empirical research on the resource-based view of the firm: An assessment and suggestions for further research. *Strategic Management Journal*, 28 (2), 121-146.

Neyman, J./Pearson, E. S. (1928a): On the use and interpretation of certain test criteria for purposes of statistical inference: Part I. *Biometrika*, 20A (1/2), 175-240.

Neyman, J./Pearson, E. S. (1928b): On the use and interpretation of certain test criteria for purposes of statistical inference: Part II. *Biometrika*, 20A (3/4), 263-294.

Nickles, T. (1980): Scientific discovery and the future of philosophy of science. *Scientific discovery, logic, and rationality*, hg. v. T. Nickles, Dordrecht, 1-59.

Niemann, H.-J. (2004): Lexikon des kritischen Rationalismus, Tübingen.

Niiniluoto, I. (1999): Defending Abduction. *Philosophy of Science*, 66 (Proceedings), S436-S451.

Niiniluoto, I. (2004): Critical scientific realism, Oxford.

Nola, R./Sankey, H. (2007): Theories of scientific method, Stocksfield.

Norton, J. D. (2008): Must evidence underdetermine theory? *The challenge of the social and the pressure of practice*, hg. v. M. Carrier, D. Howard, J. Kourany, Pittsburgh, 17-44.

O'Cathain, A. (2010): Assessing the quality of mixed method research. *SAGE Handbook of mixed methods in social & behavioral research*, hg. v. A. Tashakkori, C. Teddlie, 2. Aufl., Thousand Oaks, 531-555.

Oberheim, E. (2006): Feyerabend's Philosophy, Berlin.

Oevermann, U. (1986): Kontroversen einer sinnverstehenden Soziologie. *Handlung und Sinnstruktur*, hg. v. S. Aufenanger, M. Lenssen, München, 19-83.

Oevermann, U./Allert, T./Konau, E./Krambeck, J. (1979): Die Methodologie einer »objektiven Hermeneutik« und ihre allgemeine forschungslogische Bedeutung in den Sozialwissenschaften. *Interpretative Verfahren in den Sozial- und Textwissenschaften*, hg. v. H.-G. Soeffner, Stuttgart, 352-433.

Onwuegbuzie, A. J./Johnson, R. B. (2006): The validity issue in mixed-research. *Research in the Schools*, 13 (1), 48-63.

Opp, K.-D. (2002): Methodologie der Sozialwissenschaften, 5. Aufl., Wiesbaden.

Opp, K.-D. (2005): Explanations by mechanism in the social sciences. *Mind & Society*, 4 (1), 163-178.

Opp, K.-D. (1970/2014): Methodologie der Sozialwissenschaften, 7. Aufl., Wiesbaden.

Osann, M. (2010): Freiwillige Berichterstattung über immaterielle Ressourcen, Lohmar.

Patzig, G. (1973/1996): Erklären und Verstehen. *Gesammelte Schriften IV: Theoretische Philosophie*, Göttingen, 117-145.

Pawlowski, T. (1980): Begriffsbildung und Definition, Berlin.

Peirce, C. S. (1878/1967): Wie unsere Ideen zu klären sind. *Schriften I. Zur Entstehung des Pragmatismus*, hg. v. K.-O. Apel, Frankfurt am Main, 326-358.

Peirce, C. S. (1905/1970): Was ist Pragmatismus. *Schriften II. Vom Pragmatismus zum Pragmatizismus*, hg. v. K.-O. Apel, Frankfurt am Main, 389-415.

Peirce, C. S. (1934, 1935/1960): Pragmatism and pragmaticism, Band V, Scientific metaphysics, Band VI. *Collected Papers of Charles Sanders Peirce*. hg. v. C. Hartshorne, P. Weiss, Cambridge, Massachusetts.

Perner, J./Wimmer, H. (1985): "John thinks that Mary thinks that…" attribution of second-order beliefs by 5- to 10-year-old children. *Journal of Experimental Child Psychology*, 39 (3), 437-471.

Plümacher, M. (2010): Perspektivität, epistemische. *Enzyklopädie Philosophie*, Bd. 2, hg. v. H. J. Sandkühler, Hamburg, 1930-1937.

Popitz, H. (1980): Die normative Konstruktion von Gesellschaft, Tübingen.

Popper, K. R. (1935/2005): Logik der Forschung. *Gesammelte Werke*. Bd. 3, hg. v. H. Keuth, 11. Aufl., Tübingen.

Popper, K. R. (1944): The poverty of historicism, I. *Economica*, 11 (42), 86-103.

Popper, K. R. (1944/2003): Das Elend des Historizismus. *Gesammelte Werke*. Bd. 4, hg. v. H. Keuth, 7. Aufl., Tübingen.

Popper, K. R. (1949/1972): Naturgesetze und theoretische Systeme. *Theorie und Realität*, hg. v. H. Albert, 2. Aufl., Tübingen, 43-58.

Popper, K. R. (1963/2009): Vermutungen und Widerlegungen. *Gesammelte Werke*. Bd. 10, hg. v. H. Keuth, 2. Aufl., Tübingen.

Popper, K. R. (1973): Objektive Erkenntnis, Hamburg.

Popper, K. R. (1979): Die beiden Grundprobleme der Erkenntnistheorie, hg. v. T. E. Hansen, Tübingen.

Popper, K. R. (1982/2001): Das offene Universum. *Gesammelte Werke*. Bd. 8, hg. v. W. W. Bartley, Tübingen.

Popper, K. R. (1984): Ausgangspunkte, 3. Aufl., Hamburg.

Popper, K. R. (1994): Alles Leben ist Problemlösen, München.

Popper, K. R. (1994): Models, instruments, and truth. *The myth of the framework*, hg. v. M. A. Notturno, London, 154-184.

Porter, T. M./Ross, D. (Hg.) (2003): The modern social sciences. Cambridge.

Poser, H. (2008): Herausforderung Technik. *Herausforderung Technik*, hg. v. H. Poser, Frankfurt am Main, 13-29.

Poser, H. (2001/2012): Wissenschaftstheorie, Stuttgart.

Prechtl, P./Burkard, F.-P. (Hg.) (2008): Metzler Lexikon Philosophie. 3. Aufl., Stuttgart.

Psillos, S. (2002): Causation and Explanation, Chesham.

Psillos, S. (2007): Contemporary perspectives on explanation. *General philosophy of science - focal issues*, hg. v. T. A. F. Kuipers, Amsterdam, 97-173.

Psillos, S. (2009): Causal pluralism. *Worldviews, science and us*, hg. v. R. Vanderbeeken, B. D'Hooghe, Singapur, 131-151.

Pulte, H. (2004): Wissenschaftstheorie; Wissenschaftsphilosophie. *Historisches Wörterbuch der Philosophie*, Bd. 12, hg. v. J. Ritter, K. Gründer, G. Gabriel, Basel, 973-981.

Puntel, L. (2005): Was ist eine Institution in ontologischer Sicht? *Institutionen und ihre Ontologie*, hg. v. G. Schönrich, Frankfurt am Main, 27-36.

Purcell, D./MacArthur, K. R./Samblanet, S. (2010): Gender and the glass ceiling at work. *Sociology Compass*, 4 (9), 705-717.

Quine, W. V. O. (1951/1979a): Was es gibt. *Von einem logischen Standpunkt*, Frankfurt am Main, 9-25.

Quine, W. V. O. (1951/1979b): Zwei Dogmen des Empirismus. *Von einem logischen Standpunkt*, Frankfurt am Main, 27-50.

Quine, W. V. O. (1960): Word and object, Cambridge, Massachusetts.

Quine, W. V. O. (1960/1980): Wort und Gegenstand, Stuttgart.

Quine, W. V. O. (1975): On empirically equivalent systems of the world. *Erkenntnis*, 9 (3), 313-328.

Quine, W. V. O. (1995): Unterwegs zur Wahrheit, Paderborn.

Raffée, H. (1993): Gegenstand, Methoden und Konzepte der Betriebswirtschaftslehre. *Vahlens Kompendium der Betriebswirtschaftslehre, Band 1*, hg. v. M. Bitz, K. Dellmann, M. Domsch, H. Egner, 3. Aufl., München, 1-46.

Ragin, C. C. (2000): Fuzzy-set social science, Chicago.

Ragin, C. C. (2008): Redesigning social inquiry, Chicago.

Reed, B. (2002): How to think about fallibilism. *Philosophical Studies*, 107 (2), 143-157.

Reichenbach, H. (1938): Experience and prediction, Chicago.

Reichenbach, H. (1951): The rise of scientific philosophy, Berkeley, California.

Reichertz, J. (1999): Über das Problem der Gültigkeit von Qualitativer Sozialforschung. *Hermeneutische Wissenssoziologie*, hg. v. R. Hitzler, J. Reichertz, N. Schröer, Konstanz, 319-346.

Reichertz, J. (2003): Die Abduktion in der qualitativen Sozialforschung, Opladen.

Reichertz, J. (2004): Abduktion, Deduktion und Induktion in der qualitativen Forschung. *Qualitative Forschung*, hg. v. U. Flick, E. v. Kardorff, I. Steinke, 3. Aufl., Reinbek bei Hamburg, 276-286.

Reiss, J. (2009): Causation in the social sciences: evidence, inference, and purpose. *Philosophy of the Social Sciences*, 39 (20-40).

Reiss, J. (2013): Philosophy of economics: a contemporary introduction, London.

Rescher, N. (1977): Methodological pragmatism, Oxford.

Rescher, N. (1987): Induktion, München.

Resnik, D. B. (1992): Are methodological rules hypothetical imperatives? *Philosophy of Science*, 59 (3), 498-507.

Reynolds, P. D. (1971): A primer in theory construction, Indianapolis.

Richter, A. (1995): Der Begriff der Abduktion bei Charles Sanders Peirce, Frankfurt am Main.

Ricœur, P. (1978): Der Text als Modell: hermeneutisches Verstehen. *Seminar: Die Hermeneutik und die Wissenschaften*, hg. v. H.-G. Gadamer, G. Boehm, Frankfurt am Main, 83-117.

Ricœur, P. (1981): What is a text? Explanation and understanding. *Hermeneutics and the human sciences*, hg. v. J. B. Thompson, Cambridge, 145-164.

Robinson, H. (2008): Dualism. *The Stanford Encyclopedia of Philosophy*, hg. v. E. N. Zalta, http://plato.stanford.edu/archives/fall2008/entries/dualism/.

Robinson, W. S. (1951): The logical structure of analytic induction. *American Sociological Review*, 16 (6), 812-818.

Rorty, R. (1981): Der Spiegel der Natur, Frankfurt am Main.

Rorty, R. (1994): Hoffnung statt Erkenntnis, Wien.

Rorty, R. (2000): Ist Wahrheit ein Ziel der Forschung? *Wahrheit und Fortschritt*, Frankfurt am Main, 27-62.

Rosenberg, A. (2008): Philosophy of social science, 3. Aufl., Boulder.

Rosenkranz, S. (2006): Einführung in die Logik, Stuttgart.

Rosenthal, D. M. (2005a): Dualism. *The shorter Routledge encyclopedia of philosophy*, hg. v. E. Craig, London, 200-204.

Rosenthal, G. (2005b): Interpretative Sozialforschung, Weinheim, München.

Rosenthal, R. (1990): Replication in behavioral research. *Journal of Social Behavior & Personality*, 5 (4), 1-30.

Rosnow, R. L./Rosenthal, R. (1989): Statistical procedures and the justification of knowledge in psychological science. *American Psychologist*, 44 (10), 1276-1284.

Rouse, W. B./Morris, N. M. (1986): On looking into the black box: Prospects and limits in the search for mental models. *Psychological Bulletin*, 100 (3), 349-363.

Rousseau, D. M./Sitkin, S. B./Burt, R. S./Camerer, C. (1998): Not so different after all: a cross-discipline view of trust. *Academy of Management Review*, 23 (3), 393-404.

Ruben, D.-H. (1985): The metaphysics of the social world, London.

Rudner, R. R. (1966): Philosophy of social science, Englewood Cliffs, New Jersey.

Runggaldier, E./Kanzian, C. (1998): Grundprobleme der analytischen Ontologie, Paderborn.

Russell, B. (1912/1967): Probleme der Philosophie, Frankfurt am Main.

Russo, F. (2006): The rationale of variation in methodological and evidential pluralism. *Philosophica*, 77, 97-123.

Russo, F. (2011): Correlational data, causal hypotheses, and validity. *Journal for General Philosophy of Science*, 42 (1), 85-107.

Ryan, A. (1973): Die Philosophie der Sozialwissenschaften, München.

Ryle, G. (1968/2009): The thinking of thoughts. What is "le penseur" doing? *Collected Essays 1929–1968*. London, S. 394-510.

Saaristo, A. (2006): There is no escape from philosophy. *Philosophy of the Social Sciences*, 36 (1), 40-66.

Sachsse, H. (1989): Technologie. *Handlexikon zur Wissenschaftstheorie*, hg. v. H. Seiffert, G. Radnitzky, München, 361-365.

Sainsbury, R. M. (1993): Paradoxien, Stuttgart.

Sale, J. E. M./Brazil, K. (2004): A strategy to identify critical appraisal criteria for primary mixed-method studies. *Quality and Quantity*, 38 (4), 351-365.

Salmon, W. C. (1983): Logik, Stuttgart.

Salmon, W. C. (1989): Four decades of scientific explanation. *Scientific explanation*, hg. v. P. Kitcher, W. C. Salmon, Minneapolis, 3-219.

Sandkühler, H. J. (2010): Enzyklopädie Philosophie, Hamburg.

Savigny, E. v. (1980): Die Philosophie der normalen Sprache, 2. Aufl., Frankfurt am Main.

Sawyer, R. K. (2005): Social emergence, Cambridge.

Scarre, G. (1998): Mill on induction and scientific method. *The Cambridge Companion to Mill*, hg. v. J. Skorupski, Cambridge, 112-138.

Schanz, G. (1975): Einführung in die Methodologie der Betriebswirtschaftslehre, Köln.

Schanz, G. (1988a): Erkennen und Gestalten, 2. Aufl., Stuttgart.

Schanz, G. (1988b): Methodologie für Betriebswirte, 2. Aufl., Stuttgart.

Schleiermacher, F. D. E. (1838/1977): Hermeneutik und Kritik. *Hermeneutik und Kritik*. hg. v. M. Frank, Frankfurt am Main, S. 69-306.

Schmid, H. B. (2007): Autonomie ohne Autarkie. *Deutsche Zeitschrift für Philosophie*, 55 (3), 457-472.

Schmid, H. B./Schweikard, D. P. (2009a): Einleitung: Kollektive Intentionalität. *Kollektive Intentionalität*, hg. v. H. B. Schmid, D. P. Schweikard, Frankfurt am Main, 11-65.

Schmid, H. B./Schweikard, D. P. (Hg.) (2009b): Kollektive Intentionalität. Frankfurt am Main.

Schmidt, S. (2009): Shall we really do it again? The powerful concept of replication is neglected in the social sciences. *Review of General Psychology*, 13 (2), 90-100.

Schneider, C./Wagemann, C. (2009): Standards guter Praxis in Qualitative Comparative Analysis (QCA) und Fuzzy-Sets. *Methoden der vergleichenden Politik- und Sozialwissenschaft*, hg. v. S. Pickel, G. Pickel, H.-J. Lauth, D. Jahn, Wiesbaden, 387-412.

Schneider, C. Q./Wagemann, C. (2007): Qualitative Comparative Analysis und Fuzzy Sets, Opladen.

Schneider, D. (1995): Betriebswirtschaftslehre. Band 1: Grundlagen, 2. Aufl., München, Wien.

Schneider, M. R./Paunescu, M. (2012): Changing varieties of capitalism and revealed comparative advantages from 1990 to 2005: a test of the Hall and Soskice claims. *Socio Economic Review*, 10 (4), 731-753

Schnell, R./Hill, P. B./Esser, E. (2011): Methoden der empirischen Sozialforschung 9. Aufl., München.

Scholz, O. (2004): Verstehen. *Enzyklopädie Philosophie und Wissenschaftstheorie*, Bd. 4, hg. v. J. Mittelstraß, Stuttgart, Weimar, 531-534.

Scholz, O. R. (2001): Verstehen und Rationalität, 2. Aufl., Frankfurt am Main.

Scholz, O. R. (2008): Sozialontologie. *Handbuch der politischen Philosophie und Sozialphilosophie*, Bd. 2, hg. v. S. Gosepath, Berlin, 1229 1234.

Schröder, G. (2004): Zwischen Instrumentalismus und kritischem Rationalismus? *Milton Friedmans ökonomischer Liberalismus*, hg. v. I. Pies, M. Leschke, Tübingen, 169-201.

Schulte, P. (2010): Zwecke und Mittel in einer natürlichen Welt, Paderborn.

Schumacher, R. (1994): John Stuart Mill, Frankfurt am Main.
Schumpeter, J. A. (1908): Das Wesen und der Hauptinhalt der theoretischen Nationalökonomie, Leipzig.
Schurz, G. (1996): Die Bedeutung des abduktiven Schliessens in Erkenntnis- und Wissenschaftstheorie. *Philosophie in Österreich 1996*, hg. v. A. Schramm, Wien, 91-109.
Schurz, G. (1998): Koexistenzweisen rivalisierender Paradigmen. *Koexistenz rivalisierender Paradigmen*, hg. v. G. Schurz, P. Weingartner, Opladen, 1-51.
Schurz, G. (2002): Karl Popper, Deduktion, Induktion und Abduktion. *Karl Poppers kritischer Rationalismus heute*, hg. v. J. M. Böhm, H. Holweg, C. Hoock, Tübingen, 126-143.
Schurz, G. (2011): Einführung in die Wissenschaftstheorie, 3. Aufl., Darmstadt.
Schurz, G./Carrier, M. (Hg.) (2013): Werte in der Wissenschaft. Berlin.
Schütz, A. (1954): Concept and theory formation in the social sciences. *Journal of Philosophy*, 51 (9), 257-273.
Schütz, A. (1953/1971): Wissenschaftliche Interpretation und Alltagsverständnis menschlichen Handelns. *Gesammelte Aufsätze I: Das Problem der sozialen Wirklichkeit*, Den Haag, 3-54.
Schütze, F. (1973): Zur Einführung: Alltagswissen, Interaktion und gesellschaftliche Wirklichkeit. *Alltagswissen, Interaktion und gesellschaftliche Wirklichkeit*, hg. v. Arbeitsgruppe Bielefelder Soziologen, Reinbek bei Hamburg, 11-53.
Schützeichel, R. (2007): Soziologie des wissenschaftlichen Wissens. *Handbuch Wissenssoziologie und Wissensforschung*, hg. v. R. Schützeichel, Konstanz, 306-327.
Schweikard, D. P. (2008): Limiting reductionism in the theory of collective action. *Concepts of sharedness*, hg. v. H. B. Schmid, K. Schulte-Ostermann, N. Psarros, Frankfurt am Main, 80-117.
Schweitzer, M. (2004): Gegenstand und Methoden der Betriebswirtschaftslehre. *Allgemeine Betriebswirtschaftslehre. Band 1: Grundfragen*, hg. v. F. X. Bea, B. Friedl, M. Schweitzer, 9. Aufl., Stuttgart, 23-82.
Seale, C. (1999): The quality of qualitative research, London.
Searle, J. R. (1987): Intentionalität, Frankfurt am Main.
Searle, J. R. (1997): Die Konstruktion der gesellschaftlichen Wirklichkeit, Reinbek bei Hamburg.
Searle, J. R. (2008): Language and social ontology. *Theory and Society*, 37 (5), 443-459.

Searle, J. R. (2009): Kollektive Absichten und Handlungen. *Kollektive Intentionalität*, hg. v. H. B. Schmid, D. P. Schweikard, Frankfurt am Main, 99-118.

Searle, J. R. (2012): Wie wir die soziale Welt machen, Berlin.

Seebohm, T. M. (1972): Zur Kritik der hermeneutischen Vernunft, Bonn.

Seipel, C./Rieker, P. (2003): Integrative Sozialforschung, Weinheim.

Shadish, W. R./Cook, T. D./Campbell, D. T. (2002): Experimental and quasi-experimental designs for generalized causal inferences, Boston, Massachusetts.

Shah, A., K./Oppenheimer, D., M. (2008): Heuristics made easy: An effort-reduction framework. *Psychological Bulletin*, 134 (2), 207-222.

Shoemaker, P. J./Tankard, J. W./Lasorsa, D. L. (2004): How to build social science theories, Thousand Oaks.

Simon, H. A. (2000): Bounded rationality in social science: Today and tomorrow. *Mind & Society*, 1 (1), 25-39.

Sinn, H.-W. (2009): Kasino-Kapitalismus, 2. Aufl., Berlin.

Sinnott-Armstrong, W./Fogelin, R. (2005): Understanding arguments, Belmont.

Skorupski, J. (1989): John Stuart Mill, London, New York.

Snyder, M./Tanke, E. D./Berscheid, E. (1977): Social perception and interpersonal behavior: on the self-fulfilling nature of social stereotypes. *Journal of Personality and Social Psychology*, 35 (9), 656-666.

Soeffner, H.-G. (1983): Alltagsverstand und Wissenschaft. *Aspekte qualitativer Sozialforschung*, hg. v. P. Zedler, H. Moser, Opladen, 13-50.

Soeffner, H.-G. (1999): Verstehende Soziologie und sozialwissenschaftliche Hermeneutik. *Hermeneutische Wissenssoziologie*, hg. v. R. Hitzler, J. Reichertz, N. Schröer, Konstanz, 39-49.

Soeffner, H.-G. (2004): Auslegung des Alltags - Der Alltag der Auslegung, 2. Aufl., Konstanz.

Soeffner, H.-G. (2005): Sozialwissenschaftliche Hermeneutik. *Qualitative Forschung*, hg. v. U. Flick, E. von Kardorff, I. Steinke, 4. Aufl., Reinbek bei Hamburg, 164-175.

Soeffner, H.-G./Hitzler, R. (1994a): Hermeneutik als Haltung und Handlung. *Interpretative Sozialforschung*, hg. v. N. Schroer, Opladen, 28-54.

Soeffner, H.-G./Hitzler, R. (1994b): Qualitatives Vorgehen "Interpretation". *Methodologische Grundlagen der Psychologie. Enzyklopädie der Psychologie*. Bd. BI1, hg. v. T. Hermann, W. H. Tack, Göttingen, S. 98-136.

Spinner, H. F. (1974): Pluralismus als Erkenntnismodell, Frankfurt am Main.

Stachura, M. (2006): Handlung und Rationalität *Aspekte des Weber-Paradigmas* hg. v. G. Albert, A. Bienfait, S. Sigmund, M. Stachura, Wiesbaden, 100-125.

Stanovich, K. E. (2010): Decision making and rationality in the modern world, New York.

Stegmüller, W. (1972): Der sogenannte Zirkel des Verstehens. *Natur und Geschichte*, hg. v. K. Hübner, A. Menne, Hamburg, 21-46.

Stegmüller, W. (1978): Hauptströmungen der Gegenwartsphilosophie, Bd. 1, 6. Aufl., Stuttgart.

Stegmüller, W. (1979): Walther von der Vogelweides Lied von der Traumliebe und Quasar 3 C 273. *Rationale Rekonstruktion von Wissenschaft und ihrem Wandel*, Stuttgart, 27-86.

Stegmüller, W. (1980): Neue Wege der Wissenschaftsphilosophie, Berlin.

Stegmüller, W. (1983): Probleme und Resultate der Wissenschaftstheorie und Analytischen Philosophie. Band I: Erklärung - Begründung - Kausalität, 2. Aufl., Berlin.

Steinke, I. (1999): Kriterien qualitativer Forschung, Weinheim, München.

Steinke, I. (2004): Gütekriterien qualitativer Forschung. *Qualitative Forschung*, hg. v. U. Flick, E. v. Kardorff, I. Steinke, Reinbek bei Hamburg, 319-331.

Stephan, A. (2006): Zur Rolle des Emergenzbegriffs in der Philosophie des Geistes und in der Kognitionswissenschaft. *Philosophie und Neurowissenschaften*, hg. v. D. Sturma, Frankfurt am Main, 146-166.

Sternberger, D. (1947/1988): Toleranz als Leidenschaft für die Wahrheit. *Gut und Böse. Schriften.* Bd. IX, Frankfurt am Main, S. 141-166.

Steyer, R./Eid, M. (1993): Messen und Testen, Berlin.

Stiles, P. (2001): The impact of the board on strategy: an empirical examination. *Journal of Management Studies*, 38 (5), 627-650.

Strauss, A. L. (1987): Qualitative analysis for social scientists, Cambridge, Massachusetts.

Strauss, A. L. (1993): Continual permutations of action, New York.

Strauss, A. L./Corbin, J. (1998): Basics of qualitative research, 2. Aufl., Thousand Oaks.

Strube, W. (1985): Analyse des Verstehensbegriffs. *Zeitschrift für allgemeine Wissenschaftstheorie* 16 (2), 315-333.

Strübing, J. (2004): Grounded Theory, Wiesbaden.

Stüber, K. R. (1993): Donald Davidsons Theorie sprachlichen Verstehens, Frankfurt am Main.

Stüber, K. R. (1994): Understanding truth and objectivity: a dialogue between Donald Davidson and Hans-Georg Gadamer. *Hermeneutics and truth*, hg. v. B. R. Wachterhauser, Evanston, Ill, 172-189.

Stüber, K. R. (2005): How to think about rules and rule following. *Philosophy of the Social Sciences*, 35 (3), 307-323.

Sugden, R. (1991): Rational choice: a survey of contributions from economics and philosophy. *The Economic Journal*, 101 (407), 751-785.

Sukopp, T. (2007): Naturalismus in der gegenwärtigen Erkenntnistheorie: ein Überblick. hg. v. T. Sukopp, G. Vollmer, Tübingen, 1-24.

Suntum, U. v. (2001): Die unsichtbare Hand, Berlin.

Sutton, R. I./Rafaeli, A. (1988): Untangling the relationship between displayed emotions and organizational sales: the case of convenience stores. *Academy of Management Journal*, 31 (3), 461-487

Swoyer, C. (2003/2014): Relativism. *The Stanford Encyclopedia of Philosophy*, hg. v. E. N. Zalta, http://plato.stanford.edu/archives/sum 2014/entries/relativism/.

Tashakkori, A./Teddlie, C. (Hg.) (2010): SAGE Handbook of mixed methods in social & behavioral research. 2. Aufl., Thousand Oaks.

Taylor, C. (1975a): Erklärung und Interpretation in den Wissenschaften vom Menschen, Frankfurt am Main.

Taylor, C. (1975b): Neutralität in der politischen Wissenschaft. *Erklärung und Interpretation in den Wissenschaften vom Menschen*, Frankfurt am Main, 14-64.

Teddlie, C./Tashakkori, A. (2009): Foundations of mixed methods research, Thousand Oaks.

Tegtmeier, E. (1992): Grundzüge einer kategorialen Ontologie, Freiburg, München.

Tegtmeier, E. (2005): Soziologie und Ontologie der Institution. *Institutionen und ihre Ontologie*, hg. v. G. Schönrich, Frankfurt am Main, 37-44.

Tegtmeier, E. (2011): Sache/Sachverhalt. *Neues Handbuch philosophischer Grundbegriffe*, Bd. 3, hg. v. P. Kolmer, A. G. Wildfeuer, 2. Aufl., Freiburg, 1905-1919.

Teichert, D. (2006): Einführung in die Philosophie des Geistes, Darmstadt.

Tepe, P. (2007): Kognitive Hermeneutik, Würzburg.

Tetens, H. (2004): Philosophisches Argumentieren, München.

Tetens, H. (2010): Wissenschaft. *Enzyklopädie Philosophie*, Bd. 3, hg. v. H. J. Sandkühler, Hamburg, 3018-3028.

Tetens, H. (2013): Wissenschaftstheorie, München.

Thayer, H. S. (1981): Meaning and action, 2. Aufl., Indianapolis.

Thomas, W. I. (1965): Person und Sozialverhalten, Neuwied.

Thomasson, A. L. (2003): Foundations for a social ontology. *Understanding the social II – philosophy of sociality*, hg. v. R. Toumela, G. Preyer, G. Peter, Protosociology, 18./19. Jg., 269-290.

Tietz, U. (1999): Hans-Georg Gadamer zur Einführung, Hamburg.

Tietzel, M. (1989): Prognoselogik oder: Warum Prognostiker irren dürfen. *Jahrbuch für Nationalökonomie und Statistik*, 206 (6), 546-621.

Tiles, J. E. (2010): The primacy of pratice in Dewey's experimental empiricism. *The Cambridge companion to Dewey*, hg. v. M. Cochran, Cambridge, 101-122.

Tollefsen, D. P. (2004): Collective intentionality. *The Internet Encyclopedia of Philosophy*, http://www.iep.utm.edu/coll-int/.

Tomlinson, E. C./Mayer, R. C. (2009): The role of causal attribution dimensions in trust repair. *Academy of Management Review*, 34 (1), 85-104.

Toulmin, S. E. (1958/1996): Der Gebrauch von Argumenten, 2. Aufl., Weinheim.

Toulmin, S. E. (1961/1981): Voraussicht und Verstehen, Frankfurt am Main.

Trapp, R. W. (1975): Eine Verfeinerung des Reduktionssatzverfahrens zur Einführung von Dispositionsprädikaten. *Erkenntnis*, 9 (3), 355-382.

Trapp, R. W. (1976): Analytische Ontologie, Frankfurt am Main.

Trettin, K. (2000): Ontologie individueller Qualitäten. *Neue Ontologie und Metaphysik*, hg. v. R. Hüntelmann, E. Tegtmeier, Sankt Augustin, 145-167.

Trout, J. D. (1998): Measuring the intentional world, Oxford.

Tugendhat, E. (1993): Vorlesungen über Ethik, Frankfurt am Main.

Tuomela, R. (1973): Theoretical Concepts, Wien, New York.

Tuomela, R. (2003): Collective acceptance, social institutions, and social reality. *John Searle's ideas about social reality*, hg. v. D. Koepsell, L. S. Moss, American Journal of Economics and Sociology, 62. Jg., Sonderheft 1, 257-267.

Tuomela, R. (2007): The philosophy of sociality, Oxford.

Udehn, L. (2001): Methodological individualism, London.

Udehn, L. (2002): The changing face of methodological individualism. *Annual Review of Sociology*, 29, 479-507.

Udehn, L. (2003): The methodology of rational choice. *The Blackwell guide to the philosophy of social sciences*, hg. v. S. P. Turner, Oxford, 143-165.

Ulrich, H. (1981): Die Betriebswirtschaftslehre als anwendungsorientierte Sozialwissenschaft. *Die Führung des Betriebes*, hg. v. M. N. Geist, R. Köhler, Stuttgart, 1-25.

van Fraassen, B. C. (1980): The scientific image, Oxford.

Vossenkuhl, W. (2003): Praxis. *Philosophie*, Bd. 1, hg. v. E. Martens, H. Schnädelbach, 7. Aufl., Reinbek bei Hamburg, 217-261.

Wagner, G. (2012): Die Wissenschaftstheorie der Soziologie. Ein Grundriss, München.

Walgenbach, P./Meyer, R. (2008): Neoinstitutionalistische Organisationstheorie, Stuttgart.

Walter-Busch, E. (2004): Interpretative Organisationsforschung. *Handwörterbuch Unternehmensführung und Organisation*, hg. v. G. Schreyögg, A. v. Werder, 4. Aufl., Stuttgart, 560-570.

Watkins, J. W. N. (1952): The principle of methodological individualism. *The British Journal for the Philosophy of Science*, 3 (10), 186-189.

Weber, M. (1904/1951): Die »Objektivität« sozialwissenschaftlicher und sozialpolitischer Erkenntnis. *Gesammelte Aufsätze zur Wissenschaftslehre*, hg. v. J. Winckelmann, 2. Aufl., Tübingen, 146-214.

Weber, M. (1913/1964): Gutachten zur Werturteilsdiskussion im Ausschuss des Vereins für Sozialpolitik. *Max Weber*, hg. v. E. Baumgarten, Tübingen, 102-139.

Weber, M. (1919/1951): Wissenschaft als Beruf. *Gesammelte Aufsätze zur Wissenschaftslehre*, hg. v. J. Winckelmann, 2. Aufl., Tübingen, 526-597.

Weber, M. (1922/1947): Wirtschaft und Gesellschaft, 3. Aufl., Tübingen.

Weber, M. (1922/1951): Gesammelte Aufsätze zur Wissenschaftslehre, 2. Aufl., Tübingen.

Weiner, B. (1986): An attributional theory of motivation and emotion, New York.

Weissman, D. (2000): A social ontology, New Haven.

Wellmer, A. (1997/2007): Verstehen und Interpretieren. *Wie Worte Sinn machen*, Frankfurt am Main, 90-121.

Westermann, R. (2000): Wissenschaftstheorie und Experimentalmethodik, Göttingen.

Westermann, R./Gerjets, P. (1994): Induktion. *Methodische Grundlagen der Psychologie. Enzyklopädie der Psychologie*. Bd. BI1, hg. v. T. Hermann, W. H. Tack, Göttingen, S. 428-470.

Wild, J. (1975): Methodenprobleme in der Betriebswirtschaftslehre. *Handwörterbuch der Betriebswirtschaft*, Bd. 2, hg. v. E. Grochla, W. Wittmann, 4. Aufl., Stuttgart, 2654-2677.

Williams, B. (2003): Wahrheit und Wahrhaftigkeit, Frankfurt am Main.

Williamson, O. E. (1993): The evolving science of organization. *Journal of Institutional and Theoretical Economics*, 149 (1), 36-63.

Wilson, N. L. (1959): Substances without substrata. *Review of Metaphysics*, 12 (4), 521-539.

Wilson, R. A. (2007): Social reality and institutional facts: sociality within and without intentionality. *Intentional acts and institutional facts*, hg. v. S. L. Tsohatzidis, Dordrecht, 139-153.

Wimsatt, W. K./Beardsley, M. C. (1946): The intentional fallacy. *The Sewanee Review*, 54 (3), 468-488.

Winch, P. (1974): Die Idee der Sozialwissenschaft und ihr Verhältnis zur Philosophie, Frankfurt am Main.

Windelband, W. (1924): Geschichte und Naturwissenschaft. *Präludien*, Bd. 2, 9. Aufl., Tübingen, 136-160.

Wittgenstein, L. (1921/1963): Tractatus logico-philosphicus, Frankfurt am Main.

Wittgenstein, L. (1953/2003): Philosophische Untersuchungen, hg. v. J. Schulte, Frankfurt am Main.

Wöhe, G./Döring, U. (2010): Einführung in die Allgemeine Betriebswirtschaftslehre, 24. Aufl., München.

Wollnik, M. (1992): Organisationstheorie, interpretative. *Handwörterbuch der Organisation*, hg. v. E. Frese, 3. Aufl., Stuttgart, 1778-1797.

Wollnik, M. (1995): Interpretative Ansätze in der Organisationstheorie. *Organisationstheorien*, hg. v. A. Kieser, 2. Aufl., Stuttgart, 303-320.

Woodward, J. (2003): Making things happen, Oxford.

Woodward, J. (2007): Causal models in the social sciences. *Philosophy of Anthropology and Sociology*, hg. v. S. P. Turner, M. W. Risjord, Amsterdam, 157-210.

Worrall, J. (1980): Wie die Methodologie der wissenschaftlichen Forschungsprogramme die Poppersche Methodologie verbessert. *Fortschritt und Rationalität der Wissenschaft*, hg. v. G. Radnitzky, G. Andersson, Tübingen, 51-78.

Wright, G. H. v. (1971): Explanation and understanding, London.

Wrona, T. (2006): Fortschritts- und Gütekriterien im Rahmen qualitativer Sozialforschung. *Fortschritt in den Wirtschaftswissenschaften*, hg. v. S. Zelewski, A. Naciye, Wiesbaden, 189-216.

Wunderlich, D. (1989): Sprache, linguistisch. *Handlexikon zur Wissenschaftstheorie*, hg. v. H. Seiffert, G. Radnitzky, München, 316-326.
Yin, R. K. (2003): Case study research, 3. Aufl., Thousand Oaks.
Zahle, J. (2007): Holism and supervenience. *Philosophy of Anthropology and Sociology*, hg. v. S. P. Turner, M. W. Risjord, Amsterdam, 311-341.
Zammito, J. H. (2004): A nice derangement of epistemes, Chicago.
Zelewski, S. (1995): Zur Wiederbelebung des Konzepts technologischer Theorietransformationen im Rahmen produktionswirtschaftlicher Handlungsempfehlungen. *Selbstverständnis betriebswirtschaftlicher Forschung und Lehre*, hg. v. H. Wächter, Wiesbaden, 87-124.
Zelewski, S. (2008): Grundlagen. *Betriebswirtschaftslehre*, Bd. 1, hg. v. H. Corsten, M. Reiß, 4. Aufl., München, Wien, 1-97.
Zetterberg, H. L. (1965): On theory and verification in sociology, 3. Aufl., Totowa, New Jersey.
Zimbardo, P. G. (1995): Psychologie, 6. Aufl., Berlin.
Zimmermann, K. F. (2009): Prognosekrise: Warum weniger manchmal mehr ist. *Wirtschaftsdienst*, 89 (2), 86-90.
Znaniecki, F. (1934/1968): The method of sociology, New York.
Zumbo, B. D. (2009): Validity as contextualized and pragmatic explanation, and its implications for validation practice. *The concept of validity*, hg. v. R. W. Lissitz, Charlotte, 65-82.

Namensregister

Sachregister

Die Sachwörter, die fett gedruckt sind, finden Sie kurz definiert als Schlüsselwörter im Glossar, wobei die letzte, fettgedruckte Seitenzahl der Fundort im Glossar ist. Im Glossar finden Sie am Ende des Eintrags auch den Hauptfundort.

Übung macht den Meister

Jens Starke-Wuschko
Präsentieren im Studium
1. Auflage
2014, 125 Seiten
ISBN 978-3-8252-4215-2

Präsentationen vor Dozenten und Kommilitonen gehören für Studierende zum Alltag. Viele werden aber schon beim Gedanken an das Halten eines Vortrags nervös. Doch erfolgreiches und souveränes Präsentieren kann man lernen und üben.

Jens Starke-Wuschko erläutert verständlich und einfach umsetzbar, wie die Leser ihre Präsentationen wirksam verbessern können. Er bietet Studierenden eine Art »Werkzeugkasten« des Präsentierens an. In der Vorbereitung kann sich so jeder das persönlich passende Werkzeug herausnehmen: Passend zur Botschaft. Passend zum Publikum. Passend zum individuellen Auftritt.

Zu praktisch jedem Werkzeug, das dieses Buch vorstellt, hat der Autor Videobeispiele aus dem Internet anschaulich erläutert.

UTB

www.uvk-lucius.de/praesentieren

UVK Lucius